“十二五”内涵建设
工商管理本科专业综合改革试点项目资助系列教材

财务会计

主　编◎黄慧　杨扬
副主编◎章萍　鲍长生　张洁瑶

上海社会科学院出版社
SHANGHAI ACADEMY OF SOCIAL SCIENCES PRESS

目　录

第一篇　财务会计的基本理论与财务报表

第二篇　资　　产

第三篇　负债及所有者权益

第四篇　收入、费用和利润

第五篇　财务会计的调整与披露

第一篇

财务会计的基本理论与财务报表

第一章 绪　　论

【本章导读】

2001年，美国“9·11”事件之后，在华尔街流传着这样一句话：“本·拉登没有摧毁美国的经济，安然公司(Enron)和世通公司(WorldCom)的会计丑闻却阻滞了美国经济!”会计有如此重要吗？现代经济社会中，会计到底能给我们带来什么？

第一节 财务会计与社会经济环境

一、会计与社会经济环境的相互关系

在人类的生存与发展过程中，始终都伴随着物质资料的生产，人类也不断以尽可能少的劳动消耗和尽可能节省的劳动占用，来取得尽可能大的劳动成果。通过管理活动的不断实践，达到提高生产效率的目的。会计就是为加强生产管理而产生的，是增收节支、增产节约的重要管理活动，通过会计活动，生产组织可以控制劳动耗费，增加劳动成果，因此，加强管理、提高效益离不开会计活动。会计是伴随着生产实践和经济管理的客观需要而产生的一种管理活动。

随着生产活动的日益社会化，经济的不断发展，会计也在不断发展，会计经历了一个由简单到复杂，由低级到高级的不断发展完善的过程。从简单的记录和计量活动到对所得与所费的计量与比较；从对单一经济活动的记录与计量，发展到对连续的经济活动的核算；从采用实物单位进行计量，发展到以货币作为统一的计量单位进行综合全面的管理；从主要服务于企业为主，发展到服务于社会；从简单的会计核算发展到全面的会计管理；从传统的财务会计发展到成本会计、管理会计；从单一核算领域发展到将预算会计、责任会计、决策会计等一系列方法逐步引进和运用到会计领域。

会计的发展不可避免地受所处的社会、政治、经济、文化环境的影响和制约。

不同社会发展阶段，使得不同阶段的会计有着不同的特征；不同国家的法律环境和文化环境，也使得不同国家的会计有着不同的特点；不同的信息需求，也使得会计有着不同方面的侧重。

在社会经济环境制约和影响着会计的同时，会计通过自身的核算和监督活动，也对其所处的社会经济环境产生一定的影响，在一定程度上促进了社会经济的发展。具体地讲，会计既为宏观经济管理提供信息，又为微观经济决策、强化内部管理提供服务；既维护了正常的市场经济秩序，又促进了各国经济的繁荣。

二、西方会计的发展

在会计的发展历史上，经历了从单式记账向复式记账转变的过程。公元12世纪到13世纪，意大利由于其海上贸易的迅速发展，成为欧洲经济的中心。当时地中海地区出现了复式记账的方法。1494年，意大利数学家卢卡·巴乔利出版了《算数、几何、比与比例概要》。在书中系统介绍了借贷记账法。随后，该著作和借贷记账法被迅速传播。经济发展拉动会计的进步，会计进一步推动着经济的发展。1854年，苏格兰成立了世界上第一个会计师协会——爱丁堡会计师协会。它的成立说明了会计人员开始执行公证业务，促进了审计和公共会计师理论的发展，对当今财务会计的形成与公证会计的发展有重要意义。19世纪末，欧洲投资人涌入美国，英国会计师行业进入美国会计市场，英式的"详细审计"逐步演变为以"报表审计"为特征的美式审计。美国注册会计师协会自20世纪30年代开始，逐步建立了完整的美国会计准则体系，它对其他各国会计准则的发展产生了重要的影响。第二次世界大战后，由于计算机技术的引入，使会计处理范围与速度大幅度提高。现代管理科学的发展为成本会计向管理领域的不断渗透提供了新的视角，管理会计从传统会计中分离出来，成为一种以内部服务为主的特殊会计。1952年，在世界会计年会上正式通过了"管理会计"这一专业概念。管理会计与传统的财务会计正式成为现代会计的两大分支。

三、财务会计与管理会计

按会计的内容，可以分为财务会计和管理会计。

财务会计，也称对外报告会计，它以会计法规、准则和制度为依据对企业已经发生的交易或事项，通过确认、计量、记录和报告等程序进行加工处理，并借助于报表为主的财务报告形式，向企业的利益相关人提供以财务信息为主的经济信息的过程。

管理会计，也称内部报告会计，它是为了满足企业计划决策、经营管理的需要在财务会计信息的基础上，利用非会计信息，对企业的经济活动进行分析、预测、规划和运筹，形成管理决策方案并向企业经营管理者呈报的过程。

四、我国财务会计制度的演化

1949年中华人民共和国成立后的30年中，我国实行高度集中的计划经济体制，企业没有自主权，企业的经济性质单一。财政部按所有制性质和行业制定分行业的会计制度。20世纪80年代中期，我国开始转向有计划的商品经济体制，财政部多次修订会计制度以适应经济体制的改革方向。1985年1月，《会计法》正式颁布。

1992年间，我国实行社会主义市场经济体制，真正自负盈亏的市场主体——企业大量出现。1993年12月《公司法》颁布，公司的成立、上市以及运作有了法律依据。1992年，财政部制定并颁布了《企业会计准则——基本准则》，将会计等式改为国际通用的"资产＝负债＋所有者权益"，允许企业在会计准则规定的范围内选择会计方法。1992年5月，财政部与国家经济体制改革委员会联合颁发了《股份制试点企业会计制度》。1993年12月，《会计法》进行第一次修订。1998年，经过修订财政部颁布《股份有限公司会计制度》。1999年10月，《会计法》进行第二次修订，新修订的《会计法》于2000年7月正式实行。伴随着中国经济的对外发展，2001年12月，我国正式加入WTO，会计的国际化进程加速。2005年11月，中国会计准则委员会与国际会计准则理事会在北京举行会计准则趋同会议，并签署了联合申明，明确双方对会计国际趋同的基本观点。2006年2月，我国新《企业会计准则》发布实施。

第二节 财务会计的概念框架

会计学者和会计标准制定者希望通过建立一个会计概念框架，对财务会计及其报告的性质和目的提供权威性的陈述，并对所有的会计实践提供指导。20世纪80年代以来，标准制定者和职业会计团体对建立会计概念框架表现出强烈的兴趣。他们的目的是，建立一个概念框架，用来指导公众和私人实体编制和描述一般意义上的财务报告。①

① Jayne Godfrey, Allan Hodgson, Scott Holmes:《会计理论》(第5版)，孙蔓莉、李百兴、奚敏敏译，中国人民大学出版社2007年版，第348页。

一、财务会计概念框架的含义及内容

财务会计的概念框架是会计理论架构,是在更高层面上描述财务会计的范围和目标,从而构成财务报告的内容、财务信息的质量特征以及会计报告的基本要素。①通常认为财务会计概念体系由财务报告的目标、财务会计信息质量特征、财务报表的要素及其确认和计量构成。

二、财务报告的目标和财务会计信息的使用者

(一) 财务报告的目标

财务报告的目标是要求会计人员向报告使用者提供有用信息,并且财务报告的信息将有助于信息使用者的决策。财务会计报告的目的是有助于各方利益相关人使用会计信息,以使其及时进行科学决策。我国《企业会计准则——基本准则》指出:"财务会计报告的目标是向财务会计报告使用者提供与企业财务状况、经营成果和现金流量等有关的会计信息,反映企业管理层受托责任履行情况,有助于财务会计报告使用者作出经济决策。"

(二) 财务会计信息的使用者

现代公司是通过一系列契约关系,将不同生产要素和利益集团组织在一起,进行生产经营活动的一种企业组织形式,是一个"契约关系"(或合同关系)的集合(nexus)。②在这个契约关系集合中,企业的所有者(股东)、债权人、经理、企业职工、供应商、客户以及政府、社会等不同利益集团都是利益相关者(stakeholder),也是财务会计信息的使用者。每一利益集团均在企业中有不同的利益诉求,他们也从财务会计信息中取得其所需要的决策依据。

股东要得到投资收益领取股利,债权人按时收回债权和利息,管理人员期望得到好的管理效果,职工要得到相对稳定的工作和劳动报酬,供应商要得到销售收入和利润,客户要得到满意的产品或服务,政府要得到税收,社会需要企业履行企业的社会责任。财务会计通过确认、计量和记录经济业务,计算可分配利

---

① FASB定义的概念框架:由相互关联的目标和基本要素所形成的一个有条理的系统,期望它有一致的标准来描述财务会计及其报告的性质、功能和局限性。

澳大利亚概念框架:概念框架由一套相互关联的概念构成,用来定义会计报告的性质、主体、目的和广义上的内容。它将明确解释会计标准委员会(ACSB)和公共部门会计准则委员会(PSASB)根据各种要求制定会计标准时,哪一个要求将起主导作用。会计概念框架的发行将从根本上规范这个国家的会计要求。

② Jensen, M.C. and Meckling W., "Theory of the Firm: Managerial Behavior, Agency Costs, and Capital Structrue", *Journal of Financial Economics*, 3, 1976, pp.305—360.

润,确定可供各方分配的利益。

三、会计要素及其确认和计量

(一) 会计要素

会计要素是根据交易或事项的经济特征对会计对象所做的基本分类,是会计核算对象的具体化。会计要素按照其性质分为资产、负债、所有者权益、收入、费用和利润。其中,资产、负债和所有者权益要素侧重于反映企业的财务状况;收入、费用和利润要素侧重于反映企业的经营成果。

1. 资产

资产是指企业过去的交易或事项形成的,由企业拥有或控制的,预期会给企业带来经济利益的资源。

资产具有以下几个方面的特征:

(1) 资产预期会给企业带来经济利益

资产预期会给企业带来经济利益是指直接或者间接导致现金和现金等价物流入企业的潜力,资产是可以给企业带来现金流入的经济资源。资产具有交换价值和使用价值,可以可靠地用货币计量。

(2) 资产是企业因为过去的交易或事项所形成的

过去的交易事项具体包括购买、生产、建造行为或其他交易或者事项。预期在未来发生的交易或者事项不形成资产。资产必须是现实资产,预期资产则不得作为资产确认。

(3) 资产是企业拥有或控制的经济资源

资产是企业拥有或控制的经济资源是指企业享有某项资源的所有权,或者虽然不享有某项资源的所有权,但该资源能被企业所控制,如融资租入固定资产。

资产按其流动性一般分为流动资产和非流动资产。流动资产是指预计在一年内或超过一年的一个营业周期中变现、出售或耗用,或者主要为交易目的而持有的资产,如货币资金、交易性金融资产、应收票据、应收账款及预付账款及存货等。非流动资产是指流动资产以外的资产,即超过一个经营周期以上才能变现的资产。如可供出售金融资产、持有至到期投资、长期股权投资、投资性房地产、固定资产、无形资产、开发支出、递延所得税资产等。

2. 负债

负债是指由企业过去的交易或事项形成的、预期会导致经济利益流出企业的现时义务。

负债具有以下几个方面的基本特征：

(1) 负债的清偿预期会导致经济利益流出企业

负债通常是在未来某一时日通过交付资产或提供劳务等来清偿。尽管企业清偿负债的形式多种多样，但任何形式下的负债清偿都会导致经济利益流出企业。偿还负债的具体表现可能通过交付资产实现，也可能是提供劳务实现，还可能是一部分股权转让给债权人的方式实现。

(2) 负债是由过去的交易或事项形成的

导致负债的交易或事项必须已经发生，凡未来交易或事项可能给企业形成的义务，不能确认为企业的负债。

(3) 负债是企业承担的现时义务

现时义务是指企业在现行条件下已承担的义务。该现时义务包括法定义务和推定义务。法定义务是指具有约束力的合同或法律法规规定的义务，如长期借款等；推定义务是指企业多年来的习惯做法、公开承诺而导致的责任，如预计负债等。

负债按照期限分为流动负债和非流动负债。流动负债是指将在一年(含一年)或者超过一年的一个营业周期内偿还的债务。流动负债主要包括短期借款、应付账款、其他应付款、一年内到期的长期负债、预收账款、应付票据、应交税费、应付利息、应付职工薪酬等。非流动负债是指流动负债以外的负债，主要包括长期借款、应付债券等。

3. 所有者权益

所有者权益又称净资产，是指企业资产扣除负债后由所有者享有的剩余权益。公司的所有者权益又称股东权益。所有者权益的来源包括所有者投入的资本、直接计入所有者权益的利得和损失、留存收益等。具体包括实收资本(股本)、资本公积、其他综合收益、盈余公积、未分配利润。

利得是指由企业非日常活动所形成的、会导致所有者权益增加的、与所有者投入资本无关的经济利益的流入。损失是指由企业非日常活动所发生的、会导致所有者权益减少的、与向所有者分配利润无关的经济利益的流出。它是企业除了费用或分配给所有者之外的一些偶发性支出。利得和损失与收入和费用不同，它们不存在配比关系。我国会计制度中，利得和损失分为两类：直接计入所有者权益的利得和损失；直接计入当期损益的利得和损失。对于已实现的利得和损失计入当期损益，即计入“营业外收入”和“营业外支出”科目；对于未实现的利得和损失计入所有者权益，即计入“其他综合收益”或“资本公积——其他资本公积”科目，如可供出售金融资产公允价值变动的部分。

4. 收入

收入是指企业在日常活动中形成的、会导致所有者权益增加的、与所有者投入资本无关的经济利益的总流入。所谓的日常活动主要有销售商品、提供劳务及让渡资产使用权、投资活动等。

收入具有如下几个特征：

(1) 收入是从企业的日常活动中产生的，而不是从偶发的交易或事项中产生的

日常活动是指企业为完成其经营目标而从事的所有活动及与之相关的其他活动。例如，制造企业制造和销售产品、交通企业从事运输业务及服务性企业提供劳务等。企业也有一些日常并不经常发生，但也与企业经营目标有关的其他业务，其发生所得应当作为收入。例如，企业出售原材料、出租固定资产和包装物等带来的经济利益也属于企业的收入。

(2) 收入的取得会导致经济利益流入企业，该流入不包括所有者投入的资本

收入具体表现为资产的增加或负债的减少，或者两者兼而有之。例如，销售产品实现的收入一般表现为银行存款等资产的增加，当然也可能表现为预收账款等负债的减少。

收入会导致经济利益的流入，但不能因此而认为企业经济利益的流入就是收入，因为企业经济利益的流入有时是由所有者投入资本引起的。收入只包括本企业经济利益的流入，而不包括企业为第三方或者客户代收的款项，如增值税、代收利息等。

(3) 收入能引起所有者权益的增加

与收入相关的经济利益流入最终会导致所有者权益的增加，而不会导致所有者权益增加的经济利益的流入，不符合收入的定义，不确认为收入，如企业从银行取得的借款。

收入按性质分，可以分为销售商品收入、提供劳务收入和让渡资产使用权等取得的收入；收入按企业经营的主次分，可分为主营业务收入、其他业务收入、投资收益等。

5. 费用

费用是指企业在日常活动中发生的、会导致所有者权益减少的、与向所有者分配利润无关的经济利益的总流出。

费用具有如下几个特征：

(1) 费用是企业在日常活动中发生的经济利益的流出

费用是企业在日常生产经营活动中为获取收入而发生的必要支出。费用的发生会导致企业经济利益的流出,但这种流出会从企业的收入中得到补偿。

(2) 费用会导致企业所有者权益的减少

费用既可能表现为资产的减少,如为购买办公用品而使用银行存款或现金等,也可能表现为负债的增加。

(3) 费用与向所有者分配利润无关

向所有者分配利润属于利润分配的内容,不构成企业的费用。

费用包括营业成本(主营业务成本和其他业务成本)、税金及附加、期间费用(管理费用、财务费用和销售费用)、资产减值损失等。

6. 利润

利润是指企业在一定会计期间的经营成果。利润包括收入减去费用后的净额、直接计入当期利润的利得和损失等。

直接计入当期利润的利得和损失,是指应当计入当期损益的、会导致所有者权益发生增减变动的、与所有者投入资本或向所有者分配利润无关的利得或损失,即营业外收入和营业外支出。

利润具体指营业利润、利润总额和净利润。营业利润是指主营业务收入加其他业务收入,减去主营业务成本、其他业务成本、税金及附加、销售费用、管理费用、财务费用、资产减值损失,再加上公允价值变动损益和投资净收益后的净额。利润总额是指营业利润加营业外收入,减去营业外支出后的金额。净利润是指利润总额减去所得税费用后的金额。

(二) 会计要素的确认和计量的原则

1. 权责发生制原则

权责发生制是指凡是当期已经实现的收入和已经发生或应当负担的费用,不论款项是否收付,都应作为当期的收入和费用处理;凡是不属当期的收入和费用,即使款项已在当期收付,都不应作为当期的收入和费用。

2. 实际成本原则

实际成本原则,又称历史成本原则,是指企业的各项财产物资应当按取得或购建时的实际成本计价。实际成本核算原则要求对企业资产、负债、所有者权益等项目的计算基于经济业务的实际交易价格或成本,物价变动时,除国家另有规定者外,不得调整账面价值。

3. 配比原则

配比原则是指收入与其相对应的成本、费用应当在同一期间相互配合,以便计算出当期损益。它要求在会计核算中,一个会计期间内的各项收入与其相关联的成本、费用,应当在同一会计期间内进行确认、计量、记录和对比。

收入和费用的上述配比,只有在权责发生制核算基础上才会产生,这种配比包括两方面的配比,一是收入和费用在因果关系上的配比;二是收入和费用在时间上的配比,属于同一会计期间。

4. 划分收益性支出与资本性支出

会计核算应当严格区分收益性支出与资本性支出的界限,正确地计算企业的当期损益。

所谓收益性支出是指为取得本期收益而发生的支出,这种支出应当与本期收益配比。所谓资本性支出是指不仅为取得本期收益而发生的支出。换句话,凡是支出的效益仅与本会计年度相关时,应当作为收益性支出;凡支出的效益与几个会计年度相关时应当作为资本性支出。

一般说来,收益性支出与资本性支出划分是否得当,对企业财务状况的可靠性和损益的确定将产生直接影响,如果一笔收益性支出按资本性支出处理了,则会造成费用少计而资产价值多计的结果,出现净收益虚增和资产价值虚增的现象,这种会计处理的结果直接对企业不利。反之,则有损于股东的利益。

(三) 会计计量属性

计量属性是指被计量对象的特性或外在表现形式,即被计量对象予以数量化的特征。企业在将符合确认条件的会计要素登记入账并列报于会计报表及其附注时,应当按照规定的会计计量属性进行计量,确定其金额。会计计量属性主要包括:

1. 历史成本

在历史成本计量下,资产按照购置时支付的现金或者现金等价物的金额,或者按照购置资产时所付出的对价的公允价值计量。负债按照因承担现时义务而实际收到的款项或者资产的金额,或者承担现时义务的合同金额,或者按照日常活动中为偿还负债预期需要支付的现金或者现金等价物的金额计量。

2. 重置成本

在重置成本计量下,资产按照现在购买相同或者相似资产所需支付的现金或者现金等价物的金额计量。负债按照现在偿付该项债务所需支付的现金或者现金等价物的金额计量。

3. 可变现净值

在可变现净值计量下,资产按照其正常对外销售所能收到现金或者现金等价物的金额扣减该资产至完工时估计将要发生的成本、估计的销售费用以及相关税费后的金额计量。

4. 现值

在现值计量下，资产按照预计从其持续使用和最终处置中所产生的未来净现金流入量的折现金额计量。负债按照预计期限内需要偿还的未来净现金流出量的折现金额计量。

5. 公允价值

在公允价值计量下，资产和负债按照市场参与者在计量日发生的有序交易中，出售资产所能收到或者转移负债所需支付的价格计量。

企业在对会计要素进行计量时，一般应当采用历史成本，采用重置成本、可变现净值、现值、公允价值计量的，应当保证所确定的会计要素金额能够取得并可靠计量。

四、财务会计信息质量要求

会计信息的质量要求是对企业财务会计报告中所提供会计信息质量的基本要求，是使财务报告中所提供的会计信息对投资者等使用者决策有用而应具备的基本特征。它包括可靠性、相关性、可理解性、可比性、实质重于形式、重要性、谨慎性和及时性等八个方面。

1. 可靠性

可靠性要求企业应当以实际发生的交易或者事项为依据进行确认、计量和报告，如实反映符合确认和计量要求的各项会计要素及其他相关信息，保证会计信息真实可靠，内容完整中立。

企业应以实际发生的交易或者事项为依据进行确认、计量和报告，不得根据虚构的、没有发生的或者尚未发生的交易或者事项进行确认、计量和报告；会计人员需要依靠其扎实的专业文化素养，对会计信息进行可验证的处理，并能如实反映实际的交易和事项。

2. 相关性

相关性要求企业提供的会计信息应当与投资者等财务报告使用者的经济决策需要相关，有助于投资者等财务报告使用者对企业过去、现在或者未来的情况作出评价或者预测。相关性的核心是决策有用。

会计信息质量的相关性要求企业在确认、计量和报告会计信息的过程中，充分考虑使用者的决策模式和信息需要。相关的会计信息应当能够有助于使用者评价企业过去的决策，证实或者修正过去的有关预测，因而具有反馈价值。相关的会计信息还应当具有预测价值，应有助于信息使用者根据财务报告所提供的会计信息预测企业未来的财务状况、经营成果和现金流量。

3. 可理解性

可理解性要求企业提供的会计信息应当清晰明了，便于投资者等财务报告使用者理解和使用。企业编制财务报告、提供会计信息的目的在于使用，而要使使用者有效使用会计信息，就应当能让其了解会计信息的内涵，清楚会计信息的内容，这就要求财务报告所提供的会计信息应当清晰明了，易于理解。只有这样，才能提高会计信息的有用性，实现财务报告的目标，满足向投资者等财务报告使用者提供有用的决策信息的要求。

4. 可比性

可比性要求企业提供的会计信息应当具有可比性，可比性是指一个企业的会计信息与其他企业的同类会计信息尽量做到口径一致，相互可比。这主要包括两方面可比:纵向可比和横向可比。

纵向可比是指同一企业不同时期可比。比较企业在不同时期的财务报告信息，全面、客观地评价过去、预测未来，从而作出决策，会计信息质量的可比性要求对同一企业不同时期发生的相同或者相似的交易或者事项，应当采用一致的会计政策，不得随意变更。如果确有必要变更的，则有关会计政策变更的情况应当在附注中予以说明。

横向可比是指不同企业相同会计期间可比。为了便于投资者等财务报告使用者评价不同企业的财务状况、经营成果和现金流量及其变动情况，会计信息质量的可比性要求对不同企业同一会计期间发生的相同或者相似的交易或事项，应当采用规定的会计政策，确保会计信息口径一致、相互可比，以使不同的企业能够按照一致的确认、计量和报告要求提供有关会计信息。

5. 实质重于形式

实质重于形式要求企业应当按照交易或者事项的经济实质进行会计确认、计量和报告，不应仅以交易或者事项的法律形式为依据。

在多数情况下，企业发生的交易或事项的经济实质和法律形式是一致的。但在有些情况下，外在法律形式并不能反映经济实质的内容，所以实质重于形式就是要求在对会计要素进行确认和计量时，应重视交易的实质，而不管其采用何种形式。例如，融资租入固定资产的确认，在租赁期未满前，法律形式上的所有权没有转移给承租企业，但从经济实质上讲，该项固定资产的相关收益和风险已转移给承租企业，因此承租企业将融资租入固定资产作为本企业的固定资产进行处理。

除了融资租赁的核算体现实质重于形式外，还有长期股权投资后续计量成本法与权益法的选择、收入的确认、关联方交易的确定、合并报表的编制等会计处理,也都体现了实质重于形式的要求。

6. 重要性

重要性要求企业提供的会计信息应当反映与企业财务状况、经营成果和现金流量等有关的所有重要交易或事项。在会计确认、计量过程中对交易或事项应当区别其重要程度,采用不同的核算方式。对资产、负债、损益等有较大影响,并进而影响财务会计报告使用者据以作出合理判断的重要会计事项,必须按照规定的会计方法和程序予以处理,并在财务会计报告中予以充分、准确的披露;对于次要的会计事项,在不影响会计信息真实性和不至于导致财务会计报告使用者作出错误判断的前提下,可适当简化处理。

如果财务报告中提供的会计信息省略或者错报会影响投资者等信息使用者据此作出决策的,则该信息就具有重要性。重要性的应用需要依赖职业判断,企业应当根据其所处的环境和实际情况,从项目的质和量两个方面加以判断。从性质方面考虑,只要该会计事项对财务报告使用者的决策有重大影响,就应属于重要事项;从数量方面考虑,只要该会计事项达到总资产的一定比例,就应确认为重要事项。

7. 谨慎性

谨慎性要求企业对交易或者事项进行会计确认、计量和报告时应当保持应有的谨慎,不应高估资产或者收益,低估负债或者费用,不得计提秘密准备。

在市场经济环境下,企业的生产经营活动面临着许多风险和不确定因素。会计信息质量的谨慎性要求企业在面临不确定因素的情况下作出职业判断时,应当保持应有的谨慎,充分估计到各种风险和损耗,既不高估资产或收益,也不低估负债或费用。谨慎性在会计中的应用包括对应收账款提取坏账准备、对存货提取存货跌价准备、固定资产加速折旧、企业内部研究开发项目阶段支出计入当期损益、预计负债的确认等,都体现了谨慎性原则。

但是,谨慎性的应用并不允许企业设置秘密准备,即不能滥用谨慎性,如果企业故意低估资产或收入,或者故意高估负债或费用,将不符合会计信息的可靠性和相关性要求,会损害会计信息质量,扭曲企业实际的财务状况和经营成果,从而对使用者的决策产生误导,造成会计秩序的混乱,这是会计制度所不允许的。

8. 及时性

及时性要求企业对于已经发生的交易或事项,应当及时进行确认、计量和报告,不得提前或者延后。

会计信息的价值在于帮助所有者或者其他使用者作出经济决策,它具有时效性。即使是可靠的、相关的会计信息，如果不及时提供，也会失去时效性，其对使用者的效用就大大降低，甚至不再具有实际意义。在会计确认、计量和报告过程中贯彻及时性，一是要求及时收集会计信息，即在经济交易或者事项发生后，及时收集、整理各种原始单据或者凭证；二是要求及时处理会计信息，即按照会计准则的规定，及时对经济交易或者事项进行确认或计量，并编制财务报告；三是要求及时传递会计信息，即按照国家规定的有关时限，及时地将编制的财务报告传递给财务报告使用者，便于其及时使用和决策。

第三节　财务会计的基本假设

会计假设是会计核算的逻辑前提，它对会计核算的范围、内容、基本程序和方法作了合理的设定。会计的基本假设包括四项：会计主体假设、持续经营假设、会计分期假设和货币计量假设。

一、会计主体

会计主体即会计核算的空间范围，是会计工作为其服务的特定单位。

会计核算的范围被限定在某一个特定的会计主体内。会计主体可以是法人，如企业、事业单位，也可以是非法人，如个体或合伙企业；可以是一个企业，也可以是企业中的内部单位，如企业的分支机构。因此，法律主体一定是会计主体，但会计主体不一定是法律主体。

会计主体假设是持续经营、会计分期和其他会计核算的基础，只有划定了会计的空间范围，才可能进行会计核算工作。

二、持续经营

持续经营是界定会计核算的时间范围。持续经营是指在正常的情况下，会计主体的生产经营活动将无限期地延续下去，在可以预见的将来，不会面临破产，进行清算。只有设定企业是持续经营的，才能选择会计程序和会计处理方法，进行正常的会计处理。采用历史成本计价、在历史成本的基础上进一步采用计提折旧的方法等，都是基于企业是持续经营的。

三、会计分期

为了在持续不断的经营过程中对投资者、经营者的决策提供有用的信息，就要将持续不断的经营期间划分为一个个首尾相接间距相等的会计期间，这就是会计分期。会计分期是指将企业持续不断的生产经营活动分割为较短而等距的期间，据以结算账目，编制会计报表，及时地提供有关财务状况和经营成果等会计信息。会计分期通常包括年度和会计中期。我国的会计年度的划分以日历年度为准，即公历每年的 1 月 1 日到 12 月 31 日为一个会计年度。中期是指短于一个完整的会计年度的报告期间，包括月报、季报以及半年报。由于会计分期，产生了当期与其他期间的差别，从而出现了权责发生制和收付实现制的区别，以及划分收益性支出和资本性支出、配比等要求，为准确地提供财务状况和经营成果提供了基础。

四、货币计量

货币计量是指企业在会计核算过程中以货币为基本计量单位，记录、反映企业的经营情况。会计核算需要货币作为主要计量尺度。我国境内的企业，其会计核算通常以人民币为记账本位币。业务收支以人民币以外的货币为主的企业，可以选定某种外币作为记账本位币。

会计业务中常常将不同时点的货币金额进行汇总比较，这是以币值不变为前提的，但当货币币值出现严重不稳定，甚至出现了严重通货膨胀时，需要采用特殊的会计原则如通货膨胀会计或物价变动会计来处理相关经济业务。

复习思考题

1. 财务会计与社会经济发展存在怎样的关系？
2. 财务会计的框架是什么？
3. 企业编制财务报告的目标是什么？
4. 会计要素是什么？其特征有哪些？
5. 什么是会计计量属性？如何理解这些计量属性？
6. 财务会计信息应具备哪些质量要求？这些质量要求的具体含义是什么？

第二章　财务会计报告

【本章导读】

财务报表是企业经营活动的各种照片，财务报表的编制过程就是对企业组织经济活动进行照相的过程。我们就是通过该企业的财务报表来认识它。财务报表这些照片能否反映企业的经济活动的全部特征呢？这张照片是怎么生成的？让我们来了解它。

第一节　财务会计报告概述

一、财务会计报告的定义和目标

（一）财务会计报告的定义

财务会计报告，又称财务报告，是指企业对外提供的反映企业某一特定日期财务状况和某一会计期间经营成果、现金流量等会计信息的文件。

（二）财务会计报告的目标

财务会计报告的目标，是向财务会计报告使用者提供与企业财务状况、经营成果和现金流量等有关的会计信息，反映企业管理层受托责任履行的情况，有助于财务报告使用者作出经济决策。财务会计报告使用者通常包括投资者、债权人、政府及其有关部门和社会公众等。

二、财务会计报告的构成及其分类

（一）财务会计报告的构成

《企业会计准则—基本准则》第四十四条规定：财务会计报告包括会计报表及其附注和其他应当在财务会计报告中披露的相关信息和资料。一套完整的财务会计报告至少应当包括“四表一注”，即资产负债表、利润表、现金流量表、所有者权益（或股东权益）变动表以及附注。中期财务报告至少应当包括资产负债表、利润表、现金流量表和附注。

资产负债表反映企业一定时期所拥有的资产、需要偿还的债务以及股东拥有的净资产的情况；利润表反映企业在一定会计期间的经营成果，即利润或亏损，表明企业拥有资产的获利能力；现金流量表反映企业一定会计期间现金及现金等价物流入和流出情况；所有者权益变动表反映构成企业所有者权益的各组成部分当期增减变动情况。

会计报表附注是财务报表不可或缺的组成部分，是对资产负债表、利润表、现金流量表等报表中列示项目的文字描述或明细资料，以及对未能在这些报表中列示项目的说明等。

（二）财务会计报告的分类

在我国《企业财务会计报告条例》中规定：企业的财务报告分为年度、半年度、季度和月度财务报告。月度、季度财务报告是指月度和季度终了提供的财务报告；半年度财务报告是指在每个会计年度的前 6 个月结束后对外提供的财务报告；年度财务报告是指年度终了对外提供的财务报告。

通常情况下，企业年度财务报告的会计期间是指公历每年的 1 月 1 日—12 月 31 日；半年度财务报告的会计期间是指公历每年的 1 月 1 日—6 月 30 日，或 7 月 1 日—12 月 31 日；季度财务报告的会计期间是指公历每一季度；月度财务报告的会计期间是指公历每月的第一日至最后一日。

三、财务会计报告的编制要求

企业编制的财务会计报告应当真实可靠、相关可比、全面完整、编报及时、便于理解，符合国家统一的会计制度和会计准则的有关规定。其基本要求如下：

（一）真实可靠

如果会计报表所提供的资料不真实或者可靠性很差，则会致使报表使用者作出错误的决策。企业会计准则规定，会计核算应当以实际发生的交易或事项为依据，如实反映企业的财务状况、经营成果和现金流量。

（二）相关可比

企业会计报表所提供的财务会计信息必须与报表使用者的决策需要相关，满足报表使用者的需要，并且会计报表各项目的数据应当口径一致、相互可比，便于报表使用者在不同企业之间及同一企业前后各期之间进行比较。

（三）全面完整

企业会计报表应当全面地披露企业的财务状况、经营成果和现金流动情况，完整地反映企业财务活动的过程和结果，以满足各有关方面对财务会计信息资料的需要，不得漏编漏报。

(四) 编报及时

企业会计报表所提供的信息资料，具有很强的时效性。只有及时编制和报送会计报表，才能为使用者提供决策所需的信息资料。

(五) 便于理解

可理解性是指会计报表提供的信息可以为使用者所理解。因此，编制的会计报表应当清晰明了，便于理解和利用。

我国《企业财务会计报告条例》规定，企业对外提供的财务会计报告应当依次编定页数，加具封面，装订成册，加盖公章。封面上应当注明：企业名称、企业统一代码、组织形式、地址、报表所属年度或者月份、报出日期，并由企业负责人和主管会计工作的负责人、会计机构负责人(会计主管人员)签名并盖章；设置总会计师的企业，还应当由总会计师签名并盖章。

第二节 资产负债表

一、资产负债表的概念和作用

资产负债表是反映企业在某一特定日期(如月末、季末、年末)财务状况的会计报表，主要提供有关企业财务状况方面的信息。

通过资产负债表，可以提供企业在某一特定日期的资产总额及其结构，表明企业拥有或控制的资源及其分布情况；可以提供企业在某一特定日期的负债总额及其结构，表明企业未来需要用多少资产或劳务清偿债务以及清偿时间；可以反映企业所有者在某一特定日期所拥有的权益，据以判断资本保值、增值的情况以及对负债的保障程度。

二、资产负债表的结构

资产负债表主要由表首、正表两部分组成。

表首部分概括地说明报表名称、编制单位、编制日期、报表编号、货币名称、计量单位等。

正表部分是资产负债表的主体，列示了用以说明企业财务状况的各个项目。它的格式一般有两种：报告式资产负债表和账户式资产负债表。报告式资产负债表是上下结构，上半部列示资产，下半部列示负债和所有者权益。具体排列形式又有两种:一是按"资产=负债+所有者权益"的原理排列;二是按"资产-负债=所有者权益"的原理排列。账户式资产负债表是左右结构,左边列示资产,右边列示负债和所有者权益。不管采取什么格式,资产各项目的合计等于负债和所有者权益各项目的合计这一等式不变。

在我国,资产负债表采用账户式结构,即左侧列示资产项目,一般按资产的流动性大小排列,流动资产在先,非流动资产在后;右侧列示负债和所有者权益项目,负债一般按要求清偿时间的先后顺序排列,即先流动负债,后非流动负债。所有者权益按其永久性程度递减的顺序排列,即先实收资本,后资本公积、其他综合收益、盈余公积,最后是未分配利润。资产负债表左右双方平衡,即资产总计等于负债和所有者权益总计。每个项目又分为"年初余额"和"期末余额"两栏分别填列。

我国企业资产负债表的格式如表 2.1 所示。

表 2.1 **资产负债表** 会企 01 表

编制单位: ____年____月____日 单位:元

资　　产	期末余额	年初余额	负债和所有者权益(或股东权益)	期末余额	年初余额
流动资产:			流动负债:		
货币资金			短期借款		
以公允价值计量且其变动计入当期损益的金融资产			以公允价值计量且其变动计入当期损益的金融负债		
应收票据			应付票据		
应收账款			应付账款		
预付款项			预收款项		
应收利息			应付职工薪酬		
应收股利			应交税费		
其他应收款			应付利息		
存货			应付股利		
持有待售的资产			其他应付款		
一年内到期的非流动资产			持有待售的负债		
其他流动资产			一年内到期的非流动负债		
流动资产合计			其他流动负债		

续　表

资　　产	期末余额	年初余额	负债和所有者权益（或股东权益）	期末余额	年初余额
非流动资产：			流动负债合计		
可供出售金融资产			非流动负债：		
持有至到期投资			长期借款		
长期应收款			应付债券		
长期股权投资			长期应付款		
投资性房地产			专项应付款		
固定资产			预计负债		
在建工程			递延收益		
工程物资			递延所得税负债		
固定资产清理			其他非流动负债		
生产性生物资产			非流动负债合计		
油气资产			负债合计		
无形资产			所有者权益（或股东权益）		
开发支出			实收资本（或股本）		
商誉			其他权益工具		
长期待摊费用			其中：优先股		
递延所得税资产			永续债		
其他非流动资产			资本公积		
非流动资产合计			减：库存股		
			其他综合收益		
			盈余公积		
			未分配利润		
			所有者权益（或股东权益）合计		
资产总计			负债和所有者权益（或股东权益）总计		

三、资产负债表的编制方法

(一) 资产负债表中“年初余额”的填列方法

为了提供比较信息,资产负债表的各项目均需填列“年初余额”和“期末余额”两栏,其数据主要来自会计账簿记录。根据我国会计准则的规定,报表项目的列报应当在各个会计期间保持一致,不得随意变更。但如果发生准则允许的情况使报表项目的列报发生变更的,应当对上期比较数据按照当期的列报要求进行调整,并在附注中披露调整的原因和性质,以及调整的各项目金额。因此,“年初余额”栏内各项目的数字,应根据上年末资产负债表“期末余额”栏相应项目的数字填列。如果本年度资产负债表规定的各个项目的名称和内容与上年度不相一致,应当对上年年末资产负债表各个项目的名称和数字按照本年度的规定进行调整。

(二) 资产负债表中“期末余额”的填列方法

“期末余额”栏内各项数字,应根据相关科目的期末余额填列,具体方法主要有以下几种:

1. 根据总账科目期末余额填列。如“交易性金融资产”“短期借款”“应付票据”“应付职工薪酬”等项目,根据“交易性金融资产”“短期借款”“应付票据”“应付职工薪酬”各总账科目的余额直接填列;有些项目则需要根据若干个总账科目的期末余额计算填列,如“货币资金”项目,应根据“库存现金”“银行存款”“其他货币资金”三个总账科目的期末余额的合计数填列。

2. 根据明细账科目期末余额合并计算填列。如“应付账款”项目,应根据“应付账款”和“预付账款”两个总账科目所属的相关明细账科目的期末贷方余额之和计算填列;“应收账款”项目,需要根据“应收账款”和“预收款项”两个总账科目所属的相关明细账科目的期末借方余额之和计算填列。

3. 根据总账科目和明细账科目余额分析计算填列。如“长期借款”项目,应根据“长期借款”总账科目账户期末余额扣除“长期借款”科目所属的明细科目中将在一年内到期且企业不能自主地将清偿义务展期的长期借款后的金额计算填列。

4. 根据有关科目余额减去其备抵科目余额后的净额填列。如“固定资产”项目是用“固定资产”账户余额减去“累计折旧”和“固定资产减值准备”账户余额后的净额填列。

5. 综合运用上述填列方法分析填列。如资产负债中的“存货”项目,需要根据“原材料”“委托加工物资”“周转材料”“材料采购”“在途物资”“发出商品”“材料成本差异”等总账科目期末余额的分析汇总数，再减去“存货跌价准备”科目余额后的净额填列。

（三）资产负债表项目的填列说明

1. 资产项目的填列说明

（1）“货币资金”项目，反映企业库存现金、银行结算户存款、外埠存款、银行汇票存款、银行本票存款、信用卡存款、信用证保证金存款等的合计数。本项目应根据“库存现金”“银行存款”“其他货币资金”科目期末余额的合计数填列。

（2）“以公允价值计量且其变动计入当期损益的金融资产”项目，反映企业持有的以公允价值计量且其变动计入当期损益的为交易目的所持有的债券投资、股票投资、基金投资、权证投资等金融资产。本项目应根据“交易性金融资产”科目的期末余额填列。

（3）“应收票据”项目，反映企业因销售商品、提供劳务等收到的商业汇票，包括银行承兑汇票和商业承兑汇票。本项目应根据“应收票据”科目的期末余额，减去“坏账准备”科目中有关应收票据计提的坏账准备期末余额后的金额填列。

（4）“应收账款”项目，反映企业因销售商品、提供劳务等经营活动应收取的款项。本项目应根据“应收账款”和“预收账款”科目所属各明细科目的期末借方余额合计减去“坏账准备”科目中有关应收账款计提的坏账准备期末余额后的金额填列。如“应收账款”科目所属明细科目期末有贷方余额的，应在资产负债“预收账款”项目内填列。

（5）“预付款项”项目，反映企业按照购货合同规定预付给供应单位的款项等。本项目应根据“预付账款”和“应付账款”科目所属各明细科目的期末借方余额合计数，减去“坏账准备”科目中有关预付款项计提的坏账准备期末余额后的金额填列。如“预付账款”科目所属明细科目期末有贷方余额的，应在资产负债“应付账款”项目内填列。

（6）“应收利息”项目，反映企业应收取的债券投资等的利息。本项目应根据“应收利息”科目的期末余额，减去“坏账准备”科目中有关应收利息计提的坏账准备期末余额后的金额填列。

（7）“应收股利”项目，反映企业应收取的现金股利和应收取其他单位分配的利润。本项目应根据“应收股利”科目的期末余额，减去“坏账准备”科目中有关应收股利计提的坏账准备期末余额后的金额填列。

（8）“其他应收款”项目，反映企业除应收票据、应收账款、预付账款、应收股利、应收利息等经营活动以外的其他各项应收、暂付的款项。本项目应根据“其他应收款”科目的期末余额，减去“坏账准备”科目中有关其他应收款计提的坏账准备期末余额后的金额填列。

(9)“存货”项目，反映企业期末在库、在途和在加工中的各种存货的可变现净值。存货包括各种材料、商品、在产品、半成品、包装物、低值易耗品、委托代销商品等。本项目应根据“材料采购”“原材料”“低值易耗品”“库存商品”“周转材料”“委托加工物资”“委托代销商品”“生产成本”等科目的期末余额合计，减去“代销商品款”“存货跌价准备”科目期末余额后的金额填列。材料采用计划成本核算，以及库存商品采用计划成本核算或售价核算的企业，还应按加或减材料成本差异、商品进销差价后的金额填列。

(10)“持有待售资产”项目，反映资产负债表日划分为持有待售类别的非流动资产及划分为持有待售类别的处置组中的流动资产和非流动资产的期末账面价值。该项目应根据在资产类科目新设置的“持有待售资产”科目的期末余额，减去“持有待售资产减值准备”科目的期末余额后的金额填列。

(11)“一年内到期的非流动资产”项目，反映企业将于一年内到期的非流动资产项目金额。本项目应根据有关科目的期末余额填列。

(12)“其他流动资产”项目，反映企业除货币资金、以公允价值计量且其变动计入当期损益的金融资产、应收票据、应收账款、存货等流动资产以外的其他流动资产。本项目应根据有关科目的期末余额填列。

(13)“可供出售金融资产”项目，反映企业持有的以公允价值计量的可供出售的股票投资、债券投资等金融资产。本项目应根据“可供出售金融资产”科目的期末余额，减去“可供出售金融资产减值准备”科目期末余额后的金额填列。

(14)“持有至到期投资”项目，反映企业持有的以摊余成本计量的持有至到期投资。本项目应根据“持有至到期投资”科目的期末余额，减去“持有至到期投资减值准备”科目期末余额后的金额填列。

(15)“长期应收款”项目，反映企业融资租赁产生的应收款项、采用递延方式具有融资性质的销售商品和提供劳务等产生的长期应收款项等。本项目应根据“长期应收款”科目的期末余额，减去相应的“未实现融资收益”科目和“坏账准备”科目所属相关明细科目期末余额后的金额填列。

(16)“长期股权投资”项目，反映企业持有的对子公司、联营企业和合营企业的长期股权投资。本项目应根据“长期股权投资”科目的期末余额，减去“长期股权投资减值准备”科目的期末余额后的金额填列。

(17)“投资性房地产”项目，反映企业持有的投资性房地产。企业采用成本模式计量投资性房地产的，本项目应根据“投资性房地产”科目的期末余额，减去

“投资性房地产累计折旧(摊销)”和“投资性房地产减值准备”科目期末余额后的金额填列;企业采用公允价值模式计量投资性房地产的,本项目应根据“投资性房地产”科目的期末余额填列。

(18)“固定资产”项目,反映企业各种固定资产原价减去累计折旧和累计减值准备后的净额。本项目应根据“固定资产”科目的期末余额,减去“累计折旧”和“固定资产减值准备”科目期末余额后的金额填列。

(19)“在建工程”项目,反映企业期末各项未完工工程的实际支出,包括交付安装设备价值、未完建筑安装工程已经耗用的材料、工资和费用支出、预付出包工程的价款等的可回收金额。本项目应根据“在建工程”科目的期末余额,减去“在建工程减值准备”科目期末余额后的金额填列。

(20)“工程物资”项目,反映企业尚未使用的各项工程物资的实际成本。本项目应根据“工程物资”科目的期末余额填列。

(21)“固定资产清理”项目,反映企业因出售、毁损、报废等原因转入清理但尚未清理完毕的固定资产的净值,以及固定资产清理过程中所发生的清理费用和变价收入等各项金额的差额。本项目应根据“固定资产清理”科目的期末借方余额填列,如“固定资产清理”科目的期末为贷方余额,以“—”号填列。

(22)“生产性生物资产”项目,反映企业持有的生产性生物资产。本项目应根据“生产性生物资产”科目的期末余额,减去“生产性生物资产累计折旧”和“生产性生物资产减值准备”科目期末余额后的金额填列。

(23)“油气资产”项目,反映企业持有的矿区权益和油气井及相关设施的原价减去累计折耗和累计减值准备后的净额。本项目应根据“油气资产”科目的期末余额,减去“累计折耗”科目期末余额和相应减值准备后的金额填列。

(24)“无形资产”项目,反映企业持有的无形资产,包括专利权、非专利技术、商标权、著作权、土地使用权等。本项目应根据“无形资产”科目的期末余额,减去“累计摊销”和“无形资产减值准备”科目期末余额后的金额填列。

(25)“开发支出”项目,反映企业开发无形资产过程中能够资本化形成无形资产成本的支出部分。本项目应根据“研发支出”科目中所属的“资本化支出”明细科目期末余额填列。

(26)“商誉”项目,反映企业合并中形成的商誉的价值。本项目应根据“商誉”科目的期末余额,减去相应减值准备后的金额填列。

(27)“长期待摊费用”项目,反映企业已经发生但应由本期和以后各期负担的分摊期限在一年以上的各项费用。长期待摊费用中在一年内(含一年)摊销的部分,在资产负债表“一年内到期的非流动资产”项目填列。本项目应根据“长期待摊费用”科目的期末余额减去将于一年内(含一年)摊销的数额后的金额填列。

(28)“递延所得税资产”项目,反映企业确认的可抵扣暂时性差异产生的递延所得税资产本项目应根据“递延所得税资产”科目的期末余额填列。

(29)“其他非流动资产”项目,反映企业除长期股权投资、固定资产、在建工程、无形资产等以外的其他非流动资产。本项目应根据有关科目的期末余额填列。

2. 负债项目的填列说明

(1)“短期借款”项目,反映企业向银行或其他金融机构等借入的期限在一年以下(含一年)的各种借款。本项目应根据“短期借款”科目的期末余额填列。

(2)“以公允价值计量且其变动计入当期损益的金融负债”项目,反映企业承担的以公允价值计量且其变动计入当期损益的为交易目的所持有的金融负债。本项目应根据“以公允价值计量且其变动计入当期损益的金融负债”科目的期末余额填列。

(3)“应付票据”项目,反映企业因购买材料、商品和接受劳务供应等而开出、承兑的商业汇票,包括银行承兑汇票和商业承兑汇票。本项目应根据“应付票据”科目的期末余额填列。

(4)“应付账款”项目,反映企业因购买材料、商品和接受劳务供应等经营活动应支付的款项。本项目应根据“应付账款”和“预付账款”科目所属各明细科目的期末贷方余额合计数填列;如“应付账款”科目所属明细科目期末有借方余额的,应在资产负债表“预付账款”项目内填列。

(5)“预收款项”项目,反映企业按照购货合同规定预付给供应单位的款项。本项目应根据“预收账款”和“应收账款”科目所属各明细科目的期末贷方余额合计数填列;如“预收账款”科目所属明细科目期末有借方余额的,应在资产负债表“应收账款”项目内填列。

(6)“应付职工薪酬”项目,反映企业根据有关规定应付给职工的工资、职工福利、社会保险费、住房公积金、工会经费、职工教育经费、非货币性福利、辞退福利等各种薪酬。外商投资企业按规定从净利润中提取的职工奖励及福利基金,也在本项目列示。

(7)“应交税费”项目,反映企业按照税法规定计算应交纳的各种税费,包括增值税、消费税、所得税、资源税、土地增值税、城市维护建设税、房产税、土地使用税、车船税、教育费附加、矿产资源补偿费等。企业代扣代交的个人所得税,也通过本项目列示。企业所交纳的税金不需要预计应交数的,如印花税、耕地占用税等，不在本项目列示。本项目应根据“应交税费”科目的期末贷方余额填列；如“应交税费”科目期末为借方余额，应以“-”号填列。

(8)“应付利息”项目，反映企业按照规定应当支付的利息，包括分期付息到期还本的长期借款应支付的利息、企业发行的企业债券应支付的利息等。本项目应根据“应付利息”科目的期末余额填列。

(9)“应付股利”项目，反映企业分配的现金股利或利润。企业分配的股票股利，不通过本项目列示。本项目应根据“应付股利”科目的期末余额填列。

(10)“其他应付款”项目，反映企业除应付票据、应付账款、预收款项、应付职工薪酬、应付股利、应付利息、应交税费等经营活动以外的其他各项应付、暂收的款项。本项目应根据“其他应收款”科目的期末余额填列。

(11)“持有待售负债”项目，反映资产负债表日处置组中与划分为持有待售类别的资产直接相关的负债的期末账面价值。本项目应根据单独设置的“持有待售负债”科目的期末余额填列。

(12)“一年内到期的非流动负债”项目，反映企业非流动负债中将于资产负债表日后一年内到期部分的金额，如将于一年内偿还的长期借款。本项目应根据有关科目的期末余额填列。

(13)“其他流动负债”项目，反映企业除短期借款、交易性金融负债、应付票据、应付账款、应付职工薪酬、应交税费等流动负债以外的其他流动负债。本项目应根据有关科目的期末余额填列。

(14)“长期借款”项目，反映企业向银行或其他金融机构借入的期限在一年以上(不含一年)的各项借款。本项目应根据“长期借款”科目的期末余额填列。

(15)“应付债券”项目，反映企业为筹集长期资金而发行的债券本金和利息。本项目应根据“应付债券”科目的期末余额填列。

(16)“长期应付款”项目，反映企业除长期借款和应付债券以外的其他各种长期应付款项。本项目应根据“长期应付款”科目的期末余额，减去相应的“未确认融资费用”科目期末余额后的金额填列。

(17)“专项应付款”项目，反映企业取得政府作为企业所有者投入的具有专项或特定用途的款项。本项目应根据“专项应付款”科目的期末余额填列。

(18)“预计负债”项目，反映企业确认的对外提供担保、未决诉讼、产品质量保证、重组义务、亏损性合同等预计负债。本项目应根据“预计负债”科目的期末余额填列。

(19)“递延所得税负债”项目，反映企业确认的应纳税暂时性差异产生的所得税负债。本项目应根据“递延所得税负债”科目的期末余额填列。

(20)“其他非流动负债”项目,反映企业除长期借款、应付债券等负债以外的其他非流动负债。本项目应根据有关科目的期末余额减去将于一年内(含一年)到期偿还数后的余额填列。非流动负债各项目中将于一年内(含一年)到期的非流动负债,应在“一年内到期的非流动负债”项目内单独反映。

3. 所有者权益项目的填列说明

(1)“实收资本(或股本)”项目,反映企业各投资者实际投入的资本(或股利)总额。本项目应根据“实收资本(或股本)”科目的期末余额填列。

(2)“资本公积”项目,反映企业资本公积的期末余额。本项目应根据“资本公积”科目的期末余额填列。

(3)“其他综合收益”项目,反映企业根据相关会计准则规定未在当期损益中确认的各项利得和损失。本项目根据“其他综合收益”科目期末余额填列。

(4)“盈余公积”项目,反映企业盈余公积的期末余额。本项目应根据“盈余公积”科目的期末余额填列。

(5)“未分配利润”项目,反映企业尚未分配的利润。本项目应根据“本年利润”科目和“利润分配”科目的余额计算填列。未弥补的亏损在本项目内以“—”号填列。

四、资产负债表的编制举例

例 2.1

光华公司 2016 年 12 月 31 日的资产负债表和 2017 年 12 月 31 日各账户余额表分别如表 2.2 和表 2.3 所示。

表 2.2 资产负债表 会企 01 表

编制单位:光华公司 2016 年 12 月 31 日 单位:元

资产	期末余额	年初余额	负债和所有者权益(或股东权益)	期末余额	年初余额
流动资产:			流动负债:		
货币资金	850 000		短期借款	540 000	
以公允价值计量且其变动计入当期损益的金融资产	660 000		以公允价值计量且其变动计入当期损益的金融负债		
应收票据	67 000		应付票据	200 000	
应收账款	703 000		应付账款	580 000	
预付款项	460 000		预收款项	380 000	

续　表

资　　产	期末余额	年初余额	负债和所有者权益（或股东权益）	期末余额	年初余额
应收利息			应付职工工资	110 000	
应收股利			应交税费	50 000	
其他应收款	33 000		应付利息		
存货	1 547 000		应付股利	80 000	
一年内到期的非流动资产			其他应付款		
其他流动资产			一年内到期的非流动负债	120 000	
流动资产合计	4 320 000		其他流动负债		
非流动资产：			流动负债合计	2 060 000	
可供出售金融资产			非流动负债：		
持有至到期投资			长期借款		
长期应收款			应付债券	1 400 000	
长期股权投资	700 000		长期应付款		
投资性房地产			专项应付款		
固定资产	6 080 000		预计负债		
在建工程			递延所得税负债		
工程物资	2 600 000		其他非流动负债		
固定资产清理			非流动负债合计	1 400 000	
生产性生物资产			负债合计	3 460 000	
油气资产			所有者权益(或股东权益)		
无形资产	400 000		实收资本(或股本)	8 000 000	
开发支出			资本公积	280 000	
商誉			减:库存股		
长期待摊费用			其他综合收益		
递延所得税资产			盈余公积	400 000	
其他非流动资产			未分配利润	1 960 000	
非流动资产合计	9 780 000		所有者权益(或股东权益)合计	10 640 000	
资产总计	14 100 000		负债和所有者权益(或股东权益)总计	14 100 000	

2017年12月31日公司的总账账户余额如表2.3所示。

表 2.3 光华公司总账账户余额

2017年12月31日 单位:元

账户名称	借方余额	账户名称	贷方余额
库存现金	150 000	坏账准备	13 000
银行存款	800 000	存货跌价准备	133 000
交易性金融资产	560 000	累计折旧	520 000
应收账款	120 000	短期借款	340 000
其他应收款	13 000	应付账款	140 000
生产成本	570 000	应付票据	200 000
原材料	230 000	应付职工薪酬	114 000
库存商品	680 000	应付股利	80 000
应收票据	57 000	应交税费	50 000
长期股权投资	800 000	长期借款	120 000
固定资产	9 200 000	应付债券	2 000 000
无形资产	200 000	实收资本	8 000 000
预付账款	240 000	资本公积	280 000
预收账款	130 000	其他综合收益	0
在建工程	2 000 000	盈余公积	560 000
		未分配利润	3 200 000
合计	15 750 000	合计	15 750 000

其中,长期借款120 000元将于下一年5月1日到期。

此外,“应收账款”明细账户余额如下:

甲公司:480 000元(借方)　　乙公司:360 000元(贷方)

“预收账款”明细账户余额如下:

丙公司:120 000元(贷方)　　丁公司:250 000元(借方)

“应付账款”明细账户余额如下:

A公司:320 000元(贷方)　　B公司:180 000元(借方)

“预付账款”明细账户余额如下:

C公司:300 000元(借方)　　D公司:60 000元(贷方)

由以上资料，编制资产负债表如表 2.4 所示。

表 2.4　　**资产负债表**

编制单位：光华公司　　2017 年 12 月 31 日　　单位：元

资　　产	期末余额	年初余额	负债和所有者权益（或股东权益）	期末余额	年初余额
流动资产：			流动负债：		
货币资金	950 000	850 000	短期借款	340 000	540 000
以公允价值计量且其变动计入当期损益的金融资产	560 000	660 000	以公允价值计量且其变动计入当期损益的金融负债		
应收票据	57 000	67 000	应付票据	200 000	200 000
应收账款	717 000	703 000	应付账款	380 000	580 000
预付款项	480 000	460 000	预收款项	480 000	380 000
应收利息			应付职工工资	114 000	110 000
应收股利			应交税费	50 000	50 000
其他应收款	13 000	33 000	应付利息		
存货	1 347 000	1 547 000	应付股利	80 000	80 000
一年内到期的非流动资产			其他应付款		
其他流动资产			一年内到期的非流动负债	120 000	120 000
流动资产合计	4 124 000	4 320 000	其他流动负债		
非流动资产：			流动负债合计	1 764 000	2 060 000
可供出售金融资产			非流动负债：		
持有至到期投资			长期借款		
长期应收款			应付债券		1 400 000
长期股权投资	800 000	700 000	长期应付款		
投资性房地产			专项应付款		
固定资产	8 680 000	6 080 000	预计负债		
在建工程			递延所得税负债		
工程物资	2 000 000	2 600 000	其他非流动负债		

续 表

资　　产	期末余额	年初余额	负债和所有者权益（或股东权益）	期末余额	年初余额
固定资产清理			非流动负债合计	2 000 000	1 400 000
生产性生物资产			负债合计	3 764 000	3 460 000
油气资产			所有者权益（或股东权益）		
无形资产	200 000	400 000	实收资本（或股本）	8 000 000	8 000 000
开发支出			资本公积	280 000	280 000
商誉			减:库存股		
长期待摊费用			其他综合收益	0	0
递延所得税资产			盈余公积	560 000	400 000
其他非流动资产			未分配利润	3 200 000	1 960 000
非流动资产合计	11 680 000	9 780 000	所有者权益（或股东权益）合计	12 040 000	10 640 000
资产总计	15 804 000	14 100 000	负债和所有者权益（或股东权益）总计	15 804 000	14 100 000

上述资产负债表中的有关项目计算填列如下：

货币资金＝库存现金＋银行存款＝150 000＋800 000＝950 000(元)

应收账款＝应收账款明细账余额(借方)＋预付账款明细账余额(借方)

－坏账准备＝480 000＋250 000－13 000＝717 000(元)

预付款项＝预付账款明细账借方余额＋应付账款明细账借方余额

＝300 000＋180 000＝480 000(元)

应付款项＝应付账款明细账贷方余额＋预付账款明细账贷方余额

＝320 000＋60 000＝380 000(元)

预收款项＝预收账款明细账贷方余额＋应收账款明细账贷方余额

＝360 000＋120 000＝480 000(元)

存货＝生产成本＋原材料＋库存商品－存货跌价准备

＝570 000＋230 000＋680 000－133 000＝1 347 000(元)

固定资产＝固定资产－累计折旧－固定资产减值准备

＝9 200 000－520 000－0＝8 680 000(元)

长期借款因为下一年5月1日到期，经分析后调整到“一年内到期的非流动负债”项目列示。

第三节　利　润　表

一、利润表的概念

利润表又称损益表，是反映企业在一定会计期间经营成果的报表，主要提供有关企业经营成果方面的信息。通过利润表，可以从总体上了解企业收入和费用、利润（或亏损）等的实现及构成情况，帮助财务报表使用者全面了解企业的获利能力、利润的变化情况及盈利增长趋势，从而为其作出经济决策提供依据。

二、利润表的结构

利润表一般有表首、正表两部分。表首部分概括地说明报表名称、编制单位、报表所属期间、报表编号、货币名称、计量单位等。正表部分是利润表的核心内容，具体说明企业经营成果的形成情况。

利润表正表的格式一般有两种：单步式利润表和多步式利润表。单步式利润表是将当期所有的收入列在一起，然后将所有的费用列在一起，两者相减得出当期的净利润。多步式利润表是通过对当期的收入、费用、支出项目按性质或功能加以归类，按利润形成的主要环节列示一些中间性利润指标，如营业利润、利润总额、净利润，分步计算当期净利润。

根据财务报表列报准则规定，我国企业应当采用多步式利润表，将不同性质的收入和费用进行对比，从而可以得出一些中间性的利润数据，便于报表使用者理解企业经营成果的不同来源。我国企业利润表的主要编制步骤和内容如下：

第一步，以营业收入为基础，计算营业利润。

营业利润＝营业收入－营业成本－税金及附加－销售费用－管理费用－财务费用－资产减值损失＋公允价值变动收益（－公允价值变动损失）＋投资收益（－投资损失）＋资产处置收益（－资产处置损失）＋其他收益（－其他损失）

第二步，以营业利润为基础，计算利润总额。

利润总额＝营业利润＋营业外收入－营业外支出

第三步，以利润总额为基础，计算净利润。

净利润＝利润总额－所得税费用

第四步，以净利润为基础，计算每股收益。

普通股已经公开交易的企业，以及正处于公开发行普通股过程中的企业，还应当在利润表中列示每股收益信息，其中“基本每股收益”“稀释每股收益”项目应根据每股收益的相关规定计算。非上市公司没有此项目。

第五步，以净利润为基础，加上其他综合收益，计算出综合收益总额。

我国企业的利润表的基本格式如表 2.5 所示。

表 2.5 **利润表** 会企 02 表

编制单位： ____年____月 单位:元

项　　目	本期金额	上期金额
一、营业收入		
减:营业成本		
税金及附加		
销售费用		
管理费用		
财务费用		
资产减值损失		
加:公允价值变动收益(损失以“－”号填列)		
投资收益(损失以“－”号填列)		
其中:对联营企业和合营企业的投资收益		
资产处置收益(损失以“－”号填列)		
其他收益		
二、营业利润(亏损以“－”号填列)		
加:营业外收入		
其中:非流动资产处置利得		
减:营业外支出		
其中:非流动资产处置损失		
三、利润总额(亏损以“－”号填列)		

续表

项　　目	本期金额	上期金额
减:所得税费用		
四、净利润(净亏损以“－”号填列)		
(一) 持续经营净利润(净亏损以“－”号填列)		
(二) 终止经营净利润(净亏损以“－”号填列)		
五、其他综合收益的税后净额		
(一) 以后不能重分类进损益的其他综合收益		
1. 重新计算设定受益计划净负债或净资产的变动		
2. 权益法下在被投资单位不能重分类进损益的其他综合收益中享有的份额		
……		
(二) 以后将重分类进损益的其他综合收益		
1. 权益法下在被投资单位以后将重分类进损益的其他综合收益中享有的份额		
2. 可供出售金融资产公允价值变动损益		
3. 持有至到期投资重分类为可供出售金融资产损益		
4. 现金流量套期损益的有效部分		
5. 外币财务报表折算差额		
6. 其他		
六、综合收益总额		
七、每股收益		
(一) 基本每股收益		
(二) 稀释每股收益		

三、利润表的编制

(一) 利润表“本期金额”和“上期金额”栏的填列方法

为使报表使用者通过比较企业不同期间利润的实现情况,判断企业经营成果的未来发展趋势,根据财务报表列报准则的规定,企业利润表各项目均需填列

“本期金额”和“上期金额”两栏。

“上期金额”栏内各项数字，应根据上年该期利润表的“本期金额”栏内所列数字填列。如果上年该期利润表规定的各个项目的名称和内容同本期不相一致，应对上年该期利润表各项目的名称和数字按本期的规定进行调整，填入“上期金额”栏。

“本期金额”栏内各期数字，除“基本每股收益”和“稀释每股收益”项目外，应当按照相关科目的发生额分析填列。如“营业收入”项目，根据“主营业务收入”“其他业务收入”科目的发生额分析计算填列；“营业成本”项目，根据“主营业务成本”“其他业务成本”科目的发生额分析计算填列。

（二）利润表各项目的填列方法

1.“营业收入”项目，反映企业经营主要业务和其他业务所确认的收入总额。本项目应根据“主营业务收入”和“其他业务收入”科目的本期发生额分析填列。

2.“营业成本”项目，反映企业经营主要业务和其他业务所发生的实际成本总额。本项目应根据“主营业务成本”和“其他业务成本”科目的本期发生额分析填列。

3.“税金及附加”项目，反映企业经营业务应负担的消费税、城市建设维护税、资源税、土地增值税和教育费附加等。本项目应根据“税金及附加”科目的发生额分析填列。

4.“销售费用”项目，反映企业在销售商品过程中发生的包装费、广告费等费用和为销售本企业商品而专设的销售机构的职工薪酬、业务费等经营费用。本项目应根据“销售费用”科目的发生额分析填列。

5.“管理费用”项目，反映企业为组织和管理生产经营发生的管理费用。本项目应根据“管理费用”的发生额分析填列。

6.“财务费用”项目，反映企业筹集生产经营所需资金等而发生的筹资费用。本项目应根据“财务费用”科目的发生额分析填列。

7.“资产减值损失”项目，反映企业各项资产发生的减值损失。本项目应根据“资产减值损失”科目的发生额分析填列。

8.“公允价值变动收益”项目，反映企业应当计入当期损益的资产或负债公允价值变动收益。本项目应根据“公允价值变动损益”科目的发生额分析填列，如为净损失，本项目以“—”号填列。

9.“投资收益”项目，反映企业以各种方式对外投资所取得的收益。本项目应根据“投资收益”科目的发生额分析填列。如为投资损失，本项目以“—”号填列。

10. “资产处置收益”项目，反映企业出售划分为持有待售的非流动资产（金融工具、长期股权投资和投资性房地产除外）或处置组时确认的处置利得或损失，以及处置未划分为持有待售的固定资产、在建工程、生产性生物资产及无形资产而产生的处置利得或损失。债务重组中因处置非流动资产产生的利得或损失和非货币性资产交换产生的利得或损失也包括在本项目内。该项目应根据在损益类科目新设置的“资产处置损益”科目的发生额分析填列；如为处置损失，以“－”号填列。

11. “其他收益”项目，反映计入其他收益的政府补助等。该项目应根据在损益类科目新设置的“其他收益”科目的发生额分析填列。

12. “营业利润”项目，反映企业实现的营业利润。如为亏损，本项目以“－”号填列。

13. “营业外收入”项目，反映企业发生的营业利润以外的收益，主要包括债务重组利得、与企业日常活动无关的政府补助、盘盈利得、捐赠利得等。该项目应根据“营业外收入”科目的发生额分析填列。

14. “营业外支出”项目，反映企业发生的营业利润以外的支出，主要包括债务重组损失、公益性捐赠支出、非常损失、盘亏损失、非流动资产毁损报废损失等。该项目应根据“营业外支出”科目的发生额分析填列。

15. “利润总额”项目，反映企业实现的利润。如为亏损，本项目以“－”号填列。

16. “所得税费用”项目，反映企业应从当期利润总额中扣除的所得税费用。本项目应根据“所得税费用”科目的发生额分析填列。

17. “净利润”项目，反映企业实现的净利润。如为亏损，本项目以“－”号填列。

“（一）持续经营净利润”和“（二）终止经营净利润”行项目，分别反映净利润中与持续经营相关的净利润和与终止经营相关的净利润；如为净亏损，以“－”号填列。该两个项目应按照《企业会计准则第42号——持有待售的非流动资产、处置组和终止经营》的相关规定分别列报。

18. “其他综合收益的税后净额”项目，反映企业根据会计准则规定未在当期损益中确认的各项利得和损失扣除所得税影响后的净额的合计数。本项目应根据“其他综合收益”科目及其所属明细科目的发生额分析填列。其他综合收益项目应当根据其他相关会计准则的规定分为下列两类列报：(1)以后会计期间不能重分类进损益的其他综合收益项目，主要包括重新计量设定受益计划净负债或净资产导致的变动、按照权益法核算的在被投资单位以后会计期间不能重分类进损益的其他综合收益中所享有的份额等；(2)以后会计期间在满足规定条件时将重分类进损益的其他综合收益项目，主要包括按照权益法核算的在被投资单位以后会计期间在满足规定条件时将重分类进损益的其他综合收益中所享有的份额、可供出售金融资产公允价值变动形成的利得或损失、持有至到期投资重分类为可供出售金融资产形成的利得或损失、现金流量套期工具产生的利得或损失中属于有效套期的部分、外币财务报表折算差额等。

19.“综合收益总额”项目，反映企业在某一期间除与所有者以其所有者身份进行的交易之外的其他交易或事项所引起的所有者权益变动。“综合收益总额”项目反映净利润和其他综合收益扣除所得税影响后的净额相加后的合计金额。

20.“基本每股收益”和“稀释每股收益”项目，反映企业根据每股收益准则计算的两种每股收益指标的金额。

四、利润表编制举例

例 2.2

ABC 股份公司 2018 年度有关损益账户的本期发生汇总列示如表 2.6 所示。

表 2.6　　ABC 股份公司 2018 年损益类账户　　单位:元

账户名称	借　方	贷　方
主营业务收入		24 000 000
主营业务成本	8 000 000	
税金及附加	4 000 000	
销售费用	4 200 000	
管理费用	3 800 000	
财务费用	2 600 000	
其他业务收入		8 600 000
资产价值损失	600 000	
其他业务成本	6 500 000	
投资收益	1 200 000	
公允价值变动损益		200 000
营业外收入		300 000
营业外支出	200 000	

假设公司依据税法规定调整计算出本期所得税费用为 400 000 元，公司不存在潜在普通股，本年度也未增发新股，发行在外的普通股为 1 600 万股。根据以上资料编制 ABC 股份公司 2018 年利润表如表 2.7 所示。

表 2.7 **利润表** 会企 02 表

编制单位：ABC 股份公司 2018 年度 单位：元

项　　目	本期金额	上期金额
一、营业收入	32 600 000	（略）
减：营业成本	14 500 000	
税金及附加	4 000 000	
销售费用	4 200 000	
管理费用	3 800 000	
财务费用	2 600 000	
资产减值损失	600 000	
加：公允价值变动收益（损失以“－”号填列）	200 000	
投资收益（损失以“－”号填列）	－1 200 000	
其中：对联营企业和合营企业的投资收益		
二、营业利润（亏损以“－”号填列）	1 900 000	
加：营业外收入	300 000	
减：营业外支出	200 000	
三、利润总额（亏损以“－”号填列）	2 000 000	
减：所得税费用	400 000	
四、净利润（亏损以“－”号填列）	1 600 000	
五、其他综合收益的税后净额	0	
六、综合收益总额	1 600 000	
七、每股收益		
（一）基本每股收益	0.1	
（二）稀释每股收益	0.1	

第四节 现金流量表

一、现金流量表概述

(一) 现金流量表的概念

现金流量表是反映企业在一定会计期间现金和现金等价物流入和流出的报表。编制现金流量表,可以为会计报表使用者提供企业一定会计期间内现金和现金等价物流入和流出的信息,便于报表使用者了解和评价企业获取现金和现金等价物的能力,并据以预测企业未来现金流量。

(二) 现金流量表的现金范围

现金流量表的现金是指企业库存现金以及可以随时用于支付的存款,包括库存现金、银行存款、其他货币资金(如外埠存款、银行汇票存款、银行本票存款等)和现金等价物。不能随时用于支付的存款不属于现金。

现金等价物,是指企业持有的期限短、流动性强、易于转换为已知金额现金、价值变动风险很小的投资。期限短,一般是指从购买日起三个月内到期。现金等价物通常包括三个月内到期的债券投资等。权益性投资变现的金额通常不确定,因而不属于现金等价物。企业应当根据具体情况,确定现金等价物的范围,一经确定不得随意变更。

现金流量是指企业在一定会计期间内现金和现金等价物的流入和流出。企业从银行提取现金、用现金购买短期到期的国债等现金和现金等价物之间的转换不属于现金流量。

(三) 现金流量的分类

企业产生的现金流量分为三类:

1. 经营活动产生的现金流量

经营活动,是指企业投资活动和筹资活动以外的所有交易和事项。经营活动流入的现金主要包括:销售商品、提供劳务收到的现金;收到的税费返还;收到的其他与经营活动有关的现金。经营活动流出的现金主要包括:购买商品、接受劳务支付的现金;支付给职工以及为职工支付的现金;支付的各项税费;支付的其他与经营活动有关的现金。

2. 投资活动产生的现金流量

投资活动,是指企业长期资产的购建和不包括在现金等价物范围内的投资及其处置活动。投资活动流入的现金主要包括:收回投资所收到的现金;取得投资收益所收到的现金;处置固定资产、无形资产和其他长期资产所收回的现金净额;收到的其他与投资活动有关的现金。投资活动流出的现金主要包括:购建固定资产、无形资产和其他长期资产所支付的现金;投资所支付的现金;支付的其他与投资活动有关的现金。

3. 筹资活动产生的现金流量

筹资活动,是指导致企业资本及债务规模和构成发生变化的活动。筹资活动流入的现金主要包括:吸收投资所收到的现金;取得借款所收到的现金;收到的其他与筹资活动有关的现金。筹资活动流出的现金主要包括:偿还债务所支付的现金;分配股利、利润或偿付利息所支付的现金;支付的其他与筹资活动有关的现金。

二、现金流量表的结构和内容

现金流量表由表头、主表和附注三部分组成。

表头列示报表名称、编报单位、货币计量单位等。

现金流量表的主表是按照现金流量表的分类,分别经营活动、投资活动和筹资活动,从现金流入和流出两个方面列报现金收支项目和各类活动产生的现金流量净额。对于汇率变动对现金及现金等价物的影响,作为调节项目单独列示。各类活动产生的现金流量净额加上或减去汇率变动对现金及现金等价物的影响额,即得出当期现金及现金等价物净增加额。

现金流量附注披露的信息包括以下三部分:

(1) 以补充资料的形式披露“将净利润调节为经营活动的现金流量”“不涉及现金收支的重大投资和筹资活动”“现金及现金等价物净变动情况”。

(2) 当期取得或处置子公司及其他营业单位的情况。

(3) 现金及现金等价物的构成情况。

现金流量表的基本格式见表 2.8。

表 2.8 **现金流量表** 会企 03 表

编制单位: ____年____月 单位:元

项　　目	本期金额	上期金额
一、经营活动产生的现金流量:		
销售商品、提供劳务收到的现金		
收到的税收返还		

续 表

项　　　　目	本期金额	上期金额
收到其他与经营活动有关的现金		
经营活动流入小计		
购买商品、接受劳务支付的现金		
支付给职工以及为职工支付的现金		
支付的各项税费		
支付其他与经营活动有关的现金		
经营活动现金流出小计		
经营活动产生的现金流量净额		
二、投资活动产生的现金流量：		
收回投资收到的现金		
取得投资收益收到的现金		
处置固定资产、无形资产和其他长期资产收回的现金净额		
处置子公司及其他营业单位收到的现金净额		
收到其他与投资活动有关的现金		
投资活动现金流入小计		
购建固定资产、无形资产和其他长期资产支付的现金		
投资支付的现金		
取得子公司及其他营业单位支付的现金净额		
支付其他与投资活动有关的现金		
投资活动现金流出小计		
投资活动产生的现金流量净额		
三、筹资活动产生的现金流量：		
吸收投资收到的现金		
取得借款收到的现金		
收到其他与筹资活动有关的现金		
筹资活动现金流入小计		

续　表

项　　目	本期金额	上期金额
偿还债务支付的现金		
分配股利、利润或偿付利息支付的现金		
支付其他与筹资活动有关的现金		
筹资活动现金流出小计		
筹资活动产生的现金流量净额		
四、汇率变动对现金及现金等价物的影响		
五、现金及现金等价物净增加额		
加:期初现金及现金等价物余额		
六、期末现金及现金等价物余额		

附注:

项　　目	本期金额	上期金额
1. 将净利润调节为经营活动现金流量:		
净利润		
加:资产减值准备		
固定资产折旧、油气资产折耗、生产性生物资产折旧		
无形资产摊销		
长期待摊费用摊销		
处置固定资产、无形资产和其他长期资产的损失(收益以“—”号填列)		
固定资产报废损失(收益以“—”号填列)		
公允价值变动损失(收益以“—”号填列)		
财务费用(收益以“—”号填列)		
投资损失(收益以“—”号填列)		
递延所得税资产减少(增加以“—”号填列)		
递延所得税负债增加(减少以“—”号填列)		
存货的减少(增加以“—”号填列)		
经营性应收项目的减少(增加以“—”号填列)		
经营性应付项目的增加(减少以“—”号填列)		

续 表

项　　目	本期金额	上期金额
其他		
经营活动产生的现金流量净额		
2. 不涉及现金收支的重大投资和筹资活动：		
债务转为资本		
一年内到期的可转换公司债券		
融资租入固定资产		
3. 现金及现金等价物净变动情况：		
现金的期末余额		
减：现金的期初余额		
加：现金等价物的期末余额		
减：现金等价物的期初余额		
现金及现金等价物净增加额		

三、现金流量表的编制

现金流量表从编制程序上来说，有工作底稿法、T字型账户法、分析填列法等。其中最为常见的是分析填列法。分析填列法直接根据有关账户的记录，或根据资产负债表、利润表并结合有关账户的记录等资料分析计算填列现金流量表的各项目。以下以分析填列法分别计算经营活动、投资活动、筹资活动的现金流量，进而编制现金流量表。

(一) 经营活动产生的现金流量项目的内容及填列

经营活动产生的现金流量是一项重要的指标，它可以说明企业在不动用从外部筹得资金的情况下，通过经营活动产生的现金流量是否足以偿还负债、支付股利和对外投资。经营活动产生的现金流量可以采用直接法和间接法两种方法反映。

直接法，是指通过现金收入和现金支出的主要类别列示来自企业经营活动的现金流量的方法。采用直接法编制经营活动的现金流量时，一般以利润表中的营业收入为起算点，调整与经营活动有关的项目的增减变动，然后计算出经营活动的现金流量。在这种方法下，凡不涉及现金的收入、费用及营业外收支项目均不需列入现金流量表。采用直接法反映经营活动现金流量，便于分析企业经营活动产生的现金流量的来源和用途，预测企业现金流量的未来前景；但直接法反映的现金流量，不能反映本年利润与本年现金流量产生差异的原因。

按照《企业会计准则第 31 号——现金流量表》的规定，现金流量表采用直接法列报经营活动的现金流量，在现金流量表附注中采用间接法披露将净利润调节为经营活动现金流量的信息。有关间接法的详细内容见后续部分。

1.“销售商品、提供劳务收到的现金”项目

本项目反映企业本期销售商品、提供劳务收到的现金，以及前期销售商品、提供劳务本期收到的现金（包括应向购买者收取的增值税销项税额）和本期预收的款项，减去本期销售本期退回商品和前期销售本期退回商品支付的现金。企业销售材料和代购代销业务收到的现金，也在本项目反映。

确定本项目金额通常可以在利润表上的“营业收入”为起算进行调整。调整公式为：

销售商品、提供劳务收到的现金＝销售商品、提供劳务产生的收入和增值税销项税额＋应收账款本期减少额（期初余额－期末余额）＋应收票据本期减少额（期初余额－期末余额）＋预收款项本期增加额（期末余额－期初余额）－本期计提的坏账准备

如果本期收到用以清偿债务的非现金资产，或因其他原因实际未增加现金流入而减少的应收账款、应收票据（如票据贴现息等）应在上式中作减项处理。

例 2.3

甲公司为增值税一般纳税人，2016 年度，甲公司主营业务收入为 1 000 万元，增值税销项税额为 170 万元；应收账款项目期初余额为 100 万元，期末余额为 60 万元；应收票据项目期初余额为 250 万元，期末余额为 180 万元；预收款项项目期初余额为 80 万元，期末余额为 75 万元。另外，本期计提坏账准备 20 万元，收到客户用 9.36 万元的商品（货款 8 万元，增值税税额 1.36 万元）抵偿前欠账款 10 万元。则甲公司 2016 年度现金流量表中“销售商品、提供劳务收到的现金”项目的金额计算如下：

（1 000＋170）＋（100－60）＋（250－180）＋（75－80）－20－10＝1 245（万元）

2.“收到的税费返还”项目

本项目反映企业收到返还的所得税、增值税、消费税、关税和教育费附加等各种税费返还款。确定该项目的余额，需要分析“应交税费”科目下属各明细科目的贷方发生额。

3.“收到其他与经营活动有关的现金”项目

本项目反映企业经营租赁收到的租金等其他与经营活动有关的现金流入，金额较大的应当单独列示。

4.“购买商品、接受劳务支付的现金”项目

本项目反映企业本期购买商品、接受劳务实际支付的现金(包括增值税进项税额)，以及本期支付前期购买商品、接受劳务的未付款项和本期预付款项，减去本期发生的购货退回收到的现金。企业购买材料和代购代销业务支付的现金，也在本项目反映。

确定本项目金额通常以利润表上的“营业成本”为基础进行调整。具体调整公式为：

购买商品、接受劳务支付的现金＝本期营业成本＋本期购买商品、接受劳务的增值税进项税额＋存货(期末余额－期初余额)＋预付账款(期末余额－期初余额)＋应付账款(期初余额－期末余额)＋应付票据(期初余额－期末余额)

如果本期以非现金资产清偿债务而减少的应付账款、应付票据，以及本期计入存货成本的非现金支出(如折旧费等)和职工薪酬等应在上式中作减项处理。

例 2.4

乙企业本期商品销售成本 150 万元；存货账户期初余额 80 万元，本期购入 100 万元，本期发出 150 万元；本期购入存货增值税进项税额 17 万元；应付账款账户期初余额 30 万元，本期赊购 45 万元，本期偿还 70 万元；预付账款账户期初余额 10 万元，本期预付 25 万元(无需要调整的因素)。则乙公司 2016 年度现金流量表中“购买商品、接受劳务支付的现金”项目的金额计算如下：

$$(150+17)+(30-80)+(35-10)+(30-5)=167(\text{万元})$$

5.“支付给职工以及为职工支付的现金”项目

本项目反映企业实际支付给职工的工资、奖金、各种津贴和补贴等(含为职

工支付的养老、失业等各种保险和其他福利费用）。但不含为离退休人员支付的各种费用和固定资产购建人员的工资。本项目的数据可根据“库存现金”“银行存款”“应付职工薪酬”等账户的记录分析取得。

6.“支付的各项税费”项目

本项目反映企业发生并支付、前期发生本期支付以及预交的各项税费，包括所得税、增值税、消费税、印花税、房产税、土地增值税、车船税、教育费附加等。本项目的数据可根据“应交税费”“管理费用”“库存现金”“银行存款”等账户的记录分析取得。

7.“支付其他与经营活动有关的现金”项目

本项目反映企业除上述各项目外所支付的其他与经营活动有关的现金，如经营租赁支付的租金、支付的差旅费、业务招待费、保险费、罚款支出等。若其他与经营活动有关的现金流出金额较大，应单列项目反映。本项目的数据可根据“管理费用”“销售费用”“营业外收入”“库存现金”“银行存款”等账户的记录分析取得。

（二）投资活动产生的现金流量项目的内容及填列

1. 投资活动产生的现金流入

（1）“收回投资收到的现金”项目，反映企业出售、转让或到期收回的除现金等价物以外的交易性金融资产、长期股权投资而收到的现金，以及收回持有至到期投资本金而收到的现金。不包括持有至到期投资收回的利息以及收回的非现金资产。本项目的数据可根据“交易性金融资产”“可供出售金融资产”“持有至到期投资”“长期股权投资”“银行存款”等账户的记录分析取得。

（2）“取得投资收益所到的现金”项目，反映企业因股权性投资而分得的现金股利、和分回利润所收到的现金，以及债权性投资取得的现金利息收入。本项目的数据可根据“应收股利”“应收利息”“投资收益”“银行存款”等账户的记录分析取得。

（3）“处置固定资产、无形资产和其他长期资产收回的现金净额”项目，反映企业出售、报废固定资产、无形资产和其他长期资产所取得的现金（包括因资产毁损而收到的保险赔偿收入），减去为处置这些资产而支付的有关费用后的净额。本项目的数据可根据“固定资产清理”“无形资产”“库存现金”“银行存款”等账户的记录分析取得。如果该项处置收回的现金净额为负数，则应在“支付其他与投资活动有关的现金”项目反映。

例 2.5

丙企业一台生产设备由于性能不佳等原因作提前报废处理，该设备原值500 000元，已提折旧450 000元，未计提减值准备。报废清理中废弃设备残料变卖收入30 000元，发生拆卸等费用5 000元，有关收支均已通过银行办理结算。则该企业处置固定资产收回的现金净额为：

$$30\,000-5\,000=25\,000(\text{元})$$

（4）“处置子公司及其他营业单位收到的现金净额”项目，反映企业处置子公司及其他营业单位所取得的现金，减去相关处置费用以及子公司及其他营业单位持有的现金和现金等价物后的净额。本项目的数据可根据“长期股权投资”“银行存款”等账户的记录分析取得。

（5）“收到其他与投资活动有关的现金”项目，反映企业除上述各项目外收到的其他与投资活动有关的现金，金额较大的应当单独列示。

2. 投资活动产生的现金流出

（1）“购建固定资产、无形资产和其他长期资产支付的现金”项目，反映企业购买、建造固定资产、取得无形资产和其他长期资产所支付的现金（含增值税款等），以及用现金支付的应由在建工程和无形资产负担的职工薪酬。本项目的数据可根据“固定资产”“在建工程”“无形资产”“库存现金”“银行存款”等账户的记录分析取得。

（2）“投资支付的现金”项目，反映企业取得除现金等价物以外的对其他企业的长期股权投资等所实际支付的现金以及支付的佣金、手续费等附加费用，但取得子公司及其他营业单位支付的现金净额除外。本项目的数据可根据“交易性金融资产”“可供出售金融资产”“持有至到期投资”“长期股权投资”“银行存款”等账户的记录分析取得。

企业购买股票和债券时，实际支付的价款中包含的已宣告但尚未领取的现金股利或已到付息期但尚未领取的债券利息，应在“支付其他与投资活动有关的现金”项目中反映；收到上述已包含在购买股票和债券价款中的现金股利和利息，应在“收到的其他与投资活动有关的现金”项目中反映。

（3）“取得子公司及其他营业单位支付的现金净额”项目，反映企业购买子公司及其他营业单位购买出价中以现金支付的部分，减去子公司及其他营业单位持有的现金和现金等价物后的余额。本项目的数据可根据“长期股权投资”“银行存款”等账户的记录分析取得。

(4)“支付其他与投资活动有关的现金”项目,反映企业除上述各项目外支付的其他与投资活动有关的现金,金额较大的应当单独列示。

(三) 筹资活动产生的现金流量项目的内容及填列

1. 筹资活动产生的现金流入

(1)“吸收投资收到的现金”项目,反映企业收到投资者投入的现金,包括以发行股票等方式筹集资金实际收到的款项净额(即发行收入减去支付的佣金等发行费用后的净额)。以发行股票、债券方式筹集资金而由企业直接支付的审计、咨询等费用,都应在“支付其他与筹资活动有关的现金”项目中反映。本项目的数据可根据“实收资本(或股本)”“资本公积”“银行存款”等账户的记录分析取得。

(2)“取得借款收到的现金”项目,反映企业举借各种短期借款、长期借款而收到的现金以及发行债券实际收到的款项净额(发行收入减去由金融企业支付的佣金等发行费用后的净额)。本项目的数据可根据“短期借款”“长期借款”“应付债券”“银行存款”等账户的记录分析取得。

(3)“收到其他与筹资活动有关的现金”项目,反映企业除上述各项目外收到的其他与筹资活动有关的现金,金额较大的应当单独列示。

2. 筹资活动产生的现金流出

(1)“偿还债务支付的现金”项目,反映企业偿还债务本金而支付的现金,包括偿还金融机构的借款本金、偿还到期的债券本金等。本项目的数据可根据“短期借款”“长期借款”“应付债券”“银行存款”等账户的记录分析取得。

(2)“分配股利、利润或偿付利息支付的现金”项目,反映企业实际支付的现金股利、支付给其他投资单位的利润或用现金支付的借款利息、债券利息等。本项目的数据可根据“应付股利”“应付利息”“长期借款”“应付债券”“银行存款”等账户的记录分析取得。

(3)“支付其他与筹资活动有关的现金”项目,反映企业除上述各项目外支付的其他与筹资活动有关的现金,金额较大的应当单独列示。

(四) 汇率变动对现金及现金等价物的影响

“汇率变动对现金及现金等价物的影响”反映企业的外币现金流量发生日所采用的汇率与期末汇率的差额对现金的影响数额。

(五) 现金流量表附注披露的内容及填列

1. 将净利润调节为经营活动现金流量

将净利润调节为经营活动现金流量,也即采用间接法披露经营活动现金流量信息,它是以本期净利润为起算点,通过调整相关项目的增减变动额,计算得出经营活动产生的现金流量净额。采用间接法编报现金流量表，便于将净利润与经营活动产生的现金流量净额进行比较，了解净利润与经营活动产生的现金流量差异的原因，从现金流量的角度分析净利润的质量。

在利润表中反映的净利润是按权责发生制确定的，其中有些收入、费用项目并没有实际发生经营活动的现金流入和流出，而且其构成内容不仅包括经营活动的损益，也包括投资活动和筹资活动的损益。间接法的基本原理，就是将在权责发生制基础上计算确定的净利润转换为以现金制(收付实现制)为基础，并剔除投资、筹资活动的影响，由此得出经营活动产生的现金流量净额。采用间接法时，具体需要调整的项目可分为三大类：一是实际未发生现金流入、流出的经营活动的收入、费用；二是不属于经营活动的损益；三是与经营活动有关的非现金流动项目的增减变动。将净利润调节为经营活动的现金流量需要调整的项目如下：

(1)“资产减值准备”，反映企业本期计提的各项资产的减值准备。本项目可根据“资产减值损失”科目的记录填列。

(2)“固定资产折旧、油气资产折耗、生产性生物资产折旧”项目，分别反映企业本期计提的固定资产折旧、油气资产折耗、生产性生物资产折旧。本项目可根据“累计折旧”“累计折耗”“生产性生物资产累计折旧”科目的记录分析填列。

(3)“无形资产摊销”“长期待摊费用摊销”项目，分别反映企业本期累计摊入成本费用的无形资产和长期待摊费用价值。本项目可以根据“累计摊销”“长期待摊费用”科目的记录分析填列。

(4)“处置固定资产、无形资产和其他长期资产的损失(减:收益)”项目，反映企业本期由于处置固定资产、无形资产和其他长期资产而发生的净损失。本项目可根据“营业外收入”“营业外支出”“其他业务收入”“其他业务成本”科目所属有关明细科目的记录分析填列；如为净收益，以“—”号填列。

(5)“固定资产报废损失”项目，反映企业本期发生的固定资产盘亏(减:盘盈)后的净损失。本项目可根据“营业外收入”“营业外支出”科目中固定资产盘亏损失减去固定资产盘盈收益后的差额填列。

(6)“公允价值变动损失”反映企业本期公允价值变动形成的净损失。本项目可根据利润表中的“公允价值变动收益”项目的数字填列；如为净收益，以“—”号填列。

(7)“财务费用”项目反映企业本期实际发生的属于投资活动或筹资活动的财务费用。本项目可根据“财务费用”科目的本期借方发生额分析填列，如为收益，以“—”号填列。

(8)“投资损失(减:收益)”项目,反映企业本期对外投资实际发生的投资损失减去收益后的净损失。本项目可根据利润表中的“投资收益”项目的数字填列;如为投资收益,以“－”号填列。

(9)“递延所得税资产减少”和“递延所得税负债增加”项目,分别反映企业本期与净利润相关的递延所得税资产减少和递延所得税负债增加。可分别根据资产负债表“递延所得税资产”“递延所得税负债增加”项目的期初、期末余额的差额分析填列。递延所得税资产的期末数小于期初数的差额,以及递延所得税负债期末数大于期初数的差额,以正数填列;递延所得税资产的期末数大于期初数的差额,以及递延所得税负债期末数小于期初数的差额,以“－”号填列。

(10)“存货的减少(减:增加)”项目,反映企业本期存货的减少(减:增加)。本项目可根据资产负债表上“存货”项目的期初、期末余额的差额填列;期末数大于期初数的差额,以“－”号填列。

(11)“经营性应收项目的减少(减:增加)”项目,反映企业本期经营性应收项目(包括应收票据、应收账款和其他应收款等经营性应收项目中与经营活动有关的部分及应收的增值税销项税额等)的减少(减:增加)。

(12)“经营性应付项目的增加(减:减少)”项目,反映企业本期经营性应付项目(包括应付票据、应付账款、预收账款、应付职工薪酬、应交税费和其他应付款等经营性应付项目中与经营活动有关的部分及应付的增值税进项税额等)的增加(减:减少)。

净利润经调节后计算得出的经营活动产生的现金流量净额,应当与现金流量表中的“经营活动产生的现金流量净额”项目的数据相等。

2. 不涉及现金收支的重大投资和筹资活动

(1)“债务转为资本”项目,应根据有关负债账户的记录,分析填列本期转为资本的债务金额。

(2)“一年内到期的可转换公司债券”项目,应根据“应付债券”账户的记录,分析填列一年内到期的可转换公司债券的本息。

(3)“融资租入固定资产”项目,应根据“长期应付款”“未确认融资费用”账户的记录,分析填列本期融资租入固定资产的最低租赁付款额扣除应分期计入利息费用的未确认融资费用的净额。

3. 现金及现金等价物净变动情况

这部分根据资产负债表有关项目分析填列,计算得出的现金及现金等价物净增加额,应当与现金流量表中的“现金及现金等价物净增加额”项目的数额相等。

第五节　所有者权益(或股东权益)变动表

一、所有者权益变动表的概念和作用

所有者权益变动表是指反映构成所有者权益各组成部分当期增减变动情况的报表。

所有者权益变动表能全面反映一定时期所有者权益变动的情况，不仅包括所有者权益总量的增减变动，还包括所有者权益增减变动的重要结构性信息，特别是要反映直接计入所有者权益的利得和损失，让报表使用者准确理解所有者权益增减变动的根源。

二、所有者权益变动表的内容和结构

所有者权益变动表上，企业至少应单独列示的项目包括：(1)综合收益总额，在合并所有者权益变动表中还应单独列示归属于母公司所有者的综合收益总额和归属于少数股东的综合收益总额；(2)会计政策变更和差错更正的累积影响金额；(3)所有者投入资本和向所有者分配利润等；(4)提取的盈余公积；(5)所有者权益各组成部分的期初和期末余额及其调节情况。其中，反映“直接计入所有者权益的利得和损失”的项目即为其他综合收益项目。

所有者权益变动表以矩阵的形式列示：一方面，列示导致所有者权益变动的交易或事项，即所有者权益变动的来源，对一定时期所有者权益的变动情况进行全面反映；另一方面，按照所有者权益各组成部分(即实收资本、资本公积、盈余公积、未分配利润和库存股)列示交易或事项对所有者权益各部分的影响。

我国所有者权益变动表的格式如表 2.9 所示。

三、所有者权益变动表的编制

所有者权益变动表各项目均需填列“本年金额”和“上年金额”两栏。所有者权益表变动表“上年金额”栏内各项数字，应根据上年度所有者权益变动表“本年金额”内所列数字填列。上年度所有者权益变动表规定的各个项目的名称和内容同本年度不一致的，应对上年度所有者权益变动表各项目的名称和数字按照本年度的规定进行调整，填入所有者权益变动表的“上年金额”栏内。

表 2.9　　所有者权益变动表　　会企 04 表

编制单位：　　________年度　　单位：元

项目	本年金额							上年金额						
	实收资本（或股本）	资本公积	减：库存股	其他综合收益	盈余公积	未分配利润	所有者权益合计	实收资本（或股本）	资本公积	减：库存股	其他综合收益	盈余公积	未分配利润	所有者权益合计
一、上年年末余额														
加：会计政策变更														
前期差错更正														
二、本年年初余额														
三、本年增减变动金额（减少以“－”号填列）														
（一）综合收益总额														
（二）所有者投入和减少资本														
1. 所有者投入资本														
2. 股份支付计入所有者权益的金额														
3. 其他														
（三）利润分配														
1. 提取盈余公积														

续　表

项　目	本年金额							上年金额						
	实收资本（或股本）	资本公积	减：库存股	其他综合收益	盈余公积	未分配利润	所有者权益合计	实收资本（或股本）	资本公积	减：库存股	其他综合收益	盈余公积	未分配利润	所有者权益合计
2. 对所有者(或股东)的分配														
3. 其他														
(四) 所有者权益内部结转														
1. 资本公积转增资本(股本)														
2. 盈余公积转增资本(股本)														
3. 盈余公积弥补亏损														
4. 其他														
四、本年年末余额														

所有者权益变动表“本年金额”栏内各项数字一般应根据“实收资本（或股本）”“资本公积”“盈余公积”“利润分配”“库存股”“以前年度损益调整”科目的发生额分析填列。

第六节　会计报表附注

一、会计报表附注的概念和作用

会计报表附注是对在资产负债表、利润表、现金流量表和所有者权益变动表等报表中列示项目所作的文字描述或明细资料，以及对未能在这些报表中列示项目的说明等。

附注应当披露财务报表的编制基础，相关信息应当与资产负债表、利润表、所有者权益变动表和现金流量表等报表中列示的项目相互参照。通过附注与资产负债表、利润表、所有者权益变动表和现金流量表列示项目的相互参照关系，以及对未能列示项目的说明，可以使报表使用者全面了解企业的财务状况、经营成果和现金流量。

二、会计报表附注披露的主要内容

会计报表附注是企业财务报表的主要组成部分。按照《企业会计准则第 30 号——财务报表列报》的规定，企业应当按照下列顺序披露附注的内容：

1. 企业的基本情况

（1）企业注册地、组织形式和总部地址。

（2）企业的业务性质和主要经营活动，如企业所处的行业、所提供的主要产品或服务、客户的性质、销售策略、监管环境的性质等。

（3）母公司以及集团最终母公司的名称。

（4）财务报告的批准报出者和财务报告批准报出日，或者以签字人及其签字日期为准。

（5）营业期限有限的企业，还应当披露有关其营业期限的信息。

2. 财务报表的编制基础

财务报表的编制应当以持续经营为基础。在编制财务报表时，企业的管理层应对企业的持续经营能力进行评估，若因某些事项的高度不确定性对持续经营能力产生重大怀疑时，应当在附注中披露导致对持续经营能力产生重大怀疑的影响因素;处于非持续经营状况下的企业,财务报表的编制则应当采用其他基础,在附注中应当对未以持续经营为基础作出声明,并披露原因及所采用的编制基础。

3. 遵循企业会计准则的声明

企业应当声明编制的财务报表符合企业会计准则的要求,真实、完整地反映企业的财务状况、经营成果和现金流量等有关信息。

4. 重要会计政策和会计估计的说明

会计政策是指企业在会计核算时所遵循的具体原则以及企业所采纳的具体会计处理方法。企业在附注中应当披露重要的会计政策及其确定的依据等。重要会计政策的说明,包括财务报表项目的计量基础和在运用会计政策过程中所做的重要判断等,如:收入确认的具体原则、资产期末计价的方法、长期股权投资的核算方法、所得税的核算方法、借款费用的处理方法等。

会计估计是指企业对结果不确定的交易或者事项以最近可利用的信息为基础所作的判断。企业在附注中应当披露重要的会计估计,以及会计估计中所采用的关键假设和不确定的因素。重要的会计估计包括:坏账准备的计提比例、固定资产预计可回收金额等。

5.会计政策和会计估计变更以及差错更正的说明

企业应当按照相关会计准则的规定,披露会计政策和会计估计变更以及差错更正的有关情况,主要包括:重要会计政策变更的内容、理由及变更的影响数等;会计估计变更的内容、理由及变更的影响数等;重大会计差错的内容及更正金额。

6. 报表重要项目的说明

企业应当以文字和数字描述相结合、尽可能以列表形式披露报表重要项目的构成或当期增减变动情况,并且报表重要项目的明细金额合计,应当与报表项目金额相衔接。在披露顺序上,一般应当按照资产负债表、利润表、现金流量表、所有者权益变动表的顺序及其项目列示的顺序。企业应当在附注中披露费用按照性质分类的利润表补充资料,可将费用分为耗用的原材料、职工薪酬费用、折旧费用、摊销费用等。

7. 其他需要说明的重要事项

这主要包括或有和承诺事项、资产负债表日后非调整事项、关联方关系及其交易等,具体的披露要求须遵循相关准则的规定。

8. 有助于财务报表使用者评价企业管理资本的目标、政策及程序的信息。

三、会计报表附注披露的其他事项

1. 企业应当在附注中披露下列关于其他综合收益各项目的信息:

(1) 其他综合收益各项目及其所得税影响;

(2) 其他综合收益各项目原计入其他综合收益、当期转出计入当期损益的金额;

(3) 其他综合收益各项目的期初和期末余额及其调节情况。

2. 企业应当在附注中披露终止经营的收入、费用、利润总额、所得税费用和净利润,以及归属于母公司所有者的终止经营利润。

3. 终止经营,是指满足下列条件之一的已被企业处置或被企业划归为持有待售的、在经营和编制财务报表时能够单独区分的组成部分:

(1) 该组成部分代表一项独立的主要业务或一个主要经营地区。

(2) 该组成部分是拟对一项独立的主要业务或一个主要经营地区进行处置计划的一部分。

(3) 该组成部分是仅仅为了再出售而取得的子公司。

同时满足下列条件的企业组成部分(或非流动资产,下同)应当确认为持有待售:该组成部分必须在其当前状况下仅根据出售此类组成部分的惯常条款即可立即出售;企业已经就处置该组成部分作出决议,如按规定需得到股东批准的,应当已经取得股东大会或相应权力机构的批准;企业已经与受让方签订了不可撤销的转让协议;该项转让将在一年内完成。

4. 企业应当在附注中披露在资产负债表日后、财务报告批准报出日前提议或宣布发放的股利总额和每股股利金额(或向投资者分配的利润总额)。

查阅作业

请查阅一家上市公司的年度报告,回答以下问题:

1. 这家公司的资产负债表中哪项资产的金额最大?资产负债表中哪些项目变动比例最大?

2. 该公司利润表中是净利润还是净亏损?净利润或净亏损占营业收入的比重多大?

3. 该公司的现金流量表中显示出的现金流量的构成如何?是否健康?

4. 该公司的所有者权益在会计期间内如何变动?

5. 你认为这家公司的优势和弱势在哪里?

复习思考题

一、名词解释

财务报告　　财务报表　　资产负债表　　利润表　　现金流量表

现金流量　　所有者权益变动表　　财务报表附注

二、问答题

1. 简述财务报表的主要作用。
2. 简述财务报表列报的基本要求。
3. 简述资产负债表和利润表列报的内容,说明编制方法。
4. 如何认识利润表中列报企业的综合收益?
5. 说明现金流量表中现金的范围及现金流量的分类。
6. 采用直接法和间接法列报经营活动的现金流量有何不同作用?
7. 所有者权益变动表与资产负债表、利润表之间有何联系?
8. 简述财务报表附注的主要作用及披露的主要内容。

第二篇

资　　产

第三章 货币资金

【本章导读】

企业的经营活动离不开货币资金。企业以货币资金购买存货后，再经过加工，销售给客户，取得货币资金。这个循环构成了企业的经营循环。

本章的货币资金是企业生产经营过程中直接以货币形态存在的资产，它可以作为支付手段，用于支付各项费用、清偿各种债务及购买其他资产。通过本章学习，了解我国有关现金管理和银行结算业务的相关制度规定和处理程序，掌握库存现金、银行存款的清查及其他货币资金的账务处理。

货币资金包括三部分：(1)现金，指库存现金；(2)银行存款，指企业存放在银行或其他金融机构的那部分货币资金；(3)其他货币资金，指企业除库存现金和银行存款以外的其他货币资金，包括外部存款、银行汇票存款、银行本票存款、信用证存款、信用卡存款和存出投资款等。

货币资金日常的会计处理通过设置"库存现金"账户、"银行存款"账户及"其他货币资金"账户进行，期末将这三个账户的余额汇总反映在资产负债表的"货币资金"项目下。

第一节 库存现金

本节中的现金是指现金管理人员所涉及的现金，是指狭义现金，即存放在财会部门由出纳员保管的现金，包括库存的人民币和外币。

一、库存现金管理

(一) 库存现金的使用范围和库存现金限额

我国企业在库存现金的使用管理上要遵循 1988 年国务院颁布的《现金管理暂行条例》，条例规定了现金的使用范围。我国各企业单位与其他企业单位的各种款项往来结算除下列各项外，都必须通过各专业银行办理结算。企业可以在下列各种情况下使用现金：

1. 职工工资、津贴
2. 个人劳务报酬
3. 根据国家规定颁发给个人的科学技术等各种奖金
4. 各种劳保、福利费用以及国家规定的支付给个人的其他支出
5. 向个人收购农副产品和其他物资的价款
6. 出差人员必须随身携带的差旅费
7. 结算起点(目前规定为 1 000 元)以下的零星支出
8. 中国人民银行确定需要支付现金的其他支出

超出上述规定的范围，应通过开户银行办理转账结算。

企业在正常经营过程中，保留的现金不允许超过规定的限额。开户银行应根据实际情况，核定开户单位的库存现金限额。库存现金限额由开户单位以其日常零星开支量为依据，向开户银行提出计划，由开户银行审批。一般单位的库存现金限额相当于其 3 至 5 天的日常零星开支量；边远地区或交通不便地区的单位，其库存现金限额可以适当增加，但最多不得超过 15 天的日常零星开支。超过限额的库存现金应及时解存银行。

(二) 库存现金的内部控制

企业对现金进行严格的管理和控制，建立健全现金的内部控制制度，保证现金流动的安全性和合理性，提高现金的使用效率。

1. 现金收入的内部控制

现金收入主要产生于销售商品、提供劳务。在取得现金收入的过程中，应明确区分业务员和出纳员的职责范围，如业务员开出发票，出纳员收款盖章，通过业务员和出纳员的职能分工，相互制约，形成相互牵制的控制机制。

现金收据、发票的数量和编号由专人控制。每笔业务收入要开具收据、发票，分清经办人员和收款人员的职责。经办人员领取收据、发票时，应登记领用数量和起讫编号，并由领用人签字。收据、发票存根收回时，由保管人员审核签收，防止缺号。已用的发票和收据应由专人清点，登记封存。

企业办理现金收入业务，必须严格复核收款凭证，将已开出的收据、发票与其存根进行编号、金额等核对，确认无误才能办理收款业务。收款凭证经由出纳、审核、记账和会计主管人员签章后，应由出纳人员按业务顺序，及时逐笔登记现金日记账。

企业收到现金时，必须当面点清，收到款项后，必须当日解缴银行。

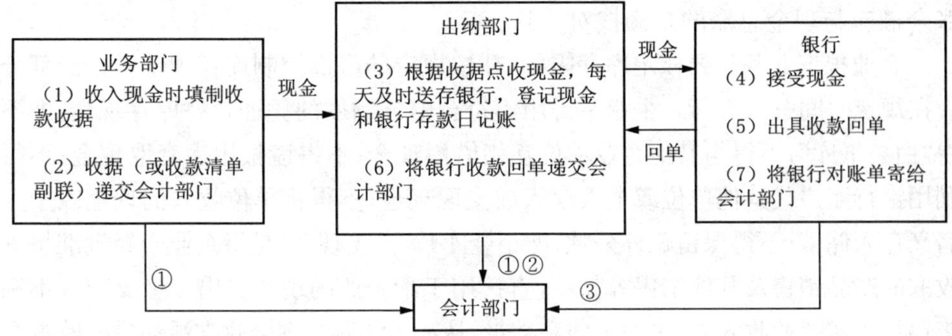

注：①登记现金、银行存款等总账。
②核对收款凭证、银行回单和会计记录。
③核对银行对账单和会计记录。

图 3.1　现金收入控制的一般程序

2. 现金支出的内部控制

现金支出时，要严格按照财务制度规定的现金支出范围支付现金，其余付款应由支票支付。付款凭证应由经办人员签字后交主管人员核准，经会计人员审查后才可付款。

付款凭证在付款后，由出纳人员加盖"现金付讫"章，由专人保管，定期装订封存。出纳员根据付款凭证登记现金日记账。

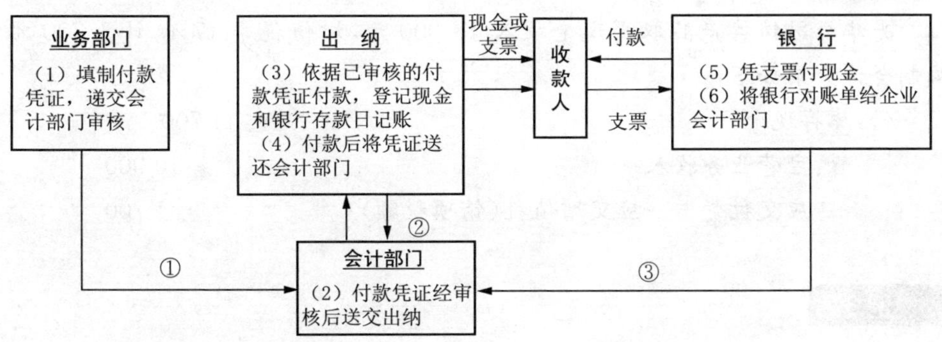

注：①审核付款凭证转交出纳部门。
②凭已付款的凭证登记现金日记账。
③核对银行对账单和会计记录。

图 3.2　现金支出控制的一般程序

3. 现金库存的内部控制

企业出纳人员每日业务结束，必须清点现金，并与现金日记账核对，日清月结，账实相符。如果账实不符，应及时查明原因，进行处理。月份终了，现金日记账余额应与现金总账的余额核对一致。

企业根据业务需要核定库存限额，并按规定的限额控制库存现金。超额部分应在规定时间解缴银行。企业不得用不符合财务制度的凭证顶替库存现金，即不得“白条抵库”；不得与其他企业单位互相借用现金；不得谎报用途套取现金；不得利用银行账户代其他单位或个人存入或支取现金；不得将单位收入的现金以个人名义存入储蓄；不得保留账外公款(即小金库)。坐支现金，是指企业未经批准将其收取的产品销售及其他销售等款项，直接用于本企业的现金支出。坐支现金不利于银行了解企业收入、支出的去向和数量，从而无法对其现金收支活动进行监督和管理。所以规定企业的各种业务等活动的现金收入，必须及时送存银行，而在库存现金限额内需要的日常零星开支可从银行提取现金，不得有坐支现金的行为；如有特殊情况需要坐支现金的，应事先提出申请，经开户银行审批同意。

二、库存现金的核算

库存现金的总分类核算是通过设置“库存现金”账户进行的。“库存现金”账户是资产类科目，借方反映现金的收入，贷方反映现金的支出，余额在借方，表示库存现金的余额。

例 3.1

光华公司销售产品取得现金收入 10 000 元，增值税率 17%，计 1 700 元。编制会计分录如下：

借：库存现金　　11 700

　贷：主营业务收入　　10 000

　　应交税费——应交增值税(销项税额)　　1 700

例 3.2

光华公司销售部门报销市内运输费 160 元，用现金支付。编制会计分录如下：

借：销售费用　　160

　贷：库存现金　　160

库存现金的明细分类核算是通过设置“库存现金日记账”进行的。库存现金日记账是反映和监督库存现金收支结存的序时账，必须采用订本式账簿，每一账页顺序编号，以防止账页丢失或随意抽换，也便于查阅。库存现金日记账一般采取收、付、存三栏式格式，由出纳人员根据审核后的原始凭证和库存现金收款凭证、付款凭证，按业务发生的顺序，逐日逐笔序时登记。每日终了应计算本日现金收入、支出的合计数和结存数，并同实存现金进行核对，做到日清月结，保证账款相符。月份终了，“库存现金日记账”的余额应与“库存现金”总账的余额核对相符。有外币现金业务的企业，应分别按人民币现金、各种外币现金设置“库存现金日记账”进行序时核算。

企业发生现金的收付业务，必须填制原始凭证，作为收付款的书面证明。例如，企业从银行提取现金，要签发现金支票，以支票存根作为提取现金的证明；将现金存入银行，要填写进账单，以银行加盖印章后退回的进账单回单作为存入现金的证明；收进零星小额销售款，应以销售部门开出的发票副本作为收款证明；支付职工差旅费的借款，要取得经有关领导批准的借款单，作为付款证明等。这些作为收付款证明的原始凭证，会计部门要认真审核，审核无误后，可根据填制收付款凭证，办理现金收支业务。出纳人员在收付现金后，应在记账凭证或原始凭证上加盖“收讫”或“付讫”的戳记，表示款项已经收付。

三、备用金的核算

备用金是企业内部周转，事先付给有关部门人员一笔固定金额的现金，供其零星开支使用的款项。备用金在企业日常的现金收支业务中占有很大的比重，备用金的预借和报销，需要建立必要的制度。备用金的需要量，也要经过银行核准，包括在库存现金的限额之内。备用金具有指定的用途，必须单独核算，单独管理。

备用金的总分类核算在“其他应收款”科目内核算。“其他应收款”属于资产类科目，该科目是用来核算企业除应收票据、应收账款、预付账款以外的其他各种应收、暂付款项，包括各种赔款、罚款、存出保证金、备用金、应向职工收取的各种垫付款项等。在备用金数额较大的企业中，可单独设置“备用金”科目。

备用金的管理办法一般有两种：一种是随借随用、用后报销制度，适用于不经常使用备用金的单位和个人；另一种是定额备用金制度，适用于经常使用备用金的单位和个人。

（一）随借随用、用后报销业务的核算

随借随用、用后报销制度的会计处理分两步，第一步，预借备用金时，按预借数额记入“其他应收款——备用金”的借方，并同时记入“库存现金”贷方；第二步，用后报销时，根据报销单据的数额和部门确认计入相关账户的借方，同时贷方转销“其他应收款——备用金”预借的数额，二者差额记入“库存现金”

的借方或贷方。

例 3.3

光华公司行政管理部门职工李立，2017 年 6 月 2 日因公出差，预借备用金 2 000元，实际支出了 1 800 元，2017 年 6 月 8 日，经审核予以报销，剩余交回财务部门。

(1) 2017 年 6 月 2 日，预借时，根据审核的借款单填制现金付款凭证，分录如下：

借：其他应收款——备用金——李立　　2 000
　　贷：库存现金　　2 000

(2) 2017 年 6 月 8 日，报销时，根据审核的报销单填制转账凭证，分录如下：

借：管理费用　　1 800
　　贷：其他应收款——备用金——李立　　1 800

剩余现金交回财务部门，填制付款凭证，分录如下：

借：库存现金　　200
　　贷：其他应收款——备用金——李立　　200

(二) 定额备用金业务的核算

定额备用金制度是指企业拨付的备用金供长期使用，业务发生以后，在规定时间报销时，补足原核定金额的差额。按定额拨付现金时，记入“其他应收款”或“备用金”科目的贷方。报销时，根据报销单据付给现金，补足用掉数额，使备用金仍保持原有的定额数。报销的金额直接记入“库存现金”科目的贷方和报销部门有关科目的借方，不通过“其他应收款”或“备用金”科目。

例 3.4

光华公司的供应部门的备用金采用定额管理，根据核定的定额，财务部签发 10 000 元的现金支票拨发备用金；月末时，供应部门报销备用金 8 200 元，财务部门以现金补足。几个月后，公司决定取消供应部门的备用金，收到已支出的票据 3 800 元，其余收到现金。据以上资料编制会计分录如下：

(1) 拨付备用金时：

借：备用金——供应部门　　10 000
　　贷：银行存款　　10 000

(2) 月末报销费用时：

借：管理费用　　8 200

　贷：库存现金　　8 200

(3) 取消备用金时：

借：管理费用　　3 800

　库存现金　　6 200

　贷：备用金——供应部门　　10 000

四、库存现金的溢余或短缺

企业每日终了结算现金收支，以及财产清查中发现的有待查明原因的现金溢余或短缺，应通过“待处理财产损溢——待处理流动资产损溢”账户核算，查明原因后根据原因再分别处理。

如果是现金短缺，属于应由责任人赔偿的部分，通过“其他应收款——应收现金短缺款(××个人)”账户核算；属于应由保险公司赔偿的部分，通过“其他应收款——应收保险款”账户核算；属于无法查明原因的现金短缺，根据企业内部管理权限，经批准后计入“管理费用”。

如果是现金溢余，属于应支付有关人员或单位的，应从“待处理财产损溢——待处理流动资产损溢”账户转入“其他应付款——应付现金溢余(××个人或单位)”账户；属于无法查明原因的现金溢余，根据企业内部管理权限，经批准后转入“营业外收入——现金溢余”。

第二节　银 行 存 款

银行存款是企业存放在本地银行和其他金融机构的货币资金。根据国家关于现金管理和结算制度的规定，企业要在当地的银行开立账户，企业除按规定留存少量现金以备日常零星开支外，其余的货币资金都应存入银行。企业一切货币资金的收支，除了按规定可以用现金结算方式直接以现金收付外，其余一律用非现金结算方式，通过银行划拨转账，即由银行按结算方式规定的手续，将结算款项从付款单位的账户划转收款单位的账户，来完成各企业单位之间的款项收付业务。

按照中国人民银行制定的《银行账户管理办法》规定，一个企业可以根据需要在银行开立四种存款账户，包括基本存款账户、一般存款账户、临时存款账户和专用存款账户。

基本存款账户是存款人办理日常转账结算和现金收复的账户。存款人的工资、奖金等现金的支取,只能通过本账户办理。

一般存款账户是存款人在基本存款账户以外的银行借款转存,与基本存款账户的存款人不在同一地点的附属非独立核算单位开立的账户。存款人可以通过本账户办理转账结算和现金缴存,但不能办理现金支取。

临时存款账户是存款人因临时经营活动需要开立的账户。存款人可以通过临时存款账户办理转账结算和根据国家现金管理的规定办理现金收付。

专用存款账户是存款人因特定用途需要开立的账户。

存款人只能在一家银行开立一个基本存款账户;不得在同一家银行的几个分支机构开立一般存款账户。企业在办理存款账户后,在使用账户时应严格执行银行结算纪律的规定。

一、银行存款收付业务的核算

为了对银行存款进行记录和反映,企业应设置“银行存款”科目。企业的外埠存款、银行本票存款、银行汇票存款等在“其他货币资金”科目里核算。

银行存款收、付业务的核算包括序时核算和总分类核算。银行存款的序时核算一般采用日记账形式。银行存款日记账由企业的出纳人员根据银行存款的收款凭证和付款凭证,按照经济业务发生的先后,逐日逐笔序时登记入账。银行存款日记账的登记应做到日清月结。

企业收入存款时,借记“银行存款”科目,贷记“库存现金”“应收账款”等科目;企业支出存款时,借记“库存现金”“应付账款”等科目,贷记“银行存款”科目。

例 3.5

光华公司销售产品 70 000 元,销项税额为 11 900 元,光华公司收到款项存入银行。编制会计分录如下:

借:银行存款　　81 900

　　贷:主营业务收入　　70 000

　　　　应交税费——应交增值税(销项税额)　　11 900

例 3.6

光华公司购买原材料 5 000 元,进项税额 850 元,材料验收入库,用存款支付买价及税金。编制会计分录如下：

借：原材料　　5 000

　　应交税费——应交增值税(进项税额)　　850

　　贷：银行存款　　5 850

二、银行存款余额调节表

为了防止记账发生差错，正确掌握银行存款的实际余额，企业应定期(通常在月末)将企业银行存款日记账的记录同银行转来的对账单进行核对。企业核对银行存款，要先认真检查自己所记的账目，保证银行存款日记账记录的正确性和完整性，然后再同银行送来的对账单逐笔核对，查明双方账目有无错误或遗漏。

在同一时期内，企业银行存款日记账上的余额与银行对账单的存款余额如果不一致，可能有两种原因，一是企业或银行某一方或双方存在记账差错；二是存在未达账项，所谓未达账项，是指由于企业间的交易采用的结算方式涉及的收付款结算凭证在企业和银行间传递存在时间差，而造成一方已经入账，另一方尚未接到有关凭证而没有入账的款项。

未达账项的发生，通常有四种情况：一是企业已收，银行未收款项；二是企业已付，银行未付款项；三是银行已收，企业未收款项；四是银行已付，企业未付款项。

为了查明银行存款的正确数字，并消除未达账项的影响，进一步了解双方账目的登记有无差错，就要将银行的对账单同企业的银行存款日记账的收支记录逐笔进行核对。在核对过程中，如有疑问，应请银行提供证明。如发现银行的记录有错账、漏账，要及时通知银行查明更正。对于未达账项，要于查明后编制“银行存款余额调节表”，然后再行核对。

例 3.7

光华公司在 2017 年 8 月 31 日“银行存款日记账”的结算户存款的账面余额是 23 450 元，“银行对账单”上的企业结算户存款余额是 24 000 元。经逐笔核对后，查明有以下几笔未达账项：

(1) 光华公司于月末把从其他企业收到的转账支票 2 000 元存入银行，银行尚未入账。

(2) 光华公司于月末开出转账支票 200 元，持票人尚未到银行办理转账，银行尚未入账。

(3) 光华公司委托银行代收销货款3 000元，银行已经收款入账，但光华公司尚未收到转账通知，没有入账。

(4) 银行代付电费650元，但光华公司尚未收到银行转账通知，没有入账。

根据以上未达账项，企业可以编制如表3.1所示的“银行存款余额调节表”。

表3.1 **银行存款余额调节表**

2017年8月31日 单位:元

项　目	余　额	项　目	余　额
企业银行存款日记账余额	23 450	银行对账单余额	24 000
加:银行已收、企业未收	3 000	加:企业已收、银行未收	2 000
减:银行已付、企业未付	650	减:企业已付、银行未付	200
调整后的存款余额	25 800	调整后的存款余额	25 800

该表调整后的存款余额，是月末根据双方的未达账项对双方账面存款余额调整后求得的存款余额。它反映企业在月末可以动用的结算户存款实有额。银行存款余额调整表，不能作为原始凭证和记账凭证，据以调整账面记录，登记未达账项。只有等到有关银行结算凭证到达企业，未达账项变成了已达账项，才能根据收到的结算凭证进行账务处理。

第三节　其他货币资金

其他货币资金，是指除现金银行存款之外的货币资金，包括外埠存款、银行汇票存款、银行本票存款、信用卡存款、信用证保证金存款，以及存出投资款等。

为了核算和反映企业的其他货币资金的情况，需要设置“其他货币资金”科目，并按照其他货币资金的种类设置“外埠存款”“银行汇票存款”“银行本票存款”“信用卡存款”“信用证存款”“存出投资款”等二级明细科目，并可按外埠存款的开户行、银行汇票或本票的收款单位等设置三级明细科目。

一、外埠存款

外埠存款指企业到外地进行临时或零星采购时，汇往采购地银行开立采购专户的款项。

例 3.8

光华公司委托当地开户银行汇款 120 000 元给采购地银行开立专户时，编制会计分录如下：

借：其他货币资金——外埠存款　　120 000

　　贷：银行存款　　120 000

收到采购员交来的供应单位发票等报销凭证 119 000 元，其中所列货款 100 000元，增值税额 17 000 元，运杂费 2 000 元，材料未到，编制会计分录如下：

借：在途物资　　102 000

　　应交税费——应交增值税(进项税额)　　17 000

　　贷：其他货币资金——外埠存款　　119 000

采购员完成了采购任务，将多余的外埠存款转回当地开户银行时，根据银行的收账通知，转销"其他货币资金——外埠存款"科目，编制会计分录如下：

借：银行存款　　1 000

　　贷：其他货币资金——外埠存款　　1 000

二、银行汇票存款

银行汇票存款是指企业为取得银行汇票，按照规定存入银行的款项。银行汇票是汇款人将款项缴存当地银行，由银行签发给汇款人持往异地办理转账结算或支取现金的票据。

例 3.9

光华公司要求银行办理银行汇票 60 000 元，企业填送银行汇票委托书并将 60 000 元交存银行，取得银行汇票后，根据银行退回的委托书存根联，编制会计分录如下：

借：其他货币资金——银行汇票存款　　60 000

　　贷：银行存款　　60 000

企业使用银行汇票后，应根据发票账单及开户行转来的银行汇票第四联等凭证记录采购支出，所列金额为 58 500 元，其中材料款 50 000 元，增值税 8 500 元。则应编制会计分录如下：

借：材料采购　　50 000

　　应交税费——应交增值税(进项税额)　　8 500

　　贷：其他货币资金——银行汇票存款　　58 500

银行汇票使用完毕，应收回“其他货币资金——银行汇票存款”余额1 500元，编制会计分录如下：

借：银行存款　　1 500

　贷：其他货币资金——银行汇票存款　　1 500

三、银行本票存款

银行本票存款是指企业为取得银行本票按照规定存入银行的款项。银行本票是申请人将款项交存银行，由银行签发给其凭以办理转账结算或支取现金的票据。

例 3.10

光华公司申请办理银行本票40 000元，在光华公司向银行提交“银行本票申请书”并将款项交存银行，取得银行本票时，应根据银行盖章退回的申请书存根联，编制会计分录如下：

借：其他货币资金——银行本票存款　　40 000

　贷：银行存款　　40 000

如企业因本票超过付款期等原因未曾使用而要求银行退款时，应填制进账单一式二联，连同本票一并交送银行，然后，根据银行收回本票时盖章退回的进账单第一联，编制会计分录如下：

借：银行存款　　40 000

　贷：其他货币资金——银行本票存款　　40 000

四、信用卡存款

信用卡存款是指企业为取得信用卡按照规定存入银行的款项，属于银行卡的一种。企业应按规定填制申请表，连同支票和有关资料一并送交发卡银行，根据银行盖章退回的进账单第一联，借记“其他货币资金——信用卡”科目，贷记“银行存款”科目。企业用信用卡购物或支付有关费用，借记有关科目，贷记“其他货币资金——信用卡”科目。企业在信用卡使用过程中，需要向其账户续存资金的，按实际续存的金额，借记“其他货币资金——信用卡”科目，贷记“银行存款”科目。

五、信用证存款

信用证保证金存款，是指企业为取得信用证按规定存入银行的保证金。信用证结算方式是国际结算的一种主要方式。信用证是指开证行依照申请人的申请开出的,凭符合信用证条款的单据支付的付款承诺,并明确规定该信用证为不可撤销、不可转让的跟单信用证。

企业向银行申请开立信用证,应按规定向银行提交开证申请书、信用证申请人承诺书和购销合同。企业向银行交纳保证金,根据银行退回的进账单第一联,借记"其他货币资金——信用证保证金"科目,贷记"银行存款"科目。根据开证行交来的信用证来单通知书及有关单据列明的金额,借记"材料采购""原材料""库存商品""应交税费——应交增值税(进项税额)"等科目,贷记"其他货币资金——信用证保证金"和"银行存款"科目。

六、存出投资款

存出投资款,是指企业已存入证券公司但尚未进行短期投资的现金。企业向证券公司划出资金时,应按实际划出的金额,借记"其他货币资金——存出投资款"科目,贷记"银行存款"科目;购买股票、债券时,按实际发生的金额,借记"交易性金融资产""可供出售金融资产"等科目,贷记"其他货币资金——存出投资款"科目。

阅读材料

银行结算业务

结算业务是指企业因为商品购销、提供劳务或资金调拨等业务而产生的货币收付行为。结算方式是指进行收付款所采用的具体形式,主要有现金结算和银行转账结算两种方式。银行转账结算是指通过银行划转款项完成收付款的行为。

我国现金管理条例规定:开户单位之间的经济往来,除按规定可使用现金以外,都必须通过开户银行办理转账结算。目前,通过银行办理转账结算已成为我国社会活动中进行资金结算的主要形式。

银行转账结算方式有以下几种:

一、银行汇票

银行汇票是汇款人将款项交存当地银行,由银行签发给汇款人持往异地办理转账结算或支取现金的票据。利用银行汇票进行结算的方式称为银行汇票结算方式。银行汇票具有使用灵活、票随人到、兑付性强等特点,适用于先收款后发货或钱货两清的商品交易。单位和个人的各种款项结算，均可使用银行汇票。

银行汇票可以用于转账，填明“现金”字样的银行汇票也可以用于支取现金。银行汇票的付款期限为自出票日起1个月内。超过付款期限提示付款不获付款的，持票人须在票据权利时效内向出票银行作出说明，并提供本人身份证件或单位证明，持银行汇票和解讫通知向出票银行请求付款。

二、商业汇票

商业汇票是由出票人签发的，委托付款人在指定日期无条件支付确定的金额给收款人或者持票人的票据。在银行开立存款账户的法人与其他组织之间须具有真实的交易关系或债权债务关系，才能使用商业汇票。商业汇票的付款期限由交易双方商定，但最长不得超过6个月。商业汇票的提示付款期限自汇票到期日起10日内。

付款人应当自收到提示承兑的汇票之日起3日内承兑或者拒绝承兑。付款人拒绝承兑的，必须出具拒绝承兑的证明。商业汇票可以背书转让，符合条件的商业承兑汇票的持票人可持未到期的商业承兑汇票连同贴现凭证，向银行申请贴现。

商业汇票按承兑人不同分为商业承兑汇票和银行承兑汇票两种。

(一) 商业承兑汇票

商业承兑汇票是由银行以外的付款人承兑。商业承兑汇票按交易双方约定，由销货企业或购货企业签发，但由购货企业承兑。承兑时，购货企业应在汇票正面记载“承兑”字样、承兑日期并签章。承兑不得附有条件，否则视为拒绝承兑。汇票到期时，购货企业的开户银行凭票将票款划给销货企业或贴现银行。汇票到期时，如果购货企业的存款不足支付票款，开户银行应将汇票退还销货企业，银行不负责付款，由购销双方自行处理。

(二) 银行承兑汇票

银行承兑汇票由银行承兑，由在承兑银行开立存款账户的存款人签发。承兑银行按票面金额向出票人收取万分之五的手续费。

购货企业应于汇票到期前将票款足额交存其开户银行，以备由承兑银行在汇票到期日或到期日后的见票当日支付票款。销货企业应在汇票到期时将汇票连同进账单送交开户银行以便转账收款。承兑银行凭汇票将承兑款项划转给销货企业，如果购货企业于汇票到期日未能足额交存票款时，承兑银行除凭票向持票人无条件付款外，对出票人尚未支付的汇票金额按照每天万分之五计收罚息。

三、支票

支票是单位或个人签发的，委托办理支票存款业务的银行在见票时无条件支付确定的金额给收款人或者持票人的票据。

支票的提示付款期限为自出票日起10日内，中国人民银行另有规定的除外。超过付款期限的，持票人开户银行不予受理，付款人不予付款。转账支票可以根据需要在票据交换区域内背书转让。

企业进行账务处理时，收款单位对于收到的支票，应在收到支票的当日填制进账单连同支票送交银行，根据银行盖章退回的进账单第一联和有关的原始凭证编制收款凭证，或根据银行转来的由签发人送交银行支票后，经银行审查盖章的进账单第一联和有关的原始凭证编制收款凭证，借记“银行存款”科目，贷记有关科目；付款单位对于付出的支票，应根据支票存根和有关原始凭证及时编制付款凭证，借记有关科目，贷记“银行存款”科目。

四、汇兑

汇兑是汇款人委托银行将其款项支付给收款人的结算方式。单位和个人的各种款项的结算，均可使用汇兑结算方式。

企业进行账务处理时，收款单位对于汇入的款项，应在收到银行的收账通知时，据以编制收款凭证，借记“银行存款”科目，贷记有关科目；付款单位对于汇出的款项，应在向银行办理汇款后，根据汇款回单编制付款凭证，借记有关科目，贷记“银行存款”科目。

五、委托收款

委托收款是收款人委托银行向付款人收取款项的结算方式，适用于单位和个人已承兑商业汇票、债券、存单等付款人债务证明办理款项的结算。

付款单位收到银行交给的委托收款凭证及债务证明，应签收并在收到委托收款的通知次日起3日内，审查债务证明是否真实，是否是本单位的债务，确认之后主动通知银行是否付款。如果不通知银行，银行视同企业同意付款并在第4日，从单位账户中付出此笔委托收款款项。付款人在3日内审查有关债务证明后，认为债务证明或与此有关的事项符合拒绝付款的规定，应出具拒绝付款理由书和委托收款凭证第五联及持有的债务证明，向银行提出拒绝付款。

收款企业在委托收款凭证第二联上签章后，将有关委托收款凭证和债务证明提交开户银行，在收到银行转来的收账通知时，编制收款凭证，借记“银行存款”科目，贷记“应收账款”等科目；付款单位在收到银行转来的委托收款凭证后，根据委托收款凭证的付款通知和有关的原始凭证，编制付款凭证，借记“应付账款”等科目，贷记“银行存款”科目。如在付款期满前提前付款，应于通知银行付款之日，编制付款凭证。如拒绝付款的，不作账务处理。

六、托收承付

托收承付是根据购销合同由收款人发货后委托银行向异地付款人收取款项，由付款人向银行承认付款的结算方式。办理托收承付结算的款项，必须是商品交易，以及因商品交易而产生的劳务供应的款项。代销、寄销、赊销商品的款项，不得办理托收承付结算。

托收承付款项划回方式分为邮寄和电报两种，由收款人根据需要选择使用。收款单位办理托收承付，必须具有商品发运的证件或其他证明。托收承付结算每笔的金额起点为 10 000 元，新华书店系统每笔金额起点为 1 000 元。

企业进行账务处理时，收款单位对于托收款项，根据银行的收账通知和有关的原始凭证，编制收款凭证，借记“银行存款”科目，贷记“应收账款”等科目；付款单位对于承付的款项，应于承付时根据托收承付结算凭证的承付支款通知和有关发票账单等原始凭证，编制付款凭证，借记“材料采购”“应交税费——应交增值税(进项税额)”等科目，贷记“银行存款”等科目。如拒绝付款，属于全部拒付的，不作账务处理；属于部分拒付的，付款部分按上述规定处理，拒付部分不作账务处理。

七、银行本票

银行本票是申请人将款项交存银行，由银行签发给其凭以办理转账结算或支取现金的票据。在同一票据交换区域内利用银行本票办理商品交易、劳务供应及其他款项结算的方式称为银行本票结算方式。无论单位或个人，在同一票据交换区域内支付各种款项都可以使用银行本票。银行本票由银行签发并保证兑付，而且见票即付，具有信誉高、支付功能强的特点。

银行本票分为定额本票和不定额本票两种。定额银行本票的面额有 1 000 元、5 000 元、10 000 元和 50 000 元。银行本票的付款期为 2 个月，付款期不论大月、小月，统一按次月对日计算。超过付款期或其他原因要求退款时，可持银行本票到签发银行办理退款。在付款期内银行本票允许背书转让。

八、信用卡

信用卡是指商业银行向个人和单位发行的，凭以向特约单位购物、消费和向银行存取现金，且具有消费信用的特制载体卡片。

信用卡按使用对象分为单位卡和个人卡；按信誉等级分为金卡和普通卡。

凡在中国境内金融机构开立基本存款账户的单位可申领单位卡。单位卡账户的资金一律从其基本存款账户转账存入，在使用过程中，需要向其账户续存资金的，也一律从其基本存款账户转账存入，不得交存现金，不得将销货收入的款项存入其账户。单位卡一律不得用于10万元以上的商品交易、劳务供应款项的结算，不得支取现金。

信用卡在规定的限额和期限内允许善意透支，透支额金卡最高不得超过10 000元，普通卡最高不得超过5 000元。透支期限最长为60天。透支利息，自签单日或银行记账日起15日内按日息万分之五计算，超过15日按日息万分之十计算，超过30日或透支金额超过规定限额的，按日息万分之十五计算。透支计算不分段，按最后期限或者最高透支额的最高利率档次计息。超过规定限额或规定期限，并且经发卡银行催收无效的透支行为称为恶意透支，持卡人使用信用卡不得发生恶意透支。严禁将单位的款项存入个人卡账户中。

九、信用证

信用证结算方式是国际结算的一种主要方式。经中国人民银行批准经营结算业务的商业银行总行以及经商业银行总行批准开办信用证结算业务的分支机构，也可以办理国内企业之间商品交易的信用证结算业务。

上述各种结算方式的运用，需以加强结算纪律为保证。中国人民银行发布的《支付结算办法》中规定了银行结算纪律：即不准签发没有资金保证的票据或远期支票，套取银行信用；不准签发、取得和转让没有真实交易和债权债务的票据，套取银行和他人资金；不准无理拒绝付款，任意占用他人资金；不准违反规定开立和使用账户等。企业必须严格遵守银行支付结算办法规定的结算纪律，保证结算业务的正常进行。

查阅作业

请课下查阅《中华人民共和国现金管理暂行条例》《人民币银行结算账户管理办法》《中华人民共和国票据法》《支付结算办法》《银行卡业务管理办法》等法律法规。

复习思考题

1. 库存现金管理有哪些基本要求？
2. 什么是备用金？备用金如何核算？
3. 银行存款清查中账实不符的原因有哪些？如何处理？
4. 其他货币资金包括哪些？应该如何核算？

第四章　存　　货

【本章导读】

青青公司的生产经理王峰正在对2017年的业绩进行评价，其依据的指标主要是销售毛利率。根据公司2017年的资产负债表和利润表，王峰计算得到的销售毛利率为30%，金鑫公司是其主要竞争对手，该公司当年的销售毛利率为25%。王峰分析了两家公司的财务报告，发现两家公司的存货计价方法完全不同，青青公司采用的是先进先出法，金鑫公司采用的是后进先出法。近两年来，通货膨胀率不断走高，存货价格上涨。企业的存货到底包括哪些？如何计价？不同存货的计价方法会对经营成果和财务状况产生怎样的影响？

存货是企业在日常或种种持有的以备出售的产成品或商品、处在生产过程中的在产品、在生产过程或提供劳务过程中耗用的材料和物料等。存货一般在一年或一个经营周期内能够转换成现金资产，它是企业流动资产重要的组成部分。

对存货的会计核算，主要从三个方面进行介绍：存货的初始计量，发出存货的计量，存货的期末计量。

第一节　存货及其分类

一、存货的概念和确认条件

（一）特征

存货具有如下特征：

1. 存货是有形资产，不同于商标权、专利权这些无形资产

2. 存货是流动资产，但其流动性低于现金、应收账款等流动资产

存货一般都会在一年或一个经营周期内被销售或耗用并变现，具有较强的

变现能力。

3. 企业持有存货的目的是为正常生产经营中出售或为经过加工后再出售或为生产过程耗用，从而实现存货的价值增值

如，企业持有材料的目的是生产产品，属于存货，但如果为建造固定资产而购入的工程物资，就不属于存货这项流动资产，而属于非流动资产。

4. 存货具有实效性和发生潜在损失的可能性

在正常的长期生产经营活动中，存货能够规律地转换为货币资产或其他资产，但长期不能耗用或销售的存货就有可能变为积压物资乃至变质报废，从而造成企业的损失。

(二) 确认条件

企业在确认某项资产是否作为存货，首先需要判断该项资产是否符合存货的概念，然后再判断是否同时满足以下两项条件：

1. 与该存货有关的经济利益很可能流入企业

资产最重要的特征是预期会给企业带来经济利益。如果某一项目预期不能给企业带来经济利益，就不能确认为企业的资产。存货是企业的一项重要的流动资产，因此，对存货的确认，关键是要判断是否很可能给企业带来经济利益或所包含的经济利益是否很可能流入企业。通常情况下，存货的所有权是存货包含的经济利益很可能流入企业的一个重要标志。凡是所有权已属于企业，无论企业是否收到或持有该存货项目，均应作为企业的存货；反之，如果没有取得所有权，即使存放在企业，也不能作为本企业的存货。一般情况下，根据销售合同已经售出(取得现金或收取现金的权利)，所有权已经转移的存货，因其所含经济利益已不能流入企业，因而不能再作为企业的存货核算，即使该存货尚未运离企业；而委托代销商品，由于其所有权并未转移至受托方，因而委托代销的商品属于委托企业存货的一部分；在售后回购交易方式下，销货方在销售商品时，商品的所有权已经转移给了购货方，但由于销货方承诺将回购商品，因而仍然保留了商品所有权上的主要风险，交易的实质是销货方以商品为质押向购货方融通资金，销货方通常并不确认销售收入，所销售的商品仍应包括在销货方的存货之中。总之，企业在判断存货所含经济利益能否流入企业时，通常应考虑该项存货所有权的归属。

2. 该存货的成本能够可靠地计量

成本能够可靠地计量是资产确认的一项基本条件。存货作为企业资产的组成部分，要予以确认也必须能够对其成本进行可靠的计量。存货的成本能够可靠地计量必须以取得确凿、可靠的证据为依据，并且具有可验证性。如果存货成

本不能可靠地计量则不能确认为存货。

二、存货范围

凡是在盘存日法定所有权属于企业的一切物品，不论其存放地点，都应作为企业的存货，应在资产负债表内予以反映。因此，判断一项资产是否属于企业的存货，关键要视其法定所有权是否已经发生转移。存货所有权的转移不能根据存货实体所在的空间位置变化来决定，而应根据企业存货购销的权利和义务来确定。

在确定存货范围时，有以下几种情况值得注意：

（一）凡是按照规定已经开具发票售出，其所有权已经转移的物品，即使货物未离开企业，也不能作为本企业的存货。

（二）对于委托代销、委托加工商品以及外出展销商品等，商品售出以前，其所有权仍属于本企业，应列为企业的存货。

代销商品在出售以前，所有权属于委托方，受托方只是代对方销售商品，因此，代销商品应作为委托方的存货处理。

（三）已经购入而未收到的运输途中的商品或在途材料，如果其所有权已经归属本企业，则应列为企业的存货。

具体地说，以下三种情况购货方应作为其存货处理：①对于销货方按销货合同、协议规定已确认销售而尚未发运给购货方的商品；②对于购货方已收到商品但尚未收到销货方结算发票等凭证的商品；③对于购货方已确认为购进而尚未到达入库的在途商品。

（四）对于进口货物，应视购销合同的有关条款来处理。

如在起运港船上交货（FOB），则货物装船离岸后归属买方所有，列为买方存货；如采用目的地交货（CIF），货物运达口岸后才归属为买方存货。

（五）对于出口货物，如合同为离岸交货，货物装船离岸后，其所有权转归对方，不能作为本企业的存货；如在目的地交货，在到达目的地之前，这批货物仍属于本企业存货范围。

（六）接受其他单位委托加工、委托代管的货物，虽存放于本企业，但所有权不属于本企业，因而不能列为本企业存货范围。

（七）约定未来购入的商品，由于企业没有实际的购货行为发生，因此，不作为企业的存货，也不确认有关的负债和费用。

三、存货的分类

存货按照不同分类角度有多种分类，为了加强对存货的管理，可按照存货的经济用途进行分类和存货的存放地点进行分类。

(一) 按经济内容分类

1. 原材料

指供生产制造产品而购入的各种物品,如原料及主要材料、辅助材料、外购半成品、修理用备件、包装材料、燃料等。

2. 在产品

指企业各个生产工序上正在加工的产品,及已加工完毕但尚未验收或已验收但尚未办理入库手续的产品。

3. 半成品

指已完成一个或几个生产步骤但未完成全部生产工艺过程,已验收合格入半成品库,但需要进一步加工方可销售的中间产品。但不包括从一个车间直接转给另一个车间继续加工的自制半成品以及不能单独计算成本的自制半成品。

4. 产成品

指已完成本企业的全部生产工艺过程,并已验收合格入库,可以按照合同规定的条件送交订货单位,或可以作为商品对外销售的产品。

5. 商品

指商品流通企业的商品,包括外购或委托加工完成验收入库用于销售的各种商品。

6. 周转材料

指企业能够多次使用但不符合固定资产定义、不能确认为固定资产的各种材料,主要包括包装物、低值易耗品。包装物,是指为包装本企业产品而储备的各种包装容器,如桶、箱、坛等。低值易耗品,是指价值较低或使用期较短不能列为固定资产核算的各种劳动资料,如工具、管理用具、玻璃器皿、劳动保护用品,以及在经营过程中周转使用的容器等。

7. 委托代销商品

指企业委托其他单位代销的商品。

(二) 按其存放地点分类

1. 库存存货

指已经运到企业并已验收入库的各种材料和商品,以及已经验收入库的自制半成品和产成品等。

2. 在途存货

指企业从外地购入、货款已付但尚在运输途中,或虽已运抵但尚未验收入库的各种材料物资以及商品。

3. 加工中存货

指本企业正在加工中的存货和委托其他单位加工、但尚未完成加工过程的各种存货。

4. 在售存货

指企业已经发运给购货方但尚不能完全满足收入确认的条件，因而作为销货方的发出商品、委托代销商品的存货。

(三) 按存货来源分类

存货按其来源可分为外购存货、自制存货、委托外单位加工完成的存货、投资者投入的存货、接受捐赠的存货、以非货币性交易取得的存货、通过债务重组取得的存货和盘盈存货、通过企业合并取得的存货等。本章存货的初始计量主要按来源分类进行介绍。

第二节　存货的初始计量

存货的初始计量是指企业在取得存货时，对其入账价值的确定。存货的初始计量以取得存货的实际成本为基础。

存货成本包括采购成本、加工成本和其他成本。我国《企业会计准则第1号——存货》规定，存货应按照成本进行初始计量。存货成本包括采购成本、加工成本和其他成本。存货的采购成本，包括购买价款、相关税费、运输费、装卸费、保险费以及其他可归属于存货采购成本的费用。存货的加工成本，包括直接人工以及按照一定方法分配的制造费用。存货的其他成本，是指除采购成本、加工成本以外的，使存货达到目前场所和状态所发生的其他支出。

存货的来源不同，其成本(即入账价值)也就不同，现按照取得渠道确定其初始计量的金额分别介绍。

一、外购的存货

(一) 外购存货的成本

外购存货的成本包括购买价款和采购费用两部分：

1. 购买价款

购买价款是指所购货物发票账单上列明的价款，但不包括按规定可予以抵扣的增值税进项税额。

2. 采购费用

采购费用包括运杂费、运输途中的合理损耗、入库前的挑选整理费和购入存货应负担的税金及其他费用等。

相关税费包括进口关税、小规模纳税人的增值税、购买存货的消费税以及不能从增值税销项税额中抵扣的进项税额。经确认为小规模纳税企业，其采购货物支付的增值税，无论是否在发票账单上单独列明，一律计入所购货物的采购成本；经确认为一般纳税企业，其采购货物支付的增值税，凡专用发票或完税证明中注明的，不计入所购货物的采购成本，而作为进项税额单独核算；用于非应交增值税项目或免交增值税项目的，以及未能取得增值税专用发票或完税证明的，其支付的增值税则计入所购存货的成本。

存货采购过程的运杂费是指存货自来源地运至工地仓库或指定堆放地点所发生的全部费用，主要包括运输费、包装费、装卸费、保险费、仓储费等。需要注意的是，采购成本中不包括采购人员的差旅费，差旅费一般计入期间费用。

运输途中的合理损耗是指存货在运输装卸过程中不可避免的定额范围内的损耗。合理损耗都记入存货采购成本，不合理损耗应向责任人或责任单位索赔，意外损耗造成的净损失记入营业外支出，无法查明原因的其他损耗记入管理费用。

入库前的挑选整理费包括挑选整理中发生的工资支出和必要的损耗(扣除回收的下脚废料价值)应计入存货成本。但是，入库以后发生的仓储费、保管费等则不再计入采购商品的成本，而应计入期间费用。

其他费用，如大宗物资的市内运杂费等。大宗物资的市内运杂费属于存货采购成本。

应当注意的是，市内零星货物运杂费、采购人员的差旅费、采购机构的经费以及供应部门经费等，一般不包括在存货的采购成本中。

(二) 外购存货的会计处理

在实际成本法下，外购存货一般通过“原材料”进行反映。根据结算方式和采购地点的不同，可能使验收入库和货款结算不能同步进行。因此，分为以下几种情况：

1. 存货与发票同时到达企业

企业根据结算凭证、购货发票、运费收据、收料单等结算凭证，对买价及采购费用等直接确认存货成本，可直接记入存货账户。

例 4.1

光华公司 2 月购入一批原材料，增值税专用发票上注明的材料价款为10 000 元，增值税进项税额为 1 700 元，材料已验收入库，货款通过银行转账支付。

借：原材料　　10 000

　　应交税费——应交增值税(进项税额)　　1 700

　　贷：银行存款　　11 700

2. 存货已验收入库，发票尚未到达企业

购买的货物已运达企业，并已验收入库，但尚未收到供应商的发票和相关凭证，这种情况在月内一般暂时不入账，待结算凭证到达之后再按前面的方法入账。如果到了月末，有关凭证仍然未到达，为了使账实相符，应按暂估价或合同价格借记"原材料"账户，贷记"应付账款——暂估应付账款"账户，下个月初用红字冲回。待有关凭证到达后，再按当月收料付款处理。

例 4.2

2017 年 2 月 27 日，光华公司购入的原材料已经验收入库，但原材料的结算凭证仍未到达，2 月 28 日，该批原材料的结算凭证仍未收到，月末该批货物需暂估价 18 000 元入账。2017 年 3 月 2 日，结算凭证到达企业，原材料的成本为20 000元，增值税进项税额为 34 000 元，货款通过银行存款转账支付。

(1) 2 月 27 日，材料验收入库，暂不作会计处理

(2) 2 月 28 日，结算凭证未到，材料暂估入账

借：原材料　　18 000

　　贷：应付账款　　18 000

(3) 3 月 1 日，红字冲回暂估价入账的分录

借：原材料　　[18 000]

　　贷：应付账款　　[18 000]

(4) 3 月 2 日收到结算凭证并支付货款

借：原材料　　20 000

　　应交税费——应交增值税(进项税额)　　3 400

　　贷：银行存款　　23 400

3. 购货发票已到，但存货尚在运输途中或尚未验收入库

结算凭证等单据已到，材料未到或未验收入库，形成在途材料。企业应根据结算凭证、购货发票等记入“在途物资”账户，待材料到达并验收入库，再根据收料单借记“原材料”，贷记“在途物资”。

例 4.3

2017 年 5 月 8 日，光华公司向 A 公司采购甲材料增值税专用发票上注明的材料货款为 50 000 元，增值税进项税额为 8 500 元，该批材料的运费共计 2 000 元，含可抵扣增值税 140 元，货款和运杂费均已用银行存款支付，材料尚在运输途中。2017 年 5 月 15 日，该批材料运达光华公司，验收入库。

(1) 5 月 8 日，光华公司支付货款，材料尚在运输途中

增值税进项税额＝8 500＋140＝8 640(元)

原材料的采购成本＝买价＋运费(扣除运费中含的增值税)
＝50 000＋1 860
＝51 860(元)

借：在途物资——甲材料　51 860
　　应交税费——应交增值税(进项税额)　8 640
　　贷：银行存款　60 500

(2) 5 月 15 日，材料验收入库

借：原材料——甲材料　51 860
　　贷：在途物资——甲材料　51 860

企业在购买存货时，可以支付现金，也可以通过赊账的方式取得存货。企业按照购货合同的约定预先付款，也可以通过预付账款购买存货。采用预付货款方式购入存货的情况，企业在预付货款时，应按照实际预付的金额确认预付账款；所购存货验收入库时，再按照发票账单等结算凭证确定存货成本，确认存货，同时转销预付账款。

二、自制存货

自制存货是由企业的生产车间加工制造而取得的。自制存货应按照制造过程中的各项实际支出，作为实际成本。通过设置“生产成本”账户，来核算制造过程中所耗费的原料、人工费用和其他费用。自制存货的成本主要由采购成本和

加工成本构成,也可能还包括其他成本。

存货的加工成本,是指在存货加工过程中发生的直接人工以及按照一定方法分配的制造费用。其中,直接人工是企业在生产产品过程中,向直接从事生产的工人支付的职工薪酬;制造费用是指企业为生产产品而发生的各项间接费用,包括企业生产部门管理人员的职工薪酬、折旧费、办公费、水电费、机物料消耗、劳动保护费、季节性和修理期间的停工损失等。存货的其他成本是指除采购成本、加工成本以外的,使存货达到目前场所和状态所发生的其他支出,如为特定客户设计产品所发生的设计费用,可直接归属于符合资本化条件的存货、应当计入资本化的借款费用等。其中,符合资本化条件的存货,是指需要经过相当长时间的生产活动才能达到预定可销售状态的存货。企业发生的一般产品设计费用以及不符合资本化条件的借款费用,应当计入当期损益。

例 4.4

光华公司车间制造完成 A 产品生产成本 265 100 元,B 产品生产成本 213 000 元,均已验收入库,结转完工产品成本。

A、B 产品制造完成,验收入库。该笔业务的结转分录是将完工产品的成本从"生产成本"账户的贷方转入"库存商品"账户的借方。编制分录如下:

借:库存商品——A 产品　　265 100

　　　　　　——B 产品　　213 000

　贷:生产成本——A 产品　　265 100

　　　　　　　——B 产品　　213 000

三、其他方式取得的存货

其他方式取得的存货主要包括委托加工存货、投资者投入的存货、接受捐赠的存货、盘盈取得的存货以及通过非货币性资产交换取得的存货等。

(一) 委托加工存货

委托外单位加工完成的存货,以实际耗用的原材料或者半成品、加工费、运输费、装卸费、保险费等费用以及按规定应计入成本的税金,作为实际成本。以下通过委托加工物资的核算来说明。

委托加工物资是指企业委托外单位加工的各种物资。企业通过设置"委托加工物资"账户来核算企业委托外单位加工的各种物资的实际成本。"委托加工物资"账户借方登记发出材料物资的成本、加工费用和运费等其他费用,贷方登记加工完毕验收入库的材料的实际成本,期末余额在借方,表示正在加工未完成的委托加工物资的实际成本。该科目一般按加工企业名称开设明细账进行核算。

需要注意的是委托加工物资的相关增值税和消费税的处理：

1. 增值税的处理

企业要按照受托企业收取的加工费(不含消费税)和规定的增值税率支付增值税，凡属于加工物资用于应交增值税项目并取得增值税专用发票的一般纳税人，可将这部分增值税作为进项税(允许从销项税中扣除)，不计入加工物资的成本；凡属加工物资用于非应纳增值税项目或免征增值税项目的，以及未取得增值税专用发票的一般纳税人和小规模纳税人的加工物资，应将这部分增值税计入委托加工物资的成本。

2. 消费税的处理

企业要按规定交纳消费税(指属于消费税应税范围的加工物资)。消费税按受托方的同类消费品的销售价格计算，没有同类消费品销售价格的，按组成计税价格计算纳税。计算公式：

$$应交消费税=同类产品的销售价格\times 消费税税率$$

$$或=组成计税价格\times 消费税税率$$

$$组成计税价格=\frac{材料成本+加工费用}{1-消费税税率}$$

应交消费税的委托加工存货，由受托方代收代缴的消费税，有两种情况：

(1) 委托加工存货收回后直接用于销售。由受托方代缴的消费税应计入委托加工存货的成本，但该批存货出售后，不需要再交消费税。这种情况下，消费税包含在委托加工物资的成本中：

$$委托加工存货成本=发出材料实际成本+加工费用+运杂费用+交纳消费税$$

(2) 委托加工存货收回后用于连续生产应税消费品。按规定交纳的消费税准予抵扣，计入“应交税费——应交消费税”科目借方，不计入委托加工存货的成本。待用委托加工存货生产出的产品销售时，再交消费税。这种情况下，消费税不包含在委托加工物资的成本中：

$$委托加工存货成本=发出材料实际成本+加工费用+运杂费用$$

例 4.5

光华公司委托利达公司加工一批材料，共发出材料 30 000 元，并用存款支付材料运杂费 800 元(含可抵扣增值税 56 元)。利达公司加工完毕后，确认加工费用共 6 000 元,企业未曾加工出售过同类产品,该类产品消费税率为 10%,按加工收入的 17%征收增值税。光华公司以银行存款支付有关税费,并收回材料验收入库。该批材料加工后,企业打算直接对外出售。

光华公司编制会计分录如下:

(1) 光华公司向利达公司发出该批材料时

借:委托加工物资　　30 000

　　贷:原材料　　30 000

借:委托加工物资　　744

　　应交税费——应交增值税(进项税额)　　56

　　贷:银行存款　　800

(2) 该批材料加工完毕,支付加工费用 6 000 元,计算并支付应交消费税和应交增值税税额。

由于没有同类产品的销售价格,因此需要计算组成计税价格。

$$组成计税价格=\frac{材料成本+加工费用}{1-消费税税率}=\frac{30\,000+6\,000}{1-10\%}=40\,000(元)$$

应交消费税 $=40\,000\times10\%=4\,000$(元)

应交增值税 $=6\,000\times17\%=1\,020$(元)

由于该批材料是用于直接出售,应交消费税 4 000 元应记入委托加工物资的成本。因此计入委托加工物资的金额=应交消费税+加工费用=4 000+6 000=10 000(元)

借:委托加工物资　　10 000

　　应交税费——应交增值税(进项税额)　　1 020

　　贷:银行存款　　11 020

(3) 收回材料验收入库

借:原材料　　40 744

　　贷:委托加工物资　　40 744

若本例中的材料是用于连续加工应税消费品的,那么所交的消费税不计入委托加工材料成本,而应记入"应交税费——应交消费税"账户的借方,以待将来进行抵扣。本例中的(2)将编制会计分录如下:

借:委托加工物资　　6 000

　　应交税费——应交增值税(进项税额)　　1 020

——应交消费税　　4 000

贷:银行存款　　11 020

收回材料验收入库的物资成本也作相应调整,编制分录如下:

借:原材料　　36 744

贷:委托加工物资　　36 744

假设本月利用该批材料生产出的A产品,总成本70 000元,对外销售售价90 000元,增值税率17%,消费税税率10%,款项收到存入银行。

借:银行存款　　105 300

贷:主营业务收入　　90 000

应交税费——应交增值税(销项税额)　　15 300

A产品的消费税率为10%,计算销售环节的应交消费税:

应交消费税=90 000×10%=9 000(元),

编制分录如下:

借:税金及附加　　9 000

贷:应交税费——应交消费税　　9 000

企业在缴纳消费税时,实际应缴纳的消费税为5 000元(9 000−4 000)。

(二) 投资者投入的存货

按照投资各方在投资合同或协议约定的价值,确认存货的价值,但合同或协议约定价值不公允的除外。

企业收到投资者投入的存货时,按投资合同或协议约定的存货价值,借记存货各相关科目,按增值税专用发票上注明的增值税进项税额,借记“应交税费——应交增值税(进项税额)”科目,按投资者在注册资本中应占份额贷记“实收资本”或“股本”科目,借贷差额贷记“资本公积”科目。

(三) 接受捐赠的存货

按以下规定确定其实际成本:

1. 捐赠方提供了有关凭据(如发票、报关单、有关协议)的,按凭据上标明的金额加上应支付的相关税费,作为实际成本。

2. 捐赠方没有提供有关凭据的,按如下顺序确定其实际成本:

(1) 同类或类似存货存在活跃市场的,按同类或类似存货的市场价格估计的金额,加上应支付的相关税费,作为实际成本;

(2) 同类或类似存货不存在活跃市场的,按该接受捐赠的存货的预计未来现金流量现值,作为实际成本。

(四) 盘盈的存货

盘盈的存货，按重置成本作为入账价值，并通过“待处理财产损溢”账户进行会计处理，按照管理权限批准后，无法确定盘盈原因的报经批准后，冲减当期管理费用。

(五) 通过非货币性资产交换、债务重组和企业合并等方式取得的存货的成本

分别按照非货币性资产交换、债务重组和企业合并准则的相关规定确定，这部分将在后续相关章节分别介绍。

第三节　发出存货的计量

一、存货的实物流转与存货成本流转的假设

存货的流转是企业在生产经营过程中存货的购入、领用、销售所形成的流转过程，它包括实物流转和成本流转两个方面。

企业的存货因生产经营活动的持续进行而不断地处于流入和流出的过程中。从理论上讲，存货的实物流转与成本流转应保持一致，即实物收入和发出时，其账面成本也相应地增加和转出。但在实际工作中，存货的实物流转与成本流转很难保持一致。

由于企业的各种存货是分次购入或多次生产完成的，同一品种、同一规格存货各次采购成本或生产成本也往往不同，因此，发出存货的成本需要采用一定的方法加以确定。在确定存货发出的方法中，实物的流转与成本的流转可能保持一致，也可能不一致，即存在着实物流转与成本流转相分离的情况，出现了存货成本流转假设。

企业应当根据各类存货实物流转的情况、企业管理的要求、存货的性质等实际情况，确定发出存货成本的计算方法，以及当期发出存货的实际成本。企业可以用于确定发出存货成本的方法有个别计价法、加权平均法、移动平均法、先进先出法和后进先出法等。企业会计准则规定，企业在确定发出存货的成本时，可以采用先进先出法、加权平均法或者个别计价法。对于性质和用途相似的存货，应采用相同的计价方法。存货的计价方法一旦选定，前后各期应保持一致，并在会计报表附注中予以披露。不同的存货计价方法，将对企业的财务状况和经营成果产生影响。

二、发出存货的计价方法

例 4.6

假定光华公司 2017 年 7 月初结存甲材料 200 件，单价为 4 元，本月甲材料的收发情况见表 4.1：

表 4.1　　甲材料收发情况

日　期	收　入	发　出
7 月 5 日	300 件，@4.20 元	
7 月 9 日	500 件，@4.30 元	
7 月 12 日		700 件
7 月 15 日	200 件，@4.40 元	
7 月 18 日	500 件，@4.50 元	
7 月 20 日		800 件
7 月 24 日	300 件，@4.60 元	

采用不同的存货计价方法，发出存货的成本与结存存货的成本举例见以下各部分。

(一) 个别计价法

个别计价法也称为分批认定法，是指用每一批存货购入时的实际单位成本作为该批存货发出时的单位成本，期末结存的存货成本按购入时的单位成本确定。在这种方法下，实物流转与成本流转保持一致。

采用个别计价法进行存货的明细核算，要求保管部门对每批购进的商品分别存放，并为各批存货分别标明进货批次和进价，在存货发出时，应在发货单中填明其进货的批次和单价，以便据以计算该批存货发出的成本，登记库存存货明细账。在发出存货时，按发出数量乘以实际单价计算。如果发出的存货包括两批或两批以上的进货时，也应按两个或两个以上的进价分别计算。个别计价法一般适用于单位价值比较高或容易辨认的存货，如，房产、飞机以及珠宝、首饰等贵重物品。

假设企业在 12 日发出的 700 件材料，有 200 件是月初结存的，500 件是 9 日购入的；20 日发出的 800 件材料，是 5 日的 300 件和 18 日的 500 件，当月发出材料的成本计算如下：

$$发出材料的实际成本=200\times4+500\times4.30+300\times4.20+500\times4.50$$
$$=6\ 460(元)$$

(二) 加权平均法

加权平均法也称月末一次加权平均法，是指以期初结存存货数量和本期收入存货数量之和为权数，来确定本月发出存货的加权平均单价，并据以计算存货的发出成本和期末结存成本的方法。

$$发出存货全月一次加权平均单价=\frac{月初结存存货成本+本月购入存货成本}{月初结存存货数量+本月购入存货数量}$$

$$本月发出存货成本=加权平均单价\times发出存货数量$$

在这种方法下，对于购入存货，不仅在明细账上要登记数量，而且还要记入单价、金额，但对于发出材料只登记数量，并随时结出账面结存数量，至于发出存货的成本和月末结余成本，在月末计算出加权平均单价后再行填列。

以表4.1的资料，采用加权平均法登记"材料明细账"如表4.2所示。

表4.2　　光华公司2017年7月材料明细账(加权平均法)

材料科目：原材料　　材料类型：金属类　　存放地点：1号仓库

材料编号：06015　　名称及规格：甲材料　　计量单位：件

2017年		凭证字号	摘　要	收　入			发　出			结　存		
月	日			数量	单价(元)	金额(元)	数量	单价	金额	数量	单价(元)	金额(元)
7	1		月初余额							200	4.00	800
	5		购　入	300	4.20	1 260				500		
	9		购　入	500	4.30	2 150				1 000		
	12	略	发　出				700			300		
	15		购　入	200	4.40	880				500		
	18		购　入	500	4.50	2 250				1 000		
	20		发　出				800			200		
	24		购　入	300	4.60	1 380				500		
	31		本月合计	1 800		7 920	1 500	4.36	6 540	500	4.36	2 180

材料明细账中的加权平均单价计算如下：

加权平均单价＝(800＋7 920)/(200＋1 800)＝4.36(元)

本月发出材料成本＝1 500×4.36＝6 540(元)

月末材料结存成本＝800＋7 920－6 540＝2 180(元)

以上计算存货发出成本的方法称为顺算成本法，在实际工作中还可以采用倒挤成本法。即先算期末结存存货，然后倒挤发出存货成本，计算程序如下：

期末结存成本＝500×4.36＝2 180(元)

本期发出存货成本＝800＋7 920－2 180＝6 540(元)

在加权平均单价能够整除的情况下，顺算与倒挤成本的结果一致，而在加权单价不能整除时，两种方法计算的存货发出成本会有所不同。企业应当选择后一种方法计算发出存货成本。

加权平均法的优点在于月末计算一次加权单价，简化成本核算工作；缺点是对月中发出存货的成本平时无法在账簿中反映出来，不利于存货的及时管理，影响成本计算的及时性，不利于了解存货资金的日常占用情况。这种方法适用于单价变动幅度不大而存货收发比较频繁的企业。

(三) 移动加权平均法

移动加权平均法，指本次收入存货的成本加原有库存存货的成本，除以本次收货数量加原有存货数量，据以计算加权单价，并对发出存货进行计价的一种方法。采用这种方法时，每购入一次存货，就计算一个加权平均单价，作为日常发出存货的单价。

$$移动加权平均单价=\frac{本次购入前结存成本+本次购入存货成本}{本次购入前结存数量+本次购入存货数量}$$

$$发出存货成本=移动加权平均单价\times 发出存货数量$$

采用这种方法，存货明细账上能够随时登记存货收、发、存的数量、单价和金额。根据表 4.1 所示资料登记“材料明细账”如表 4.3 所示。

明细账中 9 日的加权平均单价＝(800＋1 260＋2150)/(200＋300＋500)
＝4.21(元)

12 日发出材料成本＝4.21×700＝2 947(元)

移动加权平均法的优点是可以随时反映存货账面结存数量及金额，可以随时计算结转存货发出成本，从而有利于加强存货的资金管理，计算的存货发出和结存成本较准确；缺点是核算工作量过大。此法适用于存货种类较少、存货采购频率不高的企业。

表 4.3　　光华公司 2017 年 7 月材料明细账(移动加权平均法)

材料科目:原材料　　材料类型:金属类　　存放地点:1 号仓库

材料编号:06015　　名称及规格:甲材料　　计量单位:件

2017 年		凭证字号	摘　要	收　入			发　出			结　存		
月	日			数量	单价(元)	金额(元)	数量	单价	金额	数量	单价(元)	金额(元)
7	1		月初余额							200	4.00	800
	5		购　入	300	4.20	1 260				500	4.12	2 060
	9		购　入	500	4.30	2 150				1 000	4.21	4 210
	12	略	发　出				700	4.21	2 947	300	4.21	1 263
	15		购　入	200	4.40	880				500	4.286	2 143
	18		购　入	500	4.50	2 250				1 000	4.393	4 393
	20		发　出				800	4.393	3 514.4	200	4.393	878.6
	24		购　入	300	4.60	1 380				500	4.517 2	2 258.6
	31		本月合计	1 800		7 920	1 500		6 461.4	500	4.517 2	2 258.6

(四) 先进先出法

先进先出法是以先收到的存货先发出这样一种存货实物流转假设为前提,对发出存货进行计价的一种方法。

采用这种方法计算发出存货成本时,依据存货明细账中结存存货的数量和单价,依次进行计算,求出发出存货的成本。根据表 4.1 所列资料登记“材料明细账”如表 4.4 所示。

采用先进先出法,可以在存货发出时就计算结转发出存货成本,并且结存存货的成本与市价比较接近。同时可以看出,在物价持续上涨时,采用这种方法计算的发出成本较低,企业当期利润计算偏高,期末存货成本就接近于最后收进或购进存货的成本。也就是说,从该方法对财务报告的影响看,物价上涨期间,会高估当期利润和存货价值;反之,会低估当期利润和存货价值。

先进先出法的优点是账面结存存货的成本与市价基本一致;缺点是发出存货数量较大时,发出的存货成本需要使用多个单价计算,会计核算工作比较复杂,特别是对于存货进出量频繁的企业更是如此。

表 4.4　　光华公司 2017 年 7 月材料明细账(先进先出法)

材料科目:原材料　　材料类型:金属类　　存放地点:1 号仓库

材料编号:06015　　名称及规格:甲材料　　计量单位:件

2017 年		凭证字号	摘　要	收　入			发　出			结　存		
月	日			数量	单价（元）	金额（元）	数量	单价	金额	数量	单价（元）	金额（元）
7	1		月初余额							200	4.00	800
	5		购　入	300	4.20	1 260				200 300	4.00 4.20	800 1 260
	9		购　入	500	4.30	2 150				200 300 500	4.00 4.20 4.30	800 1 260 2 150
	12	略	发　出				200 300 200	4.00 4.20 4.30	800 1 260 860	300	4.30	1 290
	15		购　入	200	4.40	880				300 200	4.30 4.40	1 290 880
	18		购　入	500	4.50	2 250				300 200 500	4.30 4.40 4.50	1 290 880 2 250
	20		发　出				300 200 300	4.30 4.40 4.50	1290 880 1 350	200	4.50	900
	24		购　入	300	4.60	1 380				200 300	4.50 4.60	900 1 380
	31		本月合计	1 800		7 920	1 500		6 440	200 300	4.50 4.60	900 1 380

三、计划成本法

计划成本法是指原材料的日常收入、发出和结存均按照预先制定的计划成本计价,并设置“材料成本差异”账户登记实际成本与计划成本之间的差异;月末,再通过对材料成本差异的分摊,将发出材料的计划成本和结存材料的计划成本调整为实际成本进行反映的一种核算方法。

（一）计划成本法的适用范围和核算程序

计划成本法适用于大中型企业中，原材料品种较多、收发次数比较频繁的企业中。

采用计划成本法核算可以简化原材料收发的日常核算手续，同一原材料采用同一个单位计划成本，其明细账平时可以只登记收、发、存的数量，而不必登记金额，因此在日常核算中就避免了繁琐的发出存货计价，简化了存货的日常核算手续。采用计划成本法进行日常核算的基本程序如下：

1. 制定科学合理的原材料的计划单位成本

企业应结合各种原材料的特点、实际采购成本等确定原材料的计量单位和计划单位成本。计划成本是指在正常的市场条件下，企业取得原材料应当支付的合理成本。计划成本一般由会计部门会同采购等部门共同制定，制定的计划成本应尽可能接近实际，以利于发挥计划成本的考核和控制功能。计划成本一经确定，在年度内一般不作调整。

2. 确定材料成本差异

原材料的计划成本与实际成本的差异就是材料成本差异。如果一批原材料的实际成本大于计划成本，此差异为超支差；反之，则为节约差。材料成本差异的计算公式如下：

材料成本差异＝该批存货的实际成本－该批存货的计划成本

3. 收入材料和发出材料的日常核算中均按计划成本计价

平时取得原材料，按其计划成本和计划成本与实际成本间的差异额分别在相关账户进行分类登记；平时发出原材料按计划成本核算。

4. 月末结转材料成本差异

月末按本月发出材料应负担的差异额进行分摊，并随同发出材料的计划成本记入有关账户，从而将消耗原材料调整为实际成本。

因此，计划成本法下的核算思路为原材料的日常收入与发出均按计划成本计价，月末通过计划成本与实际成本差异的分摊，将本月发出材料的计划成本和月末结存的原材料的计划成本调整为实际成本进行反映。

（二）计划成本法计价组织收发核算应设置的科目

1.“材料采购”科目

“材料采购”科目属于资产类账户，该账户是用来核算采用计划成本进行材料日常核算的企业所购入的各种材料的实际采购成本、结转入库材料的计划成本，并据以确定购入材料成本差异。

“材料采购”科目借方登记应记入材料采购成本的实际成本(包括买价、采购费用等),以及结转验收入库材料的实际成本与计划成本的节约差;贷方登记验收入库的原材料的计划成本,以及结转验收入库材料的实际成本与计划成本的超支差。期末有借方余额,表示尚未到达或尚未验收入库的材料的实际成本。该账户应按材料的类别或品种设置明细账户,进行明细分类核算。

2.“材料成本差异”科目

“材料成本差异”科目属于资产类账户,该账户是用来核算企业各种材料的实际成本与计划成本的差异及其节余情况。

“材料成本差异”科目的借方登记结转验收入库材料的超支差以及发出材料应负担的节约差;贷方登记结转验收入库材料的节约差以及发出材料应负担的超支差。期末余额可能在借方,也可能在贷方。如果期末余额在借方,表示库存材料的实际成本大于计划成本的超支差异额;如果期末余额在贷方,表示库存材料实际成本小于计划成本的节约差异额。

3.“原材料”科目

“原材料”科目属于资产类账户,该账户在计划成本法下是核算企业原材料的计划成本的增减变动的。在计划成本法下,“原材料”科目借方登记已验收入库材料的计划成本,账户贷方登记发出或其他原因减少材料的计划成本,期末余额在借方,表示期末库存材料的计划成本。该科目应按购入材料的品种、规格分别设置明细分类账户,进行明细分类核算。

(三) 计划成本法下原材料的发出及成本差异率的计算

为了便于材料成本差异的分摊,企业应计算材料成本差异率,作为分摊材料成本差异的依据。在计划成本法下,每月月末通过计算材料成本差异率,将本月发出材料和月末材料调整为实际成本。材料成本差异率是反映每1元原材料的计划成本应该负担的材料成本差异。

材料成本差异率包括本月材料成本差异率和月初材料成本差异率两种,计算公式如下:

$$\text{本月材料成本差异率}=\frac{\text{月初结存材料的成本差异}+\text{本月验收入库材料的成本差异}}{\text{月初结存材料的计划成本}+\text{本月验收入库材料的计划成本}}\times 100\%$$

$$\text{月初材料成本差异率}=\frac{\text{月初结存材料的成本差异}}{\text{月初结存材料的计划成本}}\times 100\%$$

发出原材料应负担的成本差异必须按月分摊,不得在季末或年末一次分摊。企业在分摊发出材料应负担的成本差异时,实际成本大于计划成本的超支差,用蓝字登记;实际成本小于计划成本的节约差,用红字登记。

(四) 计划成本计价的核算举例

例 4.7

光华公司 2017 年 3 月 3 日,购入甲材料 100 千克,单价 100 元/千克,增值税专用发票上注明的材料货款为 10 000 元,增值税税额为 1 700 元,货款已通过银行转账付款。该批材料的计划成本为 10 200 元,材料已验收入库,结转该批甲材料的计划成本和材料成本差异额。

这项业务编写分录时,可分为 3 个步骤:

第一步,采购的实际成本记入"材料采购"科目。编制分录如下:

借:材料采购——甲材料　　10 000
　应交税费——应交增值税(进项税额)　　1 700
　贷:银行存款　　11 700

第二步,采购材料验收入库,结转该批材料的计划成本。编制分录如下:

借:原材料——甲材料　　10 200
　贷:材料采购——甲材料　　10 200

第三步,材料成本差异额的结转。这笔材料采购业务的实际成本为 10 000 元,计划成本为 10 200 元,因此产生材料成本差异的节约差异,该差异应从"材料采购"的借方,转入"材料成本差异"的贷方,金额为 200 元。编制分录如下:

借:材料采购——甲材料　　200
　贷:材料成本差异　　200

例 4.8

光华公司 2017 年 3 月 10 日,购入甲材料 120 千克,单价 120 元/千克,发票上注明的材料款 14 400 元,增值税税额为 2 448 元,供货方垫付运费 600 元,上述款项均尚未支付。该批材料的计划成本为 14 500 元,材料已验收入库,结转该批甲材料的计划成本和材料成本差异额。

本例与上例类似,只是该批材料的成本差异为超支差异,因此,在分析中前两步均相同,第三步的差异结转与前例相反。此笔材料采购业务的实际成本为 15 000 元(买价 14 400 元+运费 600 元=15 000 元),计划成本为 14 500 元,因此产生材料成本差异的超支差异,该差异应从"材料采购"的贷方,转入"材料成本差异"的借方,金额为 500 元。

第一步,采购的实际成本记入"材料采购"科目的借方。编制分录如下:

借:材料采购——甲材料　　15 000

　应交税费——应交增值税(进项税额)　　2 448

　贷:应付账款　　17 448

第二步,采购材料验收入库,结转该批材料的计划成本。编制分录如下:

借:原材料——甲材料　　14 500

　贷:材料采购——甲材料　　14 500

第三步,材料成本差异额的结转。编制分录如下:

借:材料成本差异　　500

　贷:材料采购——甲材料　　500

例 4.9

3 月 18 日,光华公司的生产车间领用甲材料一批,计划成本为 20 000 元,该批材料用于生产 A 产品。

该笔业务一方面使得生产成本增加,材料直接用于生产 A 产品,即属于产品生产成本中直接成本的直接材料,记入"生产成本"的借方,金额为 20 000 元;另一方面使得原材料减少,记入"原材料"的贷方,金额为 20 000 元。在日常核算中,收到和发出材料均以计划成本计价,因此,该笔业务的发出原材料的成本价格以计划成本计价。月末再根据材料成本差异率调整为实际成本。

借:生产成本——A 产品　　20 000

　贷:原材料——甲材料　　20 000

例 4.10

3 月 31 日,光华公司"原材料"账户的月初余额 18 000 元,"材料成本差异"科目月初的贷方余额为 1 800 元。计算材料成本差异率,并将发出原材料的成本调整为实际成本。

为了计算产品的实际成本,在会计期期末需要将计划成本调整为实际成本,需要注意的是在材料成本差异的计算公式中,"材料成本差异"的超支差异额以"+"计,节约差异额以"—"来计,或者说反映在"材料成本差异"科目的借方数额以"+"代入公式,反映在"材料成本差异"科目的贷方数额以"—"代入公式。

本例中按照材料成本差异率的计算公式来求得。本例计算如下:

$$本月甲材料成本差异率=\frac{-1\,800-200+500}{18\,000+10\,200+14\,500}\times 100\%=-3.51\%$$

发出材料应负担的成本差异＝20 000×(－3.51%)＝－702(元)

结转发出材料应负担的差异额时，一方面记入“生产成本”科目的借方，另一方面记入“材料成本差异”科目的贷方，如果超支差异额用蓝字，则节约差异额用红字编写。本例发出材料应负担的成本差异额为－702，表示为节约差异额，因此在分录编制上，应以红字编写。编制分录如下：

借：生产成本　　(702)①

　贷：材料成本差异　　(702)

3 月 31 日，原材料的实际成本为 21 902 元，即“原材料”的借方余额 22 700 元(18 000＋10 200＋14 500－20 000)减去“材料成本差异”的贷方余额 798 元(1 800＋200－500－702)。

存货采用计划成本法核算的优点如下：简化了存货的日常核算手续；有利于考核采购部门的工作业绩。可以通过实际成本与计划成本的比较，对实际成本与计划成本的差异原因进行分析，考核采购部门工作业绩，并促进采购部门不断降低采购成本。

第四节　存货的清查

为了加强对存货资产的控制，企业应定期或不定期地对存货的实物进行清查，确定存货的实有数与账面记录相符。

在进行存货清查盘点时，如果发现存货盘盈或盘亏，应在会计期期末前查明原因，并根据企业的管理权限，报经股东大会或董事会，或经(厂长)会议或类似机构批准后，在期末结账前处理完毕。

存货的清查过程中，应设置“待处理财产损益”账户，根据存货盘点报告表所列实存数与账存数之间的差额结转入“待处理财产损益”账户；批准后，再根据产生差异的原因处理。

一、存货盘盈

存货盘盈是指存货的实存数量超过账面结存数量的差额。根据“账存实存对比表”，调整实物账户，转入“待处理财产损溢”账户。

① 此处( )表示红字。

查明原因经批准转账，如果是由于管理原因导致存货盘盈，则存货盘盈作减少管理费用。编制如下分录：

借：待处理财产损溢——待处理流动资产损溢

　　贷：管理费用

例 4.11

光华公司在存货清查中盘盈一批甲材料，经查明是由于收发计量错误造成，重置成本为 10 000 元。

(1) 发现甲材料盘盈时，编制分录如下：

借：原材料——甲材料　　10 000

　　贷：待处理财产损溢——待处理流动资产损溢　　10 000

(2) 报经批准处理，编制分录如下：

借：待处理财产损溢——待处理流动资产损溢　　10 000

　　贷：管理费用　　10 000

二、存货盘亏和毁损

存货盘亏是存货的实存数量低于账面结存数量的差额。

存货盘亏和毁损发生后，根据不同阶段，分步骤两部进行会计处理。

第一步，调整实物账户，将盘亏或毁损的存货账面价值转入“待处理财产损溢”科目。借记“待处理财产损溢——待处理流动资产损溢”科目，贷记存货相关科目。

第二步，按管理权限报经批准后，根据造成存货盘亏或毁损的原因，考虑税法的相关规定，分别视情况进行处理。

根据税法相关规定，如果盘亏存货的原因属于非正常损失(即指生产经营过程中正常损耗外的损失，包括因管理不善造成货物被盗窃、发生霉烂变质等损失)，企业应将该存货包含的增值税进项税额转出，但如果原因是生产过程中的正常损失，则不作进项税额转出。

如果原因是存货定额内的合理损耗，增值税进项税额不用转出，则借记“管理费用”账户，贷记“待处理财产损溢——待处理流动资产损溢”科目。

如果原因是存货保管人员过失造成，由责任人赔偿，增值税进项税额要转出，一并记入“其他应收款”科目。

如果原因是因管理不善等非常损失造成的存货毁损，增值税进项税额要转出，并先扣除残料价值、可以收回的保险赔偿和过失人赔偿，将净损失计入“营业外支出”科目。

如果属于自然灾害等非常原因造成的毁损，则扣除可收回的保险公司和过失人赔款以及残料价值后的净损失，计入营业外支出。

例 4.12

光华公司在存货清查中发现盘亏一批乙材料，账面成本 10 000 元。

1. 发现盘亏时

借：待处理财产损溢——待处理流动资产损溢——乙材料　10 000

　贷：原材料——乙材料　10 000

2. 查明原因，报经批准处理

(1) 如果是收发计量差错导致，会计分录如下：

借：管理费用　10 000

　贷：待处理财产损溢——待处理流动资产损溢——乙材料　10 000

(2) 如果是管理不善导致，过失人赔偿 3 000 元已收到，会计分录如下：

借：管理费用　8 700

　银行存款　3 000

　贷：待处理财产损溢——待处理流动资产损溢——乙材料　10 000

　　应交税费——应交增值税(进项税额转出)　1 700

(3) 如果是自然灾害造成的毁损，保险公司应赔偿 8 000 元，会计分录如下：

借：营业外支出　3 700

　其他应收款——保险赔款　8 000

　贷：待处理财产损溢——待处理流动资产损溢——乙材料　11 700

如果盘盈或盘亏的存货在期末结账前尚未批准，在对外提供财务报告时，应先按上述方法进行会计处理，并在财务报表附注中作出说明。如果其后批准处理的金额与已处理的金额不一致，应调整当期财务报表相关项目的年初数。

第五节　存货的期末计量

《企业会计准则——存货》规定："会计期末，存货应当按照成本与可变现净值孰低计量，对可变现净值低于存货成本的差额，计提存货跌价准备，计入当期损益。”这里的“会计期末”是指资产负债表日。也就是说，按照企业会计准则的规定，在资产负债表日，存货应当按照成本与可变现净值孰低法进行计量。

一、成本与可变现净值孰低法的含义

成本与可变现净值孰低法是指存货在期末按照存货成本与存货的可变现净值两者之中较低者计价的方法。也就是说，当成本低于可变现净值时，期末存货按成本计价；当可变现净值低于成本时，期末存货按可变现净值计价。成本与可变现净值孰低法是会计谨慎性原则的体现，在会计方法的选择上不高估资产、高估利润的会计方法。

成本是指期末存货的实际成本，即以历史成本为基础的存货计价方法（如先进先出法等）进行计量所确定的期末存货的账面成本。如果企业在存货成本的日常核算中采用计划成本法等简化核算方法，那么存货成本是指经差异调整后的实际成本。

可变现净值是指在日常活动中，存货的估计售价减去至完工时估计将要发生的成本、估计的销售费用以及相关税费后的金额。

二、可变现净值的确定

企业应定期对存货进行检查，当存货存在减值迹象时，应当计算其可变现净值，计提存货跌价准备。存货如果存在下列情形之一的，则表明存货的可变现净值为零，应全额计提存货跌价准备：已霉烂变质的存货；已过期且无转让价值的存货；生产中已不再需要，并且已无使用价值和转让价值的存货；其他足以证明已无使用价值和转让价值的存货。

（一）可变现净值的特征

1. 确定存货的可变现净值是指企业在进行日常活动过程

企业处于正常的生产经营而非破产清算等非正常活动过程。

2. 可变现净值是存货的预计未来净现金流量，而非存货的售价或合同价

3. 不同存货的可变现净值构成不同

产成品、商品和用于出售的材料等直接用于出售的存货，应当以该存货的估计售价减去估计的销售费用和相关税费，确定其可变现净值；需要加工的材料存货，应以所生产的产成品的估计售价减去至完工时估计将要发生的成本、估计的销售费用和相关税费后的金额，确定其可变现净值；资产负债表日，同一项存货中，一部分有合同价格约定、其余部分不存在合同价，应分别确定其可变现净值，

并与其相对应的成本进行比较，分别确定存货跌价准备的计提或转回金额。

（二）不同情况下，存货可变现净值的确定

1. 产成品、商品和用于出售的原材料等直接用于出售的存货，其可变现净值是指在正常生产经营过程中，以存货的估计售价减去估计的销售费用和相关税费后的金额

可变现净值＝估计售价－估计的销售费用和相关税金

例 4.13

2017 年 12 月 31 日，光华公司 B 产品的账面价值为 200 000 元，每台 10 000 元，共 20 台。目前 B 产品的市场售价为每台 8 000 元。公司尚无 B 产品的销售合同。估计的销售费用和相关税费约 10 000 元。

在此情况下，B 产品的可变现净值＝8 000 × 20－10 000＝150 000（元）

2. 用于生产的材料、在产品或自制半成品等需要经过加工的存货，其可变现净值是指在正常生产经营过程中，以存货的估计售价减去至完工估计将要发生的成本、估计的销售费用以及相关税金后的金额

可变现净值＝估计售价－至完工估计将要发生的成本
－估计的销售费用和相关税金

预计可变现净值应当以当期取得的最可靠的证据为基础预计，并且考虑持有存货的目的、资产负债表日后事项的影响等因素。如果在期末时预计与价格和成本相关的期后事件可能会发生，则在预计时必须考虑与期后事件相关的价格与成本的波动。在预计可变现净值时，还应当考虑持有存货的其他因素，例如，有合同约定的存货，应当按合同价作为计算基础，如果企业持有存货的数量多于销售合同订购数量，存货超出部分的可变现净值应以一般销售价格为计算基础。

需要注意的是企业持有的材料存货（包括原材料、在产品、委托加工物资等）这些主要用于继续生产产品的存货，在会计期期末，运用成本与可变性净值孰低法时，需要区分两种情况确定其期末价值：一是用该材料生产的产成品的可变现净值 > 成本，则该材料应当按照成本计量；二是用该材料生产的产成品的可变现净值 < 成本，则该材料应当按可变现净值计量，材料的可变现净值＝该材料所生产的产成品的估计售价－至完工时估计将要发生的成本－估计的销售费用以及相关税费。

例 4.14

2017 年 12 月 31 日，光华公司库存 A 材料的账面价格(成本)为 150 000 元，市场购买价格为 140 000 元，假设不发生其他购买费用，用 A 材料生产的产品 C 产品的可变现净值高于其成本。那么，2017 年 12 月 31 日，A 材料的可变现净值仍然按其原账面价值 150 000 元来确认，不需要提取存货跌价准备。

如果该例题中的 A 材料价格的下降，有证明其生产的 C 产品的可变现净值低于 C 产品的生产成本，那么该材料应当按可变现净值计量。

例 4.15

(例 4.14 条件变化)2017 年 12 月 31 日，光华公司库存 A 材料的账面价格(成本)为 150 000 元，市场购买价格为 140 000 元，假设不发生其他购买费用。由于市场变化，用 A 材料生产的产品 C 产品的市场销售价格为 430 000 元，其生产成本为 450 000 元。将 A 材料加工成 C 产品，还需投入 300 000 元，估计销售费用及税金为 20 000 元。计算 2017 年 12 月 31 日，A 材料的价值。

(1) 计算用该原材料所生产的产成品的可变现净值

C 产品的可变现净值＝430 000－20 000＝410 000(元)

C 产品的可变现净值 410 000 元＜C 产品的生产成本 450 000 元

A 材料需要按其可变现净值进行计量

(2) 还原产成品到原材料，用该原材料所生产的产成品的估计售价为起点，确定其期末价值

A 材料的可变现净值＝430 000－300 000－20 000＝110 000(元)

A 材料的账面价格为 150 000 元，可变现净值 110 000 元＜成本 150 000 元，因此，2017 年 12 月 31 日 A 材料的价值应按照其可变现净值 110 000 元来确认。

3. 为执行销售合同或劳务合同而持有的存货其可变现净值应当以合同价格为基础计算

(1) 企业与购买方签订了销售合同，合同的订购数量大于或等于企业持有的存货数量，应分别确定其可变现净值，并与其相对应的成本比较，分别确定存货跌价准备的计提或转回的金额，不得相互抵销；如果企业销售合同的标的物尚未生产出来，但持有专门用于生产该标的物的材料，则其可变现净值应以合同价格作为计量基础。

例 4.16

光华公司共有两个存货项目:A 产成品和 B 材料。B 材料是专门生产 A 产品所需的原料。2017 年 12 月 31 日,A 产品期末库存数量有 10 000 个,账面成本为 5 000 000 元,市场销售价格 6 300 000 元。该公司已于 2017 年 10 月 6 日与乙公司签订购销协议,将于 2018 年 4 月 10 日之前向乙公司提供 20 000 个 A 产成品,合同单价为 635 元。为生产合同所需的 A 产品,光华公司期末持有 B 材料库存 200 公斤,用于生产 10 000 件 A 产品,账面成本共计 4 000 000 元,预计市场销售价格为 4 500 000 元,估计至完工将要发生的成本为 2 500 000 元,预计销售 20 000 个 A 产品所需的税金及费用为 1 200 000 元,预计销售库存的 200 公斤 B 材料所需的销售税金及费用为 200 000 元。请计算光华公司 2017 年末存货的可变现净值。

本例中,由于光华公司与乙公司签订的销售合同对 A 产品的销售价格做出约定,合同约定的数量 20 000 个,其中 10 000 个库存,10 000 个需要以光华公司持有的 B 材料进行生产。因此,年末存货的可变现净值应分两部分,计算如下:

A 产品可变现净值 = 10 000 × 635 − (120 000 ÷ 2 000 × 10 000) = 5 750 000(元)

由于 B 材料是用来生产 A 产品的,所以 B 材料的可变现净值要以 A 产品的售价为基础计算。B 材料可变现净值 =10 000 × 635 − 2 500 000—(120 000 ÷ 20 000× 10 000) =3 250 000(元)

期末存货的可变现净值 =5 750 000 + 3 250 000 =9 000 000(元)

(2) 如果企业持有的同一项存货的数量多于销售合同订购的数量,应分别确定其可变现净值。有合同部分,可变现净值以合同价款为基础确定;超出部分,可变现净值以一般销售价格为基础计算。

三、成本与可变现净值孰低法的应用

《企业会计准则——存货》规定:“存货跌价准备应当按照单个存货项目计提。”通常情况下企业在资产负债表日应按照单个存货项目计提存货跌价准备;对于数量繁多、单价较低的存货,也可以按存货类别计提存货跌价准备。如果应计提的存货跌价准备大于已提的存货跌价准备,则应补提。企业计提的存货跌价准备,应计入当期损益,确认在“资产减值损失”科目下。

1. 成本低于可变现净值

如果期末结存存货的成本低于可变现净值,则不需作账务处理,资产负债表中的存货仍按期末账面价值列示。

2. 可变现净值低于成本

如果期末存货的可变现净值低于成本，则必须在当期确认资产减值损失，并进行有关账务处理。首先，比较存货的成本与可变现净值以计算出应计提的跌价准备，然后，与“存货跌价准备”科目中的已提数余额进行比较，若应提数大于已提数，应予补提；反之，应冲销部分已提数。提取和补提存货跌价准备时，借记“资产减值损失”科目，贷记“存货跌价准备”科目；如果已计提跌价准备的存货的价值以后又得以恢复，应按恢复增加的数额，借记“存货跌价准备”科目，贷记“资产减值损失”科目。但是，当已计提跌价准备的存货的价值以后又得以恢复，其冲减的跌价准备金额，应以“存货跌价准备”科目的余额冲减至 0 为限。需要注意的是，导致存货跌价准备转回的是以前减计存货价值的影响因素的消失，而并非在当期造成存货可变现净值高于其成本的其他因素，如果本期导致存货可变现净值高于其成本的影响因素不是以前减计该存货价值的影响因素，则该存货跌价准备不得转回。

例 4.17

光华公司 2014 年年末存货的账面成本为 60 000 元，可变现净值为 57 000 元，应计提的存货跌价准备为 3 000 元。根据上述资料，应作如下账务处理：

借：资产减值损失　　　　3 000

　　贷：存货跌价准备　　　　3 000

假设 2015 年年末存货的种类和数量未发生变化(下同)，且存货的可变现净值为 53 000 元，应计提的存货跌价准备为 7 000 元(60 000－53 000)。由于前期已计提 3 000 元，本期应补提存货跌价准备 4 000 元(7 000－3 000)。

借：资产减值损失　　　　4 000

　　贷：存货跌价准备　　　　4 000

假设 2016 年年末以前减计存货的因素消失，存货的可变现净值为 58 500 元，应计提的存货跌价准备为 1 500 元(60 000－58 500)。由于前期已计提7 000 元，本期应冲减已计提的存货跌价准备 5 500 元(7 000－1 500)。

借：存货跌价准备　　　　5 500

　　贷：资产减值损失　　　　5 500

假设 2017 年年末存货的可变现净值为 61 000 元，存货成本为 60 000 元，所以应以成本 60 000 元作为存货的期末价值，不需计提存货跌价准备。由于前期已计提 1 500 元(60 000－58 500)，本期应冲减前期已计提的存货跌价准备1 500

元(以"存货跌价准备"科目余额冲减至零为限)。

借:存货跌价准备　　1 500

　贷:资产减值损失　　1 500

企业计提了存货跌价准备,如果其中有部分存货已经销售,那么企业结转销售成本的同时,应结转对其已计提的存货跌价准备。对于因债务重组、非货币性交易转出的存货,应同时结转已计提的存货跌价准备,但不冲减当期损益,按债务重组和非货币性交易的原则进行会计处理。

阅读材料

低值易耗品与包装物

一、低值易耗品

(一) 低值易耗品概述

低值易耗品是指价值较低或者容易损耗,使用期限较短,不能作为固定资产核算的各种劳动资料。

低值易耗品作为劳动资料有别于材料。材料作为劳动对象,经过加工后,其实物形态发生转变,价值也随消耗过程一次性转移,而低值易耗品在使用过程中能够保持其实物形态,价值也随生产经营过程中的不断损耗而陆续转移。

为了核算和管理的方便,企业应将低值易耗品按一定的标准进行分类。按低值易耗品的用途可将其分为以下几大类:

1. 一般工具及辅助工具

指生产中常用的工具,如刀具、量具、夹具、装配工具等。

2. 专用工具

指专用于制造某一特定产品,或在某一特定工序上使用的工具,如专用模具等。

3. 替换设备或部件

指容易磨损或为制造不同产品需要替换使用的各种设备或物件,如轧钢用的钢辊等。

4. 管理用具

指在管理上使用的各种工具,如办公用具等。

5. 劳动保护用品

指为了安全生产而发给工人作为劳动保护用的工作服、工作鞋和各种防护用品等。

6. 其他

指不属于上述各类的低值易耗品，如生产中使用的玻璃器皿。

(二) 低值易耗品的核算

低值易耗品的单位价值及使用期限特征，决定了它的核算具备存货核算的共同特点，因此，低值易耗品的采购、入库的会计处理，与材料的会计处理相同。采购过程中所支付的运费等附带费用，一般应计入采购低值易耗品的成本。如果采购费用金额较少，低值易耗品种类较多，难以分清受益对象，则这部分采购费用可以直接作为期间费用，计入当期损益。

企业设置“周转材料——低值易耗品”科目，该科目用来核算低值易耗品的增减变化及结存情况。借方登记低值易耗品的入库增加额，贷方用来登记低值易耗品的发出、报废和摊销价值，期末借方余额表示结存的低值易耗品价值。该科目要根据不同的低值易耗品种类设置不同的明细科目。

由于低值易耗品可以在生产过程中多次周转使用，而不改变其原有的实物形态，其价值也是逐渐地转移或损耗。但它是作为流动资产进行管理、核算的，不能像固定资产那样，采用折旧的方式将其价值损耗计入企业的成本、费用中，因而，只能采用摊销的方法将其转移或损耗的价值摊入成本、费用中。低值易耗品的摊销方法主要有一次摊销法、分期摊销法和五五摊销法 3 种。

1. 一次摊销法

这种方法下，低值易耗品在发出时，一次性将其账面价值全部冲销，直接转为当期费用。

例 4.18

管理部门领用办公用品一批，价值 480 元，采用一次摊销法。编制会计分录如下：

借：管理费用　　480 元

　　贷：周转材料　　480 元

企业领用的低值易耗品如果采用计划成本计价，于当月末转销成本差异。企业在报废低值易耗品时，往往会收入一些报废的残料或变卖废料的残值，由于低值易耗品在领用时已一次将全部价值转为当期费用，收回的残料、残值应该冲减原来的费用。

假设上项办公用品报废，收残料 20 元入库，编制会计分录如下：

借：原材料　　20 元

　　贷：管理费用　　20 元

一次摊销法的优点在于会计核算方法简便。缺点是将低易耗品的全部价值一次性转为当期费用，使费用负担不均衡，同时账面价值在领用时一次冲销，使在用的低值易耗品成为账外资产，不利于实施价值监督。这种方法适用于一次领用数量不多、单位价值较低、使用期限较短或容易破损的玻璃器皿等低值易耗品。

2. 五五摊销法

又称五成摊销法，是指在领用低值易耗品时，摊销其价值的50%，在报废时，再摊销价值的50%。

在这种方法下，需要设"周转材料——低值易耗品——在用""周转材料——低值易耗品——在库""周转材料——低值易耗品——摊销"3个明细科目。发出低值易耗品时，从"周转材料——低值易耗品——在库"转为"周转材料——低值易耗品——在用"科目，同时摊销价值的50%，借记制造费用，贷记"周转材料——低值易耗品——摊销"科目。报废时，将低值易耗品账面价值的50%转为制造费用，贷记"周转材料——低值易耗品——摊销"，同时，冲销"周转材料——低值易耗品——摊销"和"周转材料——低值易耗品——在用"的全部价值。

例 4.19

企业采用五五摊销法摊销低值易耗品成本。3月10日，基本生产车间领用全新的工具一批，实际成本4 200元。

(1) 3月10日领用低值易耗品

借:周转材料——低值易耗品——在用　　4 200

　　贷:周转材料——低值易耗品——在库　　4 200

(2) 3月31日，摊销低值易耗品价值的50%

借:制造费用　　2 100

　　贷:周转材料——低值易耗品——摊销　　2 100

(3) 6月12日，上述的低值易耗品全部报废，残料60元入库。

第一步，低值易耗品报废时，摊销另外的50%

借:制造费用　　2 100

　　贷:周转材料——低值易耗品——摊销　　2 100

第二步，冲销"低值易耗品——摊销"和"低值易耗品——在用"二级科目的全部价值

借:周转材料——低值易耗品——摊销　　4 200

　　贷:周转材料——低值易耗品——在用　　4 200

第三步,残料60元入库,冲减当期费用

借:原材料　　60

　贷:制造费用　　60

二、包装物

(一) 包装物概述

包装物是指企业在生产经营活动中,为包装本企业的产品或商品并随同一起出售,或者出租、出借给购货单位的各种包装容器,如桶、箱、瓶、坛、袋等。其主要作用是盛装、装潢产品或商品。

在实际工作中,并不是所有的包装物品都列为会计上的“包装物”科目的核算范围。会计上的“包装物”科目核算的主要是能够参加周转的自有包装物。用于一次性消耗的包装材料,如纸、包装绳、塑料袋、铁丝等,应作为“原材料”的核算范围。对于用于储存用的包装容器,价值高且使用期限长的应列为“固定资产”核算,价值低或使用期限短的则列为“低值易耗品”进行核算。

按用途划分,包装物分为以下几类:生产过程中用于包装产品作为产品组成部分的包装物;随同产品出售而不单独计价的包装物;随同产品出售且单独计价的包装物;出租或出借给购买单位使用的包装物。

(二) 发出包装物的核算

为加强对包装物的核算和管理,企业要设置“周转材料——包装物”科目。该科目借方登记入库包装物的成本,贷方登记发出、报销、摊销的包装物价值,余额在借方,表示结存包装物的成本。该科目按照包装物的种类进行明细核算。

包装物的采购、入库的会计处理,与材料的会计处理相同。采购过程中所支付的运费等附带费用,一般应计入采购包装物的成本。

企业发出包装物的核算,应按发出包装物的不同用途分别进行处理。

1. 生产领用包装物

用于生产产品、作为产品组成部分的包装物,其成本应计入产品生产成本。生产领用包装物时,借记“生产成本”等科目,贷记“周转材料——包装物”科目。

2. 随同产品出售的包装物

随同产品出售但不单独计价的包装物,其成本应计入“销售费用”。应于包装物发出时,按其实际成本借记“销售费用”科目,贷记“周转材料——包装物”科目。

随同产品对外出售单独计价的包装物,单独反映其销售收入,相应也应单独反映其销售成本，因此，应于商品销售时，将单独计价的包装物视同材料销售处理，售价收入列为“其他业务收入”，其成本列为“其他业务成本”，即借记“其他业务成本”科目，贷记“周转材料——包装物”科目。

3. 出租、出借包装物

出租、出借给其他单位使用的包装物，由于其价值在周转过程中逐渐转移，因此，需对出租出借包装物价值进行摊销。出借包装物，是出借时除押金外另外收费，其目的是为销售，因此，出借包装物的修理费用、摊销价值记入“销售费用”；出租包装物，需要另外收取额外的租金，属于一种营业行为，因此，出租包装物的租金收入计入“其他业务收入”，出租包装物的维修费用、摊销的价值列为“其他业务成本”。

出租、出借包装物的摊销方法主要有一次摊销法、分期摊销法和五五摊销法，各种摊销方法的核算与低值易耗品摊销核算方法基本相同。另外，包装物的摊销还可以采用净值摊销法。净值摊销法是按包装物的摊余价值和规定的摊销率计算本次摊销额并进行摊销的方法。这种方法的账务处理与五五摊销法相同，只是在规定的摊销期内每期都要摊销出租、出借包装物的成本，每次摊销额等于包装物摊余价值乘以规定的摊销率。

采用计划成本核算库存包装物成本的企业，还要分摊包装物的成本差异：采用一次或分期摊销法时，在出库月末分摊成本差异；采用五五或净值摊销法时，在收不回或报废月末分摊成本差异。

例 4.20

4 月 2 日，光华公司销售产品时，租给 A 公司包装物一批，包装物实际成本 6 000 元，其中旧的实际成本为 1 200 元，收取押金 8 000 元，每月收取租金 936 元，租期 2 个月。企业采用五五摊销法摊销包装物成本。到期时收到 A 公司交回的包装物，经检查有 1 200 元已不能继续使用而报废，残料价值 100 元。编制分录如下：

(1) 4 月 2 日，领用并出租包装物

借：周转材料——包装物——出租包装物(A 公司)	6 000	
贷：周转材料——包装物——库存已用包装物		1 200
周转材料——包装物——库存未用包装物		4 800

(2) 收取押金

借：银行存款	8 000	
贷：其他应付款——存入保证金(A 公司)		8 000

(3) 4 月 30 日,摊销本月发出新包装物价值的 50%

借:其他业务支出 2 400

贷:周转材料——包装物——包装物摊销 1 800

(4) 4、5 月末计算应收租金

借:其他应收款——应收租金(A 公司) 936

贷:其他业务收入 800

应交税费——应交增值税(销项税额) 136

(5) 6 月 2 日,到期收回包装物

借:周转材料——包装物——库存已用包装物 4 800

贷:周转材料——包装物——出租包装物(A 公司) 4 800

(6) 退还包装物押金并实际收取租金

借:其他应付款——存入保证金(A 公司) 8 000

贷:其他应收款——应收租金(A 公司) 1 872

银行存款 6 128

(7) 不能继续使用的 1 200 元的包装物报废:

第一步,包装物报废时,摊销另外的 50%价值

借:其他业务成本 600

贷:周转材料——包装物——包装物摊销 600

第二步,残料 100 元入库,冲减当期费用

借:原材料 100

贷:其他业务成本 100

第三步,冲销"包装物——包装物摊销"和"包装物——出租包装物(A 公司)"二级科目的全部价值

借:周转材料——包装物——包装物摊销 1 200

贷:周转材料——包装物——出租包装物(A 公司) 1 200

查阅作业

选取若干家上市公司年报,了解其各自的存货计价方法,以及企业改变存货计价方法的情况。比较分析一下,各公司存货占流动资产的比例大约多少?公司的存货跌价损失准备的计提情况如何?

复习思考题

1. 什么是存货？存货有什么特征？
2. 存货确认应具备哪些条件？
3. 发出存货的计价方法有哪些？有什么特点？
4. 什么是存货的可变现净值？如何确定可变现净值？
5. 存货的期末计量中，如何确定本期应计提的存货跌价准备？

第五章 金融资产

【本章导读】

雅戈尔(600177)是一家以服装生产和销售为主业,在房地产领域有一定投资的上市公司。雅戈尔在2016年年报中披露其投资业务,其中提到"公司处置了浦发银行、创联电子、中信证券、广博股份、金正大、中国平安、银联商务等金融资产,产生收益58 044.63万元"。雅戈尔的金融资产对其有何意义?从财务会计的角度看,企业持有的金融资产应如何计量?对企业的财务影响如何?

第一节 金融资产及其分类

一、金融资产的概念

金融资产属于企业资产的重要组成部分,主要包括:库存现金、银行存款、应收账款、应收票据、其他应收款、股权投资、债权投资和衍生金融工具形成的资产等。本章主要讲述的金融资产不包括库存现金、银行存款、衍生金融工具。

库存现金和银行存款等货币资金在"货币资金"一章中已介绍;对子公司、联营企业、合营企业的股权投资,将在"长期股权投资"一章中介绍。

二、金融资产的分类

企业在初始确认时将金融资产划分为以下四类:以公允价值计量且其变动计入当期损益的金融资产;持有至到期投资;贷款和应收款项;可供出售金融资产。

(一) 以公允价值计量且其变动计入当期损益的金融资产

以公允价值计量且其变动计入当期损益的金融资产,可以进一步分为交易性金融资产和指定为以公允价值计量且其变动计入当期损益的金融资产两类。在此,仅介绍交易性金融资产。

交易性金融资产是指企业为了近期内出售或回购而持有的金融资产，通常是指不超过一年的投资，如企业从二级市场购买的股票、债券、基金等。企业持有交易性金融资产的目的是为了短期从市场上买卖获利。

金融资产满足以下条件之一，应划分为交易性金融资产：

（1）取得金融资产的目的主要是为了近期内出售。如以赚取差价为目的购入的股票、债券、基金等。

（2）属于进行集中管理的可辨认金融工具组合的一部分，且有客观证据表明企业近期采用短期获利方式对该组合进行管理。

（3）属于衍生工具。但是，被指定为有效套期关系中的衍生工具除外。①

企业在初始确认某项金融资产为以公允价值计量且其变动计入当期损益的金融资产，则不能再将此项资产重分类为其他三类金融资产；其他三类金融资产也不能重分类为以公允价值计量且其变动计入当期损益的金融资产。

（二）持有至到期投资

持有至到期投资是指到期日固定、回收金额固定或可确定，且企业有明确意图和能力持有至到期的非衍生金融资产。

持有至到期投资具有的特征：持有至到期投资的回收的金额是固定或是可以确定的，到期日是明确的；持有至到期投资一定是债券投资，如企业从二级市场上购入的固定利率的国债、浮动利率金融债券等；持有至到期投资具有明确的意图和能力持有至到期②；持有至到期投资是非衍生的金融资产。

企业应在每个资产负债表日对持有至到期投资的持有意图和能力进行评价，如果持有意图或持有能力发生变化，应当将其重分类为可供出售金融资产。

（三）贷款和应收账款

贷款和应收款项，是指在活跃市场中没有报价、回收金额固定或可确定的非衍生金融资产，如金融企业发放的贷款和其他债权；非金融企业持有的现金和银行存款、销售商品或提供劳务形成的应收款项、企业持有的其他企业的债权（不包括在活跃市场上有报价的债务工具）等，只要符合贷款和应收款项的定义，可以划分为这一类。与持有至到期投资相比较，其中，回收金额固定或是可确定、非衍生金融资产这两个特征一样，两者的区别主要在于贷款和应收款项定义中特别强调的"在活跃市场中没有报价"。

---

① 有效套期中的衍生工具初始确认后，其公允价值变动应根据其对应的套期关系（即公允价值套期、现金流量套期或境外经营净投资套期）不同，采用相应的方法进行处理；适用《企业会计准则第24号——套期保值》。

② 查阅会计准则关于对持有至到期投资中没有明确意图或没有能力持有至到期的相关解释。

(四) 可供出售金融资产

可供出售金融资产是指初始确认时即被指定为可供出售的非衍生金融资产，以及除下列各类资产以外的金融资产：(1)贷款和应收款项；(2)持有至到期投资；(3)以公允价值计量且其变动计入当期损益的金融资产。企业在二级市场购入的股票、债券、基金等，没有划分为前三类金融资产的，就归类为可供出售金融资产。即在购买时持有的意图不明确的金融资产。

金融资产分类一经确定，不应随意变更。第一类金融资产和后面的三类不能够相互重分类；持有至到期投资与可供出售金融资产在符合一定条件情况下，可以重分类。

从计量方法的角度，金融资产又可以分为以公允价值计量的金融资产和以摊余成本(或成本)计量的金融资产两类。根据企业会计准则的有关规定，以公允价值计量的金融资产又分为两类：一类是以公允价值计量且其变动计入当期损益的金融资产(如交易性金融资产)；另一类是以公允价值计量且其变动计入所有者权益的金融再次(如可供出售金融资产)。

2017 年财政部修订发布了《企业会计准则第 22 号——金融工具确认和计量》《企业会计准则第 23 号——金融资产转移》和《企业会计准则第 24 号——套期会计》。按照修订后的准则，金融资产由现在的四分类改为三分类。企业根据管理金融资产的业务模式①和金融资产的合同现金流量特征②进行分类分为三类：以摊余成本计量的金融资产；以公允价值计量且其变动计入当期损益的金融资产；以公允价值计量且其变动计入其他综合收益的金融资产。新准则以“业务模式的目标是为取得合同现金流”和“合同现金流仅为本金和利息的支付”两个条件为维度，具体分类为：同时满足两个条件，划分为“摊余成本类”；如果业务模式是通过既收取合同现金流又出售金融资产来实现目标，并且“合同现金流仅为本金和利息的支付”，就划入“以公允价值计量且其变动计入其他综合损益的金融资产”；对于不满足合同现金流测试的，或者其他业务模式，一律“以公允价值计量且其变动计入当期损益”。

在新修订的准则框架下，允许企业将非交易性权益工具投资指定为以公允

---

① 金融资产的业务模式，是指企业如何管理其金融资产以产生现金流量。业务模式决定企业所管理金融资产现金流量的来源是收取合同现金流量、出售金融资产还是两者兼有。

② 金融资产的合同现金流量特征：是指金融工具合同约定的、反映相关金融资产经济特征的现金流量属性。即相关金融资产在特定日期产生的合同现金流量仅为对本金和以未偿付本金金额为基础的利息的支付，其中，本金是指金融资产在初始确认时的公允价值，本金金额可能因提前还款等原因在金融资产的存续期内发生变动；利息包括对货币时间价值、与特定时期未偿付本金金额相关的信用风险，以及其他基本借贷风险、成本和利润的对价。

价值计量且其变动计入其他综合收益的金融资产进行处理，但该指定不可撤销，且在处置时也不得将原计入其他综合收益的累计公允价值变动额结转计入当期损益。

修订后的准则要求，在境内外同时上市的企业以及在境外上市并采用国际财务报告准则或企业会计准则编制财务报告的企业自 2018 年 1 月 1 日起施行，其他境内上市企业自 2019 年 1 月 1 日起施行，执行企业会计准则的非上市企业自 2021 年 1 月 1 日起施行。本书待修订的准则在多数企业实施后，再按修订后的准则对新分类模式的金融资产会计制度解释进行讲解。本教材仍然按现行准则的四分类模式进行讲述。

第二节　交易性金融资产

交易性金融资产是指企业为了近期内出售或回购而持有的金融资产，通常是指不超过一年的投资，如企业从二级市场购买的股票、债券、基金等。

对交易性金融资产的核算企业应设置“交易性金融资产”科目，核算企业为交易目的所持有的债券投资、股票投资、基金投资、权证投资等和直接指定为以公允价值计量且其变动计入当期损益的金融资产，并按照交易性金融资产的类别和品种，分别设置“成本”“公允价值变动”等明细科目进行明细核算。划分为交易性金融资产的衍生金融资产，不通过“交易性金融资产”科目核算。

对交易性金融资产的核算，包括交易性金融资产的初始计量和后续计量。

一、交易性金融资产初始计量

企业取得交易性金融资产时，按取得该项交易性金融资产的公允价值为初始入账金额，相关交易费用在发生时直接记入当期损益。

1. 按公允价值进行初始计量，交易费用计入当期损益

按公允价值进行初始计量，交易费用计入当期损益(计入“投资收益”科目的借方)。

交易费用是指可直接归属于购买、发行或处置金融工具新增的外部费用，主要包括支付给代理机构、咨询公司、券商等的手续费和佣金以及其他必要支出，但不包括债券溢价、折价、融资费用、内部管理成本及其他与交易不直接相关的费用。企业为发行金融工具所发生的差旅费等，不属于交易费用。

2. 支付的价款中包含已宣告但尚未发放的现金股利或已到付息期但尚未领取的债券利息应当单独确认为应收项目

支付的价款中包含已宣告但尚未发放的现金股利或已到付息期但尚未领取的债券利息，应当单独确认为应收项目（分别计入“应收股利”和“应收利息”科目），不计入交易性金融资产的初始入账金额中。

交易性金融资产初始计量的相关分录如下：

借：交易性金融资产——成本（公允价值）
　　应收股利或应收利息（买价中所含的现金股利或已到付息期尚未领取的利息）
　　投资收益（交易费用）
　　贷：银行存款等（实际支付的金额）

例 5.1

2016 年 3 月 30 日，光华公司以每股 12.30 元的价格购入 A 上市公司股票 500 000 股，划分为交易性金融资产，购买该股票支付手续费等 100 000 元，款已通过银行存款转账。购买价格中包含每股 0.30 元已宣告但尚未领取的现金股利，该现金股利于 2016 年 5 月 28 日发放。

初始入账金额 ＝（12.30 － 0.30）× 500 000 ＝ 6 000 000（元）

应收股利 ＝ 0.30 × 500 000 ＝ 150 000（元）

(1) 2016 年 3 月 30 日，购入股票时：

借：交易性金融资产——A 公司股票（成本）	6 000 000	
应收股利	150 000	
投资收益	100 000	
贷：银行存款		6 250 000

(2) 2016 年 5 月 28 日，发放现金股利时：

借：银行存款	150 000	
贷：应收股利		150 000

请思考一下，如果该例题购买的不是股票，而是 A 公司的债券，本例的业务应如何处理？

二、交易性金融资产的后续计量

交易性金融资产的后续计量是指企业取得了交易性金融资产之后，在相关时点的会计计量和处理。后续计量体现三个时点的会计处理，这三个时点分别是：持有期间取得利息或现金股利、资产负债表日以及处置交易性金融资产时。

(一) 持有期间取得利息或现金股利

企业持有交易性金融资产期间,对于被投资单位宣告发放的现金股利,应于投资单位宣告发放现金股利时确认为投资收益;对于企业获得的债券利息,应在资产负债表日或付息日将利息收入确认为投资收益。

持有期间获得利息或现金股利时,编制分录如下:

借:应收股利或应收利息

　　贷:投资收益

(二) 资产负债表日的计量

交易性金融资产在资产负债表日应按照公允价值计量,公允价值与账面余额之差记入当期损益。

在资产负债表日,按照公允价值确认交易性金融资产的价值。公允价值与账面余额的差额,通过"交易性金融资产——公允价值变动"科目来反映和调整,记入当期损益是确认在"公允价值变动损益"科目。

在资产负债表日,如果公允价值高于账面余额,编制会计分录如下:

借:交易性金融资产——公允价值变动

　　贷:公允价值变动损益

资产负债表日,如果公允价值低于账面余额,编制会计分录如下:

借:公允价值变动损益

　　贷:交易性金融资产——公允价值变动

(三) 交易性金融资产的处置

交易性金融资产的处置是指将交易性金融资产出售。在处置金融资产时,售价与账面价值之间的差额确认为投资收益;同时调整公允价值变动损益。

企业出售交易性金融资产,该金融资产账面余额转出,按收到的金额确认"银行存款"等账户的增加,其差额确认为投资收益;同时,将该项交易性金融资产的公允价值变动转出,确认为投资收益。

处置交易性金融资产时,需要编制两笔分录:

(1) 交易性金融资产账面余额转出,确认投资收益

借:银行存款(实际收到的金额)

　　贷:交易性金融资产——成本

　　　　　　　　　　　——公允价值变动(或相反)

　　　投资收益(差额,或借方)

(2) 将原计入"公允价值变动损益"科目的累计公允价值变动额转出

借:公允价值变动损益

贷:投资收益

或相反。

例 5.2

2016 年 7 月 1 日,光华公司以短期获利为目的在二级市场购买了 A 公司债券,该债券于 2014 年 7 月 1 日发行,五年期债券,到期还本、债券票面价值为 1 500 000 元、票面利率为 5%,每年年初付息。光华公司准备在一年内将该债券出售,购买时公允价值为 1 200 000 元,支付交易费用 10 000 元。债券购买价格中包含 75 000 元已到付息期但尚未支付的利息。2016 年 7 月 2 日,收到利息 75 000 元。2016 年 12 月 31 日,该债券的公允价值为 1 300 000 元。公司决定每半年计提债券利息一次。2017 年 3 月 9 日,将债券出售,实际收到出售价款为 1 400 000 元。

(1) 2016 年 7 月 1 日,购买 A 公司债券

借:交易性金融资产——A 公司债券(成本)　　1 115 000

　　应收利息　　75 000

　　投资收益　　10 000

　　贷:银行存款　　1 200 000

(2) 2016 年 7 月 2 日,收到 A 公司利息

借:银行存款　　75 000

　　贷:应收利息　　75 000

(3) 2016 年 12 月 31 日,按公允价值进行期末计量

借:交易性金融资产——A 公司债券(公允价值变动) 185 000

　　贷:公允价值变动损益　　185 000

(4) 2016 年 12 月 31 日,计提债券利息

$$\text{半年利息}=1\,500\,000\times 5\%\div 2=37\,500(\text{元})$$

借:应收利息　　37 500

　　贷:投资收益　　37 500

(5) 2017 年 3 月 9 日,出售债券

借:银行存款　　1 400 000

　　贷:交易性金融资产——A 公司债券(成本)　　1 115 000

　　　　　　　　　　——A 公司债券(公允价值变动)　　185 000

　　　　应收利息　　37 500

　　　　投资收益　　62 500

借:公允价值变动损益　　　　　　　　　　　　185 000

　　贷:投资收益　　　　　　　　　　　　　　　　185 000

请思考一下,如果本例中是股票又如何进行核算?

第三节　持有至到期投资

持有至到期投资是指到期日固定、回收金额固定或可确定,且企业有明确意图和能力持有至到期的非衍生金融资产,如企业从二级市场上购入的固定利率的国债、浮动利率的金融债券等。

企业应设置"持有至到期投资"会计科目,用来核算企业持有至到期投资的价值。该科目属于资产类科目,应当按照持有至到期投资的类别和品种,分别"成本""利息调整""应计利息"等进行明细核算。

一、持有至到期投资的初始计量

企业初始确认持有至到期投资时,应按公允价值与相关交易费用之和,确认初始入账金额。如果实际支付的价款中,包含已到付息期但尚未领取的债券利息,应单独确认为应收项目。

企业取得的持有至到期投资,应按该投资的面值,借记"持有至到期投资(成本)",按支付的价款中包含的已到付息期但尚未领取的利息,借记"应收利息"科目,支付的银行存款是为取得投资发生的买价和交易费用之和,贷记入"银行存款"等科目,按其差额记入"持有至到期投资(利息调整)"的借方或贷方。

初始计量时可编制分录如下:

借:持有至到期投资——成本(面值)

　　　　　　　　　——利息调整(或贷方)

　应收利息(支付价款中包含的已到付息期尚未领取的利息)

　贷:银行存款(买价和交易费用之和)

例 5.3

2013 年 1 月 1 日,光华公司支付价款 1 059 万元(含交易费用 5 万元)从活跃市场上购入 A 公司 5 年期债券,价款中包含已到付息期但尚未支付的利息 59 万元,面值 1 250 元,票面利率 4.72%,按年支付利息(即每年 12 月 31 日付息 59 万元),本金最后一次支付。光华公司将购入的该公司债券划分为持有至到期投资。2013 年 1 月 2 日,收到 A 公司债券利息 59 万元。

(1) 2013 年 1 月 1 日,光华公司购入债券时

借:持有至到期投资——A 公司债券(成本)　　12 500 000

　应收利息　　590 000

　贷:银行存款(买价和交易费用之和)　　10 590 000

　　持有至到期投资——A 公司债券(利息调整)　　2 500 000

(2) 2013 年 1 月 2 日,收到债券利息时

借:银行存款　　590 000

　贷:应收利息　　590 000

二、持有至到期投资的后续计量

持有至到期投资持有期间应采用实际利率法按摊余成本计量,按摊余成本和实际利率计算确认当期利息收入,计入投资收益。

(一) 实际利率的测算

实际利率是指将金融资产在预期存续期间或适用的更短期间内的未来现金流量,折现为该金融资产当前账面价值所使用的利率。持有至到期投资的实际利率就是该项债券未来现金流入的利息和本金折算为购入债券的入账价值的折现率。

持有至到期投资初始确认时,应当计算其实际利率,并在持有至到期投资预期存续期间或适用的更短期间内保持不变。

例 5.4

上例中,计算光华公司购入 A 公司债券的实际利率。

按照 A 公司债券的条件可知,每年付息一次,到期还本。也就是说,光华公司每年按票面利率和面值可得债券利息 59 万元,共流入 5 年,最后一年还本金 1 250 万元。这些现金流入,按资金时间价值的计算,设该债券的实际利率为 r,可列方程:

$$59\times(1+r)^{-1}+59\times(1+r)^{-2}+59\times(1+r)^{-3}+59\times(1+r)^{-4}+(59+1\,250)\times(1+r)^{-5}=1\,000(\text{万元})$$

用插值法可以计算得出 $r=10\%$。

插值法在此不再赘述,请查阅如何使用插值法计算出实际利率为 10%。

实际利率法指按实际利率计算摊余成本及各期利息费用的方法。

(二) 摊余成本的计算

摊余成本是指持有至到期投资的初始确认金额经过下列调整后的结果:

①扣除已收回的本金；②加上或减去采用实际利率法将该初始确认金额与到期日金额之间的差额进行摊销形成的累计摊销额；③扣除已发生的减值损失。

如果有客观证据表明该持有至到期投资按实际利率计算的各期利息收入与名义利率计算的相差很小，也可以采用名义利率摊余成本进行后续计量。

如果不存在已收回本金，也没有发生减值损失的情况下，计算摊余成本就是将持有至到期投资的初始确认金额加上或减去采用实际利率法将该初始确认金额与到期日金额之间的差额进行摊销形成的累计摊销额。具体而言，在这种情况下，计算期末摊余成本时，需要确认三个量：期初摊余成本、实际利息收入和按票面利率计算的现金流入。利息收入在计算时是以期初摊余成本乘以实际利率来确认的，这个利息收入是会计处理中确认的投资收益；企业收到的现金流入是按票面利率乘以面值，这构成企业的“应收利息”。期末摊余成本的计算公式如下：

期末摊余成本＝期初摊余成本＋实际利息－现金流入

如果还存在已收回本金、发生减值损失的情况下，期末摊余成本计算公式如下：

期末摊余成本＝期初摊余成本＋实际利息－现金流入
－已收回的本金－已发生的减值损失

在此，仅介绍分期付息到期还本的持有至到期投资的处理，对于到期一次还本付息的情况，请思考。

例 5.5

上例中，已计算出光华公司购入A公司债券的实际利率为10%，计算该项持有至到期投资各年年末的摊余成本。

表 5.1 **摊余成本计算表** 单位：万元

年　份	期初摊余成本(1)（本期期初摊余成本＝上期期末摊余成本）	实际利息(2)＝(1)×10%（按实际利率10%计算）	现金流入(3)＝债券面值×票面利率	期末摊余成本(4)＝(1)＋(2)－(3)
2013	10 000 000	1 000 000	590 000	10 410 000
2014	10 410 000	1 040 000	590 000	10 860 000
2015	10 860 000	1 090 000	590 000	11 360 000
2016	11 360 000	1 140 000*	590 000	11 910 000
2017	11 910 000	1 180 000**	13 090 000	0

* 数字四舍五入取整。
** 数字考虑了计算过程中出现的尾差，注：数据取整至万位。

(三) 持有至到期投资后续计量的会计处理

1. 资产负债表日

持有至到期投资在资产负债表日计提债券利息，并按实际利率法确认投资收益，调整为摊余成本。在资产负债表日的处理，根据付息方式而不同。

如果持有至到期投资为分期付息、一次还本债券投资的，应按票面利率计算确定的应收未收利息，借记“应收利息”科目，按持有至到期投资摊余成本和实际利率计算确定的利息收入，贷记“投资收益”科目，按其差额，借记或贷记“持有至到期投资——利息调整”。

如果持有至到期投资为一次还本付息债券投资，应于资产负债表日按票面利率计算确定的应收未收利息，借记“持有至到期投资——应计利息”，持有至到期投资摊余成本和实际利率计算确定的利息收入，贷记“投资收益”科目，按其差额，借记或贷记本科目“持有至到期投资——利息调整”。

当收到分期付息、一次还本的持有至到期投资持有期间支付的利息时，借记“银行存款”，贷记“应收利息”科目。

2. 持有至到期投资的出售

出售持有至到期投资时，应按实际收到的金额，借记“银行存款”等科目，已计提减值准备的，借记“持有至到期投资减值准备”科目，按其账面余额，贷记“持有至到期投资——成本、利息调整、应计利息”，按其差额，贷记或借记“投资收益”科目。

例 5.6

承上例，光华公司持有至 2017 年年末，并收到本金。编制光华公司在持有该项债券期间的会计分录。

在进行会计处理时，查阅【例 5.5】编制的摊余成本计算表，其中实际利息的数额确认为投资收益，现金流入的数额确认为应收利息，二者的差额确认为利息调整。

(1) 2013 年 12 月 31 日，确认投资收益、收到债券票面利息，编制分录如下：

借：应收利息　　590 000

　　持有至到期投资——A 公司债券(利息调整)　　410 000

　　贷：投资收益　　1 000 000

借：银行存款　　590 000

　　贷：应收利息　　590 000

(2) 2014 年 12 月 31 日，确认投资收益、收到债券票面利息，编制分录如下：

借：应收利息　590 000

　持有至到期投资——A 公司债券(利息调整)　450 000

　贷：投资收益　1 040 000

借：银行存款　590 000

　贷：应收利息　590 000

(3) 2015 年 12 月 31 日，确认投资收益、收到债券票面利息，编制分录如下：

借：应收利息　5 900 000

　持有至到期投资——A 公司债券(利息调整)　500 000

　贷：投资收益　1 090 000

借：银行存款　590 000

　贷：应收利息　590 000

(4) 2016 年 12 月 31 日，确认投资收益、收到债券票面利息，编制分录如下：

借：应收利息　590 000

　持有至到期投资——A 公司债券(利息调整)　550 000

　贷：投资收益　1 140 000

借：银行存款　590 000

　贷：应收利息　590 000

(5) 2017 年 12 月 31 日，确认实际利息、收到票面利息和本金等，编制分录如下：

借：应收利息　590 000

　持有至到期投资——A 公司债券(利息调整)　590 000

　贷：投资收益　1 180 000

借：银行存款　590 000

　贷：应收利息　59 000

借：银行存款　12 500 000

　贷：持有至到期投资——成本　12 500 000

三、持有至到期投资的重分类

当企业的所持有的持有至到期投资出现违背将投资持有到期的最初意图的情况，那么需要将该金融资产重分类为可供出售金融资产。

具体而言，当企业在本会计年度内出售的部分或者是重分类的部分占持有至到期投资总额的比例较大，那么剩余的持有至到期投资就应该重分类为可供出售金融资产，并以公允价值进行后续计量。

但是，下列情况例外：

(1) 出售日或重分类日距离该项投资到期日或赎回日较近(如到期前3个月内)，市场利率变化对该项投资的公允价值没有显著影响。

(2) 根据合同约定的偿付方式，企业已收回几乎所有初始本金。

(3) 出售或重分类是由于企业无法控制、预期不会重复发生且难以合理预计的独立事项所引起。

企业因出售或重分类持有至到期投资的金额较大而将剩余持有至到期投资重分类为可供出售金融资产后，在本会计年度及以后两个完整的会计年度内不得再将金融资产划分为持有至到期投资，直至两个完整的会计年度之后，企业才可以将符合规定条件的金融资产划分为持有至到期投资。

重分类时，可供出售金融资产按照公允价值来计量，结转的持有至到期投资是按摊余成本计量的，因此，重分类时应将其账面价值①与公允价值之间的差额，计入所有者权益下的“其他综合收益”。

重分类为可供出售金融资产的分录：

借：可供出售金融资产(重分类日的公允价值)

　　持有至到期投资减值准备

　　贷：持有至到期投资——成本

　　　　　　　　　　　——利息调整(或借方)

　　　　　　　　　　　——应计利息

　　贷(或借)：其他综合收益

例 5.7

光华公司因持有意图发生改变，于2017年3月1日，将2014年1月1日购入的面值600 000元、期限5年、票面利率6%、每年12月31日付息的E公司债券出售20%，实际收到的价款为125 000元；同时将剩余E公司债券重分类为可供出售金融资产，重分类日，剩余E公司债券的公允价值为500 000元。出售前，E公司债券的账面摊余成本为614 500元，其中，成本600 000元，利息调整145 000元。

(1) 2017年3月1日出售20%的E公司债券

售出部分的债券的摊余成本 = 614 500 × 20% = 122 900(元)

---

① 账面价值：本处是指持有至到期投资的账面余额减去已计提的减值准备后的余额。

其中，成本为 120 000 元（600 000×20%），利息调整为 2 900 元（122 900－120 000）。

借：银行存款　　　　　　　　　　　　　　　　125 000

　　贷：持有至到期投资——E 公司债券（成本）　　　　120 000

　　　　　　　　　　——E 公司债券（利息调整）　　　2 900

　　　　投资收益　　　　　　　　　　　　　　　　　2 100

(2) 2017 年 3 月 1 日是重分类日，将剩余债券重分类为可供出售金融资产

剩余部分的债券的摊余成本＝614 500×(1－20%)＝491 600（元）

其中，成本为 480 000 元（600 000－200 000），利息调整为 11 600 元（491 600－480 000）。

重分类日，可供出售金融资产的公允价值为 500 000 元，即高出其原债券摊余成本的部分为公允价值变动为 8 400 元（500 000－491 600）。

借：可供出售金融资产——E 公司债券（成本）　　480 000

　　　　　　　　　　——E 公司债券（利息调整）　　11 600

　　　　　　　　　　——E 公司债券（公允价值变动）8 400

　　贷：持有至到期投资——E 公司债券（成本）　　　　480 000

　　　　　　　　　　——E 公司债券（利息调整）　　　11 600

　　　　其他综合收益　　　　　　　　　　　　　　　8 400

第四节　贷款和应收款项

一、贷款和应收款项的含义

贷款和应收款项，是指在活跃市场中没有报价、回收金额固定或可确定的非衍生金融资产。贷款和应收款项与持有至到期投资相比，共同的特点是回收金额固定或是可确定、属于非衍生金融资产，两者的区别主要在于贷款和应收款项是在活跃市场中没有报价的金融资产，而持有至到期投资则是“在活跃市场中有报价”的金融资产。

贷款是商业银行的一项主要业务，商业银行需要设置“贷款”科目对其发放的贷款和其他债权进行核算。应收款项是指非金融的其他一般企业销售商品或提供劳务形成的应收款项、企业持有的其他企业的债权（不包括在活跃市场上有报价的债务工具），主要包括应收账款、应收票据、其他应收款等。本节主要介绍应收款项。

二、应收款项的会计处理

(一) 应收账款

应收账款是用来核算企业因销售产品、提供劳务等业务而向购货单位或接受劳务单位应收取的款项。应收账款的入账价值包括:企业因销售产品、提供劳务等业务而向购货单位或接受劳务单位应收取的款项、销售货物的增值税销项税额、以及代购货方垫付的包装费和运杂费等。应收账款核算设置“应收账款”账户,并应按照不同的购货单位设置明细账户,进行明细分类核算。

企业销售商品或提供劳务发生应收账款,在没有商业折扣情况下,按发票金额和代购货单位垫付的运费合计金额入账。存在商业折扣的情况下,应按扣除商业折扣后的金额入账。存在现金折扣的情况下,采用总价法入账,发生现金折扣时,作为财务费用处理。

例 5.8

2017 年 8 月 1 日,光华公司向明光公司销售一批产品,按价目表标价售价为 10 000 元,鉴于是长期客户,光华公司给予 5%的商业折扣,适用的增值税税率为 17%,并以银行存款代垫运费 800 元,现金折扣条件“2/15, n/30”。2017 年 8 月 15 日,收到向明公司的款项。

(1) 2017 年 8 月 1 日,确认收入:

应确认的主营业务收入=10 000×(1-5%)=9 500(元)

增值税销项税额=9 500×17%=1 615(元)

会计分录	借方	贷方
借:应收账款	11 915	
贷:主营业务收入		9 500
应交税费应——应交增值税(销项税额)		1 615
银行存款		800

(2) 2017 年 8 月 15 日,收到款项,确认现金折扣:

现金折扣金额=11 915×2%=238.3(元)

会计分录	借方	贷方
借:银行存款	11 676.7	
财务费用	238.3	
贷:应收账款		11 915

(二) 应收票据

应收票据是指企业持有的还没有到期、尚未兑现的商业票据。商业票据是由出票人签发的，委托付款人在制定日期无条件支付确定金额给收款人或持票人的票据。商业汇票的付款期限最长不得超过6个月。符合条件的持票人，可以持未到期的商业汇票连同贴现凭证向银行申请贴现。

1. 应收票据的种类

根据承兑人不同，商业汇票分为商业承兑汇票和银行承兑汇票两种。商业承兑汇票是指由付款人签发并承兑，或由收款人签发交由付款人承兑的汇票。银行承兑汇票是指由在承兑银行开立存款账户的存款人签发，由承兑银行承兑的票据。

商业汇票按是否计息可分为不带息商业汇票和带息商业汇票。不带息商业汇票是指商业汇票到期时，承兑人只按票面金额（面值）向收款人或被背书人支付款项的汇票。带息票据是指商业汇票到期时，承兑人必须按票面金额加上应计利息向收款人或被背书人支付票款的票据。一般而言，企业收到的应收票据，应按票据的面值入账。但对于带息的应收票据，应于期末按应收票据的票面价值和确定的利率计提利息，计提的利息应增加应收票据的账面价值。

2. 应收票据的确认和计量

应收票据的取得和收回业务，都是通过"应收票据"科目反映的。借方登记取得的应收票据的面值，贷方登记到期收回票款或前期向银行贴现的应收票据的票面余额，期末余额在借方，反映企业持有的商业汇票的票面金额。

当持票人因急需资金，可将未到期的应收票据背书后转让给银行，银行受理后，扣除银行贴现率计算确定贴现息后，将余额付给贴现企业。持未到期的商业汇票到银行贴现，符合金融工具确认和计量准则有关金融资产终止确认条件的，应按照实际收到的金额与商业汇票的票面金额之差，记入"财务费用"科目；不符合金融工具确认和计量准则有关金融资产终止确认条件的，不应结转应收票据，应按实际收到的金额（即减去贴现息后的净额），借记"银行存款"科目，按贴现息部分，借记"短期借款——利息调整"等科目，按商业汇票的票面金额，贷记"短期借款——成本"科目。

例 5.9

2017年8月10日，光华公司将所持的三一公司出票日期为8月3日、期限为6个月、面值为100 000元的不带息商业承兑汇票一张到银行贴现，且银行不拥有追索权。获取现金净额99 000元。相关账务处理如下：

借：银行存款	99 000	
财务费用	1 000	
贷：应收票据		100 000

如果本例题中银行拥有追索权,则在账务处理中不能将应收票据转销,而只能作为企业的短期借款增加处理,即应编制分录如下:

借:银行存款　　99 000

　短期借款——利息调整　　1 000

　贷:短期借款——成本　　100 000

企业应当设置"应收票据备查簿",逐笔登记每一应收票据的种类、号数和出票日期、票面金额、票面利率、交易合同号和付款人、承兑人、背书人的姓名或单位名称、到期日、背书转让日、贴现日期、贴现率和贴现净额、计提的利息,以及收款日期和收回金额、退票情况等资料。应收票据到期结清票款或退票后,应当在备查簿内逐笔注销。

(三) 预付账款

预付账款是企业按照购货合同或劳务合同规定,预先支付给供货方或提供劳务方的账款。企业应设置"预付账款"科目,对预付账款进行核算。对于预付账款不多的企业,也可将预付的货款记入"应付账款"的借方。

预付账款的核算包括预付款项和收回货物或劳务两个环节。预付款项时,根据购货合同规定向供应单位预付款项时,借记"预付账款"科目,贷记"银行存款"科目;收回货物或劳务时,根据有关发票金额,借记"原材料""应交税费——应交增值税(进项税额)"等科目,贷记"预付账款"科目;预付货款如果不住,应将不足部分补足,借记"预付账款",贷记"银行存款"。

(四) 其他应收款

其他应收款是指企业除应收票据、应收账款、预付账款以外的其他各种应收、暂付款项,包括:应收的各种赔款、罚款;应收的出租包装物租金;应向职工收取的各种垫付款项;备用金;存出保证金,如租入包装物支付的押金;其他各种应收、暂付款项。

其他应收款的核算及举例在此不再赘述。

第五节　可供出售金融资产

可供出售金融资产是指初始确认时即被指定为可供出售的非衍生金融资产,以及除下列各类资产以外的金融资产:(1)贷款和应收款项;(2)持有至到期投资;(3)以公允价值计量且其变动计入当期损益的金融资产。企业购入在活跃市场有报价的股票、债券、基金等，没有划分为前三类金融资产的，就归类为可供出售金融资产。

可供出售金融资产可以分为可供出售债权工具和可供出售权益工具。可供出售债权工具是指企业取得的确认为可供出售金融资产的各种债权；可供出售权益工具是指企业取得的确认为可供出售金融资产的各种股权。如企业持有的上市公司限售股；持有的在活跃市场没有报价且对被投资企业不存在控制、共同控制和重大影响的股权，不符合交易性金融资产条件也不符合长期股权投资确认条件的，应确认为可供出售金融资产；企业持有至到期投资持有意愿发生变化而重分类为可供出售金融资产的债券。

企业应设置“可供出售金融资产”会计科目，核算该类可供出售金融资产的公允价值，并按照可供出售金融资产的类别和品种，分别设置“成本”“利息调整”“应计利息”“公允价值变动”等明细账进行明细核算。

一、可供出售金融资产的初始计量

1. 可供出售金融资产按取得该项金融资产的公允价值进行初始计量，交易费用计入初始确认金额。

可供出售金融资产是权益工具投资的，发生的交易费用计入“可供出售金融资产——成本”明细科目中；如果是债务工具投资，与持有至到期投资的处理相似，“成本”明细科目登记债券的面值，交易费用计入“利息调整”明细科目。

2. 企业取得可供出售金融资产所支付的价款中包含已宣告但尚未发放的现金股利或已到付息期但尚未领取的债券利息应当单独确认为应收项目。

因此，可以把可供出售金融资产的初始计量，按照该项资产是股票或债券进行分类，初始计量具体处理如下：

(1) 可供出售金融资产为权益工具投资，初始计量的相关分录如下：

借：可供出售金融资产——成本（公允价值与交易费用之和）

　　应收股利（支付的价款中包含的已宣告但尚未发放的现金股利）

　　贷：银行存款等（实际支付的金额）

(2) 可供出售金融资产为债务工具投资的，初始计量的相关分录如下：

借：可供出售金融资产——成本（债券面值）

　　应收利息（支付的价款中包含的已到付息期但尚未领取的利息）

借或贷：可供出售金融资产——利息调整（差额）

　　贷：银行存款等（实际支付的金额）

如果可供出售金融资产是由持有至到期投资重分类取得，那么按照重分类的要求进行初始计量。企业因持有意图或能力发生改变，使某项投资不再适合划分为持有至到期投资的，应将其重分类为可供出售金融资产，并以公允价值进行后续计量。重分类日，该投资的账面价值与公允价值之间的差额计入其他综合收益。

借：可供出售金融资产（金融资产的公允价值）

　持有至到期投资减值准备

　贷：持有至到期投资（账面余额）

　贷或借：其他综合收益（差额）

二、可供出售金融资产的后续计量

（一）可供出售金融资产为权益工具的，在持有期间取得的现金股利，应当确认为投资收益；可供出售金融资产为债务工具的，在持有期间采用实际利率法计算的可供出售金融资产（债券投资）的利息，应计入当期损益。

1. 可供出售金融资产为股票投资，持有期间取得现金股利，会计分录如下：

借：应收利息

　贷：投资收益

2. 可供出售金融资产为分期付息、一次还本债券投资，持有期间取得债券利息，会计分录如下：

借：应收利息（债券面值×票面利率）

　借或贷：可供出售金融资产——利息调整（差额）

　贷：投资收益（期初摊余成本×实际利率）

3. 可供出售金融资产为一次还本付息债券投资，持有期间的债券利息应确认为当期的投资收益，会计分录如下：

借：可供出售金融资产——应计利息（面值×票面利率）

　借或贷：可供出售金融资产——利息调整（差额）

　贷：投资收益（期初摊余成本×实际利率）

（二）资产负债表日，可供出售金融资产应当以公允价值进行后续计量，公允价值变动计入所有者权益。

需要说明的是，如果可供出售金融资产为不具有控制、共同控制和重大影响的股权投资，其公允价值不能直接取得，则可以将其成本视为公允价值，不再确认公允价值变动。

借：可供出售金融资产——公允价值变动

　贷：其他综合收益

　或相反。

需要注意，如果可供出售金融资产是债券投资，需要先按摊余成本确认当期投资收益，然后再按公允价值与摊余成本之差确认计入所有者权益。

（三）出售（终止确认）时，应将取得的处置价款和该金融资产的账面余额的差额，计入投资收益；同时，将原直接计入所有者权益的累计公允价值变动相应转出，计入当期损益。即将“其他综合收益”转出，转入投资收益。

借：银行存款等（实际收到的金额）

　　贷：可供出售金融资产——成本

　　　　　　　　　　　　——公允价值变动等

　　贷/借：投资收益（差额）

借（或贷）：其他综合收益（公允价值累计变动额）

　　贷（或借）：投资收益

例 5.10

2015 年 4 月 1 日光华公司从二级市场购入一批 A 公司发行的股票 600 000 股，作为可供出售金融资产核算，取得时公允价值为每股为 4.3 元，含已宣告但尚未发放的现金股利 0.3 元，另支付交易费用 80 000 元，全部价款以银行存款支付。2015 年 5 月 20 日，收到最初支付价款中所含现金股利。2015 年 12 月 31 日，该股票公允价值为每股 5.9 元。2016 年 3 月 1 日，A 公司宣告发放股利，其中现金股利每股 0.4 元，股票股利每 10 股派 1 股。2016 年 5 月 12 日，收到现金股利和股票股利。2016 年 12 月 31 日，该股票公允价值为每股 8 元。2017 年 1 月 5 日，光华公司将该股票以每股 6 元全部出售。

(1) 2015 年 4 月 1 日，购入可供出售金融资产时，

共计付款 4.3 × 600 000 + 80 000 = 2 660 000（元），其中应收股利数额为 180 000 元（0.3 元/股 × 600 000 股），编制分录如下：

借：可供出售金融资产——A 公司股票（成本）　　2 480 000

　　应收股利　　180 000

　　贷：银行存款　　2 660 000

(2) 2015 年 5 月 20 日，收到最初支付价款中所含现金股利。编制分录如下：

借：银行存款　　180 000

　　贷：应收股利　　180 000

(3) 2015 年 12 月 31 日，该股票公允价值为每股 5.9 元。

资产负债表日，该项金融资产的公允价值为 3 540 000 元（5.9 元/股 × 600 000 股），与账面余额相比，公允价值变动金额为 1 060 000 元（3 540 000 元 −

2 480 000元)。编制分录如下:

借:可供出售金融资产——A公司股票(公允价值变动)　　1 060 000

　贷:其他综合收益　　1 060 000

此时,该项可供出售金融资产的账面余额为3 540 000元("成本"2 480 000元+"公允价值变动"1 060 000元)。

(4) 2016年3月1日,A公司宣告发放股利,其中现金股利每股0.4元,股票股利每10股派1股。

持有期间获得现金股利,确认为投资收益。投资收益应确认为240 000元(0.4元/股×600 000股),即应收股利应确认为240 000元。收到的股票股利为60 000股(600 000÷10×1),应在备查簿登记,不确认为投资收益。编制分录如下:

借:应收股利　　240 000

　贷:投资收益　　240 000

(5) 2016年5月12日,收到现金股利和股票股利。

借:银行存款　　240 000

　贷:应收股利　　240 000

此时,光华公司拥有A公司股票数量为660 000股(600 000股+60 000股)。

(6) 2016年12月31日,该股票公允价值为每股8元。

资产负债表日,光华公司拥有的该金融资产的公允价值为5 280 000元(8元/股×660 000股),与其账面余额相比,公允价值变动为1 740 000元(5 280 000元-3 540 000元)。编制分录如下:

借:可供出售金融资产——A公司股票(公允价值变动)　　1 740 000

　贷:其他综合收益　　1 740 000

(7) 2017年1月5日,将该股票全部出售,每股6元。

处置日,光华公司将该金融资产的所有账面余额转出,与出售取得的款项之差确认为投资收益,并同时结转以前确认记录在"其他综合收益"下的公允价值变动转入投资收益。出售取得收入为3 960 000元(6元/股×660 000股),编制分录如下:

借:银行存款　　3 960 000

　投资收益　　1 320 000

　贷:可供出售金融资产——A公司股票(成本)　　2 480 000

　　　　　　　　　——A公司股票(公允价值变动)　　2 800 000

借:其他综合收益　　2 800 000

　贷:投资收益　　2 800 000

例 5.11

2015 年 1 月 1 日,光华公司支付价款 1 059 万元(含交易费用 5 万元)从活跃市场上购入 A 公司 5 年期债券,价款中包含已到付息期但尚未支付的利息 59 万元,面值 1 250 元,票面利率 4.72%,按年支付利息(即每年 12 月 31 日付息 59 万元),本金最后一次支付。光华公司将购入的该公司债券划分为可供出售金融资产。经测算,实际利率为 10%。2015 年 1 月 2 日,收到 A 公司债券利息 59 万元。2015 年 12 月 31 日,该债券的公允价值为 1 050 万元。2016 年 12 月 31 日,该债券的公允价值为 1 070 万元。2017 年 3 月 1 日,出售该债券,实际收到出售款 1 085 万元。

(1) 2015 年 1 月 1 日,光华公司购入债券时

借:持有至到期投资——A 公司债券(成本)　　12 500 000

　应收利息　　590 000

　贷:银行存款　　10 590 000

　　持有至到期投资——A 公司债券(利息调整)　　2 500 000

(2) 2015 年 1 月 2 日,收到债券利息时

借:银行存款　　590 000

　贷:应收利息　　590 000

光华公司购入 A 公司债券的实际利率为 10%,计算该项持有至到期投资各年年末的摊余成本。

表 5.2　　**摊余成本计算表**　　单位:元

年　份	期初摊余成本 (1)(本期期初摊余成本=上期期末摊余成本)	实际利息 (2)=(1)×10% (按实际利率10%计算)	现金流入 (3)=债券面值×票面利率	期末摊余成本 (4)=(1)+(2)−(3)
2015	10 000 000	1 000 000	590 000	10 410 000
2016	10 410 000	1 040 000	590 000	10 860 000
2017	10 860 000	1 090 000	590 000	11 360 000
2018	11 360 000	1 140 000*	590 000	11 910 000
2019	11 910 000	1 180 000**	13 090 000	0

* 数字四舍五入取整。

** 数字考虑了计算过程中出现的尾差。

(3) 2015 年 12 月 31 日，资产负债表日需要做两步分录：第一步，确认投资收益和应收利息；第二步，将摊余成本调整为公允价值，二者之差确认为“其他综合收益”。

借：持有至到期投资——A 公司债券（利息调整）　410 000
　　应收利息　590 000
　　贷：投资收益　1 000 000

借：持有至到期投资——A 公司债券（公允价值变动）　90 000
　　贷：其他综合收益　90 000

(4) 2016 年 12 月 31 日，资产负债表日处理思路同上。编写分录如下：

借：持有至到期投资——A 公司债券（利息调整）　450 000
　　应收利息　590 000
　　贷：投资收益　1 040 000

本笔分录后，持有至到期投资账面余额＝10 500 000＋450 000＝10 950 000（元）

持有至到期投资公允价值变动金额＝10 700 000－10 950 000＝－250 000（元）

借：其他综合收益　250 000
　　贷：持有至到期投资——公允价值变动　250 000

(5) 2017 年 3 月 1 日，出售债券，实际收到出售款 10 850 000 元。

处置日，光华公司将该持有至到期投资的所有明细账余额转出，与出售取得的款项之差确认为投资收益，并同时结转以前确认记录在“其他综合收益”的公允价值变动转入投资收益。出售取得收入为 10 850 000 元。

在未编制出售分录前，各明细账余额计算如下：

“可供出售金融资产——A 公司债券（成本）”明细账金额＝12 500 000（元）

“可供出售金融资产——A 公司债券（利息调整）”明细账金额＝－2 500 000＋410 000＋450 000＝－1 640 000（元）

“可供出售金融资产——A 公司债券（公允价值变动）”明细账金额＝90 000－250 000＝－160 000（元）

编制分录如下：

借：持有至到期投资——A 公司债券（利息调整）　1640 000
　　持有至到期投资——A 公司债券（公允价值变动）　160 000
　　银行存款　10 850 000
　　贷：持有至到期投资——A 公司债券（成本）　10 250 000
　　　　投资收益　150 000

借：投资收益　160 000
　　贷：其他综合收益　160 000

第六节　金融资产减值

一、金融资产减值损失的确认

1. 金融资产减值的范围

企业应当在资产负债表日对以公允价值量且其变动计入当期损益的金融资产以外的金融资产(含单项金融资产或一组金融资产)的账面价值进行检查,有客观证据表明该金融资产发生减值的,应当确认减值损失,计提减值准备。在四类金融资产中,只有交易性金融资产不需要计提减值准备,其他三类(持有至到期投资、贷款和应收项目、可供出售金融资产)都需要在资产负债表日检查,并确认减值损失,计提减值准备。

确认减值的前提是该项金融资产有客观证据表明其发生了减值,该证据是指金融资产初始确认后发生的、对该金融资产的预计未来现金流量有影响,且企业能够对影响进行可靠计量的事项。

2. 金融资产减值的迹象

下列迹象可能导致金融资产发生减值,可以作为判断金融资产是否发生减值的客观证据:

① 发行方或债务人发生严重财务困难;

② 债务人违反了合同条款,如偿付利息或本金发生违约或逾期等;

③ 债权人出于经济或法律等方面因素的考虑,对发生财务困难的债务人作出让步;

④ 债务人很可能倒闭或进行其他财务重组;

⑤ 因发行方发生重大财务困难,该金融资产无法在活跃市场继续交易;

⑥ 无法辨认一组金融资产中的某项资产的现金流量是否已经减少,但根据公开的数据对其进行总体评价后发现,该组金融资产自初始确认以来的预计未来现金流量确已减少且可计量,如该组金融资产的债务人支付能力逐步恶化,或债务人所在国家或地区失业率提高、担保物在其所在地区的价格明显下降、所处行业不景气等;

⑦ 债务人经营所处的技术、市场、经济或法律环境等发生重大不利变化,使权益工具投资人可能无法收回投资成本;

⑧ 权益工具投资的公允价值发生严重或非暂时性下跌;

⑨ 其他表明金融资产发生减值的客观证据。

二、持有至到期投资减值的计量

持有至到期投资减值的计量分为发生减值的计量和已确认减值损失的资产价值恢复的计量两部分。

1. 持有至到期投资发生减值的计量

资产负债表日，企业应将持有至到期投资按摊余成本计量。如果有客观证据表明其发生减值，应将摊余成本（账面价值）与该金融资产的预计未来现金流量现值进行比较，如果该金融资产预计未来现金流量现值较低，则二者差额确认为减值损失，计提减值准备。计算预计未来现金流量现值时，折现率的选择原则上首选该金融资产的原实际利率。确认持有至到期投资减值损失的具体账务处理为：

借：资产减值损失

  贷：持有至到期投资减值准备

2. 持有至到期投资已确认减值损失的资产价值恢复的计量

对于持有至到期投资确认减值损失后，如有客观证据表明该金融资产价值已恢复，且客观上与确认减值损失后发生的事项有关，原已确认的减值损失应当予以转回，计入当期损益。但是，该转回后的账面价值不应当超过假定不计提减值准备情况下该金融资产在转回日的摊余成本。转回减值损失的会计分录如下：

借：持有至到期投资减值准备

  贷：资产减值损失

持有至到期投资确认减值损失后，利息收入要继续确认，应当按照确定减值损失时对未来现金流量进行折现采用的折现率作为利率计算确认。

例 5.12

2013 年 1 月 1 日，光华公司支付价款 1 000 000 元（含交易费用）从上海证券交易所购入 A 公司同日发行的 5 年期公司债券 12 500 份，债券票面价值总额为 1 250 000 元，票面年利率 4.72%，于年末支付本年度债券利息（即每年利息为 59 000 元），本金在债券到期时一次性偿还。合同约定：A 公司在遇到特定情况时可以将债券赎回，且不需要为提前赎回支付额外款项。光华公司在购买该债券时，预计 A 公司不会提前赎回；光华公司有意图也有能力将该债券持有至到期，划分为持有至到期投资。有关资料如下：

(1) 2014 年 12 月 31 日，有客观证据表明 A 公司发生严重财务困难，光华公司据此认定对 A 公司的债券投资发生了减值，并预期 2011 年 12 月 31 日将收到利息 59 000 元，2012 年 12 月 31 日将收到利息 59 000 元，但 2013 年 12 月 31 日将仅收到本金 800 000 元。

(2) 2015 年 12 月 31 日，收到 A 公司支付的债券利息 59 000 元。

(3) 2016 年 12 月 31 日，收到 A 公司支付的利息 59 000 元，并且有客观证据表明 A 公司财务状况显著改善，A 公司的偿债能力有所恢复，估计 2013 年 12 月 31 日将收到利息 59 000 元，本金 1 000 000 元。

(4) 2017 年 12 月 31 日，收到 A 公司支付的债券利息 59 000 元和偿还的本金 1 000 000 元。

假定不考虑所得税因素，经计算得出实际利率 $r=10\%$。

编制摊余成本计算表 5.3 如下：

表 5.3　　**摊余成本计算表**　　单位：元

日　期	期初摊余	实际利息收入	现金流入	期末摊余成本
2013.12.31	1 000 000	100 000	59 000	1 041 000
2014.12.31	1 041 000	104 100	59 000	1 086 100
减值损失				703 448.53
2015.12.31	1 086 100 703 448.53	108 610 70 344.85	59 000	1 135 710 714 793.38
2016.12.31	1 135 710 714 793.38	113 571 71 479.34	59 000	1 190 281 727 272.72
减值恢复				962 727.27
2017.12.31	1 190 281 962 727.27	118 719* 96 272.73**	1 309 000 1 059 000	0 0

注：本表含减值及减值恢复的摊余成本计算。

* 尾数调整 1 250 000＋59 000－1 190 281＝118 719(元)。

** 尾数调整 1 000 000＋59 000－962 727.27＝96 272.73(元)。

根据表 5.3 中的数据，光华公司有关账务处理如下：

(1) 2013 年 1 月 1 日，购入 A 公司债券

借：持有至到期投资——A 公司债券(成本)　　1 250 000

　贷：银行存款　　1 000 000

　　持有至到期投资——A 公司债券(利息调整)　　250 000

(2) 2013 年 12 月 31 日，确认 A 公司债券实际利息收入、收到债券利息

借：应收利息　59 000

　　持有至到期投资——A 公司债券(利息调整)　41 000

　　贷：投资收益　100 000

借：银行存款　59 000

　　贷：应收利息　59 000

(3) 2014 年 12 月 31 日，确认 A 公司债券实际利息收入、收到债券利息

借：应收利息　59 000

　　持有至到期投资——A 公司债券(利息调整)　45 100

　　贷：投资收益　104 100

借：银行存款　59 000

　　贷：应收利息　59 000

2014 年 12 月 31 日光华公司对 A 公司债券应确认的减值损失按该日确认减值损失前的摊余成本与未来现金流量现值之间的差额确定。

根据摊余成本计算表可知：

① 2014 年 12 月 31 日未确认减值损失前，光华公司对 A 公司债券投资的摊余成本为 1 086 100 元。

② 2014 年 12 月 31 日，光华公司预计从对 A 公司债券投资将收到现金流量的现值计算如下：

$59\,000\times(1+10\%)^{-1}+59\,000\times(1+10\%)^{-2}+800\,000\times(1+10\%)^{-3}=703\,448.53$(元)

③ 2014 年 12 月 31 日，光华公司应对 A 公司债券投资确认的减值损失 $=1\,086\,100-703\,448.53=382\,651.47$(元)

④ 2014 年 12 月 31 日，确认 A 公司债券投资的减值损失

借：资产减值损失　382 651.47

　　贷：持有至到期投资减值准备　382 651.47

(4) 2015 年 12 月 31 日，确认 A 公司债券实际利息收入、收到债券利息

借：应收利息　59 000

　　持有至到期投资——A 公司债券(利息调整)　11 344.85

　　贷：投资收益　70 344.85

2015 年 12 月 31 日，应确认的 A 公司债券实际利息收入 $=703\,448.53\times10\%=70\,344.85$(元)

借：银行存款　59 000

　　贷：应收利息　59 000

(5) 2016 年 12 月 31 日，确认 A 公司债券实际利息收入、收到债券利息

借：应收利息　　59 000

　　持有至到期投资——A 公司债券(利息调整)　　12 479.34

　　贷：投资收益　　71 479.34

借：银行存款　　59 000

　　贷：应收利息　　59 000

2016 年 12 月 31 日，光华公司预计从 A 公司债券投资将收到的现金流量的现值计算如下：

$$(59\,000+1\,000\,000)\times(1+10\%)^{-1}=962\,727.27(\text{元})$$

转回减值损失后的账面价值不应当超过假定不计提减值准备情况下该金融资产在转回日的摊余成本。

根据摊余成本计算表可知：

① 2016 年 12 月 31 日假定不计提减值准备情况下 A 公司债券投资的摊余成本为 1 190 281 元。

② 2016 年 12 月 31 日，减值恢复后的账面价值为 962 727.27 元，低于假定不计提减值情况下本期期末的摊余成本 1 190 281 元，所以光华公司可对 A 公司债券投资转回的减值准备金额＝962 727.27－727 272.72＝235 454.55(元)

③ 2016 年 12 月 31 日，确认 A 公司债券投资减值损失的转回

借：持有至到期投资减值准备　　235 454.55

　　贷：资产减值损失　　235 454.55

(6) 2017 年 12 月 31 日，确认 A 公司债券实际利息收入、收到债券利息和本金。

借：应收利息　　59 000

　　持有至到期投资——A 公司债券(利息调整)　　37 272.73

　　贷：投资收益　　96 272.73

借：银行存款　　59 000

　　贷：应收利息　　59 000

借：银行存款　　1 000 000

　　持有至到期投资减值准备　　147 196.92

　　持有至到期投资——A 公司债券(利息调整)　　102 803.08

　　贷：持有至到期投资——A 公司债券(成本)　　1 250 000

三、应收款项减值损失的计量

应收款项(包括应收账款、其他应收款等)减值的计量要求与持有至到期投资类似。应收款项的预计未来现金流量与其现值相差很小的,在确定相关减值损失时,可不对其预计未来现金流量进行折现,这也体现了会计核算的重要性原则。

(一) 坏账提取金额的计算

在会计实务中,经常使用的确定应收款项减值金额的方法有应收款项余额百分比法和账龄分析法。

1. 应收款项余额百分比法

应收款项余额百分比法是按应收款项的期末余额和坏账比率计算确定减值金额,并据以计提坏账准备的方法。采用这一方法,应事先根据经验确定一个综合的坏账损失百分比,然后用此百分比乘以应收款的账面余额,确定每期坏账准备的期末余额,从而确定当期应计提的坏账准备的金额。

例 5.13

光华公司 2015 年应收账款无期初余额,但应收账款期末余额为 150 000 元,估计坏账损失占应收账款余额的比率为 2%;2016 年实际发生的坏账损失 2 500元,2016 年末应收账款余额为 140 000 元;2017 年,上年已确认并转销的坏账 2 500 元又收回,款项已存入银行,2017 年末应收账款余额为 170 000 元。请用应收款项百分比法计算 2015—2017 年年末当期应计提的坏账准备金额。

① 2015 年,年末“坏账准备”科目贷方余额应为:150 000×2%=3 000(元)

年末计提坏账准备前,“坏账准备”科目的贷方余额为 0,故 2011 年年末应计提的坏账准备金额为:3 000－0=3 000(元)

② 2016 年实际发生坏账损失 2 500 元,年末“坏账准备”科目贷方余额应为:140 000×2%=2 800(元),因此,年末应补提的坏账准备金额为:2 800－(3 000－2 500)=2 300(元)

③ 2017 年,已确认并转销的坏账又收回 2 500 元,年末“坏账准备”科目贷方余额应为:170 000×2%=3 400(元),年末计提坏账准备前,“坏账准备”科目的贷方余额为:2 800+2 500=5 300(元),年末应提取坏账准备金额为:3 400－5 300=－1 900(元),即年末应冲销多提取的坏账准备 1 900 元。

2. 账龄分析法

账龄分析法是根据各项应收款入账时间的长短来估计坏账损失的方法。

由于应收款拖欠期越长，发生坏账的概率越大。因此，将全部应收款按账龄分成若干组别，分别估计各组发生坏账的概率，然后用这些概率估计全部应收款的预计坏账总金额，并求得应计提的坏账准备金。

例 5.14

光华公司根据以往经验，将全部应收账款分为未到期、逾期 1 个月、逾期 2—3 个月、逾期 4—6 个月及逾期 6 个月以上五组。每组估计坏账率分别为 0.5%、1%、2%、3%、5%。2017 年 12 月 31 日全部应收账款金额为 1 243 500 元，根据账龄估计坏账损失如表 5.4 所示：

表 5.4　　光华公司应收账款账龄分析表　　单位:元

2017 年 12 月 31 日

客户名称	应收账款	未到期	逾期 1 个月	逾期 2—3 个月	逾期 4—6 个月	逾期 6 个月以上
通达公司	15 000	10 000	5 000			
振兴公司	234 000	8 000	6 000	150 000		70 000
远大公司	583 200		400 000	50 000	120 000	13 200
东方公司	75 000	3 000	58 000	14 000		
远华公司	336 300		265 300		71 000	
合　计	1 243 500	21 000	734 300	214 000	191 000	83 200
估计坏账%		0.5%	1%	2%	3%	5%
估计坏账	21 618	105	7 343	4 280	5 730	4 160

从表 5.4 中可以看出，光华公司 2017 年末全部应收账款 1 243 500 元，根据以往经验计算坏账损失估计为 21 618 元。若年末计提坏账准备前"坏账准备"科目贷方余额为 1 520 元，则本年末实际应计提坏账准备金额为：21 618－1 520＝ 20 098(元)

年末补提坏账准备，编制会计分录如下：

借：资产减值损失　　20 098

　　贷：坏账准备　　20 098

(二) 应收款项减值计量的几种情况

1. 提取坏账准备，确认资产减值损失

企业应定期或会计期期末对应收款项进行减值测试，分析其可收回性，并预计可能发生的减值损失。对于单项金额重大的应收款项，应单独进行减值测试。有客观证据表明其发生了减值的，应当根据其未来现金流量现值低于其账面价值的差额，计提坏账准备，并确认资产减值损失，计入当期损益。单独进行减值测试未发生减值的，应当将其放在具有类似信用风险特征的应收款项组合中再进行减值测试。对于单项金额不重大的应收款项，可以单独进行减值测试，也可以包括在具有类似信用风险特征的应收款项组合中进行减值测试，如果有客观证据表明发生减值的，再按这些应收款项组合在资产负债表日余额的一定比例预计减值金额，计提坏账准备。

提取坏账准备的会计分录如下：

借：资产减值损失

贷：坏账准备

2. 发生坏账，转销应收款项

当有确凿证据表明确实无法收回或收回的可能性不大的应收款项，转销该应收款项账面余额，并转销坏账准备。

发生坏账时的会计分录如下：

借：坏账准备

贷：应收账款（或其他应收款）

3. 坏账恢复

当应收款项确认减值损失后，如有客观证据表明该应收款项价值已恢复，即坏账恢复，则原已确认的减值损失应当予以转回，计入当期损益。

坏账恢复的会计分录如下：

借：坏账准备

贷：资产减值损失

4. 坏账收回

坏账收回是指已作为坏账予以转销的应收款项，以后部分或全部收回。在坏账收回时，应先做一笔与原来转销应收款项相反的分录，然后再做一笔收回应收款项的分录。坏账收回的会计分录如下：

借：应收账款（或其他应收款）

贷：坏账准备

借：银行存款

贷：应收账款（或其他应收款）

例 5.15

对【例 5.13】2015—2017 年末应收款项的计提坏账准备及转回等业务编制相关会计处理。

光华公司 2015 年应收账款无期初余额,但应收账款期末余额为 150 000 元,估计坏账损失占应收账款余额的比率为 2%;2016 年实际发生的坏账损失 2 500 元,2016 年末应收账款余额为 140 000 元;2017 年上年已确认并转销的坏账 2 500 元又收回,款项已存入银行,2017 年末应收账款余额为 170 000 元。请用应收款项百分比法计算 2011—2013 年年末当期应计提的坏账准备金额。

(1) 2015 年年末

借:资产减值损失 3 000

贷:坏账准备 3 000

(2) 2016 年年末

① 发生坏账的分录如下:

借:坏账准备 2 500

贷:应收账款 2 500

② 2016 年末补提坏账准备的分录如下:

借:资产减值损失 2 300

贷:坏账准备 2 300

(3) 2017 年年末

① 收回已转销的坏账,分录如下:

借:应收账款 2 500

贷:坏账准备 2 500

借:银行存款 2 500

贷:应收账款 2 500

② 年末冲销多提取的坏账准备 1 900 元,分录如下:

借:坏账准备 1 900

贷:资产减值损失 1 900

四、可供出售金融资产减值损失的计量

可供出售金融资产出现公允价值发生大幅度的下降,或者预期这种下降趋势非暂时性下跌,即可认定该项可供出售金融资产发生了减值。

可供出售金融资产发生减值时,应确认减值损失。发生减值时,原直接计入所有者权益中的因公允价值下降形成的累计损失,应予以转出,计入资产减值损

失。可供出售金融资产发生减值后,如果该金融资产是可供出售债务工具投资,利息收入要继续确认,应当按照确定减值损失时对未来现金流量进行折现采用的折现率作为利率计算确认。

对于已确认减值损失的可供出售债务工具,在随后的会计期间公允价值已上升且客观上与原减值损失确认后发生的事项有关的,原确认的减值损失应当予以转回,计入当期损益;可供出售权益工具发生的减值损失,不得通过损益转回(通过其他综合收益转回)。

1. 可供出售金融资产发生减值时

发生减值条件的判断:公允价值发生严重下跌且是非暂时性的下跌,计提减值的会计分录为:

借:资产减值损失

　　贷:其他综合收益(原计入的累计损失)

　　　　可供出售金融资产——公允价值变动(公允价值与原账面余额的差额)

2. 已确认减值损失可供出售金融资产公允价值上升时

(1) 如果是可供出售债务工具,公允价值上升

对于已确认减值损失的可供出售债务工具,在随后的会计期间公允价值已上升,可做相反的转回,即可以计入当期损益。会计分录如下:

借:可供出售金融资产——公允价值变动

　　贷:资产减值损失

(2) 可供出售权益工具

可供出售权益工具,在随后会计期间公允价值回升,不得通过损益转回,而是转回资本公积。分录如下:

借:可供出售金融资产——公允价值变动

　　贷:其他综合收益

例 5.16

2015 年 5 月 1 日,光华公司从股票二级市场以每股 15 元(含已宣告发放但尚未领取的现金股利 0.2 元)的价格购入 A 公司发生的股票 2 000 股,光华公司将该股票划分为可供出售金融资产。

(1) 2015 年 5 月 10 日,光华公司收到 A 公司发放的上年现金股利 400 元。

(2) 2015 年 12 月 31 日,该股票的市场价格为每股 13 元。光华公司预计该股票的价格下跌是暂时的。

(3) 2016 年,A 公司因违反相关证券法规,受到证券监管部门查处。受此影

响,A 公司股票的价格发生下挫。至 2016 年 12 月 31 日,该股票的市场价格下跌到每股 6 元。

(4) 2017 年,A 公司经营好转,股票价格有所回升,至 12 月 31 日,该股票的市场价格上升到每股 10 元。

光华公司对上述业务的账务处理如下:

(1) 2015 年 1 月 1 日购入股票:

借:可供出售金融资产——A 公司股票(成本)　　29 600

　应收股利　　400

　贷:银行存款　　30 000

(2) 2015 年 5 月收到现金股利:

借:银行存款　　400

　贷:应收股利　　400

(3) 2015 年 12 月 31 日确认股票公允价值变动:

$$公允价值变动额 = 13 \times 2\,000 - 29\,600 = -3\,600(元)$$

借:其他综合收益　　3 600

　贷:可供出售金融资产——A 公司股票(公允价值变动)　3 600

(4) 2016 年 12 月 31 日,确认股票投资的减值损失:

$$公允价值变动额 = 6 \times 2\,000 - 13 \times 2\,000 = -14\,000(元)$$

$$确认的资产减值损失 = 14\,000 + 3\,600 = 17\,600$$

借:资产减值损失　　17 600

　贷:其他综合收益　　3 600

　　可供出售金融资产——A 公司股票(公允价值变动) 14 000

(5) 2017 年 12 月 31 日确认股票价格上涨,减值恢复,计入资本公积:

$$公允价值变动额 = 10 \times 2\,000 - 6 \times 2\,000 = 8\,000(元)$$

借:可供出售金融资产——A 公司股票(公允价值变动) 8 000

　贷:其他综合收益(其他权益变动)　　8 000

债券类的可供出售金融资产减值及其恢复比较复杂,在此不作举例。

查阅作业

选取若一家上市公司年报,查阅其年报的相关资料,找到并解释该公司的金融资产。对其各种金融资产的计价及其期末的相关影响、变动、是否计提减值等加以研究，对该公司因此项金融资产的投资获利情况进行分析。

复习思考题

1. 什么是金融资产？金融资产如何分类？各类金融资产的概念如何？

2. 如何确定持有至到期投资的利息收益？

3. 交易性金融资产与可供出售金融资产公允价值变动的会计处理有何不同？

4. 什么是摊余成本？如何计算一项投资的期末摊余成本？

5. 如何对可供出售金融资产的减值进行会计处理？

6. 如何对处置金融资产进行会计处理？

7. 我国现行会计准则对持有至到期投资和可供出售金融资产的重分类是如何规定的？

第六章　长期股权投资

【本章导读】

浙江宁波雅戈尔集团股份有限公司(简称雅戈儿,股票代码:600177)原是一家以服装制造为主业的公司,1993 年完成股份制改造,1998 年 10 月首次公开募股成功,同年 11 月在上海证券交易所挂牌上市。雅戈尔 2016 年年报中显示,拥有宁波银行 11.64%的股权,为其联营企业,该项投资成本为 549 728.56 万元,期末账面价值仍然为 549 728.56 万元,期末市值为 754 611.46 万元。以权益法核算宁波银行、浙商财险等长期股权投资资产,产生投资收益 72 312.17 万元,较上年同期减少 6 723.64 万元。长期股权投资与金融资产有什么区别呢?权益法又是怎么回事?长期股权投资的核算有什么特别的计量要求吗?

第一节　长期股权投资初始计量

一、长期股权投资的概念和分类

(一) 长期股权投资的概念

长期股权投资是指通过投资拥有被投资单位的股权,投资企业成为被投资单位的股东,按所持股份比例享有权益并承担责任的权益性投资。企业通过长期股权投资的目的主要是为了从被投资企业谋求长期利益。

(二) 长期股权投资的内容

长期股权投资的内容主要包括三类:控制、共同控制、重大影响的长期股权投资。

1. 企业持有的能够对被投资单位实施控制的权益性投资,即对子公司投资

控制是指有权决定一个企业的财务和经营政策,并能据以从该企业的经营活动中获取利益。控制具体可以表现为:投资企业拥有被投资单位 50%以上的

表决权资本;投资企业拥有被投资单位 50%或以下的表决权资本,但通过其他方式对被投资单位具有实质控制权。

投资企业能够对被投资单位实施控制的,被投资单位为其子公司。在确定能否对被投资单位实施控制时,投资方应当按照《企业会计准则第 33 号——合并财务报表》的有关规定进行判断①。

2. 企业持有的能够与其他合营方一同对被投资单位实施共同控制的权益性投资,即对合营企业投资

共同控制是指按照合同约定对某项经济活动所共有的控制,仅在于该项经济活动相关的重要财务和经营决策需要分享控制权的投资方一致同意时存在。投资企业与其他方对被投资单位实施共同控制的,被投资单位为其合营企业。在确定被投资单位是否为合营企业时,应当按照《企业会计准则第 40 号——合营安排》的有关规定进行判断。

3. 企业持有的能够对被投资单位具有重大影响的权益性投资,即对联营企业投资

重大影响是指对被投资企业的财务和经营政策有参与决策的权利,但并不能控制或与其他方一起控制政策的制定。从股权比例来看,当投资企业直接或通过子公司间接拥有被投资单位 20%或以上至 50%的表决权资本时,一般认为对被投资单位具有重大影响。在确定能否对被投资单位施加重大影响时,应当考虑投资方和其他方持有的被投资单位当期可转换公司债券、当期可执行股权认证等潜在表决权因素。投资方能够对被投资单位施加重大影响的,被投资单位为其联营企业。

除了上述 3 种情况以外,企业持有的其他权益性投资,应按照《企业会计准则第 22 号——金融工具和计量》的规定,在初始确认时划分为公允价值计量且其变动计入当期损益的金融资产或可供出售金融资产。

本节对长期股权投资初始计量按照企业合并取得和非企业合并取得长期股权投资两个部分分别介绍。

二、企业合并取得的长期股权投资

企业合并是将两个或两个以上单独的企业合并形成一个报告主体的交易或

---

① 《企业会计准则第 33 号——合并财务报表》中规定:控制,是指投资方拥有对被投资方的权力,通过参与被投资方的相关活动而享有可变回报,并且有能力运用对被投资方的权力影响其回报金额。

事项。企业合并即一方对另一方产生控制。企业合并通常包括吸收合并、新设合并和控股合并 3 种形式。形成长期股权投资的企业合并只有控股合并。企业通过控股合并形成的投资企业即母公司,被投资企业即子公司。

如果按照是否在同一控制下进行企业合并为基础进行分类,可将企业合并分为同一控制下的企业合并和非同一控制下的企业合并。同一控制下的企业合并是指参与合并的企业在合并前后均受同一方或相同的多方最终控制且该控制并非暂时性的。通常情况下,同一控制下的企业合并是发生在同一企业集团内部企业间的合并。非同一控制下的企业合并是指参与合并的各方在合并前后不受同一方或相同的多方最终控制。

企业合并形成的长期股权投资的初始投资成本的计量,分同一控制下合并取得的长期股权投资和非同一控制下合并取得的长期股权投资两种情况。

(一) 同一控制下企业合并取得的长期股权投资

同一控制下企业合并形成的长期股权投资,初始投资成本在合并日按其占被合并方所有者权益在最终控制方合并财务报表中的账面价值的份额确定。

1. 合并方以支付现金、转让非现金资产或承担债务方式作为合并对价的,应当在合并日按照被合并方所有者权益在最终控制方合并财务报表中的账面价值的份额,作为长期股权投资的初始投资成本

长期股权投资的初始投资成本与支付的现金、转让的非现金资产及所承担债务账面价值之间的差额,应当调整资本公积(资本溢价或股本溢价);资本公积(资本溢价或股本溢价)的余额不足冲减的,调整留存收益。

合并方为企业合并而发生的审计、法律服务、评估咨询等中介费用以及其他相关管理费用,应当于发生时计入当期管理费用。

合并方在企业合并日,按上述要求,编制分录如下:

(1) 支付合并的直接相关费用

借:管理费用

　　贷:银行存款

(2) 确认取得长期股权投资

情况一:如果长期股权投资的初始投资成本大于支付的现金、转让的非现金资产的账面价值,其差额反映在资本公积(资本溢价或股本溢价)的贷方。

借:长期股权投资(被合并方所有者权益在最终控制方合并财务报表中的账面价值的份额)

　　应收股利(享有被合并方已宣告但尚未发放的现金股利)

贷:银行存款等对价资产

资本公积——资本溢价(或股本溢价)

情况二:如果长期股权投资的初始投资成本小于支付的现金、转让的非现金资产的账面价值,其差额反映在资本公积(资本溢价或股本溢价)的借方,不够冲减的依次冲减盈余公积和未分配利润。

借:长期股权投资(被合并方所有者权益在最终控制方合并财务报表中的账面价值的份额)

应收股利(享有被合并方已宣告但尚未发放的现金股利)

资本公积——资本溢价(或股本溢价)

盈余公积/利润分配——未分配利润(依次冲减)

贷:银行存款等对价资产

例 6.1

光华公司和杉达公司同为大同集团的子公司,2017 年 5 月 1 日,光华公司以无形资产和银行存款作为合并对价取得杉达公司 60%的股份。无形资产原值为 100 万元,累计摊销额为 20 万元,公允价值为 200 万元;以银行存款支付合并对价 300 万元。合并日杉达公司所有者权益在光华公司合并财务报表中的账面价值为 1 000 万元,可辨认净资产的公允价值为 2 000 万元。光华公司以银行存款支付了直接相关费用 10 万元。

由于光华公司和杉达公司同为大同集团的子公司,因此,此项合并为同一控制下的长期股权投资。

2017 年 5 月 1 日,合并日光华公司的会计处理如下:

(1) 光华公司支付合并的直接相关费用

借:管理费用　　100 000

贷:银行存款　　100 000

(2) 长期股权投资初始确认

借:长期股权投资——杉达公司

6 000 000(10 000 000×60%)

累计摊销　　200 000

贷:无形资产　　1 000 000

银行存款　　3 000 000

资本公积——股本溢价　　2 200 000

如果例题中,光华公司是以库存商品或固定资产作为对价,该如何处理呢?

2. 合并方以发行权益性证券作为合并对价的，应当在合并日按照取得被合并方所有者权益账面价值的份额作为长期股权投资的初始投资成本

按照发行股份的面值总额作为股本，长期股权投资初始投资成本与所发行股份面值总额之间的差额，应当调整资本公积（资本溢价或股本溢价）；资本公积（资本溢价或股本溢价）的余额不足冲减的，调整留存收益。

合并方为企业合并发行股票取得长期股权投资，与投资相关的审计费用、评估费用计入管理费用；但与发行股票相关的手续费等相关费用，从溢价中扣除，溢价不足冲减的，应冲减盈余公积和未分配利润。

例 6.2

光华公司和四方公司同为大同集团的子公司，2017 年 9 月 1 日，光华公司以增发股票为合并对价，取得四方公司 70%的股份。光华公司增发的普通股股票为每股 1 元，共增发 300 万股，发行价为每股 3 元，光华公司以银行存款支付了发行股票的手续费及佣金 10 万元。合并日四方公司的所有者权益在光华公司合并财务报表中的账面价值为 500 万元，可辨认净资产的公允价值为 800 万元。

由于光华公司和四方公司同为大同集团的子公司，因此，此项合并为同一控制下的长期股权投资。光华公司编制会计分录如下：

（1）长期股权投资初始确认

借：长期股权投资——四方公司 3 500 000（5 000 000 × 70%）
　　贷：股本　　3 000 000
　　　　资本公积——股本溢价　　500 000

（2）支付增发股票的手续费及佣金

需要注意，与发行权益性证券发生的手续费及佣金从溢价中扣除不同，与合并相关的直接相关费用是计入当期损益的。

借：资本公积——股本溢价　　100 000
　　贷：银行存款　　100 000

3. 合并方通过多次交换交易，分步取得股权最终形成企业合并

合并方通过多次交换交易，分步取得股权最终形成同一控制下企业合并的，应当以持股比例计算的合并日应享有被合并方所有者权益在最终控制方合并财务报表中的账面价值份额作为该项投资的初始投资成本。初始投资成本与其原

长期股权投资账面价值加上合并日取得进一步股份新支付对价的公允价值之和的差额，调整资本公积（资本溢价或股本溢价）；资本公积（资本溢价或股本溢价）不足冲减的，冲减留存收益。

(二) 非同一控制下的企业合并取得的长期股权投资

非同一控制下的企业合并形成的长期股权投资初始投资成本，总体体现为认可公允价值的特征，视为一项购买交易，确定其合并成本。其合并成本包括购买方付出的资产、发生或承担的负债、发行的权益性证券的公允价值之和，为进行企业合并发生的审计费、法律服务、评估咨询等费用计入当期管理费用。

1. 以支付现金、转让非现金资产取得的长期股权投资

(1) 以支付现金取得的长期股权投资，应当按照实际支付的购买价款作为初始投资成本。

借：长期股权投资（购买日的合并成本）

　　应收股利（享有被投资单位已宣告但尚未发放的现金股利）

　　管理费用（审计费、评估费）

　　贷：银行存款

(2) 以转让非现金资产取得长期股权投资，应当按照公允价值处置该项资产。如果付出资产为固定资产、无形资产，按转出资产的公允价值与其账面价值的差额，计入营业外收入或营业外支出；付出资产为金融资产，按转出资产的公允价值与其账面价值的差额，确认投资收益①；付出资产为存货，按其公允价值确认收入，并确认收入的增值税，并按账面价值结转其成本。

转让无形资产或固定资产可编制分录如下：（金融资产的分录在此略过）

借：长期股权投资（购买日的合并成本）

　　应收股利（享有被投资单位已宣告但尚未发放的现金股利）

　　管理费用（审计费、评估费）

　　累计摊销

　　贷：无形资产/固定资产清理

　　　　营业外收入（或借：营业外支出）

以存货作为合并对价的，可编制分录如下：

第一笔：确认收入，确认长期股权投资

借：长期股权投资（购买日的合并成本）

---

① 金融资产为可供出售金融资产的，需按处置可供出售金融资产的要求，将持有期间因公允价值变动而形成的计入“其他综合收益”的累积金额一并转出，计入投资收益。

应收股利(享有被投资单位已宣告但尚未发放的现金股利)

贷:主营业务收入/其他业务收入(存货的公允价值)

应交税费——应交增值税(销项税额)

银行存款

第二笔:结转存货成本

借:主营业务成本/其他业务成本

存货跌价准备

贷:库存商品/原材料等存货

第三笔:支付合并手续费

借:管理费用(审计费、评估费)

贷:银行存款

购买方为企业合并而发行债券支付的手续费、佣金等,应计入债券的初始成本,不构成初始投资成本;购买方为进行企业合并发生的审计费、评估费计入当期管理费用。

例 6.3

光华公司于 2017 年 9 月 1 日取得 B 公司 55%的股权。合并日,B 公司净资产的账面价值为 1 000 万元,光华公司为本次合并支付评估费用 30 万元。合并中,光华公司支付的有关资产在购买日的账面价值与公允价值如表 6.1 所示:

表 6.1　　光华公司 2017 年 9 月 1 日取得 B 公司股权支付的资产价值　　单位:万元

项　目	账面价值	公允价值
专利技术	400	550

假定合并前光华公司与 B 公司不存在任何关联方关系,光华公司用作合并对价的专利技术原价为 500 万元,至企业合并发生时已累计摊销 100 万元。编制合并日的会计分录。

本例中因光华公司与 B 公司在合并前不存在任何关联方关系,应作为非同一控制下的企业合并处理。光华公司编制会计分录如下:

借:长期股权投资——B 公司　　5 500 000

累计摊销　　1 000 000

贷:无形资产　　5 000 000

营业外收入　　1 500 000

借:管理费用 300 000
  贷:银行存款 300 000

2. 以发行权益性证券取得的长期股权投资

以发行权益性证券取得的长期股权投资,应当按照发行权益性证券的公允价值作为初始投资成本。

按照发行股份的面值总额作为股本,长期股权投资初始投资成本与所发行股份面值总额之间的差额,应当调整资本公积(资本溢价或股本溢价);资本公积(资本溢价或股本溢价)的余额不足冲减的,调整留存收益。

合并方为企业合并发行股票取得长期股权投资,与投资相关的审计费、评估费计入管理费用;但与发行股票相关的手续费等相关费用,从溢价中扣除,溢价不足冲减的,应冲减盈余公积和未分配利润。

例 6.4

将【例 6.2】的条件改为光华公司和四方公司在合并前无任何关联方关系,2017 年 9 月 1 日,光华公司以增发股票为合并对价,取得四方公司 70%的股份。光华公司增发的普通股股票为每股 1 元,共增发 300 万股,发行价为每股 3 元,光华公司以银行存款支付了发行股票的手续费及佣金 10 万元。合并日四方公司的所有者权益账面价值为 500 万元,可辨认净资产的公允价值为 800 万元。

由于光华公司和四方公司在合并前不存在任何关联方关系,应作为非同一控制下的企业合并处理。光华公司编制会计分录如下:

(1) 长期股权投资初始确认

借:长期股权投资——四方公司 9 000 000(3×3 000 000)
  贷:股本 3 000 000
    资本公积——股本溢价 6 000 000

(2) 支付增发股票的手续费及佣金

发行权益性证券发生的手续费及佣金是从溢价中扣除。

借:资本公积——股本溢价 100 000
  贷:银行存款 100 000

3. 通过多次交换交易,分步取得股权最终形成非同一控制下控股合并的,购买方在个别财务报表中,应当以购买日之前所持被购买方的股权投资的账面价值与购买日新增投资成本之和,作为该项投资的初始投资成本

三、非企业合并方式取得的长期股权投资

企业通过非企业合并方式取得长期股权投资，应按照付出的资产、发生或承担的负债、发行的权益性证券的公允价值之和确定其初始投资成本，其投资过程中的直接相关费用应计入长期股权投资的成本。

1. 以支付现金取得的长期股权投资

以支付现金取得的长期股权投资，应当按照实际支付的购买价款作为初始投资成本。长期股权投资初始投资成本包括与取得长期股权投资直接相关的费用、税金及其他必要支出。

以支付现金取得的长期股权投资，可编制分录如下：

借：长期股权投资（实际支付的价款，包括评估费等）

　　应收股利（享有被投资单位已宣告但尚未发放的现金股利）

　　贷：银行存款

例 6.5

2017 年 5 月 1 日，光华公司以银行存款 300 万元作为对价取得 A 公司 30% 的股份。股权的买价中包含公司已宣告但尚未发放的现金股利 20 万元。光华公司将该项股权划分长期股权投资。光华公司以银行存款支付了直接相关费用 10 万元。光华公司编制会计分录如下：

长期股权投资的初始投资成本 ＝ 300 ＋ 10 － 20 ＝ 290（万元）

借：长期股权投资——A 公司	2 900 000	
应收股利	200 000	
贷：银行存款		3 100 000

2. 以发行权益性证券取得的长期股权投资

以发行权益性证券方式取得的长期股权投资，应当按照发行权益性证券的公允价值作为初始投资成本。不包括应自被投资单位收取的已宣告但尚未发放的现金股利或利润（应作为应收项目处理）。为发行权益性证券支付给有关证券承销机构的手续费、佣金等与权益性证券发行直接相关的费用，不构成取得长期股权投资的成本（该部分费用应在权益性证券的溢价发行收入中扣除，权益性证券溢价收入不足冲减的，应冲减盈余公积和未分配利润）。

3. 通过非货币性资产交换取得的长期股权投资

通过非货币性资产交换取得的长期股权投资，初始投资成本应当按照《企业会计准则第7号——非货币性资产交换》的有关规定确定。这部分将在后面的内容中介绍。

4. 通过债务重组取得的长期股权投资

通过债务重组取得的长期股权投资，初始投资成本应当按照《企业会计准则第12号——债务重组》的有关规定确定。

第二节 长期股权投资的后续计量

长期股权投资后续计量有两种方法：成本法（cost method）和权益法（equity method）。企业根据其占被投资单位股份总额比例的大小及对被投资单位的影响程度不同，选择成本法或权益法进行核算。

一、成本法

成本法适用于投资企业能够对被投资单位实施控制的长期股权投资，即对子公司的长期股权投资。成本法是指投资按成本计价的方法。

采用成本法核算长期股权投资，核算方法如下：

1. 初始投资或追加投资时，按照初始投资或追加投资时的投资成本增加长期股权投资的账面价值。

2. 被投资企业宣告分派现金股利或利润，投资企业按应享有的分额，确认当期投资收益；被投资单位宣告分派股票股利，投资企业应于除权日进行备忘记录；被投资单位未分派股利，投资企业不作任何会计处理。

企业在持有长期股权投资期间，当被投资单位宣告发放现金股利或利润时，编制分录如下：

借：应收股利

　　贷：投资收益

3. 子公司将未分配利润或盈余公积转增股本（实收资本），且未向投资方提供等值现金股利或利润的选择权时，投资方不确认相关投资收益。

例 6.6

光华公司于2015年4月1日以支付银行存款320万元，取得乙公司60%的股份。光华公司获得股利和乙公司实现净利润及宣告分派现金股利的有关资料如表6.2所示：

表6.2　2015～2017年光华公司获得股利和乙公司实现净利润及宣告分派股利　单位：万元

年　份	乙公司宣告分派股利	光华公司获得股利	乙公司本年实现净利润
2015年	500	300	600
2016年	600	360	700
2017年	0	0	−200

根据上述条件，光华公司编制会计分录如下：

(1) 2015年4月1日取得长期股权时

借：长期股权投资——乙公司　　3 200 000

　贷：银行存款　　3 200 000

(2) 2015年乙公司宣告分派现金股利(500×60%)

借：应收股利——乙公司　　3 000 000

　贷：投资收益　　3 000 000

(3) 2016年乙公司宣告分派现金股利(600×60%)

借：应收股利——乙公司　　3 600 000

　贷：投资收益　　3 600 000

(4) 2017年乙公司亏损，无现金分红，光华公司不作处理

收到现金股利的分录略。

二、权益法

长期股权投资核算的权益法，是指在取得长期股权投资时以投资成本进行计量，在持有期间根据投资企业享有被投资企业所有者权益份额的变动对投资账面价值进行调整的方法。

(一) 权益法的适用范围

投资企业对被投资企业具有共同控制或重大影响时，长期股权投资应采用权益法核算。即权益法适用两类长期股权投资：一是投资企业对被投资单位具有共同控制的长期股权投资，即对合营企业的投资；二是投资企业对被投资单位具有重大影响的长期股权投资，即对联营企业的投资。

(二) 权益法的账务处理

采用权益法核算，在“长期股权投资”科目下设置“投资成本”“损益调整”“其

他权益变动”“其他综合收益”4 个明细科目，分别反映长期股权投资的初始投资成本以及因被投资方所有者权益发生变动而对长期股权投资账面价值进行调整的金额。

长期股权投资采用权益法核算的情况下，投资最初以初始投资成本计量；投资后，随着被投资单位所有者权益的变动而相应调整增加或减少长期股权投资的账面价值。

1. 长期股权投资初始投资的调整

采用权益法核算长期股权投资时，初始投资成本与应享有被投资单位所有者权益份额之间的差额应分别不同情况进行处理：

(1) 长期股权投资的初始投资成本大于投资时投资企业应享有被投资单位可辨认净资产公允价值份额，则不调整长期股权投资的初始投资成本。

(2) 长期股权投资的初始投资成本小于投资时投资企业应享有被投资单位可辨认净资产公允价值份额，其差额应当计入当期损益(营业外收入)，同时调整增加长期股权投资的账面价值(投资成本)。

例 6.7

光华公司于 2016 年 4 月 1 日以 60 万元投资 C 公司普通股，占 C 公司普通股的 30%，并对 C 公司有重大影响。光华公司按权益法核算对 C 公司的投资。假定：

(1) 投资当日 C 公司可辨认净资产公允价值为 150 万元；

(2) 投资当日 C 公司可辨认净资产公允价值为 300 万元。

请对上述两种情况，编制光华公司的会计分录。

(1) 假定投资当日 C 公司可辨认净资产公允价值为 150 万元

光华公司长期股权投资的初始成本＝60(万元)

光华公司应享有被投资单位可辨认净资产公允价值份额＝150 × 30%＝45(万元)

60 万元 ＞ 45 万元，不调整长期股权投资的初始成本，编制分录如下：

借：长期股权投资——C 公司(投资成本)　　　　600 000

　贷：银行存款　　　　　　　　　　　　　　　　600 000

(2) 假定投资当日 C 公司可辨认净资产公允价值为 300 万元

光华公司长期股权投资的初始成本＝60(万元)

光华公司应享有被投资单位可辨认净资产公允价值份额＝300 × 30%＝90(万元)

60 万元＜90 万元，需要调整长期股权投资的初始成本，将二者差额确认为营业外收入，并同时增加长期股权投资的初始投资成本。

借：长期股权投资——C 公司（投资成本）　　600 000
　　贷：银行存款　　600 000
借：长期股权投资——C 公司（投资成本）　　300 000
　　贷：营业外收入　　300 000

调整后的投资成本＝60＋30＝90（万元）

2. 投资收益的确认

在权益法下，被投资单位当年实现的净利润或发生的净亏损，投资单位应按照在被投资单位应享有的份额确认投资收益，并将长期股权投资的账面价值作相应的调整。当被投资单位当年实现净利润，则增加长期股权投资的账面价值；被投资单位当年发生净亏损，则减少长期股权投资的账面价值。

当被投资单位当年实现净利润，编制分录如下：

借：长期股权投资——损益调整
　　贷：投资收益（按投资单位在被投资单位应享有的份额确认金额）

当被投资单位当年发生净亏损，则编制上述的相反分录。

在确认应享有或应分担的被投资单位净利润或净亏损时，在被投资单位账面净利润的基础上，应考虑以下因素的影响并进行相应调整：

（1）会计政策及会计期间的调整。

被投资单位采用的会计政策及会计期间与投资企业不一致的，应当按照投资企业的会计政策及会计期间对被投资单位的财务报表进行调整，并据以确认投资收益。

（2）公允价值的调整。

权益法下，投资企业在取得长期股权投资时，是以被投资单位的不低于可辨认净资产的公允价值的份额确认的入账价值，确认其投资收益也应以净资产的公允价值为口径，以取得投资时被投资单位固定资产、无形资产、存货等的公允价值为基础，计提折旧额、摊销额或结转成本以及以投资企业取得投资时的公允价值为基础计算确定的资产减值准备，从而取得对被投资单位的净利润。因此，要以此为基础对被投资单位的账面利润进行调整。

投资企业在对被投资单位实现的账面净损益进行上述调整时，应考虑重要性原则，不具重要性的项目可不予调整。符合下列条件之一的，投资企业可以不考虑公允价值的影响，而以被投资单位的账面净利润为基础，计算确认投资收益，同时在会计报表附注中说明不能按照调整的事实及原因：

第一，投资企业无法合理确定取得投资时被投资单位各项可辨认资产的公允价值；

第二，投资时被投资单位可辨认资产的公允价值与其账面价值相比，两者之间的差额不具重要性；

第三，其他原因导致无法取得被投资单位的有关资料，不能按照准则中的规定对被投资单位净损益进行调整。

例 6.8

2016 年 1 月 1 日，光华公司购入 D 公司股票 80 万股，实际支付价款 300 万元(包括交易税费)，占 D 公司股份的 25%。光华公司用权益法核算对 D 公司的投资。在取得投资的当日，D 公司可辨认净资产公允价值为 800 万元，假定除表 6.3 所列事项外，D 公司的其他资产、负债的公允价值与账面价值相同。

表 6.3　　D 公司 2016 年 1 月 1 日各项可辨认资产价值　　单位：万元

项　目	入账成本	预计使用年限	已使用年限	已提折旧或摊销	账面价值	公允价值	剩余使用年限
固定资产	200	20	5	50	150	180	15
无形资产	100	10	2	20	80	40	8
存　货	50				50	80	
合　计	350			70	280	300	

2016 年，D 公司实现净利润 600 万元。D 公司的固定资产、无形资产以直线法计提折旧或摊销，预计净残值为零。D 公司的存货比 2016 年 1 月 1 日时的数量已出售了 70%，光华公司与 D 公司的会计年度及采用的会计政策相同，双方均未发生过任何内部交易。

根据上述资料，光华公司在确认 2016 年该项长期股权投资的投资收益时，应对 D 公司的净利润进行调整：

固定资产的公允价值与账面价值的差额应调减利润 $=180\div15-200\div20=2$(万元)

无形资产的公允价值与账面价值的差额应调增利润 $=100\div10-40\div8=5$(万元)

销售存货的公允价值与账面价值的差额应调减利润 $=80\times70\%-50\times$

70％＝21(万元)

调整后的净利润＝600－2＋5－21＝582(万元)

光华公司确认的投资收益数额＝调整后的净利润×25％＝582×25％＝145.5(万元)

光华公司2016年年末确认投资收益编制分录如下：

借：长期股权投资——D公司(损益调整)　　1 455 000

　贷：投资收益　　1 455 000

请思考一下，固定资产、无形资产、存货如何判断调增或调减利润？

(3) 投资企业与被投资企业之间进行商品交易形成的、为实现内部交易损益按照持股比例计算的，归属于投资企业的部分，应当予以抵销，在此基础上确认投资损益。

投资企业与被投资企业之间的内部交易可以分为逆流交易和顺流交易。逆流交易是指投资企业向其被投资企业购买资产；顺流交易是指投资企业向其被投资企业出售资产。对于顺流交易和逆流交易在此不做介绍。

3. 取得现金股利或利润

被投资单位宣告分派利润或现金股利时，由于投资企业的长期股权投资已包含应享有被投资单位净资产的份额，包括被投资企业当年的净利润应归属于投资企业的部分，因此，当被投资单位分派现金股利或利润时，投资企业应按持股比例计算的应分得利润或现金股利，冲减长期股权投资的账面价值(“损益调整”明细科目)。

当被投资单位宣告发放现金股利时，编制分录如下：

借：应收股利

　贷：长期股权投资——损益调整

被投资单位分派股票股利时，投资企业不进行财务处理，但应于除权日在备查簿中登记增加的股份。

4. 超额亏损的处理

投资企业确认应分担被投资单位发生净亏损的损失，应当以长期股权投资的账面价值以及其他实质上构成对被投资单位净投资的长期权益减记至零为限，投资企业负有承担额外损失义务的除外。其他实质上构成对被投资单位净投资的长期权益，通常是指长期性的应收项目，如企业对被投资单位的长期债权，该债权没有明确的清收计划且在可预见的未来期间不准备收回的，实质上构成对被投资单位的净投资。但不包括企业与被投资单位之间因销售商品、提供劳务等日常活动所产生的长期债权。

投资企业确认应分担被投资单位发生的亏损时，应当按照以下顺序进行处理：

（1）减记长期股权投资的账面价值。

（2）在长期股权投资的账面价值减记至零的情况下，对于未确认的投资损失，应当以其他实质上构成对被投资单位净投资的长期权益账面价值为限继续确认投资损失，冲减长期权益的账面价值。

（3）在进行上述处理后，按照投资合同或协议约定企业仍承担额外义务的，应按预计承担的义务确认预计负债，计入当期投资损失。

被投资单位以后期间实现盈利的，扣除未确认的亏损分担额后，应按与上述顺序相反的顺序处理，即，先冲减原已确认的预计负债；再恢复长期权益的账面价值；最后恢复长期股权投资的账面价值。

例 6.9

光华公司持有E公司40%的股权，2016年12月31日该项长期股权投资的账面价值为2 000万元，包括投资成本以及因E公司期间实现净利润而确认的投资收益。假定甲企业在取得投资时，E公司各项可辨认资产、负债的公允价值与其账面价值相同，采用的会计政策和会计期间也相同。E公司2017年由于一项主要经营业务市场条件发生骤变，当年度发生亏损3 000万元。则甲公司2017年应确认的投资损失为1 200万元。光华公司编制会计分录如下：

借：投资收益　　12 000 000

　贷：长期股权投资——E公司（损益调整）　　12 000 000

请思考一下，如果2017年E公司产生利润3 000万元，并宣告股利分配方案为发放现金股利1 000万元，将如何编制分录？

在采用权益法核算时，投资企业的长期股权投资账面价值应随着被投资单位所有者权益的变动而变动。被投资单位净资产的变动除了实现的净损益以外的所有者权益变动，投资企业应按持股比例计算应享有的份额，调整长期股权投资（其他综合收益或其他权益变动），并同时计入所有者权益（其他综合收益和资本公积）。

5. 其他综合收益的确认

在权益法下，当被投资单位确认其他综合收益及其变动，投资方应按持股比例计算其应享有的份额，一方面调整长期股权投资的账面价值，另一方面计入其他综合收益。

被投资单位分派股票股利时，投资企业不作账务处理，但应于除权日注明所增加的股数，以反映股份的变化情况。

例 6.10

光华公司持有 F 公司 30%的股份，当期 F 公司因持有的可供出售金融资产公允价值的变动计入其他综合收益的金额为 200 万元，除该事项外，F 公司当期实现的净利润为 3 000 万元。假定光华公司与 F 公司采用的会计政策、会计期间相同，投资时 F 公司有关资产的公允价值与其账面价值亦相同，无其他内部交易。光华公司编制会计分录如下：

光华公司在确认应享有 F 公司所有者权益的变动时：

借：长期股权投资——F 公司（损益调整）　　9 000 000
　　　　　　　　——F 公司（其他综合收益）　　600 000
　贷：投资收益　　9 000 000
　　　其他综合收益　　600 000

6. 其他权益变动的确认

其他权益变动主要包括被投资方接受其他股东的资本性投入、被投资方发行可分离交易的可转换公司债券中包含的权益成分、以权益结算的股份支付、其他股东对被投资方增资导致投资方持股比例变动等，投资单位按持股比例计算应享有被投资企业其他权益变动份额，调整长期股权投资的账面价值，同时计入资本公积（其他资本公积）。

第三节　长期股权投资的转换与重分类

长期股权投资在持有期间因情况的变化，可能导致其核算需要由一种方法转换为另一种方法，或者在某些情况下因处置长期股权投资或对金融资产追加投资等原因对被投资单位的投资需要重分类为金融资产或长期股权投资，进行后续核算，前者为长期股权投资核算方法的转换，后者为长期股权投资的重分类。

一、长期股权投资核算方法的转换

长期股权投资核算方法的转换，是指因追加投资或处置投资导致持股比例发生变动而将长期股权投资的核算方法由权益法转换为成本法或者由成本法转换成权益法。

(一) 权益法转为成本法

投资企业对被投资单位追加投资导致的持股比例增加并形成对原持有的联营企业或合营企业的投资转变为对子公司的投资,应将权益法改为成本法。转换核算方法时,应当根据追加投资所形成的企业合并类型,确定按照成本法核算的初始投资成本。

1. 追加投资形成同一控制下企业合并的,应按取得的被合并方所有者权益在最终控制方合并财务报表中的账面价值份额,作为改按成本法核算的初始投资成本。

2. 追加投资形成非同一控制下企业合并的,应按照原持有的股权投资账面价值与新增投资成本之和,作为改按成本法核算的初始投资成本。

原采用权益法核算时确认的其他综合收益,暂不作会计处理,待将来处置该项长期股权投资时,采用与被投资方直接处置相关资产或负债相同的基础进行会计处理;原采用权益法核算时确认的其他权益变动,也不能自资本公积(其他资本公积)转为投资收益,应待将来处置该项长期股权投资时,再转为处置当期的投资收益。

例 6.11

2016 年 1 月 5 日,光华公司以 600 万元的价款取得丽华公司 30%的有表决权的股份,能够对丽华公司的生产经营决策施加重大影响,光华公司对该项投资采用权益法核算。当日,丽华公司可辨认净资产公允价值为 2 200 万元。由于该项投资的初始成本小于投资时应享有 B 公司可辨认净资产公允价值的份额 660 万元(2 200 × 30%),因此光华公司调增了该项股权投资的成本 60 万元,并计入营业外收入。2016 年度,丽华公司实现净收益 250 万元,未分配现金股利,光华公司已将应享有的收益份额 75 万元(250 × 30%)作为投资收益计入,并调整长期股权投资账面价值;除了实现净损益外,丽华公司在 2016 年度还确认了可供出售金融资产公允价值变动利得 30 万元,光华公司已将享有的份额 9 万元(200 × 30%)确认为其他综合收益,并调整长期股权投资账面价值。2017 年 1 月 5 日,光华公司又以 550 万的价款取得丽华公司 25%的股份。当日,丽华公司所有者权益在最终控制方合并财务报表中的账面价值为 2 500 万元。光华公司此时已对丽华公司形成控制,持有其 55%股份。此项长期股权投资的核算方法需要由权益法转换为成本法。

(1) 如果光华公司和丽华公司的合并为同一控制下的企业合并。

原持有股份按权益法核算的账面价值＝600＋60＋75＋9＝744(万元)

成本法下的初始投资成本＝2 500×55%＝1 375(万元)

借:长期股权投资——丽华公司　　13 750 000

　贷:长期股权投资——丽华公司(投资成本)　　6 600 000

　　　　　　　　——丽华公司(损益调整)　　750 000

　　　　　　　　——丽华公司(其他综合收益)　　90 000

　　银行存款　　5 500 000

　　资本公积——股本溢价　　810 000

(2) 如果光华公司和丽华公司的合并为非同一控制下的企业合并。

成本法下的初始投资成本＝744＋550＝1 294(万元)

借:长期股权投资——丽华公司　　12 940 000

　贷:长期股权投资——丽华公司(投资成本)　　6 600 000

　　　　　　　　——丽华公司(损益调整)　　750 000

　　　　　　　　——丽华公司(其他综合收益)　　90 000

　　银行存款　　5 500 000

光华公司采用权益法核算时确认的在丽华公司可供出售金融资产公允价值变动中应享有的份额9万元,不能从其他综合收益转为本期投资收益,而应待将来处置该项长期股权投资时,转为处置当期的投资收益。

(二) 成本法转为权益法

投资企业原持有的对被投资企业具有控制的长期股权投资,因处置导致持股比例下降,对被投资单位的影响能力由控制转为具有重大影响或实施共同控制,应将股权投资的核算方法由成本法转为权益法。

长期股权投资的核算由成本法转为权益法时,应以成本法下长期股权投资的账面价值作为按照权益法核算的初始投资成本,并在此基础上比较该初始投资成本与应享有被投资单位可辨认净资产公允价值的份额,确定是否需要对长期股权投资账面价值进行调整。

对于处置长期股权投资,应当按照处置投资比例转销应终止确认的长期股权投资账面价值,并与处置价款相比较,确认处置损益;对于剩余的长期股权投资,应按照权益法核算的要求对其账面进行追溯调整。

(1) 按处置或收回投资的比例结转应终止确认的长期股权投资成本。

(2) 比较剩余的长期股权投资成本与按照剩余持股比例计算原投资时应享

有被投资单位可辨认净资产公允价值的份额：属于投资作价中体现商誉部分，不调整长期股权投资的账面价值；属于投资成本小于应享有被投资单位可辨认净资产公允价值份额的，在调整长期股权投资账面价值的同时，应调整留存收益。

(3) 对于原取得投资后至转变为权益法核算之间被投资单位实现净损益中按照剩余持股比例计算应享有份额，一方面应调整长期股权投资的账面价值，同时对于原取得投资时至处置投资当期期初被投资单位实现的净损益(扣除已发放及已宣告发放的现金股利及利润)中应享有的份额，调整留存收益；对于处置投资当期期初至处置投资当日被投资单位实现的净损益中应享有的份额，调整当期损益。因其他原因导致被投资企业所有者权益的其他变动中应享有的份额，在调整长期股权投资的账面价值的同时，应当计入"其他综合收益"或"资本公积——其他资本公积"。

例 6.12

2015 年 1 月 1 日，光华公司支付 600 万元取得乙公司 100%的股权，光华公司与乙公司在投资之前无任何关联关系。投资当时乙公司可辨认净资产的公允价值为 500 万元。2015 年 1 月 1 日至 2016 年 12 月 31 日，乙公司的净资产增加了 75 万元，其中按购买日公允价值计算实现的净利润 50 万元，持有可供出售金融资产的公允价值升值 25 万元，接受其母公司属于资本性投入的现金捐赠 20 万元。

2017 年 1 月 8 日，光华公司转让乙公司 60%的股权，收取现金 480 万元存入银行，转让后光华公司对乙公司的持股比例为 40%，能对其施加重大影响。

2017 年 1 月 8 日，光华公司丧失对乙公司的控制权日。假定光华公司、乙公司提取盈余公积的比例均为 10%。假定乙公司未分配现金股利，并不考虑其他因素。光华公司会计处理如下：

2015 年 1 月 1 日，光华公司购入乙公司股权时：

借：长期股权投资——乙公司　　6 000 000

　贷：银行存款　　6 000 000

2017 年 1 月 8 日，光华公司处置乙公司股权，使原成本法转换为权益法时：

① 确认股权处置部分的收益

处置部分的账面价值 = 600 × 60% = 360(万元)

借：银行存款　　4 800 000

　贷：长期股权投资——乙公司　　3 600 000

　　投资收益　　1 200 000

② 调整剩余长期股权的账面价值

剩余长期股权投资的成本为240万元(600－360),按照剩余持股比例计算的取得原投资时应享有乙公司可辨认净资产公允价值的份额为200万元(500×40%),投资成本大于乙公司可辨认价资产公允价值的份额,因此,者之间的差额40万元属于投资中的商誉,不调整长期股权投资的账面价值。

借:长期股权投资——乙公司(投资成本)　　2 400 000

　贷:长期股权投资——乙公司　　2 400 000

光华公司自取得乙公司100%股权后至转让乙公司60%股份前,乙公司的净资产增加了75万元,其中按购买日公允价值计算实现的净利润50万元,持有可供出售金融资产的公允价值升值25万元。光华公司应按照剩余持股比例计算的应享有的利润份额为20万元(50×40%),一方面调整长期股权投资的账面价值,另一方面,对应调整留存收益,其中,应调整盈余公积2万元(50×40%×10%),应调整未分配利润18万元。

借:长期股权投资——乙公司(损益调整)　　200 000

　贷:盈余公积　　20 000

　　利润分配——未分配利润　　180 000

光华公司在转让乙公司60%的股份前,乙公司因持有可供出售金融资产公允价值升值而导致其净资产增加25万元,光华公司应按其剩余持股比例计算应享有的份额为10万元(25×40%),调整长期股权投资账面价值,并同时记入其他综合收益。

借:长期股权投资——乙公司(其他综合收益)　　100 000

　贷:其他综合收益　　100 000

光华公司在转让乙公司60%的股份前,乙公司接受其母公司属于资本性投入的现金捐赠20万元导致其资本公积增加20万元,光华公司应按其剩余持股比例计算应享有的份额为8万元(20×40%),调整长期股权投资账面价值,并同时记入资本公积(其他资本公积)。

借:长期股权投资——乙公司(其他权益变动)　　80 000

　贷:资本公积——其他资本公积　　80 000

二、长期股权投资的重分类

长期股权投资的重分类是指因追加投资或处置投资导致持股比例发生变动而将长期股权投资重新分类为以公允价值计量的金融资产或者将以公允价值计量的金融资产重新分类为长期股权投资。

(一) 追加投资导致的以公允价值计量的金融资产重分类为长期股权投资

1. 因追加投资形成对子公司的长期股权投资

企业因追加投资而将以公允价值计量的金融资产重新分类为对子公司的长期股权投资,应当根据追加投资所形成的企业合并类型,确定对子公司长期股权投资的初始投资成本。

(1) 追加投资最终形成同一控制下企业合并的,合并方应按照形成企业合并时的累计持股比例计算的合并日应享有被合并方所有者权益在最终控制方合并财务报表中的账面价值的份额,作为长期股权投资的初始投资成本。初始投资成本大于原作为以公允价值计量的金融资产持有的被合并方股权投资账面价值与合并日取得进一步股份新支付的对价之和的差额,应计入资本公积(资本溢价或股本溢价);初始投资成本小于原作为以公允价值计量的金融资产持有的被合并方股权投资账面价值与合并日取得进一步股份新支付的对价之和的差额,应冲减资本公积(资本溢价或股本溢价),资本公积余额不足冲减的,应依次冲减盈余公积、未分配利润。

持有期间因金融资产公允价值变动而形成的公允价值变动损益或其他综合收益应同时转出,并确认为当期投资收益。

(2) 追加投资最终形成非同一控制下企业合并的,购买方应当按照原作为以公允价值计量的金融资产持有的被购买方股权投资账面价值与购买方取得进一步股份新支付对价的公允价值之和,作为长期股权投资的初始投资成本。原作为可供出售金融资产持有的被购买方股权投资,因追加投资重分类为长期股权投资时,该可供出售金融资产在持有期间因公允价值变动而形成的其他综合收益应同时转出,计入当期投资收益。

例 6.13

光华公司与乙公司为两个独立的法人企业,二者不存在关联关系。2016 年 1 月 5 日,光华公司以 800 万元(包括相关税费)取得乙公司 10%有表决权股份,光华公司将其划分为可供出售金融资产。2016 年 12 月 31 日,该项可供出售金融资产账面价值为 818 万元。2017 年 1 月 1 日,光华公司继续出资 3 500 万元(包括相关税费)取得乙公司 43%股份。光华公司已持有乙公司 53%有表决权股份,对其形成控制。需要对此项投资进行重分类处理,将此项可供出售金融资产重分类为长期股权投资。

初始投资成本 = 818 + 3 500 = 4 318(万元)

借:长期股权投资——乙公司　　　　43 180 000

　　贷：可供出售金融资产——乙公司（成本）　　8 000 000
　　　　　　　　　　——乙公司（公允价值变动）　　180 000
　　　　银行存款　　35 000 000
借：其他综合收益　　180 000
　　贷：投资收益　　180 000

2. 因追加投资形成对合营企业或联营企业的长期股权投资

企业因追加投资形成共同控制或重大影响而将公允价值计量的金融资产重分类为长期股权投资，应当按原作为以公允价值计量的金融资产持有的被购买方股权投资公允价值与取得进一步股份新增投资成本之和，作为长期股权投资的初始投资成本。重分类时，该项金融资产的公允价值与账面价值之差，以及在在持有期间因公允价值变动而形成的其他综合收益应同时转出，计入当期投资收益。

例 6.14

2016 年 2 月，光华公司以 600 万元现金自非关联方处取得 B 公司 10%的股权。光华公司根据金融工具确认和计量准则将其作为可供出售金融资产。2017 年 4 月 3 日，光华公司又以 1 200 万元的现金自另一非关联方处取得 B 公司 12%的股权，相关手续于当日完成。当日，B 公司可辨认净资产公允价值总额为 8 000 万元，光华公司对 B 公司的可供出售金融资产的账面价值 1 000 万元，公允价值为 1 100 万元，计入其他综合收益的累计公允价值变动为 400 万元。取得该部分股权后，按照 B 公司章程规定，光华公司能够对 B 公司施加重大影响，对该项股权投资转为采用权益法核算。不考虑相关税费等其他因素影响。

借：长期股权投资——B 公司（投资成本）　　23 000 000
　　贷：可供出售金融资产——B 公司（成本）　　6 000 000
　　　　　　　　　　——B 公司（公允价值变动）　　4 000 000
　　　　银行存款　　12 000 000
　　　　投资收益　　1 000 000
借：其他综合收益　　4 000 000
　　贷：投资收益　　4 000 000

采用权益法核算的初始投资成本为 2 300 万元，大于按照累计持股比例 22%计算的重分类日应享有 B 公司可辨认净资产公允价值的份额 1 760 万元（8 000×22%）。按照权益法核算的要求，不需要调整初始投资成本。

(二) 处置投资导致的长期股权投资重分类为以公允价值计量的金融资产

处置导致的长期股权投资重分类为以公允价值计量的金融资产，分为两种情况：原来采用成本法核算的长期股权投资重分类为以公允价值计量的金融资产，以及原来采用权益法核算的长期股权投资重分类为以公允价值计量的金融资产。

处置导致长期股权投资重分类为以公允价值计量的金融资产，应按重分类日该金融资产的公允价值计量，公允价值与原长期股权投资账面价值之差，确认为投资收益。原采用权益法核算而确认的其他综合收益，应在中止采用权益法时，采用与被投资方直接处置相关资产或负债相同的基础进行会计处理；因采用权益法核算而确认的其他所有者权益变动，应在中止采用权益法核算时，全部转入当期投资收益。

例 6.15

光华公司持有C公司30%的有表决权股份，能够对C公司施加重大影响，对该股权投资采用权益法核算。2017年10月，光华公司将该项投资中的50%出售给非关联方，取得价款1 800万元。相关手续于当日完成。光华公司无法再对C公司施加重大影响，将剩余股权投资转为可供出售金融资产。

出售时，该项长期股权投资的账面价值为3 200万元，其中投资成本2 600万元，损益调整为300万元，其他综合收益为200万元（性质为被投资单位的可供出售金融资产的累计公允价值变动），除净损益、其他综合收益和利润分配外的其他所有者权益变动为100万元。剩余股权的公允价值为1 800万元。不考虑相关税费等其他因素影响。

(1) 确认有关股权投资的处置损益。

科目	借方	贷方
借：银行存款	18 000 000	
贷：长期股权投资——C公司（投资成本）		13 000 000
——C公司（损益调整）		1 500 000
——C公司（其他综合收益）		1 000 000
——C公司（其他权益变动）		500 000
投资收益		2 000 000

(2) 由于终止采用权益法核算，将原确认的相关其他综合收益全部转入当期损益。

科目	借方	贷方
借：其他综合收益	2 000 000	
贷：投资收益		2 000 000

(3) 由于终止采用权益法核算,将原计入资本公积的其他所有者权益变动全部转入当期损益。

借:资本公积——其他资本公积　　1 000 000

　贷:投资收益　　1 000 000

(4) 剩余股权投资转为可供出售金融资产,当天公允价值为1 800万元,账面价值为1 600万元,两者差异应计入当期投资收益。

借:可供出售金融资产——C公司(成本)　　18 000 000

　贷:长期股权投资——C公司(投资成本)　　13 000 000

　　　　——C公司(损益调整)　　1 500 000

　　　　——C公司(其他综合收益)　　1 000 000

　　　　——C公司(其他权益变动)　　500 000

　　投资收益　　2 000 000

第四节　长期股权投资的处置

一、长期股权投资的处置的概念

长期股权投资的处置,是指企业将长期股权投资出售,或将长期股权投资转出企业的其他各种情形,包括通过证券市场出售股权、债务重组转出、非货币性资产交换转出以及因被投资方破产清算而被迫清算股权等情形。本节仅介绍出售长期股权投资的会计处理。

二、长期股权投资的处置的会计处理

处置长期股权投资,在股权转让日按所收到的处置收入与长期股权投资账面价值的差额确认为当期投资损益。处置长期股权投资时,应同时结转已计提的长期投资减值准备。

处置采用权益法核算的长期股权投资时,应当采用与被投资方直接处置相关资产或负债相同的基础进行会计处理,对于可以转入当期损益的其他综合收益,应借记或贷记"其他综合收益"科目,贷记"投资收益"科目;同时,还应将原记入资本公积的其他权益变动金额转出,计入当期损益,借记或贷记"资本公积——其他资本公积"科目,贷记或借记"投资收益"科目。

在部分处置长期股权投资时,按处置该项资产的比例确定其处置部分的成

本,并按相同的比例结转已计提的长期股权投资减值准备和相关的其他综合收益、资本公积的金额。

例 6.16

光华公司持有F公司40%的股权,2017年10月5日,决定出售其持有的F公司的所有股权。出售时光华公司对F公司长期股权投资的构成为:成本200万元,损益调整借方50万元,其他综合收益借方6万元(为确认的可供出售金融资产公允价值变动损益),其他权益变动借方4万元,对该项长期股权投资提减值准备30万元。处置该项投资收到的价款为300万元。

光华公司应在股权转让时,光华公司编制会计分录如下:

(1) 结转长期股权投资的账面价值。

科目	借方	贷方
借:银行存款	3 000 000	
长期股权投资减值准备	300 000	
贷:长期股权投资——F公司(投资成本)		2 000 000
——F公司(损益调整)		500 000
——F公司(其他综合收益)		60 000
——F公司(其他权益变动)		40 000
投资收益		700 000

(2) 结转权益法计入“其他综合收益”。

科目	借方	贷方
借:其他综合收益	60 000	
贷:投资收益		60 000

(3) 结转权益法计入“资本公积——其他资本公积”。

科目	借方	贷方
借:资本公积——其他资本公积	40 000	
贷:投资收益		40 000

查阅作业

请选取一家上市公司最近一年的年报,阅读并回答该公司有关的问题:

1. 查阅其资产负债表及附注资料,该公司长期股权投资分别采用什么方法核算?

2. 查阅该公司的利润表及其附注资料,该公司因长期股权投资当年获利多少?

3. 查阅该公司报表及其附注资料,该公司持有子公司多少股份?

复习思考题

1. 什么是长期股权投资？它与金融资产有何区别？

2. 同一控制下的企业合并与非同一控制下的企业合并，其初始投资成本如何确定？

3. 什么是成本法？其适用范围是什么？如何确认投资收益？

4. 什么是权益法？其适用范围是什么？如何确认投资收益？

5. 简述成本法与权益法间的转换。

6. 如何确认长期股权投资的处置损益？

第七章 固定资产和无形资产

【本章导读】

固定资产和无形资产是企业重要的资产项目，是企业生产经营的基础。2014 年 9 月，国务院部署完善固定资产加速折旧政策，促进企业技术改造，支持小企业创业创新，增强经济的发展后劲和活力。固定资产加速折旧政策，对企业的财务影响是什么？在我国，研究开发支出一直采用费用化的处理方式。2006 年《企业会计准则第 6 号——无形资产》规定：研究支出费用化，符合条件的开发支出资本化。无形资产的会计处理，对高新技术产业有很重要的影响，无形资产对此类公司实现持续发展有举足轻重的作用。无形资产包括哪些？会计的计量要求如何？

第一节 固定资产和无形资产概述

一、固定资产的概念和分类

（一）固定资产的概念和确认条件

1. 固定资产的概念和特征

固定资产是指为生产产品、提供劳务、出租或经营管理而持有的，使用年限超过一个会计年度的有形资产，包括房屋及建筑物、机器设备、运输设备、工具器具等。

固定资产有如下特征：

（1）持有固定资产的目的是为生产产品、提供劳务、出租或经营管理，不是为了将其直接出售获益，而是为了在生产经营过程中使用它们而受益，这是固定资产区别于企业持有的存货商品的重要特征。房地产开发企业持有的对外出售的房地产，并不是为生产商品、提供劳务、出租或经营管理而持有的，所以不属于固定资产，而是属于存货。对于出租，是指经营出租非房地产的资产，经营出租的房地产应作为投资性房地产。

(2) 使用寿命一般超过一个会计年度。企业固定资产的受益期超过 1 年。这一特征使固定资产区别于流动资产。

(3) 从存在形态上看，固定资产是有形资产。这一特征使固定资产区别于无形资产。

2. 固定资产的确认条件

固定资产除了符合上述定义，还需要符合以下两个条件才能予以确认：

(1) 该固定资产包含的经济利益很可能流入企业

资产最为重要的特征是预期会给企业带来经济利益。如果其中一项预期不能给企业带来经济利益，就不能确认为企业的资产。固定资产是企业一项重要的资产，因此，对固定资产的确认，关键是需要判断其所包含的经济利益是否很可能流入企业。如果某一固定资产包含的经济利益不是很可能流入企业，那么，即使其满足固定资产确认的其他条件，企业也不应将其确认为固定资产；如果某一固定资产包含的经济利益很可能流入企业，并同时满足固定资产确认的其他条件，那么，企业应将其确认为固定资产。

在实务中，判断固定资产包含的经济利益是否很可能流入企业，主要是依据与该固定资产所有权相关的风险和报酬是否转移到了企业。其中，与固定资产所有权相关的风险是指，由于经营情况的变化造成的相关收益的变动，以及由于资产闲置、技术陈旧等原因造成的损失；与固定资产所有权相关的报酬是指，在固定资产使用寿命内直接使用该资产而获得的经济利益，以及处置该资产所实现的收益等。通常，取得固定资产的所有权是判断与固定资产所有权相关的风险和报酬转移到企业的一个重要标志。凡是所有权已属于企业，无论企业是否收到或持有该固定资产均应作为企业的固定资产；反之，如果没有取得所有权，即使存放在企业，也不能作为企业的固定资产。有时，企业虽然不能取得固定资产的所有权，但是，与固定资产所有权相关的风险和报酬实质上已转移给企业，此时，企业能够控制该项固定资产使其所包含的经济利益流入企业。比如，融资租入固定资产，企业虽然不拥有固定资产的所有权，但与固定资产所有权相关的风险和报酬实质上已转移到企业(承租方)，此时，企业能够控制该固定资产所包含的经济利益，因此，符合固定资产确认的第一个条件。

(2) 该固定资产的成本能够可靠地计量

成本能够可靠地计量，是资产确认的一项基本条件。固定资产作为企业资产的重要组成部分，要予以确认，其为取得该固定资产而发生的支出也必须能够确切地计量或合理地估计。如果固定资产的成本能够可靠地计量，并同时满足其他确认条件，就可以在会计报表中加以确认；否则，企业不应加以确认。

企业在确认固定资产成本时，有时需要根据所获得的最新资料，对固定资产的成本进行合理的估计。比如，企业对于已达到预定可使用状态的固定资产，在尚未办理竣工决算时，需要根据工程预算、工程造价或者工程实际发生的成本等资料，按暂估价值确定固定资产的入账价值，待办理了竣工决算手续后再作调整。

(二) 固定资产的分类

1. 按固定资产的经济用途分类

按固定资产的经济用途分类，可分为生产经营用固定资产和非生产经营用固定资产。

生产经营用固定资产，是指直接服务于企业生产、经营过程的各种固定资产。如生产经营用的房屋、建筑物、机器、设备、器具、工具等。

非生产经营用固定资产，是指不直接服务于生产、经营过程的各种固定资产。如职工宿舍、食堂、浴室、理发室等使用的房屋、设备和其他固定资产等。

按照固定资产的经济用途分类，可以反映和监督企业生产经营用固定资产和非生产经营用固定资产之间，以及生产经营用各类固定资产之间的组成和变化情况，借以考核和分析企业固定资产的利用情况，促使企业合理地配备固定资产，充分发挥其效用。

2. 按固定资产所有权分类

按固定资产所有权分类可以分为自有固定资产和租入固定资产。

自有固定资产，是企业拥有的可供长期使用的固定资产。

租入固定资产，是企业向外单位租入，供企业在一定时期内使用的固定资产。租入固定资产的所有权属于出租单位。租入固定资产可分为经营租入固定资产和融资租入固定资产。

3. 按固定资产的经济用途和使用情况综合分类

我国企业会计制度对固定资产采用综合分类法，将固定资产按经济用途和使用情况分为七大类：生产经营用固定资产；非生产经营用固定资产；租出固定资产(指经营租赁方式出租给外单位使用的固定资产)；未使用固定资产①；不需用固定资产②；土地(指过去已经估价单独入账的土地。因征地而支付的补偿

---

① 未使用固定资产是指已完工或已购建的尚未交付使用的固定资产，以及因进行改建、扩建等原因停止使用的固定资产，如企业购建的尚待安装的固定资产、经营任务变更停止使用的固定资产等。

② 不需用的固定资产是指本企业多余或不适用、需要处理的固定资产。

费，应计入与土地有关的房屋、建筑物的价值内，不单独作为土地价值入账。企业取得的土地使用权，应作为无形资产入账）；融资租入固定资产（指企业以融资租赁方式租入的固定资产）。

二、无形资产的概念和分类

（一）无形资产的概念和确认条件

1. 无形资产的概念和特征

无形资产是指企业拥有或者控制的没有实物形态的可辨认非货币性资产。无形资产具有如下特征：

（1）由企业拥有或者控制并能为其带来经济利益的资源

无形资产是一项资产，具有一般资产的特征。

（2）不具有实物形态

无形资产通常表现为某种权利（如土地使用权）、某种技术或是某种获取超额利润的能力（如非专利技术）。无形资产的这一特征，使其报废时一般情况下没有残值。

（3）具有可辨认性

符合下列条件之一的，认为其具有可辨认性：一是能够从企业中分离或者划分出来，并能单独或者与相关合同、资产或负债一起，用于出售、转移、授予许可、租赁或者交换；二是源自合同性权利或其他法定权利，无论这些权利是否可以从企业或其他权利和义务中转移或者分离。此项特征，使得商誉不同于无形资产，因为商誉具有不可辨认性①。

（4）属于非货币性资产

无形资产一般不容易转化为现金，在持有无形资产的过程中，它为企业带来的经济利益的情况不确定，不能以确定的金额转化为现金，属于非货币性资产。这一特征不同于应收账款、应收票据等货币性资产。

2. 无形资产的确认条件

无形资产除了符合上述定义，还需要符合以下两个条件才能予以确认：

（1）该无形资产包含的经济利益很可能流入企业

无形资产产生的未来经济效益可能包括在销售商品、提供劳务的收入中，或企业使用该项无形资产而减少或节约了成本，或者体现在获得的其他利益当中。

---

① 商誉过去包括在无形资产中，但由于其存在无法与企业自身相分离而不具有可辨认性，因此不构成无形资产的组成部分。请查阅相关商誉的内容。

(2) 该无形资产的成本能够可靠地计量

企业自创商誉以及内部产生的品牌、内部刊物、企业的客户关系等,因其成本无法可靠计量,不能作为无形资产确认。

(二) 无形资产的分类

1. 按无形资产的形成和来源分类

按照形成和来源不同,无形资产可以分为外部取得的无形资产和内部形成的无形资产。

外部取得的无形资产,是指企业用货币资金、投资者投入或者以其他资产相交换,取得的无形资产,具体包括:外购的无形资产、投资者投入的无形资产、企业合并取得的无形资产、债务重组取得的无形资产、以非货币性生产交换取得的无形资产以及政府补助取得的无形资产等;内部形成的无形资产,是指由企业内部自行研制开发取得的无形资产。

2. 按期限分类

按照是否具备确定的使用寿命,可以把无形资产分为使用寿命有限的无形资产的和使用寿命不确定的无形资产。这种分类的目的主要是为了正确地对无形资产在其使用寿命内合理进行摊销。

使用寿命有限的无形资产,是能够估计其使用寿命的年限的无形资产。

使用寿命不确定的无形资产,是没有明确的合同或法律规定该项无形资产的使用寿命,从相关可参考的经验或专家论证等方面,也无法合理确定其为企业带来经济利益期限的无形资产。

3. 按经济内容分类

(1) 专利权

专利权是国家专利管理机关依法授予发明人于一定年限内拥有对其发明创造享有的专有权利,包括发明专利权、实用新型专利权和外观设计专利权。《中华人民共和国专利法》明确规定,专利人拥有的专利权受到国家法律保护。

专利权具有以下特征:一是垄断性,即专利权人享有独占其专利的权利,除非向专利权人购买专利或购买专利使用权,其他人不得使用该专利发明和创造。二是地域性,即任何专利权受法律的保护都有一定区域限制,一国批准的专利权只受本国或所参加的国际专利联盟的成员国的法律保护,超出这个范围,专利权就失去效力。三是时间性,即专利权受法律保护是有期限的,任何专利权超过法定期限后,便自行失效。

专利权允许其持有者独家使用或控制,但并不保证一定能给持有者带来经济效益,因此,企业不应将其所拥有的一切专利权都予以资本化,作为无形资产进行核算。一般而言,只有从外单位购入的专利或自行开发并按法律程序申请取得的专利,才能作为无形资产进行管理和核算。这种专利可以降低成本,或者提高产品质量或者将其转让出去获得转让收入。

(2) 非专利技术

非专利技术,也称专有技术、技术秘密或技术诀窍,是指先进的、未公开的、未申请专利、可以带来经济效益的技术诀窍。主要包括:一是工业专有技术,即生产上已经采用,仅限于少数人知道,不享有专利权或发明权的生产、装配、修理、工艺或加工方法的技术知识;二是商业(贸易)专有技术,即具有保密性质的市场情报、原材料价格情报以及用户、竞争对象的情况和有关知识;三是管理专有技术,即生产组织的经营方式、管理方式、培训员工方法等保密知识。非专利技术并不是专利法保护的对象,专有技术所有人依靠自我保密的方式维持其独占权,可以用于转让和投资。

企业的非专利技术,有些是自己开发研究的,有些是根据合同规定从外部购入的。如果是企业自己开发研究的,应将符合《企业会计准则第 6 号——无形资产》规定的开发支出资本化条件的,确认为无形资产。对于从外部购入的非专利技术,应将实际发生的支出予以资本化,作为无形资产入账。

(3) 商标权

商标权,是企业拥有的为了将自己生产或经销的商品区别于其他企业的商品而施加特殊标记或图案的一种专有权利。

企业自创的商标并将其注册,其注册登记费一般不多,是否将其资本化并不重要。为建立获利能力的商标,一般通过广告等手段,但广告费一般不作为商标权的成本,在发生时直接计入当期损益。

按照《中华人民共和国商标法》的规定,商标可以转让。如果企业购买他人的商标,一次性支出的费用较大的,可以将其资本化,作为无形资产处理,即根据购入商标的价款、支付的手续费以及有关费用作为商标的成本。

(4) 著作权

著作权亦称版权,是国家版权管理机关依法授予著作人或文艺作品的创作人以及出版商在一定年限内发表、制作、出版和发行的专有权利。一般情况下,著作权并不赋予所有者唯一使用某一作品的权利,而只是赋予所有者向他人因公开发行、制作、出版或再版其作品而取得收益的权利。

(5) 土地使用权

土地使用权是指国家准许某一企业或单位在一定期间内对国有土地享有开

发、利用、经营的权利。在我国,任何企业或个人只能拥有土地使用权,没有所有权。企业取得土地使用权,应将取得时发生的支出予以资本化,作为土地使用权的成本,一般而言,应确认为无形资产,但属于投资性房地产或者作为固定资产核算的土地使用权,应当按照投资性房地产或固定资产的核算原则进行会计处理。

(6) 特许权

特许权,也称经营特许权、专营权,是指企业在某一地区经营或销售某种特定商品的权利或是一家企业接受另一家企业使用其商标、商号、技术秘密等的权利。通常有两种形式,一种是由政府机构授权,准许企业使用或在一定地区享有经营某种业务的特权,如水、电、邮电通信等专营权、烟草专卖权等;另一种是企业间依照签订的合同,有限期或无限期使用另一家企业的某些权利,如连锁店分店使用总店的名称等。作为无形资产的特许权,是指后一种。

第二节　固定资产的初始计量与后续计量

一、固定资产的初始计量

固定资产应当按照成本进行初始计量。固定资产的成本,是指企业购建某项固定资产达到预定可使用状态前所发生的一切合理、必要的支出。这些支出包括直接发生的价款、运杂费、包装费和安装成本等,也包括间接发生的,如应承担的借款利息、外币借款折算差额以及应分摊的其他间接费用。

企业取得固定资产的方式包括外购取得、自行建造取得、租赁取得、投资者投入取得、非货币性资产交换取得、债务重组取得、企业合并取得、盘盈取得等,不同的取得方式,其成本的确定方法和账务处理程序也不同。

(一) 外购固定资产

外购方式是企业取得固定资产的主要方式。企业外购的固定资产的成本,包括实际支付的买价、进口关税和其他税费、使固定资产达到预定可使用状态前所发生的可归属于该项资产的费用,如运输费、装卸费、安装费和专业人员服务费等。

目前,企业外购固定资产取得增值税专用发票时,符合进项税额可抵扣条件的,其增值税进项税额不计入固定资产价值,作为进项税额单独核算。这一处理的背景如下:2009 年 1 月 1 日起,我国进行了增值税转型改革,将 1993 年的生产型增值税转为消费型增值税，企业购入的生产经营用固定资产的增值税进项税额允许扣除。进项税额可以抵扣的固定资产是指使用期限超过12个月的机器、机械、运输工具以及其他与生产经营有关的设备、工具、器具等，房屋、建筑物等不动产不属于增值税纳税范围，包括附着在建筑物或构筑物上属于其组成部分的附属设备和配套设施，如给排水、采暖、卫生、通风、照明、通讯、中央空调、电梯、智能化楼宇设备和配套设施等；与企业技术更新无关的且容易混为个人消费的自用消费品（如小汽车、游艇等）所含的增值税进项税额，不得抵扣，应记入所购资产的成本中。2016年5月1日起，购买的房屋、建筑物等不动产，其进项税额在取得完税凭证的当期可抵扣其中的60%，剩余40%到第二年抵扣。①入账时，借记“固定资产”“应交税费——应交增值税（进项税额）”“应交税费——待抵扣税额”科目，贷记“银行存款”等科目；待抵扣增值税时，借记“应交税费——应交增值税（进项税额）”贷记“应交税费——待抵扣税额”。企业购买的不动产，如果属于集体福利设施，进项税额不能抵扣，应计入不动产成本。

外购固定资产分为购入不需要安装的固定资产和购入需要安装的固定资产两类。

1. 购入不需要安装的固定资产

购入不需要安装的固定资产，企业可以立即投入使用，按确认的入账价值直接计入固定资产成本。

例 7.1

光华公司为一般纳税人，2017年1月购入一台不需要安装的设备，发票价格200 000元，增值税税额34 000元，发生的运杂费2 500元（不考虑运费的增值税）。款项已使用银行存款付清。设备当即投入使用。编制分录如下：

借：固定资产	202 500	
应交税费——应交增值税（进项税额）	34 000	
贷：银行存款		236 500

以一笔款项购入多项没有单独标价的固定资产，应当按照各项固定资产的公允价值比例对总成本进行分配，分别确定各项固定资产的成本。

① 《国家税务总局关于发布〈不动产进项税额分期抵扣暂行办法〉的公告》（国家税务总局公告2016年第15号）。

例 7.2

光华公司为一般纳税人，2017 年 3 月一揽子购入 A、B、C 三项不需要安装的设备，发票价格 900 000 元，增值税税额 153 000 元，三项资产的公允价值分别为 500 000 元、250 000 元和 200 000 元。款项已使用银行存款付清。光华公司账务处理如下：

光华公司应计入固定资产的成本总额＝900 000(元)

A 设备应分配的固定资产价值比例＝500 000÷(500 000＋250 000＋200 000)×100%＝53%

B 设备应分配的固定资产价值比例＝250 000÷(500 000＋250 000＋200 000)×100%＝26%

C 设备应分配的固定资产价值比例＝200 000÷(500 000＋250 000＋200 000)×100%＝21%

A 设备的入账价值＝900 000×53%＝477 000(元)

B 设备的入账价值＝900 000×26%＝234 000(元)

C 设备的入账价值＝900 000×21%＝189 000(元)

借：固定资产——A 设备	477 000	
——B 设备	234 000	
——C 设备	189 000	
应交税费——应交增值税(进项税额)	153 000	
贷：银行存款		1 053 000

2. 购入需要安装的固定资产

由于固定资产从运达企业，到达到预定可使用状态，还需安装和调试，并在安装调试过程中发生相关费用，因此需要先通过“在建工程”科目核算，待固定资产安装调试完毕，达到预定可使用状态，再将“在建工程”科目核算的固定资产的成本转入“固定资产”科目。

例 7.3

光华公司 2017 年 1 月 1 日，购入一台需要安装的设备，设备的买价 100 000 元，增值税税额 17 000 元，运输费 1 000 元(不考虑运费的增值税)，款项已使用银行存款支付。设备还需安装，1 月 10 日，光华公司通过银行存款支付安装成本为 3 000 元。1 月 12 日设备安装完毕，达到预定可使用状态，交付使用。

(1) 1 月 1 日，购入需要安装的设备，支付设备款和运输费

借：在建工程　101 000

　应交税费——应交增值税(进项税额)　17 000

　贷：银行存款　118 000

(2) 1 月 10 日，通过银行存款支付安装成本

借：在建工程　3 000

　贷：银行存款　3 000

(3) 1 月 12 日设备安装完毕，达到预定可使用状态。编制分录如下：

借：固定资产　104 000

　贷：在建工程　104 000

购买固定资产的价款超过正常信用条件延期支付，实质上具有融资性质的，固定资产的成本以购买价款的现值为基础确定。实际支付的价款与购买价款的现值之间的差额，即未确认融资费用，应当在信用期间内采用实际利率法进行摊销，摊销金额除满足借款费用资本化条件应当计入固定资产成本外，均应当在信用期间内确认为财务费用，计入当期损益。

例 7.4

2013 年 1 月 1 日，光华公司与利达公司签订一份购货合同，购入 1 台需要安装的特大型设备。合同约定，光华公司采用分期付款方式支付价款。该设备价款共计 900 万元(不考虑增值税)，在 2013 年至 2017 年的 5 年内每半年支付 90 万元，每年的付款日期为分当年 6 月 30 日和 12 月 31 日。2013 年 1 月 1 日，设备如期运抵光华公司并开始安装。2013 年 12 月 31 日，设备达到预定可使用状态，发生安装费 398 530.60 元，已用银行存款付讫。假定光华公司适用的折现率为 10%(利率为 10%，期数为 10 的年金现值系数为 6.144 6)。光华公司的有关会计处理如下：

(1) 分期购买价款的现值＝ 900 000 ×（P/A，10%，10）＝ 900 000 × 6.144 6＝ 5 530 140(元)

2013 年 1 月 1 日光华公司的账务处理

借：在建工程　5 530 140

　未确认融资费用　3 469 860

　贷：长期应付款　9 000 000

(2) 确定信用期间未确认融资费用的分摊额，如下表所示

表 7.1　　　　　　光华公司 2013 年 1 月 1 日未确认融资费用分摊表

单位:元

日　　期	分期付款额	确认的融资费用（＝期初应付本金余额×10%）	应付本金减少额（＝分期付款额－确认的融资费用）	应付本金余额（＝期初应付本金余额－应付本金减少额）
2013.1.1	—	—	—	5 530 140
2013.6.30	900 000	553 014	346 986	5 183 154
2013.12.31	900 000	518 315.40	381 684.60	4 801 469.40
2014.6.30	900 000	480 146.94	419 853.06	438 161 634
2014.12.31	900 000	438 161.63	461 838.37	3 919 777.97
2015.6.30	900 000	391 977.80	508 022.20	3 411 755.77
2015.12.31	900 000	341 175.58	558 824.42	2 852 931.35
2016.6.30	900 000	285 293.14	614 706.86	2 238 224.47
2016.12.31	900 000	223 822.45	676 177.55	1 562 046.92
2017.6.30	900 000	156 204.69	743 795.31	818 251.61
2017.12.31	900 000	81 748.39*	818 251.61	0
合　　计	9 000 000	3 469 860	5 530 140	0

* 尾数调整:81 748.39＝900 000－818 251.61，818 251.61 为最后一期应付本金余额。

(3) 2013 年 1 月 1 日至 2013 年 12 月 31 日为设备的安装期间，未确认融资费用的分摊额符合资本化条件，计入固定资产成本

2013 年 6 月 30 日光华公司的账务处理如下:

借:在建工程　　553 014

　　贷:未确认融资费用　　553 014

借:长期应付款　　900 000

　　贷:银行存款　　900 000

2013 年 12 月 31 日光华公司的账务处理如下:

借:在建工程　　518 315.40

　　贷:未确认融资费用　　518 315.40

借:长期应付款　　900 000

　　贷:银行存款　　900 000

支付安装费用，处理如下:

借:在建工程　　398 530.60

　　贷:银行存款　　398 530.60

达到预定可使用状态时，结转在建工程的实际成本。

固定资产的实际成本＝5 530 140＋553 014＋518 315.40＋398 530.60＝7 000 000(元)

借：固定资产　　　　　　　　　　　　　　　　7 000 000

　　贷：在建工程　　　　　　　　　　　　　　　　7 000 000

(4) 2014 年 1 月 1 日至 2017 年 12 月 31 日，该设备已经达到预定可使用状态，未确认融资费用的分摊额不再符合资本化条件，应计入当期损益

2014 年 6 月 30 日，会计处理如下：

借：账务费用　　　　　　　　　　　　　　　　480 146.94

　　贷：未确认融资费用　　　　　　　　　　　　480 146.94

借：长期应付款　　　　　　　　　　　　　　　900 000

　　贷：银行存款　　　　　　　　　　　　　　　　900 000

以后期间的账务处理与 2014 年 6 月 30 日相同，在此略过。

(二) 自行建造固定资产

企业自行建造固定资产，应按照建造该项资产达到预定可使用状态前所发生的一切必要支出，作为固定资产的成本。自行建造固定资产主要有自营和出包两种方式。

1. 自营方式建造固定资产

企业通过自营方式建造的固定资产，其入账价值应当按照该项资产达到预定可使用状态前所发生的必要支出确定。在建造过程中，发生的各项以达到工程完工为目的的支出，包括工程物资的使用、人工成本、资本化的借款利息等均应记入在建工程的成本中。建造完毕，固定资产达到预定可使用状态后，将其成本由“在建工程”转入“固定资产”账户中。

在确定自营工程成本时，还需要注意以下几个方面：

(1) 工程完工后剩余的工程物资，如转作本企业库存材料的，按其实际成本或计划成本转作企业的库存材料。

(2) 建设期间盘盈、盘亏、报废、毁损的工程物资，减去保险公司、过失人赔偿部分后的差额，工程项目尚未完工的，计入或冲减所建工程项目的成本；工程已经完工后发生的工程物资盘盈、盘亏、报废、毁损，计入当期营业外收支。

(3) 工程达到预定可使用状态前因进行负荷联合试车所发生的净支出，计入工程成本。

企业的在建工程项目在达到预定可使用状态前所进行的负荷联合试车过程

中形成的、能够对外销售的产品，其发生的成本，计入在建工程成本，销售或转为库存商品时，按其实际销售收入或预计售价冲减工程成本。

(4) 所建造的固定资产已达到预定可使用状态，但尚未办理竣工决算的，应当自达到预定可使用状态之日起，根据工程预算、造价或者工程实际成本等，按估计价值转入固定资产，并按有关计提固定资产折旧的规定，计提固定资产折旧。待办理了竣工决算手续后再作调整。

(5) 由于正常原因造成的单项工程或单位工程报废或毁损，减去残料价值和过失人或保险公司等赔款后的净损失或净收益，如果工程项目尚未达到预定可使用状态的，计入或冲减工程成本；如果工程项目已达到预定可使用状态的，属于筹建期间的，计入管理费用；不属于筹建期间的，直接计入当期营业外支出。由于非正常原因造成的单项工程或单位工程报废或毁损，或在建工程项目全部报废或毁损，减去残料价值和过失人或保险公司等赔款后的净损失，属于筹建期间的，计入管理费用；不属于筹建期间的，直接计入当期营业外支出。

(6) 自营工程购入工程物资，如果用于生产经营设备的建造，支付的增值税税额不计入工程成本，进项税额可抵扣；如果用于厂房、建筑物等建筑工程，支付的增值税税额，当期可抵扣 60%，剩余 40%为待抵扣进项税额，如果用于企业职工福利设施工程，则支付的增值税不得抵扣，应计入工程成本。自营工程领用外购存货及领用自制半成品和产成品原理与工程物资的处理相同。

例 7.5

光华公司采用自营方式建造职工福利用厂房一幢，为工程购置物资 234 000 元，全部用于工程建设，增值税 39 780 元，分配建设人员工资 160 000 元，为工程借款而发生的利息允许资本化金额 10 000 元，工程完工验收并交付使用。作如下会计分录：

(1) 购买工程物资

借：工程物资　　234 000

　应交税费——应交增值说(进项税额)　　39 780

　贷：银行存款　　273 780

(2) 领用工程物资

借：在建工程——厂房　　273 780

　贷：工程物资　　234 000

　　应交税费——应交增值说(进项税额转出)　　39 780

(3) 分配建设人员工资

借:在建工程——厂房　　160 000

　贷:应付职工薪酬　　160 000

(4) 结转为工程借款而发生的资本化利息

借:在建工程——厂房　　10 000

　贷:长期借款——应计利息　　10 000

(5) 工程完工验收,结转工程成本

借:固定资产——厂房　　443 780

　贷:在建工程——厂房　　443 780

2. 出包方式建造固定资产

出包方式是指企业委托建筑公司等其他单位进行固定资产建造的方式。采用出包方式建造固定资产,企业要与建造承包商签订建造合同。采用出包工程方式的企业,固定资产成本包括发生的建筑工程支出、安装工程支出以及需分摊计入固定资产价值的待摊支出,通过"在建工程"科目核算。

(三) 租入取得的固定资产

租赁取得的固定资产按照其是否转移与租赁资产所有权有关的全部风险和报酬,分为融资租赁和经营租赁。其中,融资租赁取得的固定资产要按照租入企业的固定资产进行处理;经营租赁取得的固定资产,企业仅将其租赁费用予以费用化即可。

1. 融资租赁租入固定资产

融资租赁是指实质上转移与资产所有权有关的全部的风险和报酬的租赁。

(1) 融资租赁的判定标准

企业对租赁进行分类时,应当全面考虑租赁期届满时租赁资产所有权是否转移给承租人、承租人是否有购买租赁资产的选择权、租赁期占租赁资产使用寿命的比例等各种因素。

企业租赁满足下列标准之一的,应认定为融资租赁:

一是在租赁期届满时,资产的所有权转移给承租人。如果在租赁协议中已经约定,或者根据其他条件在租赁开始日就可以合理地判断,租赁期届满时出租人会将资产的所有权转移给承租人,那么该项租赁应当认定为融资租赁。

二是承租人有购买租赁资产的选择权,所订立的购价预计远低于行使选择权时租赁资产的公允价值,因而在租赁开始日就可合理地确定承租人将会行使这种选择权。

三是租赁期占租赁资产使用寿命的大部分。

四是就承租人而言，租赁开始日最低租赁付款额的现值几乎相当于租赁开始日租赁资产公允价值；就出租人而言，租赁开始日最低租赁收款额的现值几乎相当于租赁开始日租赁资产公允价值。

五是租赁资产性质特殊，如果不作较大修整，只有承租人才能使用。租赁资产是出租人根据承租人对资产型号、规格等方面的特殊要求专门购买或建造的，具有专购、专用性质。这些租赁资产如果不作较大的重新改制，其他企业通常难以使用。这种情况下，该项租赁也应当认定为融资租赁。

(2) 融资租赁租入固定资产的会计处理

企业采用融资租赁租入固定资产作为一项企业的固定资产入账，同时确认相应的负债，并采用与自有固定资产相一致的折旧政策计提折旧。

企业为了与自有固定资产相区别，企业对融资租入固定资产单设"融资租入固定资产"明细账核算。在租赁期开始日，承租人应当将租赁开始日租赁资产公允价值与最低租赁付款额现值两者中较低者作为租入固定资产的入账价值，将最低租赁付款额作为长期应付款的入账价值，其差额作为未确认融资费用。融资租赁中，承租人初始直接费用（如在租赁谈判和签订租赁合同过程中发生的，可归属于租赁项目的手续费、律师费、差旅费、印花税等）应计入租入资产的价值。承租人初始确认时编制分录如下：

借：固定资产（租赁资产公允价值与最低租赁付款额现值两者中较低者＋初始直接费用）
　　未确认融资费用
　　贷：长期应付款
　　　　银行存款

每期支付租金时，冲减"长期应付款"账户；如果支付的租金中包含履约成本，还应同时借记"制造费用""管理费用"等账户。每期分摊未确认融资费用时，按当期应分摊的确认融资费用金额，借记"财务费用"账户，贷记"未确认融资费用"账户。租赁期满，如合同规定将租赁资产所有权转归承租人，应进行转账，将固定资产从"融资租入固定资产"明细账转入有关明细账户。

例 7.6

2016 年 1 月 27 日，光华公司与海昌租赁公司签订一份融资租赁合同，租入一台设备。租赁合同规定:起租日为2016年1月27日;租赁期为2年;每年年末支付租金500万元;租赁期期满,设备的估计参与价值为30万元,其中光华公司担保余值为20万元,未担保余值为10万元。此项设备2016年1月27日运达光华公司,并投入使用;租赁的内含报酬率为5%。租赁开始日该设备的公允价值为1 000万元。假设初始直接费用为0(利率5%,期限为2年,1元的复利现值系数为0.907,1元的年金现值系数为1.859)。光华公司编制会计分录如下:

最低租赁付款额的现值＝500×1.859＋20×0.907＝947.64(万元)

融资租入固定资产的入账价值＝租赁资产公允价值与最低租赁付款额现值两者中较低者＋初始直接费用＝947.64(万元)

借:固定资产——融资租入固定资产　　9 476 400

　未确认融资费用　　723 600

　贷:长期应付款——应付融资租赁款　　1 020 000

本例后续的会计处理,在此不做介绍。

2. 经营租赁租入固定资产

在经营租赁下,与租赁资产所有权有关的风险和报酬并没有实质上转移给承租人,承租人不承担租赁资产的主要风险,承租人对经营租赁的会计处理比较简单,承租人不须将所取得的租入资产的使用权资本化,相应地也不必将所承担的付款义务列作负债。对于经营租赁,承租人应当对租入的固定资产进行备查登记。支付租金应是按照租入资产的用途来列支,按照谁受益谁分担的原则处理,管理部门使用的则计入“管理费用”科目。如果承租企业在支付租金时,一次性支付超过一年以上的租金,先计入“长期待摊费用”科目,在确认各期租金费用时,根据谁受益谁分担的原则进行处理,计入相关费用科目。

例7.7

2015年1月1日,光华公司向B公司租入办公设备一台,租期为3年。设备价值为1 000 000元,预计使用年限为10年。租赁合同规定,租赁开始日(2015年1月1日)光华公司向B公司一次性预付租金150 000元,第一年年末支付租金150 000元,第二年年末支付租金200 000元,第三年年末支付租金250 000元。租赁期届满后B公司收回设备,三年的租金总额为750 000元。(假定光华公司和B公司均在年末确认租金费用和租金收入,并且不存在租金逾期支付的情况。)

光华公司的此项经营租赁账务处理如下:

(1) 2015 年 1 月 1 日,租入设备并预付款项

借:长期待摊费用　　150 000

　　贷:银行存款　　150 000

(2) 2015 年 12 月 31 日,确认费用并支付租金

借:管理费用　　250 000

　　贷:长期待摊费用　　100 000

　　　　银行存款　　150 000

(3) 2016 年 12 月 31 日,确认费用并支付租金

借:管理费用　　250 000

　　贷:长期待摊费用　　50 000

　　　　银行存款　　200 000

(4) 2017 年 12 月 31 日,支付当年的租金同时确认费用

借:管理费用　　250 000

　　贷:银行存款　　250 000

(四) 其他方式取得的固定资产

1. 投资者投入固定资产的成本,应在办理了固定资产移交手续之后,按照投资合同或协议约定的价值确定,但合同或协议约定价值不公允的除外。

例 7.8

光华公司注册资本金 1 000 万元,2011 年 1 月 8 日,收到投资人利达公司以 1 台不需要安装的设备作为出资,经协商该设备的价值为 200 万元,可抵扣增值税进项税额 34 万元,占光华公司注册资本的 15%。

借:固定资产　　2 000 000

　　应交税费——应交增值税(进项税额)　　340 000

　　贷:股本　　1 500 000

　　　　资本公积——股本溢价　　840 000

2. 盘盈取得固定资产。

企业在财产清查中盘盈的固定资产,作为前期差错更正处理。企业在财产

清查中盘盈的固定资产，在按管理权限报经批准处理前，先通过“以前年度损益调整”账户核算。盘盈的固定资产，应按规定确定其入账价值：如果同类或类似固定资产存在活跃市场的，按同类或类似的固定资产的市场价格，减去按该项资产的新旧程度估计的价值损耗后的余额作为入账价值；如果同类或类似固定资产不存在活跃市场的，按该项固定资产的预计未来现金流量的现值作为入账价值。企业应按确定的入账价值，计入固定资产的账户。

例 7.9

光华公司于 2016 年 12 月 8 日进行财产清查时，发现一台未入账的设备，按同类或类似商品市场价格 100 000 元，减去该项资产新旧程度估计的价值损耗后的余额为 60 000 元，企业所得税税率为 25%，按净利润的 10%提取法定盈余公积金。光华公司应作如下会计分录：

(1) 盘盈固定资产

借：固定资产　　100 000

　贷：累计折旧　　40 000

　　以前年度损益调整　　60 000

(2) 计算应交纳的所得税

借：以前年度损益调整　　15 000

　贷：应交税费——应交所得税　　15 000

(3) 结转为留存收益

借：以前年度损益调整　　45 000

　贷：盈余公积——法定盈余公积　　4 500

　　利润分配——未分配利润　　40 500

3. 非货币性资产交换、债务重组等方式取得的固定资产的成本，应当分别按照非货币性资产交换及债务重组准则的有关规定确定，将在后面相关章节中介绍。

(五) 存在弃置费用的固定资产

对于特殊行业的特定固定资产，确定其成本时，还需考虑弃置费用。弃置费用通常是指根据国家法律和行政法规、国际公约等规定，企业承担的环境保护和生态恢复等义务所确定的支出，如，核电站核设施等的弃置和恢复环境等义务，石油天然气开采企业油气资产的弃置费用。

对于这些特殊行业的特定固定资产，企业应根据《企业会计准则第 13

号——或有事项》规定：按照弃置费用的现值计入相关固定资产成本，借记“固定资产”，贷记“预计负债”，随后要按照摊余成本和实际利率计算利息，并计入当期财务费用。

一般工商企业的固定资产发生的报废清理费用，不属于弃置费用，应当在发生时作为固定资产处置费用处理。

二、固定资产的后续计量

(一) 固定资产的折旧

固定资产折旧，是指固定资产由于在使用过程中的损耗而定期逐渐转移到产品成本和费用中的那部分价值。我国《企业会计准则第 4 号——固定资产》对折旧的定义是：“折旧，是指在固定资产使用寿命内，按照确定的方法对应计折旧额进行系统分摊。”固定资产在其使用期限内，服务于企业的生产经营活动，为企业赚取营业收入。但一项固定资产其内在的服务潜力会随着时间的推移和不断的使用而逐渐衰退或消逝，使固定资产变陈旧直至报废。在固定资产逐渐消耗的过程中，固定资产的成本就转化为费用，与其产生的收益相配合形成损益，这种转化就是折旧。

应计折旧额是指应当计提折旧的固定资产的原价扣除其预计净残值后的余额。如果对固定资产计提减值准备，还应扣除已计提的固定资产减值准备累计金额①。

1. 固定资产折旧的计提范围

除下列情况外，企业应对所有固定资产计提折旧：

(1) 已提足折旧仍继续使用的固定资产；

(2) 按规定单独作价作为固定资产入账的土地。

已达到预定可使用状态的固定资产，如果尚未办理竣工决算的，应当按照估计价值确定其成本，并计提折旧；待办理了竣工决算手续后，再按照实际成本调整原来的暂估价值，但不需要调整原已计提的折旧额。

企业一般应当按月提取折旧，当月增加的固定资产，当月不提折旧，从下月起计提折旧；当月减少的固定资产，当月照提折旧，从下月起不提折旧。固定资产提足折旧后，不管能否继续使用，均不再提取折旧；提前报废的固定资产，也不再补提折旧。提足折旧是指已提足该项固定资产的应计折旧额。

融资租入的固定资产，应当采用与自有固定资产相一致的折旧政策。能够

---

① 查阅预计净残值和固定资产的使用寿命相关规定。

合理确定租赁期届满时将会取得租赁资产所有权的，应当在租赁资产尚可使用年限内计提折旧；无法合理确定租赁期届满时能够取得租赁资产所有权的，应当在租赁期与租赁资产尚可使用年限两者中较短的期间内计提折旧。

企业对固定资产进行更新改造而停止使用时，应将更新改造的固定资产账面价值转入在建工程，不再计提折旧。更新改造项目达到预定可使用状态转为固定资产后，再按重新确定的折旧方法和该项固定资产尚可使用年限计提折旧。因进行大修理而停用的固定资产，应当照提折旧。

2. 固定资产折旧方法

固定资产折旧的计算方法有平均年限法、工作量法、双倍余额递减法和年数总和法等。企业固定资产折旧方法一般采用平均年限法。折旧方法一经选定，不得随意变更。

(1) 平均年限法

平均年限法又称直线法，是根据固定资产应提折旧的总额除以固定资产折旧年限，求得每年的折旧额的方法。固定资产折旧额的计算公式如下：

$$\text{固定资产年折旧额}=\frac{\text{固定资产原值}-(\text{预计残值收入}-\text{预计清理费用})}{\text{固定资产使用年限}}$$

$$=\frac{\text{固定资产原值}-\text{预计净残值}}{\text{固定资产使用年限}}$$

$$\text{固定资产月折旧额}=\text{固定资产年折旧额}\div 12$$

在实际工作中，每月计提的折旧额是根据固定资产原始价值乘以月折旧率来计算的。固定资产折旧率是指固定资产在一定时期内的折旧额占原始价值的比重，计算公式如下：

$$\text{固定资产年折旧率}=\frac{\text{固定资产年折旧额}}{\text{固定资产原值}}\times 100\%$$

$$=\frac{1-\text{预计净残值率}}{\text{固定资产预计使用年限}}\times 100\%$$

$$\text{固定资产月折旧率}=\text{固定资产年折旧率}\div 12$$

例 7.10

光华公司购入设备一台，价值 100 000 元，预计使用年限 5 年，预计净残值率 5%。计算该设备的年折旧额和年折旧率，计算结果如下：

$$年折旧率=(1-5\%)\div 5\times 100\%=19\%$$

$$年折旧额=100\ 000\times 19\%=19\ 000(元)$$

按照固定资产平均年限法计算求得的折旧额，在固定资产的整个使用期，每期计入成本的数额是相等的，因此这种折旧方法也叫直线法。优点是简单明了，计算容易。它的缺点是忽视了随着固定资产的使用，其修理、保养费用的增加使得计入成本中的费用逐渐增加，即成本负担不均衡的问题，另外也没有考虑固定资产使用期间，各期的磨损程度是否一致的问题。因此，平均年限法适用于强度和使用效率大致相同的固定资产。

(2) 工作量法

工作量法是按固定资产所完成的工作量，计算应计提的折旧额。这种计算折旧的方法，一般适用于一些专用设备。例如，交通运输企业和其他企业专业车队的客、货运汽车，大型设备，大型建筑施工机械等。

工作量法下的固定资产折旧额计算公式如下：

$$单位工作量折旧额=\frac{固定资产原值-预计净残值}{预计的工作总量}$$

$$月折旧额=本月实际工作量\times 单位工作量折旧额$$

例 7.11

光华公司车队有卡车一辆，原价 90 000 元，预计在使用期间行驶 500 000 公里，预计净残值率 3%，本期行驶 6 000 公里。计算结果如下：

$$单位里程折旧额=[90\ 000\times(1-3\%)]\div 500\ 000=0.174\ 6(元)$$

$$本期折旧额=6\ 000\times 0.174\ 6=1\ 047.60(元)$$

采用工作量法计提折旧其优点是易于计算，简单明了，并使折旧的计提与固定资产的使用程度结合起来。但也有一定的缺点，例如只重视固定资产的使用，而未考虑无形损耗对资产的影响问题等。

(3) 双倍余额递减法

这种方法的折旧率是按残值为零时直线折旧率的两倍计算的，当每期计提折旧时，即用该折旧率乘以固定资产的折余价值(净值)。折旧额和折旧率的计算公式如下：

$$固定资产年折旧额=固定资产账面净值\times折旧率$$

$$年折旧率=\frac{2}{预计使用年限}\times100\%$$

$$月折旧率=年折旧率\div12$$

$$固定资产月折旧额=月初固定资产账面净值\times月折旧率$$

企业在使用双倍余额递减法计提折旧时，固定资产的预计净残值不能从其价值中扣除。因此，每年计提的固定资产折旧额是用两倍于直线法的折旧率去乘固定资产的账面净值。由于只要该项固定资产仍继续使用，其账面净值就不可能被冲销完毕，因此，在固定资产的使用后期，如果采用双倍余额递减法计算的折旧额小于采用直线法计算的折旧额时，就应改用直线法计提折旧。实务操作中，采用在固定资产折旧年限到期前两年内，将固定资产账面净值扣除预计净残值后的余额平均摊销。

例 7.12

光华公司的一项固定资产的原值为 150 000 元，使用年限为 5 年，净残值率为 4%。如果采用双倍余额递减法计提折旧，各年折旧额和折旧率计算如下：

$$年折旧率=\frac{2}{预计使用年限}\times100\%=2\div5\times100\%=40\%$$

光华公司各年折旧额如表 7.2 所示：

表 7.2　　**折旧计算表(双倍余额递减法)**　　单位：元

年　份	固定资产年初净值(元)	年折旧率	年折旧额(元)(=年初净值×年折旧率)	累计折旧额(元)	期末账面净值(=年初净值－年折旧额)
1	150 000	40%	60 000	60 000	90 000
2	90 000	40%	36 000	96 000	54 000
3	54 000	40%	21 600	117 600	32 400
4	32 400	—	13 200	130 800	19 200
5	19 200	—	13 200	144 000	6 000

第四年、第五年的年折旧额 $=(32\,400-150\,000\times4\%)\div2=13\,200$(元)

(4) 年数总和法

年数总和法又称为年限合计法，这种方法是以年数总和为基础，按尚可使用年数逐年递减折旧额。其中折旧率是用一个递减分数来表示，这个分数的分子代表固定资产尚可使用的年数，分母代表使用年数的逐年数字总和。计算公式如下：

$$年折旧率=\frac{尚可使用年数}{预计使用年限的年数总和}=\frac{n-t+1}{\frac{n\times(n+1)}{2}}$$

其中：n 为预计使用年数，t 为第几年。

$$月折旧率=年折旧率\div 12$$

如预计使用 8 年的设备在第 3 年的折旧率为 $=\frac{8-3+1}{\frac{8\times(8+1)}{2}}=\frac{6}{36}$。

预计使用年限的年数总和是指代表固定资产使用年数的逐期年数之和。如例 7.12，固定资产的使用期限为 5 年，其逐期年数为 1 年、2 年、3 年、4 年、5 年，其加成总数为 $1+2+3+4+5=15$。折旧额的计算公式如下：

$$年折旧额=(固定资产原值-预计净残值)\times 折旧率$$

例 7.13

光华公司某项固定资产的原值为 65 000 元，预计使用年限为 6 年，预计净残值为 2 000 元，各年折旧率和折旧额计算如下：

根据各年折旧率和固定资产应提折旧总额 63 000 元计算各年的折旧额，如表 7.3 所示。

表 7.3　　折旧计算表(年数总和法)　　单位:元

年　份	尚可使用年限(年)	折旧总额(元)	年折旧率	年折旧额(元)(=折旧总额×年折旧率)	累计折旧额(元)(=上期累计折旧额+年折旧额)
1	6	63 000	6/21	18 000	18 000
2	5	63 000	5/21	15 000	33 000
3	4	63 000	4/21	12 000	45 000
4	3	63 000	3/21	9 000	54 000
5	2	63 000	2/21	6 000	60 000
6	1	63 000	1/21	3 000	63 000

3. 固定资产折旧的会计处理

企业按月计提折旧，一方面计提折旧记入“累计折旧”科目，该科目只进行总分类核算，不进行明细分类核算。若需要查明某项固定资产的已提折旧，可以根据固定资产卡片上所记载的该项固定资产原值、折旧率和实际使用年数等资料进行计算；另一方面，根据固定资产的用途，分别记入相关的成本类或费用类科目，如“制造费用”“管理费用”“销售费用”“其他业务成本”等。

在实际工作中，折旧的计算是通过编制折旧计算表进行的。在上月份应计折旧额的基础上，考虑上月份固定资产增减变动的情况，进行调整。计算公式如下：

本月应提折旧额＝上月计提折旧额＋上月增加固定资产应计提折旧额
　　－上月减少固定资产应计提折旧额

例 7.14

光华公司的机器设备 2016 年 5 月固定资产折旧额为 37 500 元。5 月份增加的机器价值为 300 000 元，净残值率为 4%，预计使用年限为 8 年，当月投入使用（直线法计提折旧）；5 月份减少的在用的未提足折旧的设备原值为 160 000 元，每月折旧额为 1 500 元。计算 2013 年 6 月固定资产折旧额如下：

6 月折旧额＝37 500＋300 000×(1－4%)÷8÷12－1 500＝39 000(元)

假定，2016 年 6 月计提固定资产折旧中，其中车间设备计提折旧 28 600 元，销售部门固定资产计提折旧 2 400 元，管理部门固定资产计提折旧 8 000 元，月末编制如下会计分录：

借：制造费用	28 600	
管理费用	8 000	
销售费用	2 400	
贷：累计折旧		39 000

4. 固定资产预计使用寿命等的复核

在固定资产使用过程中，由于经济环境、技术环境以及其他环境可能与预计固定资产使用寿命和预计净残值时发生较大的变化，因此，企业至少应当于每年年度终了，对固定资产的使用寿命、预计净残值和折旧方法进行复核。使用寿命预计数与原先估计数有差异的，应当调整固定资产使用寿命。预计净残值预计数与原先估计数有差异的，应当调整预计净残值。与固定资产有关的经济利益预期实现方式有重大改变的，应当改变固定资产折旧方法。固定资产使用寿命、预计净残值和折旧方法的改变应当作为会计估计变更，按照会计估计变更的有关规定进行会计处理。

(二) 固定资产的后续支出

固定资产的后续支出是指固定资产在使用过程中发生的更新改造支出、修理费支出等。

1. 资本化的后续支出

与固定资产有关的更新改造支出，满足固定资产确认条件的，应计入固定资产成本，同时将被替换部分的账面价值从该固定资产原账面价值中扣除。

固定资产发生可资本化的后续支出时，企业应将该固定资产的原价、已计提的累计折旧和减值准备转销，转入"在建工程"科目，并停止计提折旧。更新改造中的各项可资本化的后续支出，记入"在建工程"科目。当固定资产更新改造完毕，达到预定可使用状态，再从"在建工程"科目转入"固定资产"科目，并按重新确定的使用寿命、预计净残值和折旧方法进行计提折旧。

2. 费用化的后续支出

与固定资产有关的修理费用等后续支出，不符合固定资产确认条件的，应当根据不同情况分别在发生时计入当期管理费用或销售费用等。企业对固定资产进行必要维护，发生固定资产的维护修理支出时为了确保固定资产正常工作，并不会导致固定资产性能的改变或固定资产未来经济利益的增加。因此，应在发生时一次性直接计入当期费用。

对于固定资产发生的下列各项后续支出，通常的处理方法为：

(1) 固定资产修理费用，应当直接计入当期损益。

(2) 固定资产改良支出、改扩建支出应予以资本化。

(3) 如果不能区分是固定资产修理还是固定资产改良，或固定资产修理和固定资产改良结合在一起，则企业应当判断，与固定资产有关的后续支出，是否满足固定资产的确认条件。如果该后续支出满足了固定资产的确认条件，后续支出应当计入固定资产账面价值；否则，后续支出应当确认为当期费用。

(4) 融资租入固定资产发生的固定资产后续支出，比照上述原则处理。

(5) 经营租入固定资产发生的改良支出，应通过"长期待摊费用"科目核算，并在剩余租赁期与租赁资产尚可使用年限两者中较短的期间内，采用合理的方法进行摊销。

例 7 15

光华公司为延长 A 设备的使用寿命，2016 年 10 月份对其进行更新改造，11 月份完工，银行存款已支付更新改造时发生的相关支出共计 32 万元，估计能使 A 设备延长使用寿命 3 年。根据 2016 年 10 月末的账面记录，A 设备的原账面原价为 200 万元，采用直线法计提折旧，使用年限为 5 年，预计净残值为 0，已使用两年，已提减值准备 30 万元(假设本题中减值未影响原折旧的计提)。光华公司编制会计分录如下：

(1) 2016 年 10 月，固定资产转入更新改造

	借方	贷方
借：在建工程	900 000	
累计折旧	800 000	
固定资产减值准备	300 000	
贷：固定资产		2 000 000

(2) 2016 年 10～11 月，固定资产更新改造中发生的支出

	借方	贷方
借：在建工程	320 000	
贷：银行存款		320 000

(3) 2016 年 11 月，更新改造完成固定资产达到预定可使用状态

	借方	贷方
借：固定资产	1 220 000	
贷：在建工程		1 220 000

第三节　无形资产的初始计量与后续计量

一、无形资产的初始计量

企业通常是按实际成本计量，即以取得无形资产并使之达到预定用途而发生的全部支出，作为无形资产的成本。企业取得无形资产的方式主要有外购取得、自行开发取得、投资转入、企业合并取得、非货币性资产交换取得、债务重组取得、政府补助取得等。对于不同来源取得的无形资产，其成本构成和会计处理也不同。

(一) 外购的无形资产

1. 外购无形资产的成本构成

外购的无形资产的成本包括购买价款、相关税费以及直接归属于使该项资

产达到预定用途所发生的其他支出。直接归属于该项资产达到预定用途所发生的其他支出是指无形资产达到预定用途所发生的专业服务覆盖、测试无形资产能否发挥作用的费用等。为宣传推广新产品而发生的广告费、管理费用等不计入无形资产成本;无形资产已达到预定用途以后发生的费用,不计入无形资产成本。企业外购的无形资产如果取得法律规定的可抵扣发票,其支付的增值税可抵扣,如果无法取得法律规定的可抵扣发票,则支付的增值税不得抵扣,应计入无形资产的成本。

例 7.16

2016 年 8 月 1 日,光华公司支付 100 万元从利达公司购入一项专利权,支付相关税费 1 万元,款项已通过银行转账支付(没有取得增值税专用发票)。如果使用了该项专利,预计可使企业的产品质量提高、成本降低,提高利润率。光华公司编制会计分录如下:

借:无形资产——专利权　　1 010 000
　　贷:银行存款　　1 010 000

企业取得的土地使用权,通常应按照取得时所支付的价款及相关税费确认为无形资产。土地使用权用于自行开发建造厂房等地上建筑时,土地使用权的账面价值不与地上建筑物合并计算成本,而仍然作为无形资产核算,土地使用权与地上建筑物分别进行摊销和提取折旧。但如果房地产开发企业取得的土地使用权用于建造对外出售的房屋建筑物的,其相关土地使用权的价值应计入所建造的房屋建筑物的成本。企业外购的房屋建筑物支付的价款应当在地上建筑物与土地使用权之间分配,无法合理分配的,应全部确认为固定资产。企业改变土地使用权的用途,将其作为用于出租或增值目的时,应将其账面价值转为投资性房地产。

例 7.17

2016 年 1 月 1 日,光华公司购入一块土地的使用权,以银行存款转账支付 8 000 万元,并在该土地上自行建造厂房等工程,发生工程材料支出 1 200 万元,工资费用 800 万元,其他相关费用 1 000 万元等。该工程已经完工并达到预定可使用状态。假定土地使用权的使用年限为 50 年,该厂房的使用年限为 25 年,两者都没有净残值,都采用直线法进行摊销和计提折旧。(不考虑其他相关税费)

光华公司购入土地使用权,使用年限为 50 年,表明它属于使用寿命有限的无形资产，在该土地上自行建造厂房，应将土地使用权和地上建筑物分别作为无形资产和固定资产进行核算，并分别摊销和计提折旧。光华公司编制会计分录如下：

(1) 支付转让价款

借：无形资产——土地使用权　　80 000 000

　　贷：银行存款　　80 000 000

(2) 在土地上自行建造厂房

借：在建工程　　30 000 000

　　贷：工程物资　　12 000 000

　　　　应付职工薪酬　　8 000 000

　　　　银行存款　　10 000 000

(3) 厂房达到预定可使用状态

借：固定资产　　30 000 000

　　贷：在建工程　　30 000 000

(4) 每年分期摊销土地使用权和对厂房计提折旧：

借：管理费用　　1 600 000

　　制造费用　　1 200 000

　　贷：累计摊销　　1 600 000

　　　　累计折旧　　1 200 000

2. 外购无形资产的价款超过正常信用条件延期支付的情况

购买无形资产的价款超过正常信用条件延期支付(付款期在3年以上的)，实质上具有融资性质的，无形资产的成本以购买价款的现值为基础确定。实际支付的价款与购买价款的现值之间的差额作为未确认融资费用，除按照《企业会计准则第17号——借款费用》应予资本化的以外，应当在信用期间内采用实际利率法摊销，计入当期损益确认为财务费用。

(二) 自行开发的无形资产

对于企业自行研究开发无形资产，应当区分为研究阶段和开发阶段，并分别进行核算。

1. 研究阶段与开发阶段的区别

研究阶段是指为获取并理解新的科学或技术知识而进行的独创性的有计划调查，具体是指意于获取知识而进行的活动；研究成果或其他知识的应用研究、评价和最终选择；材料、设备、产品、工序、系统或服务替代品的研究；新的或经改进的材料、设备、产品、工序、系统或服务的可能替代品的配制、设计、评价和最终选择等。研究阶段是探索性的，为进一步的开发活动进行资料及相关方面的准备，已进行的研究活动将来是否会转入开发，开发后是否会形成无形资产等具有较大的不确定性。

开发阶段是指在进行商业性生产或使用前，将研究成果或其他知识应用于某项计划或设计，以生产出新的或具有实质性改进的材料、装置、产品等。具体指生产前或使用前的原型和模型的设计、建造和测试；含新技术的工具、夹具、模具和冲模的设计；不具有商业性生产经济规模的试生产设施的设计、建造和运营；新的或改造的材料、设备、产品、工序、系统或服务所选定的替代品的设计、建造和测试等。开发在很大程度上具备了形成一项新产品或新技术的基本条件，具备了形成成果的可能性较大的特点。

2. 企业研究开发费用的确认和计量原则

企业自行研究开发无形资产，区分为研究阶段和开发阶段后，两个阶段的特点不相同，对于研究开发费用的确认和计量也不相同。企业的研究阶段，由于其研究工作是否会形成无形资产有很大的不确定性，因此，研究阶段的有关支出在发生时应当一律予以费用化计入当期损益。企业的开发阶段，由于形成一项新产品或新技术的基本条件具备，因此，此时企业如果符合满足无形资产的资本化条件，则其发生的开发支出可以予以资本化，计入无形资产的成本。具体包括开发无形资产时耗费的材料、劳务成本、注册费、在开发该无形资产过程中使用的其他专利权和特许权的摊销、按照规定资本化的利息支出，以及为使该无形资产达到预定用途前发生的其他费用。在开发无形资产过程中发生的除上述可直接归属于无形资产开发活动的其他销售费用、管理费用等间接费用，无形资产达到预定用途前发生的可辨认的无效和初始运作损益，为运行该无形资产发生的培训支出等，均不构成无形资产的开发成本。

开发阶段的支出是否应计入无形资产的成本，要视其是否满足资本化条件而定。不能满足资本化条件的支出应计入当期损益。企业内部研究开发项目开发阶段的支出，同时满足下列条件的，才能确认为无形资产：

(1) 完成该无形资产以使其能够使用或出售，在技术上具有可行性；

(2) 具有完成该无形资产并使用或出售的意图；

(3) 无形资产产生经济利益的方式，包括能够证明运用该无形资产生产的产品存在市场或无形资产自身存在市场，无形资产将在内部使用的，应当证明其有用性；

(4) 有足够的技术、财务资源和其他资源支持，以完成该无形资产的开发，并有能力使用或出售该无形资产；

(5) 归属于该无形资产开发阶段的支出能够可靠地计量。

3. 自行研究开发无形资产的账务处理

企业内部研究开发过程中的支出，需要设置"研发支出"会计科目进行核算。"研发支出"科目应当按照研究开发项目，分别设"费用化支出"与"资本化支出"明细科目进行核算。企业的研发支出包括直接发生的和分配计入的两个部分。直接发生的研发支出，包括研发人员工资、材料费以及相关设备材料费等；分配计入的研发支出是指企业同时从事多项研究开发活动时，所发生的支出按合理标准在各项研究开发活动之间进行分配计入的部分。研发支出无法明确分配的，应当计入当期损益，不计入开发活动成本。具体账务处理如下：

(1) 企业自行开发无形资产发生的研发支出中不满足资本化条件的支出

借：研发支出——费用化支出

　　贷：原材料/银行存款/应付职工薪酬等

(2) 企业自行开发无形资产发生的研发支出中满足资本化条件的支出

借：研发支出——资本化支出

　　贷：原材料/银行存款/应付职工薪酬等

(3) 研究开发项目达到预定用途形成无形资产

借：无形资产

　　贷：研发支出——资本化支出

(4) 期末企业应将归集的费用化支出转入当期损益(管理费用)

借：管理费用

　　贷：研发支出——费用化支出

例 7.18

2017 年 1 月 1 日，光华公司根据生产需要，组织研究人员进行一项技术发明。在研究开发过程中发生材料费 500 万元，研发人员工资薪酬 100 万元，支付设备租金 400 万元，总计 1 000 万元，其中，符合资本化条件的支出为 600 万元。2017 年 12 月 31 日，该专利技术已经达到预定用途。

2017 年，光华公司关于此项研发的账务处理如下：

(1) 发生研发支出

借：研发支出——费用化支出　　　　4 000 000

　　　　——资本化支出　　　　　　　　6 000 000

　贷：原材料　　　　　　　　　　　　　　5 000 000

　　应付职工薪酬　　　　　　　　　　　　1 000 000

　　银行存款　　　　　　　　　　　　　　4 000 000

(2) 2017 年 12 月 31 日，该专利技术已经达到预定用途

借：管理费用　　　　　　　　　　　　4 000 000

　无形资产　　　　　　　　　　　　　6 000 000

　贷：研发支出——费用化支出　　　　　　4 000 000

　　　　　　——资本化支出　　　　　　6 000 000

(三) 投资者投入的无形资产

投资者投入的无形资产，其成本应当按照投资合同或协议约定价值确定，但合同或协议约定价值不公允的除外。如果合同或协议约定的价值不公允，则按无形资产的公允价值入账。无形资产入账价值与折合资本额之间的差额，作为资本溢价，计入资本公积。

(四) 其他方式取得的无形资产

通过政府补助、债务重组、非货币性资产交换、企业合并等方式取得无形资产。

政府补助方式是指企业从政府无偿取得货币性资产或非货币性资产，但不包括政府作为所有者投入的资本，如企业通过行政划拨取得的土地使用权等。以这种方式取得无形资产应按照《企业会计准则第 16 号——政府补助》的规定进行计量和处理。

非货币性资产交换取得无形资产是指企业以其存货、固定资产、长期股权投资等非货币性资产与其他单位的无形资产进行交换而取得的无形资产。以这种方式取得无形资产应按照《企业会计准则第 7 号——非货币性资产交换》的规定进行计量和处理。

债务重组是指在债务人发生财务困难的情况下，债权人按照其与债务人达成的协议或法院的裁定作出让步的事项。债务重组的方式中，有一种方式是以资产清偿债务，如果债务人以无形资产来清偿债务，债权人就可以在债务重组中获取无形资产。以这种方式取得无形资产应按照《企业会计准则第 12 号——债务重组》的规定进行计量和处理。

企业合并取得的无形资产成本应按照《企业会计准则第 20 号——企业合并》确定其成本。同一控制下吸收合并，按被合并企业无形资产的账面价值确认

为取得时的初始成本；同一控制下控股合并，合并方在合并日编制合并报表时，应当按被合并方无形资产的账面价值作为基础核算。非同一控制下的企业合并中，购买方取得的无形资产应以其在购买日的公允价值计量。

通过政府补助、债务重组、非货币性资产交换等方式取得无形资产的具体账务处理，在后面相关章节中介绍。企业合并取得无形资产的内容，在长期股权投资章节已介绍，在此不再赘述。

二、无形资产的后续计量

（一）无形资产使用寿命的确定与复核

企业在取得无形资产时，判断其使用寿命。无形资产按照其寿命是否能确定，分为使用寿命有限的无形资产和使用寿命不确定的无形资产。使用寿命有限的无形资产，应当估计该使用寿命的年限或者构成使用寿命的产量等类似计量单位数量；使用寿命不确定的无形资产，企业根据可获得的情况判断，无法合理估计其使用寿命的无形资产，应作为使用寿命不确定的无形资产进行核算。

使用寿命有限的无形资产需要在估计的使用寿命内进行合理的摊销，使用寿命不确定的无形资产不需要摊销。

1. 无形资产使用寿命的确定

估计无形资产使用寿命应考虑如下因素：该资产生产的产品寿命、周期、可获得的类似资产使用寿命的信息；技术、工艺等方面的现实情况及对未来发展的估计；以该资产生产的产品或服务的市场需求情况；现在或潜在的竞争者预期采取的行动；为维持该资产产生未来经济利益的能力预期的维护支出，以及企业预计支付有关支出的能力；对该资产的控制期限，使用的法律或类似现值，如特许使用期间、租赁期间等；与企业持有的企业资产使用寿命的关联性等。具体而言，无形资产使用寿命可以按如下的步骤来确定：

（1）无形资产的取得如果源自合同性权利或其他法定权利，其使用寿命不应超过合同性权利或其他法定权利的期限。但如果企业使用无形资产预期的使用年限较短时，将较短的使用年限确定为使用寿命；如果合同性权利或其他法定权利能够在到期时因续约而延续，且有证据表明企业续约不需付出大额成本，续约期应当计入使用寿命。

（2）合同或法律没有规定使用寿命的，企业应当综合各方面因素判断，如与同行业的情况进行比较、参考历史经验或聘请相关专家进行论证等，以确定无形资产能为企业带来经济利益的期限。

(3) 经过上述努力,仍无法合理确定无形资产为企业带来经济利益期限的,才能将其作为使用寿命不确定的无形资产。使用寿命不确定的无形资产后续不进行摊销,但要进行减值测试。

2. 无形资产使用寿命的复核

无形资产的使用寿命确定后,会随着相关影响因素而发生变化。我国企业至少应于每年年终时,对无形资产的使用寿命和摊销方法进行复核。对于使用寿命确定的无形资产,如果其使用寿命或摊销方法发生变化,则应改变其摊销年限和摊销方法,按照会计估计变更进行处理。对于使用寿命不确定的无形资产,如果有证据表明其使用寿命是有限的,应作为会计估计变更处理,应估计其使用寿命并按照使用寿命有限的无形资产的处理原则进行会计处理。

(二) 无形资产的摊销

1. 无形资产应摊销金额

使用寿命有限的无形资产,应在其预计的使用寿命内采用系统合理的方法对应摊销金额进行摊销。应摊销金额是指无形资产的成本扣除残值后的金额。已计提减值准备的无形资产,还应扣除已计提的无形资产减值准备累计金额。

2. 无形资产残值的确定

使用寿命有限的无形资产,其残值一般应视为零,但下列情况除外:有第三方承诺在无形资产使用寿命结束时购买该无形资产;可以根据活跃市场得到预计残值信息,并且该市场在无形资产使用寿命结束时很可能存在。

估计无形资产的残值应以资产处置时的可收回金额为基础,残值确定以后,在持有无形资产的期间,至少应于每年年末进行复核,预计其残值与原估计金额不同的,按照估计变更进行处理。如果无形资产的残值重新估计以后高于其账面价值的,则无形资产不再摊销,直至残值降至低于账面价值时再恢复摊销。

3. 无形资产的摊销方法

无形资产的摊销方法有直线法、递减余额法、生产总量法等。目前,常用的是直线法。无形资产的摊销期自其可供使用(即其达到预定用途)时起至终止确认时止。企业选择无形资产摊销方法时应依据从资产中获取的未来经济利益的预期实现方式,并一致地运用于不同会计期间。无法可靠确定经济利益的预期实现方式的,应当采用直线法摊销。

4. 无形资产摊销的会计处理

无形资产的摊销金额一般应计入当期损益,但如果某项无形资产是专门用于生产某种产品或其他资产,其所包含的经济利益是通过转入到所生产的产品或其他资产中实现的,那么无形资产的摊销额应计入相关资产的成本。企业按月计提无形资产摊销额时，借记“管理费用”“制造费用”“其他业务成本”等科目，贷记“累计摊销”。

企业应当至少于每个年度终了时，对使用寿命有限的无形资产的使用寿命及未来经济利益的实现方式进行复核。如果无形资产的预计使用寿命及经济利益预期实现方式与以前估计相比不同，就应当改变摊销期限和摊销方法。同时如果无形资产计提了减值准备，则无形资产减值准备的金额要从应摊销金额中扣除，以后每年的摊销金额要重新调整计算。

例 7.19

光华公司于 2016 年 1 月 1 日购入一项商标权，支付价款 300 万元。该无形资产预计使用年限为 10 年，采用直线法摊销。该无形资产 2016 年 12 月 31 日预计可收回金额为 261 万元，假定该公司于每年年末计提无形资产减值准备，计提减值准备后该无形资产原预计使用年限、摊销方法不变。光华公司关于此项业务账务处理如下：

(1) 2016 年 1 月 1 日，购入商标权时

借：无形资产——商标权　　300 000

　　贷：银行存款　　300 000

(2) 2016 年，按月计提无形资产摊销

$$无形资产月摊销额=300\div 10\div 12=2.5(万元)$$

借：管理费用　　25 000

　　贷：累计摊销　　25 000

(3) 2016 年 12 月 31 日，判断是否存在减值：

$$无形资产账面价值=300-2.5\times 12=270(万元)$$

无形资产的预计可回收金额 = 261 万元，无形资产需要计提减值准备 (270 − 261) = 9 万元。

借：资产减值损失——无形资产减值损失　　90 000

　　贷：无形资产减值准备　　90 000

(4) 2017 年，按月计提无形资产摊销

$$无形资产月摊销额=261\div 9\div 12=2.42(万元)$$

借：管理费用　　24 200

　　贷：累计摊销　　24 200

(三) 使用寿命不确定的无形资产的减值测试

对于使用寿命不确定的无形资产，在持有期间不进行摊销，但应在每个会计期间进行减值测试。其减值测试的方法按照判断资产减值的原则进行处理，如经减值测试表明已发生减值，则需要计提相应的减值准备，确认资产减值损失。

(四) 无形资产出租的会计处理

企业将拥有的无形资产使用权让渡给他人，并收取租金，在满足收入确认标准的情况下，应确认相关的收入及成本。出租无形资产时，取得的租金收入确认为其他业务收入；摊销出租无形资产的成本以及在出租过程中发生的各种费用，确认为其他业务成本。无形资产出租、即让渡资产使用权，除了符合法律规定的免征增值税项目外，应计算缴纳增值税，增值税税率为6%。营改增之后，没有营业税，此类收入需缴纳增值税。

例 7.20

光华公司于2016年1月1日购入一项专利技术，支付价款300万元。该无形资产预计使用年限为10年，采用直线法摊销。2017年1月1日，光华公司将此项专利技术出租给利达公司使用。出租合同规定，承租方利达公司每年支付给光华公司20万元的专利技术使用费。增值税税率6%。光华公司的账务处理如下：

(1) 2016年1月31日，购入专利技术时

借：无形资产——商标权　　3 000 000

　　贷：银行存款　　3 000 000

(2) 2016年，按月计提无形资产摊销

$$无形资产月摊销额=300\div 10\div 12=2.5(万元)$$

借：管理费用　　25 000

　　贷：累计摊销　　25 000

(3) 2017年，确认租金收入及增值税销项税额

借：银行存款　　212 000

　　贷：其他业务收入　　200 000

　　　　应交税费——应交增值税(销项税额)　　12 000

(4) 2017年，按月计提无形资产摊销应确认为其他业务成本

借：其他业务成本　　25 000

　　贷：累计摊销　　25 000

第四节　固定资产和无形资产的处置

固定资产和无形资产的处置是指由于固定资产或无形资产无法为企业带来经济利益，对固定资产或无形资产进行转销并终止确认的情形。

本节中对于以固定资产或无形资产对外投资、非货币性资产交换、债务重组等这三种处置情形不作介绍，将分别在相关章节内介绍。

企业处置固定资产和无形资产的净收益或净损失属于直接计入当期损益的利得或直接计入当期损益的损失。因此，在本节内容中，处置固定资产和处置无形资产存在很多相似之处。

一、固定资产的处置

固定资产处置，包括固定资产的出售、转让、报废和毁损、对外投资、非货币性资产交换、债务重组等。固定资产处置一般通过“固定资产清理”科目核算，应将处置收入扣除账面价值和相关税费后的金额计入当期损益。本节仅介绍出售、转让、报废和毁损等几种情况。

企业因出售、转让、报废和毁损、对外投资、非货币性资产交换、债务重组等处置固定资产，需要通过“固定资产清理”科目进行会计处理，步骤如下：

（一）固定资产账面价值转入“固定资产清理”科目

将原来反映该项处置的固定资产的相关账户作相反的结转，差额即为固定资产清理转入的金额。

借：累计折旧

　　固定资产减值准备

　　固定资产清理

　　贷：固定资产

（二）处置过程中发生的清理费用

固定资产在清理过程中应支付的相关税费和其他费用，记入“固定资产清理”科目的借方，并同时确认负债或确认资产减少。

借：固定资产清理

　　贷：应交税费

　　　　银行存款

(三) 收到处置固定资产的价款、残料价值和变价收入

固定资产在清理过程中确认收到的各项收入或其他资产的同时,记入"固定资产清理"科目的贷方。

借:其他应收款/原材料/银行存款

贷:固定资产清理

(四) 结转清理净损益

清理完毕,结清"固定资产清理"科目。属于生产经营期间正常的处理损失,确认为"营业外支出——处置非流动资产损失";属于自然灾害等非正常原因造成的损失,确认为"营业外支出——非常损失";如果清理完毕为净收益的,确认为"营业外收入——处置非流动资产利得"。

例 7.21

光华公司有一台设备,因使用期满经批准报废。该设备原价为 186 400 元,累计已计提折旧 177 100 元、减值准备 2 300 元。在清理过程中,以银行存款支付清理费用 4 270 元,收到残料变卖收入 5 400 元。光华公司对处置此项固定资产的账务处理如下:

(1) 固定资产转入清理

	借方	贷方
借:固定资产清理	7 000	
累计折旧	177 100	
固定资产减值准备	2 300	
贷:固定资产		186 400

(2) 发生清理费用和相关税费

	借方	贷方
借:固定资产清理	4 270	
贷:银行存款		4 270

(3) 收到残料变价收入

	借方	贷方
借:银行存款	5 400	
贷:固定资产清理		5 400

(4) 结转固定资产净损益

	借方	贷方
借:营业外支出——处置非流动资产损失	5 870	
贷:固定资产清理		5 870

对于持有待售的固定资产,应当调整该项固定资产的预计净残值,使该项固定资产的预计净残值能够反映其公允价值减去处置费用后的金额,但不得超过

符合持有待售条件时该项固定资产的原账面价值，原账面价值高于调整后预计净残值的差额，应作为资产减值损失计入当期损益。持有待售的固定资产从划归为持有待售之日起停止计提折旧和减值准备。

二、无形资产的处置

无形资产的处置，包括无形资产的出售、对外捐赠，或报废等无法为企业带来未来经济利益的情形。

企业出售无形资产时，将其取得的价款与该无形资产账面价值的差额计入当期损益（营业外收入或营业外支出）；企业无形资产预期不能为企业带来未来经济利益，应作为报废处理，转销其账面价值，并将其确认为营业外支出。企业出售无形资产应计算缴纳增值税，增值税税率为6%，其中土地使用权出售时增值税税率为11%。

以下分别举例说明出售和报废无形资产的会计处理。

例 7.22

光华公司出售其所拥有的无形资产一项，取得收入300万元，该无形资产取得时实际成本为400万元，累计摊销120万元，已计提减值准备50万元。假设应交增值税15万元。光华公司出售该项无形资产账务处理如下：

借：银行存款	3 000 000	
累计摊销	1 200 000	
无形资产减值准备	500 000	
贷：无形资产		4 000 000
应交税费——应交增值税（销项税额）		150 000
营业外收入——处置非流动资产利得		550 000

例 7.23

光华公司的某项专利技术，其取得时的成本为60万元，摊销年限为10年，采用直线法摊销，已摊销了5年。已计提减值准备18万元，假定该项专利权的残值为0。使用该专利生产的产品市场已无需求，确认该项专利报废，应予以转销。光华公司对报废该项无形资产账务处理如下：

该项无形资产已计提的累计摊销 $=60\div10\times5=30$（万元）

借：累计摊销	300 000	

无形资产减值准备	180 000	
营业外支出——处置非流动资产损失	550 000	
贷:无形资产		600 000

查阅作业

请选取一家上市公司近3年的年报,阅读并回答有关的问题:

1. 该公司的财务报告中主要采用哪种折旧方法?
2. 该公司近两年的折旧方法有无变动?如果有变动,可能的原因是什么?
3. 该公司固定资产增加总额、减少的总额各多少?增加的渠道和减少的原因有哪些?

复习思考题

1. 固定资产有哪些特征?无形资产有哪些特征?
2. 我国对固定资产的折旧范围有哪些规定?固定资产的折旧方法有哪些?
3. 无形资产应该如何摊销?
4. 内部研究开发费用的确认和计量的原则是什么?
5. 投资性房地产的处置的会计处理是怎样的?
6. 无形资产和固定资产的处置的会计处理有什么特点?

第八章　投资性房地产

【本章导读】

昆明百货大楼(集团)股份有限公司前身为昆明百货大楼,创始于1959年,是中华人民共和国成立后国家兴建的第一批大型商业企业。1992年8月起进行股份化改制,1993年12月发行A股,1994年于深圳证交所上市(代码:000560),主营房地产和商业。昆百大第五届董事会第四十五次会议审议通过了《昆百大关于对投资性房地产后续计量由成本计量模式变更为公允价值计量模式的议案》,决定自2008年6月1日起,将投资性房地产后续计量模式由成本计价模式变更为公允价值计量模式。哪些是投资性房地产?它与固定资产有什么区别?投资性房地产后续计量模式符合什么条件才可以变更呢?

第一节　投资性房地产的概述

一、投资性房地产的定义和特征

投资性房地产是指以赚取租金或资本增值为目的,或者两者兼有而持有的房地产。房地产是土地和房屋及其权属的总称,土地是指土地使用权;房屋是指土地上的房屋等建筑物。投资性房地产主要包括:已出租的土地使用权、持有并准备增值后转让的土地使用权和已出租的建筑物及构筑物。投资性房地产应能够单独计量和出售。

投资性房地产的特征如下:

(一)投资性房地产是一种经营活动

我国房地产市场日益活跃,企业持有房地产用于赚取租金和增值收益已成为当今企业的正常经营活动之一。投资性房地产的主要形式是出租建筑物和土地使用权,实质是让渡资产使用权,其获取的租金收入属于让渡资产使用权取得的收入,属于经营收入的范畴;持有准备增值后转让的土地使用权,其目的也是为了企业经营目标,获取的收入也属于经营收入的范畴。投资性房地产出租建筑物和土地使用权以及持有土地使用权并准备增值后转让,属于企业的日常活动,其经济利益的流入构成企业的收入。

(二) 持有投资性房地产的目的在于赚取租金或增值,这区别于作为生产经营场所的房地产和用于销售的房地产

对于某些以房产租赁为主业的企业而言,拥有投资性房地产而获取的收益构成企业的主营业务收入;对于大部分企业而言,投资性房地产带来的收益构成企业的其他业务收入。投资性房地产与自用房地产以及房地产企业的作为存货的房地产需要区别开来,分别核算。

(三) 投资性房地产有两种后续计量模式

投资性房地产的后续计量模式有成本模式和公允价值模式两种模式。对于房地产市场比较成熟、交易信息公开程度较高的地区,企业可以采用公允价值模式,否则就采用成本模式进行后续计量。

二、投资性房地产的范围

(一) 属于投资性房地产的范围

1. 已出租的土地使用权

已出租的土地使用权是指企业通过出让或转让方式取得的并以经营租赁方式出租的土地使用权,包括自行开发完成后用于出租的土地使用权。企业取得的土地使用权包括在一级市场以交纳土地出让金的方式取得的土地使用权,也包括在二级市场接受其他单位转让取得的土地使用权。

企业计划用于出租但尚未出租的土地使用权不属于此类。对于以经营租赁方式租入土地使用权再转租给其他单位的,不能确认为投资性房地产。

2. 持有并准备增值后转让的土地使用权

持有并准备增值后转让的土地使用权是指企业取得的、准备增值后转让的土地使用权(不包括按照国家有关规定认定的闲置土地)。闲置土地不属于持有并准备增值后转让的土地使用权。闲置土地,是指企业依法取得土地使用权后,未经原批准用地的人民政府同意,超过规定的期限未动工开发建设的建设用地。①

① 具有下列情形之一的,也可以认定为闲置土地:国有土地有偿使用合同或者建设用地批准书未规定动工开发建设日期,自国有土地有偿使用合同生效或者土地行政主管部门建设用地批准书颁发之日起满1年未动工开发建设的;已动工开发建设但开发建设的面积占应动工开发建设总面积不足1/3或者已投资额占总投资额不足25%且未经批准中止开发建设连续满1年的。

3. 已出租的建筑物

已出租的建筑物是指企业拥有产权的、以经营租赁方式出租的建筑物，包括自行建造或开发完成后用于出租的房屋等。已出租的投资性房地产租赁期届满，因暂时空置但继续用于出租的，仍作为投资性房地产。对企业持有以备经营出租的空置建筑物而言，只要企业管理当局作出正式书面决议，明确将其用于经营出租且持有意图短期内不再发生变化的，即使尚未签订租赁协议，也可视为投资性房地产。空置建筑物，是指企业新购入、自行建造或开发完工但尚未使用的建筑物，以及不再用于日常生产经营活动且经整理后达到可经营出租状态的建筑物。企业以经营方式租入建筑物或土地使用权再转租给其他单位或个人的，不属于投资性房地产，也不能确认为企业的资产。

(二) 不属于投资性房地产的范围

非房地产企业自用的房产属于企业的固定资产，企业自用的土地所有权属于无形资产，不属于投资性房地产；如果企业为房地产开发企业，持有的土地使用权及准备销售的房产，属于该企业的存货，也不属于投资性房地产。

企业出租给本企业职工居住的宿舍，即使按照市场价格收取租金，也不属于投资性房地产。这部分房产应确认为固定资产。

一项房地产，部分用于赚取租金或资本增值，部分用于生产商品、提供劳务或经营管理，用于赚取租金或资本增值的部分，如果能够单独计量和出售的，可以将该部分确认为投资性房地产；不能够单独计量和出售的，不确认为投资性房地产。

第二节　投资性房地产的初始计量

投资性房地产在符合定义的前提下，同时满足资产计量的两个条件才予以确认：一是与该投资性房地产有关的经济利益很可能流入企业；二是该投资性房地产的成本能够可靠地计量。投资性房地产无论后续采用哪一种模式计量，在其取得时均应当按照成本进行初始计量。

对于已出租的土地使用权和已出租的建筑物，确认为投资性房地产的时点一般为租赁期开始日，但企业持有以备经营出租、可视为投资性房地产的控制建筑物或在建建筑物，确认为投资性房地产的时点是企业董事会或类似机构就该事项作出正式书面决议的日期。对于持有并准备增值后转让的土地使用权，确认为投资性房地产的时点是企业将自用土地使用权停止自用，准备增值后转让的日期。

投资性房地产的成本一般包括取得投资性房地产时和直至使投资性房地产达到预定可使用状态前实际发生的各项必要的、合理的支出，包括买价、建筑安装成本、应予以资本化的借款费用等。

对投资性房地产进行计量需要设置“投资性房地产”科目。采用成本模式计量的企业，设置“投资性房地产”科目；采用公允价值模式计量的企业，在“投资性房地产”科目下设置“成本”和“公允价值变动”两个明细科目，分别核算投资性房地产的取得成本和持有期间的累计公允价值变动金额。

一、外购投资性房地产

外购投资性房地产，应按照取得时的实际成本进行初始计量。取得时的实际成本包括购买价款、相关税费和可直接归属于该资产的其他支出。

采用成本模式计量的企业，外购投资性房地产时，应按照实际取得的成本记入“投资性房地产”科目；采用公允价值模式计量的企业，应按照实际取得的成本记入“投资性房地产——成本”科目。

例 8.1

2017 年 8 月 3 日，光华公司计划购入一幢写字楼，2013 年 10 月 1 日光华公司与庆丰公司签订了经营租赁合同，约定自写字楼购买日起将该写字楼出租给庆丰公司，租赁期 3 年。2013 年 12 月 1 日，光华公司购入写字楼，支付买价及相关费用 890 万元，款项已通过银行转账支付。

(1) 假定该企业对投资性房地产采用成本模式进行后续计量

	借方	贷方
借：投资性房地产	8 900 000	
贷：银行存款		8 900 000

(2) 假定该企业对投资性房地产采用公允价值模式进行后续计量

	借方	贷方
借：投资性房地产——写字楼(成本)	8 900 000	
贷：银行存款		8 900 000

二、自行建造的投资性房地产

自行建造投资性房地产的成本，由建造该项资产达到预定可使用状态前所发生的必要支出构成，包括土地开发费、建筑成本、安装成本、应予以资本化的借款费用、支付的其他费用和分摊的间接费用等。建造过程中发生的非正常性损失，直接计入当期损益，不计入建造成本。

采用成本模式计量的企业，自行建造的投资性房地产达到预定可使用状态时，应按照确定的实际成本，借记“投资性房地产”科目，贷记“投资性房地产——在建”或“开发产品”等科目；采用公允价值模式计量的企业，自行建造的投资性房地产达到预定可使用状态时，应按照确定的实际成本，借记“投资性房地产——成本”科目，贷记“投资性房地产——在建”或“开发产品”等科目。

第三节 投资性房地产的后续计量

投资性房地产的后续计量模式有成本模式和公允价值模式两种模式。企业一般应当采用成本模式对投资性房地产进行后续计量，企业在满足公允价值模式计量的条件时，才可以采用公允价值模式计量。同一企业只能采用一种模式对所有投资性房地产进行后续计量，不得同时采用两种计量模式。

一、采用成本模式计量的投资性房地产

企业一般应当采用成本模式对投资性房地产进行后续计量。采用成本模式进行后续计量的投资性房地产的会计处理，与固定资产或无形资产相同：如果是投资性房地产的房产按固定资产的有关规定按月计提折旧；如果是投资性房地产的土地使用权，就按照无形资产的有关规定按月摊销成本，计提的折旧或摊销的成本应计入其他业务成本。

采用成本模式计量的建筑物的后续计量，按固定资产的有关规定进行后续计量，按期(月)计提折旧，存在减值迹象的，按照资产减值的有关规定处理。

采用成本模式计量的土地使用权的后续计量，按无形资产的有关规定进行后续计量，按期(月)摊销，存在减值迹象的，按照《企业会计准则第 8 号——资产减值》的有关规定处理，确认资产减值损失，并计提投资性房地产减值准备。借记“资产减值损失”，贷记“投资性房地产减值准备”科目。已计提减值准备的投资性房地产，其减值损失在以后的会计期间不得转回。

例 8.2

2017 年 10 月 1 日，光华公司购入写字楼，实际支付购买价款和相关税费为 9 000 万元，当日与 A 公司签订了经营租赁合同，约定将该写字楼出租给 A 公司，租赁期 3 年，年租金为 360 万元，每半年预付租金 180 万元。A 公司当日通过银行转账支付了半年租金 180 万元。该写字楼预计使用寿命为 30 年，预计净残值为 0，采用直线法计提折旧。光华公司对投资性房地产采用成本模式进行

后续计量。光华公司编制 2017 年 10 月和 11 月公司对该项资产的相关会计分录如下：

(1) 2017 年 10 月 1 日，购入写字楼

借：投资性房地产　　90 000 000

　贷：银行存款　　90 000 000

(2) 2017 年 10 月 1 日，收到半年租金

借：银行存款　　1 800 000

　贷：预收账款——A 公司　　1 800 000

(3) 2017 年 10 月 31 日，确认当月收入

借：预收账款——A 公司　　300 000

　贷：其他业务收入　　300 000

(4) 2017 年 11 月 30 日，计提折旧并确认当月收入

$$月折旧额 = 9\,000 \div (30 \times 12) = 25(万元)$$

借：其他业务成本　　250 000

　贷：投资性房地产累计折旧　　250 000

借：预收账款——A 公司　　300 000

　贷：其他业务收入　　300 000

二、采用公允价值模式计量的投资性房地产

(一) 采用公允价值模式计量的条件

企业只有存在确凿证据表明投资性房地产的公允价值能够持续可靠取得的，才可以采用公允价值模式对投资性房地产进行后续计量。企业一旦选择采用公允价值计量模式，就应当对其所有投资性房地产均采用公允价值模式进行后续计量。

采用公允价值模式进行后续计量的投资性房地产应同时满足两个条件：

1. 投资性房地产所在地有活跃的房地产交易市场；所在地，通常是指投资房地产所在的城市。对于大中城市，应当为投资性房地产所在的城区。

2. 企业能够从活跃的房地产交易市场上取得同类或类似房地产的市场价格及其他相关信息，从而对投资性房地产的公允价值作出合理的估计。

投资性房地产的公允价值是指在公平交易中，熟悉情况的当事人之间自愿进行房地产交换的价格。确定投资性房地产的公允价值时，应当参照活跃市场上同类或类似房地产的现行市场价格（市场公开报价）；无法取得同类或类似房

地产现行市场价格的，应当按照活跃市场上同类或类似房地产的最近交易价格，并考虑交易情况、交易日期、所在区域等因素，从而对投资性房地产的公允价值作出合理的估计；也可以基于预计未来获得的租金收益和相关现金流量与意义计量。

（二）采用公允价值模式计量的投资性房地产的会计处理

采用公允价值模式进行后续计量的投资性房地产，需要设置两个明细科目："投资性房地产——成本""投资性房地产——公允价值变动"。

采用公允价值模式后续计量的，不对投资性房地产计提折旧或进行摊销。

1. 资产负债表日的会计处理

采用公允价值模式计量的投资性房地产，应当以资产负债表日投资性房地产的公允价值为基础调整其账面价值，公允价值与原账面价值之间的差额计入当期损益（公允价值变动损益）。资产负债表日，投资性房地产的公允价值高于其账面价值，其会计处理如下：

借：投资性房地产——公允价值变动

　　贷：公允价值变动损益

如果低于其账面价值，编制相反分录。

2. 取得的租金收入的会计处理

在公允价值模式下，投资性房地产取得的租金收入，确认为其他业务收入。对此的处理与成本法相同。

例 8.3

假定【例 8.2】中光华公司对投资性房地产采用公允价值模式进行后续计量。2017 年 10 月 1 日，光华公司购入写字楼，实际支付购买价款和相关税费为9 000 万元，当日与 A 公司签订了经营租赁合同，约定将该写字楼出租给 A 公司，租赁期 3 年，年租金为 360 万元，每半年预付租金 180 万元。A 公司当日通过银行转账支付了半年租金 180 万元。该写字楼预计使用寿命为 30 年，预计净残值为 0，采用直线法计提折旧。2017 年 10 月 31 日，该项写字楼的公允价值为9 200 万元，2017 年 11 月 30 日，该项写字楼的公允价值为 9 150 万元。光华公司对投资性房地产采用公允价值模式进行后续计量。2017 年 10 月和 11 月光华公司对该项资产编制会计分录如下：

（1）2017 年 10 月 1 日，购入写字楼

借：投资性房地产——写字楼（成本）　　90 000 000

　　贷：银行存款　　90 000 000

(2) 2017 年 10 月 1 日，收到半年租金

借：银行存款　　1 800 000

　贷：预收账款——A 公司　　1 800 000

(3) 2017 年 10 月 31 日，确认当月收入，并按照公允价值调整投资性房地产的账面价值

公允价值变动额＝9 200－9 000＝200(万元)

借：预收账款——A 公司　　300 000

　贷：其他业务收入　　300 000

借：投资性房地产——写字楼(公允价值变动)　　2 000 000

　贷：公允价值变动损益　　2 000 000

(4) 2017 年 11 月 30 日，确认当月收入，并按公允价值调整投资性房地产的账面价值

公允价值变动额＝9 150－9 200＝－50(万元)

借：预收账款——A 公司　　300 000

　贷：其他业务收入　　300 000

借：公允价值变动损益　　500 000

　贷：投资性房地产——公允价值变动　　500 000

三、投资性房地产后续计量模式的变更

投资性房地产的计量模式一经确认，不得随意变更，即同一企业只能采用一种模式对所有投资性房地产进行后续计量，不得同时采用两种计量模式。已采用公允价值模式计量的投资性房地产，不得从公允价值模式转为成本模式；当企业的投资性房地产满足采用公允价值模式条件时，企业可以将投资性房地产的计量模式由原来的成本模式变更为公允价值模式。

成本模式变更为公允价值模式的，应当作为会计政策变更处理，将计量模式变更时公允价值与账面价值的差额，调整期初留存收益(盈余公积和未分配利润)。

但在极少数情况下，采用公允价值对投资性房地产进行后续计量的企业，有证据表明，当企业首次取得某项非在建投资性房地产(或某项现有房地产在改变用途后首次成为投资性房地产)时，该投资性房地产公允价值不能持续可靠取得的，应当对该投资性房地产采用成本模式计量直至处置，并假设无残值。但是采用成本模式对投资性房地产进行后续计量的企业，即使有证据表明某项投资性

房地产在首次取得时(或某次房地产在完成建造或开发活动后改变用途后首次成为投资性房地产时),其公允价值能够持续可靠地取得,仍应当对该投资性房地产采用成本模式计量。

例 8.4

2017 年 1 月 1 日,光华公司出租的写字楼,其所在地的房地产交易市场已比较成熟,具备了采用公允价值模式计量的条件,决定对其投资性房地产从原有的成本模式转换为公允价值模式计量。该写字楼购入时的成本为 9 000 万元,已提折旧 1 200 万元,未提过投资性房地产减值准备。2017 年 1 月 1 日,该写字楼的公允价值为 8 200 万元。假设光华公司按净利润 10%计提盈余公积。

光华公司在 2017 年 1 月 1 日,对投资性房地产计量模式转换的会计处理如下:

借:投资性房地产——成本	82 000 000	
投资性房地产累计折旧	12 000 000	
贷:投资性房地产		90 000 000
盈余公积		400 000
利润分配——未分配利润		3 600 000

四、与投资性房地产有关的后续支出

与固定资产的后续支出相似,企业为了提高投资性房地产的使用效能,往往需要对投资性房地产进行改建、扩建、装修或装潢,这就会产生与投资性房地产有关的后续支出。

如果与投资性房地产有关的后续支出满足投资性房地产确认条件的,应当计入投资性房地产成本,在其资本化期间,仍为投资性房地产,但不再计提折旧和进行摊销;如果投资性房地产后续支出不满足投资性房地产确认条件的,不予以资本化,而应当在发生时计入当期损益(其他业务成本)。

以公允价值模式后续计量的企业,对于在建投资性房地产,如果其公允价值无法可靠确定但预期该房地产完工后的公允价值能够可靠取得的,应当以成本计量该在建投资性房地产,其公允价值能够可靠计量时或其完工后(两者孰早),再以公允价值计量。

例 8.5

2017 年 3 月,光华公司与力帆公司的一项厂房经营租赁合同即将到期。该厂房按照成本模式进行后续计量,原价为 2 000 万元,已计提折旧 600 万元。为了提高厂房的租金收入,甲企业决定在租赁期满后对厂房进行改扩建,并与达利公司签订了经营租赁合同,约定自改扩建完工时将厂房出租给达利公司。3 月 15 日,与力帆公司的租赁合同到期,厂房随即进入改扩建工程。12 月 10 日,厂房改扩建工程完工,共发生支出 150 万元,即日按照租赁合同出租给达利公司。假设光华公司采用成本计量模式。光华公司编制会计分录如下:

(1) 2017 年 3 月 15 日,投资性房地产转入改扩建工程

借:投资性房地产——厂房(在建)　　14 000 000

　投资性房地产累计折旧　　6 000 000

　贷:投资性房地产——厂房　　20 000 000

(2) 2017 年 3 月 15 日～2013 年 12 月 10 日,支付改扩建相关支出

借:投资性房地产——厂房(在建)　　1 500 000

　贷:银行存款等　　1 500 000

(3) 2017 年 12 月 10 日,改扩建工程完工

借:投资性房地产——厂房　　15 500 000

　贷:投资性房地产——厂房(在建)　　15 500 000

第四节　投资性房地产的转换和处置

一、投资性房地产的转换

(一) 投资性房地产的转换形式

投资性房地产的转换是指房地产用途的变更导致的对房地产进行重新分类的转换,并非投资性房地产计量模式的变更。企业必须有确凿证据表明房地产用途发生改变,才能将投资性房地产转换为非投资性房地产或者将非投资性房地产转换为投资性房地产。这里的确凿证据包括:企业董事会或类似机构应当就改变房地产用途形成正式的书面决议;房地产因用途改变而发生实际状态上的改变,如从自用状态改为出租状态。

投资性房地产转换形式具体有如下几种:

1. 投资性房地产开始自用

指由投资性房地产转换为固定资产或无形资产。投资性房地产开始自用是指企业将原来用于赚取租金或资本增值的房地产改为用于生产商品、提供劳务或者经营管理。如,企业将出租的厂房收回用于生产产品。在这种情况下,转换日为房地产达到自用状态,企业开始将房地产用于生产商品、提供劳务或者经营管理的日期。

2. 作为存货的房地产改为出租

通常指房地产开发企业将其持有的开发产品以经营租赁的方式出租,相应地由存货转换为投资性房地产。在这种情况下,转换日应当为租赁期开始日。

3. 自用土地使用权停止自用,用于赚取租金或资本增值,相应地由无形资产转换为投资性房地产

转换日为自用土地使用权停止自用后确定用于资本增值的日期或租赁期开始日。

4. 自用建筑物停止自用,改为出租,相应地由固定资产转换为投资性房地产

在这种情况下,转换日应当为租赁期开始日。

(二) 投资性房地产转换的会计处理

投资性房地产转换的形式是投资性房地产与非投资性房地产间的转换,在会计处理中,由于投资性房地产的计量模式有两种模式(成本模式和公允价值模式),因此,在转换的会计处理中具体体现为:成本模式下投资性房地产与非投资性房地产的转换;公允价值模式下投资性房地产与非投资性房地产的转换。

1. 成本模式下的转换

成本模式下的转换,应当将房地产转换前的账面价值对应结转到成本模式下的对应科目,不确认损益;如果在转换中涉及存货的,不确认减值准备。

本节将对以下几种转换形式分别介绍:投资性房地产转换为自用房地产;投资性房地产转换为存货;自用房地产转换为投资性房地产;作为存货的房地产转换为投资性房地产。

(1) 投资性房地产转换为自用房地产

企业将原本用于赚取租金或资本增值的房地产改用于生产商品、提供劳务或者经营管理,即投资性房地产转换为自用房地产。

如果企业的投资性房地产采用的是成本模式,则应在转换日将投资性房地产的账面余额、累计折旧(摊销)、减值准备等分别转入“固定资产(无形资产)”

"累计折旧(累计摊销)""固定资产减值准备(无形资产减值准备)"等科目。在转换日,对此项投资性房地产的转换具体会计分录如下:

借:固定资产(无形资产)

投资性房地产累计折旧(摊销)

投资性房地产减值准备

贷:投资性房地产

累计折旧(累计摊销)

固定资产减值准备(无形资产减值准备)

例 8.6

2017 年 5 月 31 日,光华公司将原采用成本模式计量的一幢出租的写字楼收回,作为公司的办公用房。当日该项投资性房地产账面原值为 2 000 万元,已提折旧 300 万元,已计提减值准备 20 万元。光华公司对该项投资性房地产的转换,会计处理如下:

借:固定资产	20 000 000	
投资性房地产累计折旧	3 000 000	
投资性房地产减值准备	200 000	
贷:投资性房地产		20 000 000
累计折旧		3 000 000
固定资产减值准备		200 000

(2) 投资性房地产转换为存货

房地产开发企业将用于经营出租的房地产收回,重新开发用于对外销售,即投资性房地产转换为存货。

如果企业的投资性房地产采用的是成本模式,则应在转换日将投资性房地产的账面余额、累计折旧、减值准备等直接转入"开发产品"科目。在转换日,对此项投资性房地产的转换具体会计分录如下:

借:开发产品

投资性房地产累计折旧

投资性房地产减值准备

贷:投资性房地产

例 8.7

光华公司为房地产开发公司，2017 年 1 月 31 日将其原来开发并出租的一幢写字楼因租赁期满收回，并将其重新对外销售。该项投资性房地产原采用成本模式计量，转换日账面原值为 4 300 万元，已提折旧 500 万元，已提减值准备 200 万元。光华公司对该项投资性房地产的转换，会计处理如下：

借：开发产品　　36 000 000
　　投资性房地产累计折旧　　5 000 000
　　投资性房地产减值准备　　2 000 000
　　贷：投资性房地产　　43 000 000

(3) 作为存货的房地产转换为投资性房地产

房地产开发企业将其持有的开发产品不用于销售而转作以经营租赁方式出租，即作为存货的房地产转换为投资性房地产。

如果企业的投资性房地产采用的是成本模式，则按该项资产在转换日的账面价值，作为投资性房地产的入账价值，即将"开发产品"、"存货跌价准备"等科目转入"投资性房地产"科目。在转换日，对此项投资性房地产的转换具体会计分录如下：

借：投资性房地产(存货在转换日的账面价值)
　　存货跌价准备(已计提的跌价准备)
　　贷：开发产品(账面余额)

例 8.8

光华公司为房地产开发公司，2017 年 1 月 31 日与广发公司签订租赁协议，将其开发的一幢原准备出售的写字楼出租给广发公司。该写字楼的实际建造成本为 6 900 万元，已计提的存货跌价准备 400 万元。光华公司对投资性房地产采用成本模式计量。光华公司对该项投资性房地产的转换，会计处理如下：

借：投资性房地产　　6 5 000 000
　　存货跌价准备　　4 000 000
　　贷：开发产品　　69 000 000

(4) 自用房地产转换为投资性房地产

企业将原本用于生产商品、提供劳务或者经营管理的房地产改用于出租，即自用房地产转换为投资性房地产，具体有作为自用房产的固定资产转换为投资性房地产以及作为土地使用权的无形资产转为投资性房地产两种形式。

如果企业的投资性房地产采用的是成本模式，则应在转换日将自用房地产的“固定资产(无形资产)”“累计折旧(累计摊销)”“固定资产减值准备(无形资产减值准备)”等科目账面余额分别对应转入“投资性房地产”“投资性房地产累计折旧(摊销)”“投资性房地产减值准备”等科目。在转换日，对此项投资性房地产的转换具体会计分录如下：

借：投资性房地产

　　累计折旧(累计摊销)

　　固定资产减值准备(无形资产减值准备)

　　贷：固定资产(无形资产)

　　　　投资性房地产累计折旧(摊销)

　　　　投资性房地产减值准备

请思考：【例 8.6】的资料，如果光华公司是将一项自用房产转为出租，其余条件不变。光华公司对该项投资性房地产的转换，应如何进行会计处理呢？

2. 公允价值模式下的转换

(1) 投资性房地产转换为非投资性房地产

采用公允价值模式计量的投资性房地产转为自用房地产、以及采用公允价值模式计量的投资性房地产转为存货，应当以其转换当日的公允价值作为自用房地产或存货的账面价值，公允价值与原账面价值的差额计入当期损益(公允价值变动损益)。即在转换日，按公允价值确认“固定资产”“无形资产”“开发产品”等科目增加，将“投资性房地产——成本”“投资性房地产——公允价值变动”等科目转出，差额确认为“公允价值变动损益”。在转换日，对此项投资性房地产的转换具体会计分录如下：

借：固定资产(无形资产或开发产品)(以公允价值入账)

　　贷：投资性房地产——成本

　　　　投资性房地产——公允价值变动(或借记)

　　　　公允价值变动损益(公允价值与账面价值之差决定金额及借贷方向)

例 8.9

光华公司在 2017 年 12 月 31 日，由于租赁期满，收回一幢出租的商务楼作为企业自用。当日，该商务楼投入自用，且该商务楼当日的公允价值为 12 000 万元，公司对投资性房地产采用公允价值模式计量。转换日该项商务楼的账面资料如下："投资性房地产——成本"余额为 8 000 万元，"投资性房地产——公允价值变动"为借方余额为 2 500 万元。光华公司对该项投资性房地产的转换，会计处理如下：

借：固定资产　　120 000 000
　贷：投资性房地产——成本　　80 000 000
　　投资性房地产——公允价值变动　　25 000 000
　　公允价值变动损益　　15 000 000

(2) 非投资性房地产转换为投资性房地产

作为存货的房地产、自用土地使用权或建筑物转换为采用公允价值模式计量的投资性房地产时，按照转换当日的公允价值计价，确认记入"投资性房地产——成本"科目的借方，同时，按转换日账面价值对应转出"开发产品""无形资产"或"固定资产"及相应的减值折旧的相关科目，二者的差额根据公允价值是否大于账面价值分别不同的处理：

情况一，如果转换当日的公允价值大于原账面价值的，其差额计入所有者权益，具体科目为"其他综合收益"。在转换日，对此项投资性房地产的转换具体会计分录如下：

借：投资性房地产——成本(以转换日的公允价值入账)
　累计折旧(累计摊销)
　固定资产减值准备(无形资产减值准备或存货跌价准备)
　贷：固定资产(无形资产或开发产品)
　　其他综合收益

需要特别注意的是，在转换日形成的"其他综合收益"，在日后处置该项投资性房地产时，要将其转入处置当期损益，具体科目为"其他业务成本"。

例 8.10

华日公司为房地产开发企业，2017 年 3 月 10 日，华日公司与利达公司签订了租赁协议，将其开发的一栋写字楼出租给利达公司。租赁期开始日为 2017 年 4 月 15 日。2017 年 4 月 15 日，该写字楼的账面余额 5 000 万元，公允价值为 7 000 万元，已提减值准备 200 万元。2017 年 4 月 15 日，华日公司对该项投资性房地产转换，会计处理如下：

该项存货的账面价值＝5 000－200＝4 800(万元)

投资性房地产的公允价值＝7 000 万元

转换当日的公允价值 > 原账面价值，其差额计入“其他综合收益”。

借：投资性房地产——写字楼（成本）　　70 000 000
　　存货跌价准备　　2 000 000
　　贷：开发产品　　50 000 000
　　　　其他综合收益　　22 000 000

情况二，转换当日的公允价值小于原账面价值的，其差额计入当期损益，具体科目为“公允价值变动损益”；在转换日，对此项投资性房地产的转换具体会计分录如下：

借：投资性房地产——成本（以转换日的公允价值入账）
　　累计折旧（累计摊销）
　　固定资产减值准备（无形资产减值准备或存货跌价准备）
　　公允价值变动损益
　　贷：固定资产（无形资产或开发产品）

例 8.11

2017 年 6 月，光华公司打算搬迁至新建办公楼，由于原办公楼处于商业繁华地段，光华公司准备将其出租，以赚取租金收入。2017 年 11 月 30 日，光华公司完成了搬迁工作，原办公楼停止自用，并与启力公司签订了租赁协议，将其原办公楼租赁给启力公司使用，租赁期开始日为 2017 年 10 月 30 日，租赁期限为 3 年。2017 年 11 月 30 日，该办公楼原价为 14 000 万元，已提折旧 4 250 万元，公允价值为 8 000 万元。假设光华采用公允价值模式计量。光华公司对该项投资性房地产的转换，会计处理如下：

该项固定资产的账面价值＝14 000－4 250＝9 750（万元）

投资性房地产的公允价值＝8 000 万元

转换当日的公允价值 < 原账面价值，其差额计入“公允价值变动损益”。

借：投资性房地产——写字楼（成本）　　80 000 000
　　累计折旧　　42 500 000
　　公允价值变动损益　　17 500 000
　　贷：固定资产　　140 000 000

二、投资性房地产的处置

投资性房地产的处置主要是指投资性房地产的出售、报废和毁损，也包括对外投资、非货币性资产交换、债务重组等原因转出投资性房地产的情形。当投资性房地产被处置,或者永久退出使用且预计不能从其处置中取得经济利益时,应当终止确认该项投资性房地产。

投资性房地产在处置时发生处置损益。投资性房地产处置损益是指取得的处置收入扣除投资性房地产账面价值和相关税费后的金额。处置收入包括出售价款、残料变价收入、保险及过失人赔款等收入;账面价值是指投资性房地产的成本扣减累计折旧(摊销)和已计提减值准备后的金额(采用成本模式计量的投资性房地产),或者是指投资性房地产的成本和累计公允价值变动的金额(采用公允价值模式计量的投资性房地产);相关税费主要包括处置投资性房地产时发生的整理、拆卸、搬运等清理费用,以及出售建筑物或转让土地使用权而应交纳的相关税费。

报废或毁损投资性房地产的处理,与报废毁损固定资产类似,首先将账面价值转入"待处理财产损溢"科目,待报经批准后再根据责任和原因将"待处理财产损溢"转入对应的"其他应收款""营业外收入"等科目。本节主要介绍出售和转让的会计处理。

(一) 成本模式计量的投资性房地产的处置

企业出售或转让投资性房地产属于其正常经营活动,其取得的收入应作为其他业务收入,其处置的投资性房地产对应的账面价值对应计入其他业务成本。采用成本模式计量的投资性房地产,出售或转让投资性房地产时,主要编制两笔分录:确认收入和结转成本。确认其他业务收入和结转账面价值到"其他业务成本"科目,编制分录如下:

借:银行存款

　　贷:其他业务收入

借:其他业务成本

　　投资性房地产累计折旧(摊销)

　　投资性房地产减值准备

　　贷:投资性房地产

如果还有相关其他税费,还需将税费确认为其他业务成本,编制分录:

借:其他业务成本

　　贷:应交税费——应交××税

　　　　银行存款

例 8.12

2017 年 3 月 1 日，光华公司将其一幢用于租赁的办公楼出售，售价为 9 000 万元，款项已收到。该投资性房地产采用成本模式计量，办公楼原价为 14 000 万元，已提折旧 4 250 万元，计提减值准备 2 000 万元。光华公司对此项处置的会计处理如下：

借：银行存款	90 000 000	
贷：其他业务收入		90 000 000
借：其他业务成本	77 500 000	
投资性房地产累计折旧	42 500 000	
投资性房地产减值准备	20 000 000	
贷：投资性房地产		140 000 000

处置该项投资性房地产光华公司获取的净收益＝9 000 － 7 750 ＝1 250（万元）

(二) 公允价值模式计量的投资性房地产的处置

企业采用公允价值模式计量的投资性房地产出售或转让时，也需要确认收入和结转成本。与成本模式处置结转成本不同的是，公允价值模式下的结转成本不仅包括投资性房地产的账面价值、处置过程中的税费，还包括累计公允价值变动（公允价值变动损益），如果该项投资性房地产属于非投资性房地产转换而来，且转换日还曾确认过“其他综合收益”的话，其他业务成本还包括“其他综合收益”。处置公允价值模式计量的投资性房地产时，编制分录如下：

借：银行存款

　贷：其他业务收入

借：其他业务成本

　贷：投资性房地产——成本

　　投资性房地产——公允价值变动（或借记）

借：公允价值变动损益

　贷：其他业务成本（或相反分录）

如果该项投资性房地产是由非投资性房地产转换而来，且在原转换日曾确认过“其他综合收益”的话，在处置时还需编制结转其他综合收益到其他业务成本的分录：

借：其他综合收益

　贷：其他业务成本

例 8.13

光华公司为一家房地产开发企业,2016 年 3 月 10 日,光华公司与乙企业签订了租赁协议,将其开发的一栋写字楼出租给乙企业使用,租赁期开始日为 2016 年 4 月 20 日。2016 年 4 月 20 日,该写字楼的账面余额 45 000 万元,公允价值为 47 000 万元。2016 年 12 月 31 日,该项投资性房地产的公允价值为 48 000 万元。2017 年 6 月租赁期届满,企业收回该项投资性房地产,并以 55 000 万元出售,出售款项已收讫,假定不考虑税费。光华公司采用公允价值模式计量。

光华公司的账务处理如下:

(1) 2016 年 4 月 20 日,存货转换为投资性房地产

借:投资性房地产——写字楼(成本)　　470 000 000
　贷:开发产品　　450 000 000
　　其他综合收益　　20 000 000

(2) 2016 年 12 月 31 日,公允价值变动

借:投资性房地产——写字楼(公允价值变动)　　10 000 000
　贷:公允价值变动损益　　10 000 000

(3) 2017 年 6 月,出售投资性房地产

确认收入:

借:银行存款　　550 000 000
　贷:其他业务收入　　550 000 000

结转成本:

① 结转账面价值入其他业务成本

借:其他业务成本　　480 000 000
　贷:投资性房地产——写字楼(成本)　　470 000 000
　　　　　　　——写字楼(公允价值变动)　　10 000 000

② 将投资性房地产累计公允价值变动转入其他业务成本:

借:公允价值变动损益　　10 000 000
　贷:其他业务成本　　10 000 000

③ 转换时原计入其他综合收益的部分转入其他业务成本:

借:其他综合收益　　20 000 000
　贷:其他业务成本　　20 000 000

查阅作业

请选取金地集团(证券代码:600383)2016年的年报,阅读并回答该公司有关的问题:

1. 查阅其资产负债表及附注资料,该公司投资性房地产采用什么方法核算?

2. 查阅该公司的利润表及其附注资料,该公司因投资性房地产当年获利多少?

3. 该公司投资性房地产当年有没有发生转换?有的话是如何转换的?该项转换的财务影响如何?

复习思考题

1. 什么是投资性房地产?投资性房地产包括哪些项目?
2. 投资性房地产有哪些后续计量模式?适用的条件是怎样的?
3. 投资性房地产后续计量模式的变更如何进行?
4. 投资性房地产转换有哪几种情况?转换的会计处理是如何进行的?
5. 投资性房地产的处置的会计处理是怎样的?

第九章　非货币性资产交换

【本章导读】

非货币性资产交换是一种非经常性的特殊交易行为，是交易双方主要以存货、固定资产、无形资产和长期股权投资等非货币性资产进行交换。实务工作中，交易双方通过非货币性资产交换可以满足各自生产的需要，同时可以在一定程度上减少货币资产的流出。可是，如何判断该项交易是否是非货币性资产交换？换入的非货币性资产的入账价值如何确认计量？不同方式下的非货币性资产交换业务如何进行会计核算？

第一节　非货币性资产交换的认定

非货币性资产交换是指交易双方主要以存货、固定资产、无形资产和长期股权投资等非货币性资产进行的交换。该交换不涉及或只涉及少量的货币性资产（即补价）。其中，货币性资产是指企业持有的货币资金和将以固定或可确定的金额收取的资产，包括现金、银行存款、应收账款和应收票据以及债券投资等。非货币性资产是指货币性资产以外的资产。非货币性资产交换的交易对象主要是非货币性资产。

非货币性资产交换一般不涉及或只涉及少量货币性资产，即涉及少量的补价。在涉及少量补价的情况下，以补价占整个资产交换金额的比例低于25%作为参考。支付的货币性资产占换入资产公允价值（或者占换出资产的公允价值与支付的货币性资产之和）的比例低于25%（不含25%），视为非货币性资产交换；高于25%（含25%）的，则视为以货币性资产取得非货币性资产。

本章所指非货币性资产交换不涉及与所有者或所有者以外方面的非货币性资产非互惠转让、以及在企业合并、债务重组中和发行股票取得的非货币性资产。

第二节 非货币性资产交换的确认和计量

非货币性资产的确认和计量与非货币性资产交换是否具有商业实质密切相关。

一、商业实质的判断

满足下列条件之一的非货币性资产交换具有商业实质：

(一) 换入资产的未来现金流量在风险、时间和金额方面与换出资产显著不同

这种情形主要包括以下几种情况：

1. 未来现金流量的风险、金额相同，时间不同

此种情形是指换入资产和换出资产所产生的未来现金流量总额相同，获得这些现金流量的风险相同，但现金流量流入企业的时间明显不同。例如，某企业以一批存货换入一项设备，因存货流动性强，能够在较短的时间内产生现金流量，设备作为固定资产要在较长的时间内为企业带来现金流量，两者产生现金流量的时间相差较大，上述存货与固定资产所产生的未来现金流量显著不同。

2. 未来现金流量的时间、金额相同，风险不同

此种情形是指换入资产和换出资产所产生的未来现金流量时间和金额相同，但企业获得现金流量的不确定性程度存在明显差异。例如，某企业以其不准备持有至到期的国库券换入一幢房屋以备出租，该企业预计未来每年收到的国库券利息与房屋租金在金额和流入时间上相同，但是国库券利息通常风险很小，租金的取得需要依赖于承租人的财务及信用情况等，两者现金流量的风险或不确定性程度存在明显差异，上述国库券与房屋的未来现金流量显著不同。

3. 未来现金流量的风险、时间相同，金额不同

此种情形是指换入资产和换出资产所产生的未来现金流量总额相同，预计为企业带来现金流量的时间跨度相同，风险也相同，但各年所产生的现金流量金额存在明显差异。例如，某企业以其商标权换入另一企业的一项专利权，预计两项无形资产的使用寿命相同，在使用寿命内预计为企业带来的现金流量总额相同，但是换入的专利权是新开发的，预计开始阶段产生的未来现金流量明显少于后期，而该企业拥有的商标每年所产生的现金流量比较均衡，两者产生的现金流量金额差异明显，即上述商标权与专利权的未来现金流量显著不同。

（二）换入资产与换出资产的预计未来现金流量现值不同，且其差额与换入资产和换出资产的公允价值相比是重大的

这种情况是指换入资产对换入企业的特定价值（即预计未来现金流量现值）与换出资产存在明显差异。其中，资产的预计未来现金流量现值，应当按照资产在持续使用过程和最终处置时所产生的预计税后未来现金流量，并根据企业自身而不是市场参与者对资产特定风险的评价，选择恰当的折现率对其进行折现后的金额加以确定。例如，某企业以一项专利权换入另一企业拥有的长期股权投资，该项专利权与该项长期股权投资的公允价值相同，两项资产未来现金流量的风险、时间和金额亦相同，但对换入企业而言，换入该项长期股权投资使该企业对被投资方由重大影响变为控制关系，从而对换入企业的特定价值即预计未来现金流量现值与换出的专利权有较大差异；另一企业换入的专利权能够解决生产中的技术难题，从而对换入企业的特定价值即预计未来现金流量现值与换出的长期股权投资存在明显差异，因而两项资产的交换具有商业实质。

不满足上述任何一项条件的非货币性资产交换，通常认为不具有商业实质。在确定非货币性资产交换交易是否具有商业实质时，应当关注交易各方之间是否存在关联方关系。关联方关系的存在可能导致发生的非货币性资产交换不具有商业实质。

二、具有商业实质且公允价值能够可靠计量的非货币性资产交换的会计处理

非货币性资产交换具有商业实质，且换入资产或换出资产的公允价值能够可靠地计量的，应当以换出资产的公允价值和应支付的相关税费作为换入资产的成本，公允价值与换出资产账面价值的差额计入当期损益。

符合下列情形之一的，表明换入资产或换出资产的公允价值能够可靠地计量：

（1）换入资产或换出资产存在活跃市场。对于存在活跃市场的存货、长期股权投资、固定资产、无形资产等非货币性资产，应当以该资产的市场价格为基础确定其公允价值。

（2）换入资产或换出资产不存在活跃市场，但同类或类似资产存在活跃市场。对于同类或类似资产存在活跃市场的存货、长期股权投资、固定资产、无形资产等非货币性资产，应当以同类或类似资产市场价格为基础确定其公允价值。

（3）换入资产或换出资产不存在同类或类似资产的可比市场交易，应当采用估值技术确定其公允价值。该公允价值估计数的变动区间很小，或者在公允

价值估计数变动区间内，各种用于确定公允价值估计数的概率能够合理确定的，视为公允价值能够可靠地计量。

(一) 不涉及补价的会计处理

具有商业实质且其换入或换出资产的公允价值能够可靠地计量的非货币性资产交换，不涉及补价的，应当按照换出资产的公允价值作为确定换入资产成本的基础，但有确凿证据表明换入资产的公允价值更加可靠的，则以换入资产的公允价值作为确定换入资产成本的基础。换出资产账面价值与其公允价值之间的差额，计入当期损益。

例 9.1

光华公司以其使用中的账面价值为 850 000 元(原价为 1 000 000 元，累计折旧为 150 000 元，未计提减值准备)的一台设备换入大兴公司生产的一批钢材，钢材的账面价值为 800 000 元。光华公司换入钢材作为原材料用于生产产品，大兴公司换入设备作为固定资产管理。设备的公允价值为 1 000 000 元，钢材的公允价值为 1 000 000 元。光华公司和大兴公司均为增值税一般纳税人，适用的增值税税率均为 17%，计税价格等于公允价值，假定光华公司、大兴公司不存在关联方关系，交易价格公允，交易过程除增值税以外不考虑其他税费；且大兴公司因换入设备而涉及的增值税进项税额不得抵扣。

本例中，光华公司以其使用中的设备换入大兴公司的一批钢材，换入的钢材作为原材料并用于生产产品，其流动性相对较强，而原作为自己生产使用的设备的价值随着使用而逐渐地转换至所生产的产品成本中，并通过产品的出售而收回。光华公司换入的钢材的未来现金流量在风险、时间和金额方面与换出的设备显著不同，因而该交换交易具有商业实质。同时，光华公司和大兴公司换出和换入资产的公允价值均能够可靠地计量。

据此，光华公司与大兴公司作如下账务处理。

(1) 光华公司

光华公司换入钢材的公允价值与其换出设备的公允价值相同，光华公司换入的钢材作为原材料核算，光华公司以换出设备的公允价值作为换入钢材的成本。

借：固定资产清理	850 000	
累计折旧	150 000	
贷：固定资产		1 000 000

借:原材料　　1 000 000

　应交税费——应交增值税(进项税额)　　170 000

　贷:固定资产清理　　850 000

　　营业外收入　　320 000

(2) 大兴公司

借:固定资产　　1 170 000

　贷:主营业务收入　　1 000 000

　　应交税费——应交增值税(销项税额)　　170 000

借:主营业务成本　　800 000

　贷:库存商品　　800 000

(二) 涉及补价的会计处理

非货币性资产交换具有商业实质且公允价值能够可靠地计量的,在发生补价的情况下,应当就下列情况分别处理:

1. 支付补价的,应当以换出资产的公允价值加上支付的补偿(或换入资产的公允价值)和应支付的相关税费,作为换入资产的成本。

2. 收到补价的,应当以换出资产的公允价值减去补价(或换入资产的公允价值)加上应支付的相关税费,作为换入资产的成本。

3. 换出资产公允价值与其账面价值的差额,应当分不同情况处理:

(1) 换出资产为存货的,应当作为销售处理,按其公允价值确认收入,同时结转相应的成本。

(2) 换出资产为固定资产、无形资产的,换出资产公允价值与其账面价值的差额,计入营业外收入或营业外支出。

(3) 换出资产为长期股权投资的,换出资产公允价值与其账面价值的差额,计入投资损益。

例 9.2

沿用【例 9.1】,假定光华公司换出设备的公允价值为 120 万元,换入钢材的公允价值为 100 万元,由此大兴公司另支付 20 万元补价给光华公司。

本例中,该项交换交易涉及补价,且补价所占比例分别如下:

光华公司:收到的补价 20 万元÷换出资产公允价值 120 万元×100%＝17%

大兴公司:支付的补价 20 万元÷换入资产公允价值 120 万元×100%＝17%

由于该项交易所涉及的补价占交换的资产价值的比例低于25%，可以认定该项交易属于具有商业实质且公允价值能够可靠计量、涉及补价的非货币性资产交换。

据此，光华公司和大兴公司作如下账务处理：

(1) 光华公司

换入钢材的成本＝120－20＝100(万元)

借：固定资产清理　　850 000
　　累计折旧　　150 000
　　贷：固定资产　　1 000 000

借：原材料　　1 000 000
　　银行存款　　200 000
　　应交税费——应交增值税(进项税额)　　170 000
　　贷：固定资产清理　　850 000
　　　　营业外收入　　520 000

(2) 大兴公司

借：固定资产　　1 370 000
　　贷：主营业务收入　　1 000 000
　　　　应交税费——应交增值税(销项税额)　　170 000
　　　　银行存款　　200 000

借：主营业务成本　　800 000
　　贷：库存商品　　800 000

三、不具有商业实质或者换入资产或换出资产公允价值不能可靠计量的非货币性资产交换的会计处理

如果非货币性资产交换不具有商业实质，换入资产的成本按照换出资产的账面价值加上应支付的相关税费确定，不确认损益。非货币性资产交换虽具有商业实质，但换入资产或换出资产的公允价值不能可靠计量的，按照不具有商业实质的非货币资产交换的原则进行会计处理。

下面以不具有商业实质的非货币性资产交换的会计处理为例进行说明。

(一) 不涉及补价情况下的会计处理

在不具有商业实质的非货币性资产交换中，不涉及补价的，企业换入的资产应当按换出资产的账面价值加上应支付的相关税费，作为换入资产的成本。

例 9.3

光华公司以其运输产品的货运汽车与大兴公司作为运输工具的货运汽车进行交换。光华公司换出资产的账面原价为 120 000 元，已提折旧为 20 000 元，预计未来现金流量现值为 110 000 元。为此项交换，光华公司以银行存款支付了设备清理费用 100 元；大兴公司换出货运汽车的账面原价为 140 000 元，已提折旧为 30 000 元，其未来现金流量现值为 110 000 元。假定光华公司换入的货运汽车仍然作为运输公司产品所用，并作为固定资产管理。光华公司未对换出设备计提减值准备。

本例中，光华公司以其运输产品的货运汽车换大兴公司同样作为运输工具的货运汽车，在这项交易中，由于交换的非货币性资产均为货运汽车，其性质、用途均相同，换入资产与换出资产的预计未来现金流量现值也相同，因此，该项交易不具有商业实质。同时，该项交易不涉及补价，因此，属于不涉及补价的非货币性资产交换。

光华公司作如下账务处理：

(1) 将固定资产净值转入固定资产清理

借：固定资产清理　　100 000

　　累计折旧　　20 000

　　贷：固定资产　　120 000

(2) 支付清理费用

借：固定资产清理　　100

　　贷：银行存款　　100

(3) 换入货运汽车的入账价值为 100 100 元(100 000＋100)。

借：固定资产　　100 100

　　贷：固定资产清理　　100 100

从上述例子可见，光华公司换入的货运汽车按换出资产的账面价值加上支付的相关税费，作为换入的货运汽车的入账价值(即成本)。

(二) 涉及补价情况下的会计处理

不具有商业实质的非货币性资产交换中，在涉及补价的情况下，换入资产的入账价值应分别确定：

1. 支付补价的，按换出资产账面价值加上支付的补价和应支付的相关税费作为换入资产的入账价值，不确认损益。其计算公式为：

换入资产入账价值＝换出资产账面价值＋支付的补价＋应支付的相关税费

2. 收到补价的，按换出资产账面价值减去收到的补价加上应支付的相关税费

作为换入资产的入账价值，不确认损益。其计算公式为：

换入资产入账价值＝换出资产账面价值－收到的补价＋应支付的相关税费

例 9.4

光华公司以其离主要生产基地较远的仓库与离光华公司主要生产基地较近的大兴公司的办公楼交换。光华公司换出仓库的账面原价为 3 800 000 元，已计提折旧为 500 000 元；大兴公司换出办公楼的账面原价为 4 500 000 元，已计提折旧为 800 000 元。光华公司另支付现金 100 000 元给大兴公司。假定光华公司换入的办公楼作为办公用房，其换入和换出资产的公允价值不能可靠地计量，光华公司未对换出固定资产计提减值准备，光华公司换出资产支付清理费用为 50 000 元。

本例中，光华公司以其仓库与大兴公司的办公楼交换，换入换出资产的公允价值不能够可靠地计量，因此，只能按照账面价值计量；同时，在这项交易中涉及少量的货币性资产，即涉及补价 100 000 元。光华公司换入办公楼的入账价值应为换出仓库的账面价值加上支付的补价和相关税费的金额。

据此，光华公司作如下账务处理：

1. 将固定资产净值转入固定资产清理

	借方	贷方
借：固定资产清理	3 300 000	
累计折旧	500 000	
贷：固定资产		3 800 000

2. 支付补价

	借方	贷方
借：固定资产清理	100 000	
贷：银行存款		100 000

3. 支付清理费用

	借方	贷方
借：固定资产清理	50 000	
贷：银行存款		50 000

4. 换入办公楼的入账价值为 3 450 000 元

	借方	贷方
借：固定资产	3 450 000	
贷：固定资产清理		3 450 000

四、非货币性资产交换中涉及多项资产交换的会计处理

(一) 具有商业实质且公允价值能够可靠计量的会计处理

具有商业实质且换入资产的公允价值能够可靠计量的非货币性资产交换，在同时换入多项资产的情况下，应当按照换入各项资产的公允价值占换入资产公允价值总额的比例，对换入资产的成本总额进行分配，确定各项换入资产的成本。

例 9.5

光华公司和大兴公司均为增值税一般纳税企业，其适用的增值税税率均为17%。光华公司为适应经营业务发展的需要，经与大兴公司协商，将光华公司原生产用的厂房、机床以及库存原材料，与大兴公司的办公楼、小轿车、客运大轿车交换(均作为固定资产核算)。光华公司换出厂房的账面原价为1 500 000元，已提折旧为300 000元，公允价值为1 000 000元；换出机床的账面原价为1 200 000元，已提折旧为600 000元，公允价值为800 000元；换出原材料的账面价值为3 000 000元，公允价值和计税价格均为3 500 000元，大兴公司换出办公楼的账面原价为1 500 000元，已提折旧为500 000元，公允价值为1 500 000元；换出小轿车的账面原价为2 000 000元，已提折旧为900 000元，公允价值为1 000 000元；客运大轿车的账面原价为3 000 000元，已提折旧为800 000元，公允价值为2 400 000元，另支付补价400 000元。假定光华公司和大兴公司换出资产均未计提减值准备，且在交换过程中除增值税以外未发生其他相关税费。光华公司换入的大兴公司的办公楼、小轿车、客运大轿车均作为固定资产核算。大兴公司换入的光华公司的厂房、机床作为固定资产核算，换入的光华公司的原材料作为库存原材料核算。

假定该交易具有商业性质，且公允价值均能够可靠地计量。

据此，光华公司与大兴公司的会计处理步骤如下：

(1) 计算换入换出资产的账面价值与公允价值

光华公司换出资产的账面价值合计为4 800 000元，公允价值合计为5 300 000元；大兴公司换出资产的账面价值合计为4 300 000元，公允价值合计为4 900 000元。同时，大兴公司支付给光华公司400 000元补价。

(2) 计算换入资产价值总额

计算光华公司应分配的换入资产价值总额：

光华公司换入资产价值总额 ＝换出资产公允价值＋应支付的相关税费－收到的补价

＝5 300 000＋3 500 000×17％－400 000

＝5 495 000(元)

计算大兴公司应分配的换入资产价值总额。

大兴公司换入资产价值总额 ＝换出资产公允价值＋应支付的相关税费＋支付的补价

－可抵扣的增值税进项税额

＝4 900 000＋0＋400 000－3 500 000×17％

＝4 705 000(元)

(3) 计算各项换入资产的入账价值。

光华公司换入各项资产的入账价值：

光华公司换入大兴公司办公楼应分配的价值＝1 500 000÷4 900 000×5 495 000≈1 682 142(元)

光华公司换入大兴公司小轿车应分配的价值＝1 000 000÷4 900 000×5 495 000≈1 121 428(元)

光华公司换入大兴公司办公楼应分配的价值＝2 400 000÷4 900 000×5 495 000≈2 691 425(元)

大兴公司换入各项资产的入账价值：

大兴公司换入光华公司厂房应分配的价值＝1 000 000÷5 300 000×4 705 000≈887 730(元)

大兴公司换入光华公司机床应分配的价值＝800 000÷5 300 000×4 705 000≈710 188(元)

大兴公司换入光华公司原材料应分配的价值＝3 500 000÷5 300 000×4 705 000≈3 107 075(元)

(4) 账务处理

光华公司的账务处理：

借：固定资产清理	1 800 000	
累计折旧	900 000	
贷：固定资产		2 700 000
借：固定资产——办公楼	1 682 100	

——小轿车　1 121 400

——客运大轿车　2 691 500

银行存款　400 000

贷:固定资产清理　1 800 000

应交税费——应交增值税(销项税额)　595 000

其他业务收入　3 500 000

借:其他业务成本　3 000 000

贷:原材料　3 000 000

大兴公司的账务处理:

借:固定资产清理　4 300 000

累计折旧　2 200 000

贷:固定资产　6 500 000

借:固定资产——厂房　887 700

——机床　710 200

原材料　3 107 100

应交税费——应交增值税(进项税额)　595 000

贷:固定资产清理　4 300 000

银行存款　400 000

营业外收入——非货币性资产交换收益　600 000

(二) 不具有商业实质或者公允价值不能可靠计量的会计处理

1. 不涉及补价情况下的会计处理

不具有商业实质且不涉及补价的多项资产交换的核算原则与不具有商业实质且不涉及补价的单项资产交换基本相同,即以换出资产的账面价值加上应支付的相关税费,作为换入资产的入账价值。但是,由于换入换出的是多项资产,换出各项资产的账面价值无法与换入各项资产一一对应,因此,需要确定各项换入资产的入账价值。在确定各项换入资产的入账价值时,按照换入资产各项资产的原账面价值占换入资产原账面价值总额的比例,对换入资产的成本总额进行分配,确定各项换入资产的成本。

例 9.6

光华公司和大兴公司均为增值税一般纳税人,其适用的增值税税率为 17%。

光华公司因经营战略发生较大调整，原生产设备、库存原材料等已不符合生产新产品的需要，经与大兴公司协商，将其生产用设备、库存原材料与大兴公司的生产用设备、专利权和库存商品进行交换。光华公司换出设备的账面原价为 8 000 000 元，已提折旧为 5 000 000 元，公允价值为 4 000 000 元；原材料的账面价值为 2 000 000 元，公允价值和计税价格均为 2 200 000 元。大兴公司生产用设备的账面原价为 7 000 000 元，已提折旧为 4 000 000 元，公允价值为3 200 000 元；专利权的账面价值为 1 800 000 元，公允价值为 2 200 000 元；库存商品的账面价值为 600 000 元，公允价值和计税价格均为 800 000 元。假定光华公司和大兴公司换出资产均未计提减值准备，并假定在交换过程中除增值税以外未发生其他相关税费。光华公司换入的大兴公司的设备作为固定资产核算，换入的大兴公司的专利权作为无形资产核算，换入大兴公司的库存商品作为库存商品核算。

大兴公司换入的光华公司的设备作为固定资产核算，换入的光华公司的原材料作为库存原材料核算。

假定该项交换不具有商业实质。

本例中，光华公司和大兴公司的资产交换属于不涉及补价的多项资产的交换，光华公司换出资产的账面价值合计为 5 000 000 元，公允价值合计为 6 200 000 元；大兴公司换出资产的账面价值合计为 5 400 000 元，公允价值合计为 6 200 000 元。在此项交换中，由于不具有商业实质，并且光华公司和大兴公司换出的各项资产无法直接与其换入各项资产的价值一一对应，因此，应对换出资产的账面价值加上应支付的相关税费进行分配。

(1) 光华公司的会计处理

① 计算光华公司应分配的换出资产价值总额

光华公司应分配的换出资产价值总额＝换出资产账面价值＋应支付的相关税费－可抵扣的增值税进项税额＝5 000 000＋2 200 000×17%－800 000×17%＝5 238 000(元)

② 计算光华公司换入各项资产应分配的价值如下

光华公司换入大兴公司设备应分配的价值＝3 000 000÷5 400 000×5 238 000＝2 910 000(元)

光华公司换入大兴公司专利权应分配的价值＝1 800 000÷5 400 000×5 238 000＝1 746 000(元)

光华公司换入大兴公司库存商品应分配的价值＝600 000÷5 400 000×5 238 000＝582 000(元)

③ 账务处理

借:固定资产清理　　3 000 000

　累计折旧　　5 000 000

　贷:固定资产　　8 000 000

借:固定资产　　2 910 000

　无形资产　　1 746 000

　库存商品　　582 000

　应交税费——应交增值税(进项税额)

　　136 000(800 000×17%)

　营业外支出　　200 000

　贷:固定资产清理　　3 000 000

　　其他业务收入　　2 200 000

　　应交税费——应交增值税(销项税额)

　　374 000(2 200 000×17%)

借:其他业务成本　　2 000 000

　贷:原材料　　2 000 000

(2) 大兴公司的会计处理

① 计算大兴公司应分配的换出资产价值总额

计算大兴公司应分配的换出资产价值总额＝换出资产账面价值＋应支付的相关税费－可抵扣的增值税进项税额＝5 400 000＋800 000×17%－2 200 000×17%＝5 162 000(元)

② 计算大兴公司换入各项资产应分配的价值如下

大兴公司换入光华公司设备应分配的价值＝3 000 000÷5 000 000×5 162 000＝3 097 200(元)

大兴公司换入光华公司库存原材料应分配的价值＝2 000 000÷5 000 000×5 162 000＝2 064 800(元)

③ 账务处理

借:固定资产清理　　3 000 000

　累计折旧　　4 000 000

　贷:固定资产　　7 000 000

借:原材料　　2 064 800

　固定资产　　3 097 200

　应交税费——应交增值税(进项税额)　　374 000

营业外支出　　　　200 000
贷:固定资产清理　　　　3 000 000
主营业务收入　　　　800 000
应交税费——应交增值税(销项税额)　　　　136 000
无形资产　　　　1 800 000
借:主营业务成本　　　　600 000
贷:库存商品　　　　600 000

具有商业实质的非货币性资产交换,如果换入资产的公允价值不能可靠地计量,在同时换入多项资产时,确定各项换入资产的成本的分配比照上述原则进行处理。

2. 涉及补价情况下的会计处理

在不具有商业实质且涉及补价的多项资产交换时,核算的基本原则与不具有商业实质且涉及补价的单项资产的会计处理原则基本相同,即按收到补价和支付补价情况分别确定换入资产的入账价值。涉及补价的多项资产交换与单项资产交换的主要区别在于:需要对换入各项资产的价值进行分配,其分配方法与不涉及补价的多项资产交换的原则相同,即按各项换入资产的账面价值与换入资产账面价值总额的比例进行分配,以确定换入各项资产的入账价值。

例 9.7

光华公司和大兴公司均为增值税一般纳税企业,其适用的增值税税率为17%。光华公司为适应经营业务发展的需要,经与大兴公司协商,将光华公司原生产用的厂房、机床等设备以及库存原材料,与大兴公司的办公楼、小轿车,大客车交换(均作为固定资产核算)。光华公司换出厂房的账面原价为 1 500 000 元,已提折旧为 300 000 元,公允价值为 1 000 000 元;换出机床的账面原价为 1 200 000 元,已提折旧为 600 000 元,公允价值为 800 000 元;换出原材料的账面价值为 3 000 000 元,公允价值和计税价格均为 3 500 000 元。大兴公司换出办公楼的账面原价为 1 500 000元,已提折旧为 500 000 元,公允价值为 1 500 000 元;换出小轿车的账面原价为 2 000 000 元,已提折旧为 900 000 元,公允价值为 1 000 000 元;大客车的账面原价为 3 000 000 元,已提折旧为 800 000 元,公允价值为 2 400 000 元,另支付补价 400 000 元。假定光华公司和大兴公司换出资产均未计提减值准备,并假定在交换过程中除增值税以外未发生其他相关税费。公司换入的大兴公司的办公楼、小轿车、大客车作为固定资产核算。大兴公司换入的光华公司的厂房、机床等设备作为固定资产核算，换入的光华公司的原材料作为库存原材料核算。

假定光华公司与大兴公司是关联企业，导致该项交换不具有商业实质。

在本例中，由于该项交换不具有商业实质，光华公司和大兴公司的资产交换属于涉及补价的多项资产的交换，对涉及补价的多项资产交换，其会计处理步骤如下：

(1) 计算换入换出资产的账面价值

光华公司换出资产的账面价值合计为 4 800 000 元，公允价值合计为 5 300 000 元；大兴公司换出资产的账面价值合计为 4 300 000 元，公允价值合计为 4 900 000 元。同时，大兴公司支付给光华公司 400 000 元补价。

(2) 计算换出资产价值总额

① 计算光华公司应分配的换出资产价值总额

光华公司换出资产价值总额＝换出资产账面价值＋应支付的相关税费－收到的补价＝4 800 000＋3 500 000×17%－400 000＝4 995 000(元)

② 计算大兴公司应分配的换出资产价值总额

大兴公司换出资产价值总额＝换出资产账面价值＋应支付的相关税费＋支付的补价－可抵扣的增值税进项税额＝4 300 000＋0＋400 000－3 500 000×17%＝4 105 000(元)

(3) 计算各项换入资产的入账价值

在此项交换中，由于光华公司和大兴公司换出的各项资产无法直接与其换入各项资产的价值一一对应，因此，应对换出资产的账面价值加上应支付的相关税费进行分配。

① 光华公司换入各项资产的入账价值

光华公司换入大兴公司办公楼应分配的价值＝1 000 000÷4 300 000×4 995 000≈1 161 627(元)

光华公司换入大兴公司小轿车应分配的价值＝1 100 000÷4 300 000×4 995 000≈1 277 790(元)

光华公司换入大兴公司客运大客车应分配的价值＝2 200 000÷4 300 000×4 995 000≈2 555 810(元)

② 大兴公司换入各项资产的入账价值

大兴公司换入光华公司厂房应分配的价值＝1 200 000÷4 800 000×4 105 000≈1 026 300(元)

大兴公司换入光华公司机床应分配的价值＝600 000÷4 800 000×4 105 000≈

513 100(元)

大兴公司换入光华公司原材料应分配的价值＝3 000 000 ÷ 4 800 000 × 4 105 000≈2 565 600(元)

(4) 账务处理

① 光华公司的会计分录

借:固定资产清理　　1 800 000
　累计折旧　　900 000
　贷:固定资产　　2 700 000

借:固定资产——办公楼　　1 161 600
　　　　——小轿车　　1 277 800
　　　　——大客车　　2 555 600
　银行存款　　400 000
　营业外支出　　500 000
　贷:固定资产清理　　1 800 000
　　其他业务收入　　3 500 000
　　应交税费——应交增值税(销项税额)
　　　　595 000(3 500 000 × 17%)

借:其他业务成本　　3 000 000
　贷:原材料　　3 000 000

② 大兴公司的会计分录

借:固定资产清理　　4 300 000
　累计折旧　　2 200 000
　贷:固定资产　　6 500 000

借:固定资产——厂房　　1 026 300
　　　　——机床　　513 100
　原材料　　2 565 600
　应交税费——应交增值税(进项税额)　　595 000
　贷:固定资产清理　　4 300 000
　　银行存款　　400 000

具有商业实质的非货币性资产交换,如果换入资产的公允价值不能可靠计量,在同时换入多项资产时,确定各项换入资产的成本的分配比照上述原则进行处理。

复习思考题

1. 举例说明哪些交易属于非货币性资产交换?

2. 货币性资产交换与非货币性资产交换主要有哪些区别?

3. 什么是商业实质? 判断是否具有商业实质的主要依据有哪些?

4. 具有商业实质且公允价值能够可靠计量的非货币性资产交换,应当如何计量换入资产的价值?

5. 具有商业实质但公允价值不能够可靠计量的非货币性资产交换交易,应当如何计量换入资产的价值?

6. 换入多项非货币性资产时,应当如何计量各项换入资产的价值?

第十章 资 产 减 值

【本章导读】

通过本章的学习，要求了解资产减值的概念、范围及对资产减值迹象的判断，掌握资产可收回金额的确定，掌握资产减值损失的确定与会计处理，掌握资产组的认定及减值处理，了解商誉应当如何进行减值测试。

第一节 资产减值概述

一、资产减值的概念及其范围

资产减值，是指资产的可收回金额低于其账面价值。本章所指资产，除特别说明外，包括单项资产和资产组。由于不同企业的资产特性不同，其减值的会计处理也有差异，适用的会计准则因此也不一样。比如，存货、采用公允价值模式进行后续计量的投资性房地产、建造合同形成的资产、递延所得税资产、融资租赁中出租人未担保余值、未探明石油天然气矿区权益、由金融工具确认和计量准则所规范的金融资产等的减值，分别适用存货、投资性房地产、建造合同、所得税、租赁、石油天然气开采、金融工具确认和计量等会计准则，并由相关章节涉及，本章不涉及。

本章涉及的资产主要是企业的非流动资产，具体包括：对子公司、联营企业和合营企业的长期股权投资，采用成本模式进行后续计量的投资性房地产，固定资产，无形资产，商誉。

二、资产减值的迹象

企业应当在资产负债表日判断资产是否存在可能发生减值的迹象。如果资产存在发生减值的迹象，应当进行减值测试，估计资产的可收回金额。可收回金额低于账面价值的，应当按照可收回金额低于账面价值的差额，计提减值准备，确认减值损失。资产存在减值迹象是资产需要进行减值测试的必要前提，但是，因企业合并所形成的商誉和使用寿命不确定的无形资产，无论是否存在减值迹象，至少应当每年进行减值测试。对于尚未达到可使用状态的无形资产，因其价值通常具有较大的不确定性，也至少应当每年进行减值测试。

资产可能发生减值的迹象，主要可从外部信息来源和内部信息来源两方面加以判断。从企业外部信息来源看，以下情况均属于资产可能发生减值的迹象，企业需要据此估计资产的可收回金额，确定是否需要确认减值损失：

(1) 资产的市价当期大幅度下跌，其跌幅明显高于因时间的推移或者正常使用而预计的下跌。

(2) 企业经营所处的经济、技术或者法律等环境以及资产所处的市场在当期或者将在近期发生重大变化，从而对企业产生不利影响。

(3) 市场利率或者其他市场投资报酬率在当期已经提高，从而影响企业计算资产预计未来现金流量现值的折现率，导致资产可收回金额大幅度降低。

从企业内部信息来源看，以下情况均属于资产可能发生减值的迹象，企业需要据此估计资产的可收回金额，确定是否需要确认减值损失：

(1) 有证据表明资产已经陈旧过时或者其实体已经损坏。

(2) 资产已经或者将被闲置、终止使用或者计划提前处置。

(3) 企业内部报告的证据表明资产的经济绩效已经低于或者将低于预期，如资产所创造的净现金流量或者实现的营业利润（或者亏损）远远低于（或者高于）预计金额等。

此外，采用成本法核算的长期股权投资，除取得投资时实际支付的价款或对价中包含的已宣告但尚未发放的现金股利或利润外，投资企业按照享有被投资单位宣告发放的现金股利或利润确认投资收益后，应当考虑长期股权投资是否发生了减值。在判断该类长期股权投资是否存在减值迹象时，应当关注长期股权投资的账面价值是否大于享有被投资单位净资产（包括相关商誉）账面价值的份额等类似情况。

第二节　资产可收回金额的计量

一、资产可收回金额计量的基本要求

资产存在可能发生减值迹象的，企业应当进行减值测试，估计可收回金额。

资产的可收回金额，应当根据资产的公允价值减去处置费用后的净额与资产预计未来现金流量的现值两者之间较高者确定。因此，估计资产的可收回金额，通常需要同时估计该资产的公允价值减去处置费用后的净额和资产预计未来现金流量的现值。但是在下列情况下，可以有例外或者需做特殊考虑：

(1) 如果资产的公允价值减去处置费用后的净额与资产预计未来现金流量的现值，只要有一项超过了资产的账面价值，就表明资产没有发生减值，不需要再估计另一项金额。

(2) 如果没有确凿证据或者理由表明，资产预计未来现金流量现值显著高于其公允价值减去处置费用后的净额，可以将资产的公允价值减去处置费用后的净额视为资产的可收回金额。比如，企业持有待售的非流动资产，该资产在持有期间(处置之前)产生的现金流量可能很少，其最终取得的未来现金流量往往就是资产的处置净流入。在这种情况下，以资产的公允价值减去处置费用后的净额作为其可收回金额是恰当的，因为该类资产的未来现金流量现值通常不会显著高于其公允价值减去处置费用后的净额。

(3) 以前报告期间的计算结果表明，资产可收回金额显著高于其账面价值，之后又没有发生消除这一差异的交易或者事项的，资产负债表日可以不重新估计该资产的可收回金额。

(4) 以前报告期间的计算与分析表明，资产可收回金额相对于某种减值迹象反应不敏感，在本报告期间又发生了该减值迹象的，可以不因该减值迹象的出现而重新估计该资产的可收回金额。比如，当期市场利率或市场投资报酬率上升，对计算资产未来现金流量现值采用的折现率影响不大的，可以不重新估计资产的可收回金额。

二、资产的公允价值减去处置费用后净额的确定

资产的公允价值减去处置费用后的净额，通常反映的是资产如果被出售或者处置时可以收回的净现金流入。其中，资产的公允价值，是指在公平交易中，熟悉情况的交易双方自愿进行资产交换的金额；处置费用，是指可以直接归属于资产处置的增量成本，包括与资产处置有关的法律费用、相关税费、搬运费以及为使资产达到可销售状态所发生的直接费用等，但是财务费用和所得税费用等不包括在内。

资产的公允价值减去处置费用后的净额，应当按照下列顺序确定：

(一) 应当根据公平交易中资产的销售协议价格减去可直接归属于该资产处置费用的金额确定

这是估计资产的公允价值减去处置费用后净额的最佳方法，企业应当优先

采用这一方法。但是在实务中，企业的资产往往都是内部持续使用的，取得资产的销售协议价格并不容易，在这种情况下，需要采用后面所述方法估计资产的公允价值减去处置费用后的净额。

（二）在资产不存在销售协议但存在活跃市场的情况下，应当根据该资产的市场价格减去处置费用后的净额确定

资产的市场价格通常应当按照资产的买方出价确定。如果难以获得资产在资产负债表日买方出价的，企业可以将资产最近的交易价格作为其公允价值减去处置费用后的净额的估计基础，其前提是在此期间，有关经济、市场环境等没有发生重大变化。

在既不存在资产销售协议又不存在活跃市场的情况下，企业应当以可获取的最佳信息为基础，根据在资产负债表日假定处置该资产，熟悉情况的交易双方自愿进行公平交易愿意提供的交易价格减去资产处置费用后的净额，估计资产的公允价值减去处置费用后的净额。在实务中，该净额可以参考同行业类似资产的最近交易价格或者结果进行估计。

企业按照上述顺序仍然无法可靠估计资产的公允价值减去处置费用后的净额的，应当以该资产预计未来现金流量的现值作为其可收回金额。

三、资产预计未来现金流量现值的确定

资产预计未来现金流量的现值，应当按照资产在持续使用过程中和最终处置时所产生的预计未来现金流量，选择恰当的折现率对其进行折现后的金额加以确定。预计资产未来现金流量的现值，需要综合考虑资产的预计未来现金流量、资产的使用寿命和折现率 3 个因素。其中，资产使用寿命的预计与固定资产、无形资产准则等规定的使用寿命预计方法相同。

（一）资产未来现金流量的预计

1. 预计资产未来现金流量的基础

预计资产未来现金流量时，企业管理层应当在合理和有依据的基础上对资产剩余使用寿命内整个经济状况进行最佳估计，并将资产预计未来现金流量的估计，建立在经企业管理层批准的最近财务预算或者预测数据的基础上。出于数据的可靠性和便于操作等方面的考虑，建立在财务预算或者预测基础上的预计未来现金流量最多涵盖 5 年，企业管理层如能证明更长的期间是合理的，可以涵盖更长的期间。

对于最近财务预算或者预测期之后的现金流量，企业应当以该预算或者预测期之后年份稳定的或者递减的增长率为基础进行估计。企业管理层如能证明

递增的增长率是合理的，可以递增的增长率为基础进行估计，所使用的增长率除了企业能够证明更高的增长率是合理的外，不应当超过企业经营的产品、市场、所处的行业或者所在国家或者地区的长期平均增长率，或者该资产所处市场的长期平均增长率。在恰当、合理的情况下，该增长率可以是零或者负数。

在经济环境经常变化的情况下，资产的实际现金流量与预计数往往会有出入，而且预计资产未来现金流量时的假设也有可能发生变化，因此，企业管理层在每次预计资产未来现金流量时，应当分析以前期间现金流量预计数与现金流量实际数的差异情况，以评判预计当期现金流量所依据假设的合理性。通常情况下，企业管理层应当确保当期预计现金流量所依据的假设与前期实际结果相一致。

2. 预计资产未来现金流量应当包括的内容

(1) 资产持续使用过程中预计产生的现金流入。

(2) 为实现资产持续使用过程中产生的现金流入所必需的预计现金流出(包括为使资产达到预定可使用状态所发生的现金流出)。

该现金流出应当是可直接归属于或者可通过合理和一致的基础分配到资产中的现金流出，后者通常是指那些与资产直接相关的间接费用。

对于在建工程、开发过程中的无形资产等，企业在预计其未来现金流量时，应当包括预期为使该类资产达到预定可使用(或可销售)状态而发生的全部现金流出数。

(3) 资产使用寿命结束时，处置资产所收到或者支付的净现金流量。

该现金流量应当是在公平交易中，熟悉情况的交易双方自愿进行交易时，企业预期可从资产的处置中获取的、减去预计处置费用后的金额。

3. 预计资产未来现金流量应当考虑的因素

(1) 以资产的当前状况为基础预计资产未来现金流量。

企业资产在使用过程中有时会因为改良、重组等原因发生变化。在预计资产未来现金流量时，企业应当以资产的当前状况为基础，不应当包括将来可能会发生的、尚未作出承诺的重组事项，或者与资产改良有关的预计未来现金流量。但是，企业未来发生的现金流出，如果是为了维持资产正常运转或者资产正常产出水平的必要支出，或者属于资产维护支出，应当在预计资产未来现金流量时将其考虑在内。

企业已经承诺重组的，在确定资产的未来现金流量现值时，预计的未来现金流入和流出数，应当反映重组所能节约的费用和由重组所带来的其他利益，以及因重组所导致的估计未来现金流出数。其中，重组所能节约的费用和由重组所带来的其他利益，通常应当根据企业管理层批准的最近财务预算或者预测数据进行估计。因重组所导致的估计未来现金流量应当根据或有事项准则确认的因重组所发生的预计负债金额进行估计。

（2）预计资产未来现金流量不应当包括筹资活动和与所得税收付有关的现金流量。

预计资产未来现金流量不应当包括筹资活动产生的现金流入或流出，主要是因为筹资活动与经营活动性质不同，筹资活动产生的现金流量不应当纳入资产的预计未来现金流量，而且，筹集资金的货币时间价值已经通过折现因素考虑在内。预计资产未来现金流量现值采用的折现率是建立在所得税前的基础上，预计资产未来现金流量也应当以所得税前为基础，从而可以有效地避免计算资产预计未来现金流量现值过程中可能出现的重复计算等问题。

（3）对通货膨胀因素的考虑应当和折现率相一致。

企业预计资产未来现金流量和折现率时，应当在一致的基础上考虑因一般通货膨胀而导致物价上涨等因素的影响。如果折现率考虑了这一影响因素；预计资产未来现金流量也应当考虑这一影响因素：如果折现率没有考虑这一影响因素，预计资产未来现金流量也不应当考虑这一影响因素。总之，在考虑通货膨胀影响因素问题上，预计资产未来现金流量和确定折现率，应当保持一致。

（4）对内部转移价格应当予以调整。

在部分企业或企业集团，出于整体发展战略的考虑，某些资产生产的产品或者其他产出可能供企业或者企业集团内部其他企业使用或者对外销售，所确定的交易价格或者结算价格建立在内部转移价格的基础上，而内部转移价格很可能与市场交易价格不同。在这种情况下，为了如实估计资产的可收回金额，企业不应当以内部转移价格为基础预计资产未来现金流量，而应当采用在公平交易中企业管理层能够达成的最佳未来价格估计数进行估价。

4. 预计资产未来现金流量的方法

预计资产未来现金流量，通常应当根据资产未来期间最有可能产生的现金流量进行预测，即使用单一的未来每期预计现金流量和单一的折现率计算资产未来现金流量现值。

例 10.1

光华公司拥有剩余使用年限为 3 年的甲固定资产。光华公司预计在正常情况下未来 3 年中，甲固定资产每年可为公司产生的净现金流量分别为：第 1 年 2 000 000 元；第 2 年 1 000 000 元；第 3 年 200 000 元。该现金流量通常即为最有可能产生的现金流量，光华公司应以该现金流量的预计数为基础计算甲固定资产的现值。

在实务中，如果影响资产未来现金流量的因素较多，不确定性较大，使用单一的现金流量可能并不能如实反映资产创造现金流量的实际情况。此时，如果采用期望现金流量法更为合理，企业应当采用期望现金流量法预计资产未来现金流量，即资产未来现金流量应当根据每期现金流量期望值进行预计，每期现金流量期望值按照各种可能情况下的现金流量乘以相应的发生概率加总计算。

例 10.2

沿用【例 10.1】，如果甲固定资产生产的产品受市场行情波动影响较大，在产品市场行情好、一般和差三种可能情况下，产生的现金流量有较大差异。甲固定资产预计未来 3 年每年产生的现金流量情况见表 10.1。

表 10.1　　甲固定资产预计未来 3 年每年产生的现金流量情况表　　单位：元

年　限	市场行情好（30%可能性）	市场行情一般（60%可能性）	市场行情差（10%可能性）
第 1 年	3 000 000	2 000 000	1 000 000
第 2 年	1 600 000	1 000 000	400 000
第 3 年	400 000	200 000	0

在本例中，光华公司采用期望现金流量法预计资产未来现金流量更为合理，即资产未来现金流量应当根据每期现金流量期望值进行预计，每期现金流量期望值按照各种可能情况下的现金流量乘以相应的发生概率加总计算。因此，根据表 10.1 提供的信息，光华公司计算甲固定资产每年预计未来现金流量如下：

第 1 年预计现金流量（期望现金流量）＝3 000 000 × 30% ＋ 2 000 000 × 60% ＋1 000 000 × 10% ＝2 200 000（元）

第 2 年预计现金流量（期望现金流量）＝1 600 000 × 30% ＋ 1 000 000 × 60% ＋400 000 × 10% ＝1 120 000（元）

第 3 年预计现金流量（期望现金流量）＝400 000 × 30% ＋ 200 000 × 60% ＋ 0 × 10% ＝240 000（元）

预计资产未来现金流量现值时，如果资产未来现金流量的发生时间不确定，企业应当根据资产在每一种情况下的现值乘以相应的发生概率加总计算。

(二) 折现率的预计

在资产减值测试中，计算资产未来现金流量现值时所使用的折现率应当是反映当前市场货币时间价值和资产特定风险的税前利率。该折现率是企业在购置或者投资资产时所要求的必要报酬率。预计资产未来现金流量时，如果企业已经对资产特定风险的影响作了调整，估计折现率时不需要考虑这些特定风险；如果用于估计折现率的基础是所得税后的，应当将其调整为所得税前的折现率，以便与资产未来现金流量的估计基础相一致。

企业确定折现率时，通常应当以该资产的市场利率为依据。如果该资产的市场利率无法从市场获得，可以使用替代利率估计折现率。在估计替代利率时，企业应当充分考虑资产剩余使用寿命期间的货币时间价值和其他相关因素，如资产未来现金流量金额及其时间的预计离散程度、资产内在不确定性的定价等。如果预计资产未来现金流量已经对这些因素作了有关调整，应当予以剔除。企业在估计替代利率时，可以根据企业的加权平均资金成本、增量借款利率，或者其他相关市场借款利率，作适当调整后确定。调整时，应当考虑与资产预计现金流量有关的特定风险以及其他有关货币风险和价格风险等。

企业在估计资产未来现金流量现值时，通常应当使用单一的折现率。但是，如果资产未来现金流量的现值对未来不同期间的风险差异或者利率的期限结构反应敏感，企业应当在未来不同期间采用不同的折现率。

(三) 资产未来现金流量现值的确定

在预计资产的未来现金流量和折现率的基础上，企业将该资产的预计未来现金流量按照预计折现率在预计期限内予以折现后，即可确定该资产未来现金流量的现值。计算公式如下：

$$\text{资金未来现金流量的现值(PV)} = \sum \frac{\text{第 } t \text{ 年预计资产未来现金流量(NCFt)}}{(1+\text{折现率 } R^{t})}$$

例 10.3

光华公司于2010年年末对一艘远洋运输船舶进行减值测试。该船舶账面价值为320 000 000元，预计尚可使用年限为8年。光华公司难以确定该船舶的公允价值减去处置费用后的净额，因此，需要通过计算其未来现金流量的现值确定资产的可收回金额。假定光华公司的增量借款利率为15%，公司认为15%是该资产的最低必要报酬率，已考虑了与该资产有关的货币时间价值和特定风险。因此，计算该船舶未来现金流量现值时，使用15%作为其折现率(所得税前)。

光华公司管理层批准的最近财务预算显示:公司将于2015年更新船舶的发动机系统,预计为此发生资本性支出36 000 000元,这一支出将降低船舶运输油耗、提高使用效率,因此,将显著提高船舶的运营绩效。

为了计算船舶在2010年年末未来现金流量的现值,光华公司首先必须预计其未来现金流量。假定公司管理层批准的2010年年末与该船舶有关的预计未来现金流量如表10.2所示。

表10.2 2010年年末预计未来现金流量 单位:元

年 份	预计未来现金流量(不包括改良的影响金额)	预计未来现金流量(包括改良的影响金额)
2011	50 000 000	—
2012	49 200 000	—
2013	47 600 000	—
2014	47 200 000	—
2015	47 800 000	—
2016	49 400 000	65 800 000
2017	50 000 000	66 320 000
2018	50 200 000	67 800 000

光华公司在2010年末预计资产未来现金流量时,应当以资产的当前状况为基础,不应当考虑与该资产改良有关的预计未来现金流量,因此,尽管2015年船舶的发动机系统将进行更新从而改良资产绩效,提高资产未来现金流量,但是在2010年年末对其进行减值测试时,不应将其包括在内。即在2010年年末计算该资产未来现金流量现值时,应当以不包括资产改良影响金额的未来现金流量为基础加以计算。具体计算过程见表10.3。

表10.3 该船舶的预计未来现金流量现值的计算 单位:元

年 份	预计未来现金流量(不包括改良的影响金额)	折现率15%的折现系数	预计未来现金流量现值
2011	50 000 000	0.869 6	43 480 000
2012	49 200 000	0.756 1	37 200 000
2013	47 600 000	0.657 5	31 300 000
2014	47 200 000	0.571 8	26 980 000

续　表

年　份	预计未来现金流量（不包括改良的影响金额）	折现率15%的折现系数	预计未来现金流量现值
2015	47 800 000	0.497 2	23 770 000
2016	47 800 000	0.432 3	21 360 000
2017	50 000 000	0.375 9	18 800 000
2018	50 200 000	0.326 9	16 410 000
合　计			219 300 000

由于在2010年年末，船舶的账面价值（尚未确认减值损失）为320 000 000元，可收回金额为219 300 000元，账面价值高于其可收回金额，因此，应当确认减值损失，并计提相应的资产减值准备。

应当确认的减值损失＝320 000 000－219 300 000＝100 700 000（元）

假定在2011～2014年间，该船舶没有发生进一步减值的迹象，因此不必再进行减值测试，无须计算其可收回金额。2015年发生了36 000 000元的资本性支出，改良了资产绩效，导致其未来现金流量增加，由于资产减值准则不允许将以前期间已经确认的长期资产减值损失予以转回，因此，在这种情况下，不必计算其可收回金额。

第三节　资产减值损失的确定和计量

一、资产减值损失的确定

企业在对资产进行减值测试并计算确定资产的可收回金额后，如果资产的可收回金额低于账面价值，应当将资产的账面价值减计至可收回金额，减记的金额确认为资产减值损失，计入当期损益，同时计提相应的资产减值准备。资产的账面价值是指资产成本扣减累计折旧（或累计摊销）和累计减值准备后的金额。

资产减值损失确认后，减值资产的折旧或者摊销费用应当在未来期间作相应调整，以使该资产在剩余使用寿命内，系统地分摊调整后的资产账面价值（扣除预计净残值）。比如，固定资产计提了减值准备后，固定资产账面价值为抵减了计提的固定资产减值准备后的金额，因此，在以后会计期间对该固定资产计提折旧时，应当以固定资产的账面价值（扣除预计净残值）为基础计提每期的折旧额。

资产减值准则规定，资产减值损失一经确认，在以后会计期间不得转回。资产报废、出售、对外投资、以非货币性资产交换方式换出、通过债务重组抵偿债务等符合资产终止确认条件的，企业应当将相关资产减值准备予以转销。

二、资产减值损失的账务处理

企业应当设置“资产减值损失”科目，核算企业计提各项资产减值准备所形成的损失。对于固定资产、无形资产、商誉、长期股权投资等资产发生减值的，企业应当按照所确认的可收回金额低于账面价值的差额，借记“资产减值损失”科目，贷记“固定资产减值准备”“无形资产减值准备”“商誉减值准备”“长期股权投资减值准备”等科目。

例 10.4

沿用【例 10.3】，根据光华公司船舶减值测试结果，在 2010 年年末，船舶的账面价值为 320 000 000 元，可收回金额为 219 300 000 元，可收回金额低于账面价值 100 700 000 元。光华公司应当在 2010 年末计提固定资产减值准备，确认相应的资产减值损失。账务处理如下：

借：资产减值损失——固定资产减值损失——船舶　　100 700 000

　贷：固定资产减值准备　　100 700 000

第四节　资产组的认定及减值处理

一、资产组的认定

如果有迹象表明一项资产可能发生减值，企业应当以单项资产为基础估计其可收回金额。在企业难以对单项资产的可收回金额进行估计的情况下，应当以该资产所属的资产组为基础确定资产组的可收回金额，并据此判断是否需要计提资产减值准备以及应当计提多少资产减值准备。因此，资产组的认定十分重要。

资产组，是指企业可以认定的最小资产组合，其产生的现金流入应当基本上独立于其他资产或资产组产生的现金流入。资产组应当由与创造现金流入相关的资产构成。认定资产组应当考虑的因素有以下几方面：

(一) 资产组的认定，应当以资产组产生的主要现金流入是否独立于其他资产或者资产组的现金流入为依据。因此，资产组能否独立产生现金流入是认定资产组的最关键因素

例如，企业的某一生产线、营业网点、业务部门等，如果能够独立于其他部门或者单位等形成收入、产生现金流入，或者其形成的收入和现金流入绝大部分独立于其他部门或者单位，并且属于可认定的最小资产组合的，通常应将该生产线、营业网点、业务部门等认定为一个资产组。

例 10.5

光华公司拥有一家矿业公司，与煤矿的生产和运输相配套，建设有一条专用铁路线。该铁路线除非报废出售，否则，其在持续使用过程中，难以脱离与煤矿生产和运输相关的资产而产生单独的现金流入。因此，该矿业公司难以对专用铁路线的可收回金额进行单独估计。专用铁路线和煤矿其他相关资产必须结合在一起，成为一个资产组，以估计该资产组的可收回金额。

企业在认定资产组时，如果几项资产的组合生产的产品(或者其他产出)存在活跃市场，即使部分或者所有这些产品(或者其他产出)均供内部使用，也表明这几项资产的组合能够独立产生现金流入，在符合其他相关条件的情况下，应当将这些资产的组合认定为资产组。

例 10.6

光华公司拥有 A、B、C 三家工厂，以生产某单一产品。A、B、C 三家工厂分别位于三个不同的国家，三个国家又位于三个不同的洲。工厂 A 生产一种组件，由工厂 B 或者 C 进行组装，最终产品由 B 或者 C 销往世界各地，工厂 B 的产品可以在本地销售，也可以在工厂 C 所在洲销售(如果将产品从工厂 B 运到工厂 C 所在洲更方便的话)。工厂 B 和 C 的生产能力合在一起尚有剩余，没有被完全利用。工厂 B 和 C 生产能力的利用程度依赖于光华公司对于所销售产品在两地之间的分配。以下分别认定与工厂 A、B、C 有关的资产组。

如果工厂 A 生产的产品(即组件)存在活跃市场，则工厂 A 很可能可以认定为一个单独的资产组，原因是它生产的产品尽管主要用于工厂 B 或者 C 组装销售，但是由于该产品存在活跃市场，可以产生独立的现金流量，因此，通常应当认定为一个单独的资产组。在确定其未来现金流量现值时，光华公司应当调整其

财务预算或预测，按照在公平交易中对工厂 A 所生产产品未来价格的最佳估计数，而不是内部转移价格，估计工厂 A 的预计未来现金流量。

对于工厂 B 和 C 而言，即使组装的产品存在活跃市场，工厂 B 和 C 的现金流入依赖于产品在两地之间的分配。工厂 B 和 C 的未来现金流入不可能单独地确定，但是，工厂 B 和 C 组合在一起是可以认定的、可产生基本上独立于其他资产或者资产组的现金流量的资产组合。因此，工厂 B 和 C 应当认定为一个资产组。在确定该资产组未来现金流量现值时，光华公司也应当调整其财务预算或预测，按照在公平交易中从工厂 A 所购买产品未来价格的最佳估计数，而不是内部转移价格，估计工厂 B 和 C 的预计未来现金流量。

(二) 资产组的认定，应当考虑企业管理层管理生产经营活动的方式（如是按照生产线、业务种类还是按照地区或者区域等）和对资产的持续使用或者处置的决策方式等

例如，企业各生产线都是独立生产、管理和监控的，则各生产线很可能应当认定为单独的资产组；如果某些机器设备是相互关联、互相依存，且其使用和处置是一体化决策的，则这些机器设备很可能应当认定为一个资产组。

例 10.7

光华公司由 A 车间和 B 车间两个生产车间组成，A 车间专门生产家具部件且该部件没有活跃市场，生产后由 B 车间负责组装并对外销售。光华公司对 A 车间和 B 车间资产的使用和处置等决策是一体化的。在这种情况下，A 车间和 B 车间通常应当认定为一个资产组。

(三) 资产组认定后不得随意变更

资产组一经确定，在各个会计期间应当保持一致，不得随意变更，即资产组各项资产的构成通常不能随意变更。但是，企业如果由于重组、变更资产用途等原因，导致资产组的构成确需变更的，企业可以进行变更，但企业管理层应当证明该变更是合理的，并应当在附注中作出说明。

二、资产组减值测试

资产组减值测试的原理和单项资产是一致的，即企业需要预计资产组的可收回金额和计算资产组的账面价值，并将两者进行比较。如果资产组的可收回金额低于其账面价值的，表明资产组发生了减值损失，应当予以确认。

(一) 资产组账面价值和可收回金额的确定基础

资产组账面价值的确定基础应当与其可收回金额的确定方式相一致，因为这样的比较才有意义，否则如果两者在不同的基础上进行估计和比较，就难以正确估算资产组的减值损失。

资产组的可收回金额在确定时，应当按照该资产组的公允价值减去处置费用后的净额与其预计未来现金流量的现值两者之间较高者确定。

资产组的账面价值则应当包括可直接归属于资产组并可以合理和一致地分摊至资产组的资产账面价值，通常不应当包括已确认负债的账面价值，但如不考虑该负债金额就无法确定资产组可收回金额的除外。这是因为在预计资产组的可收回金额时，既不包括与该资产组的资产无关的现金流量，也不包括与已在财务报表中确认的负债有关的现金流量。因此，为了与资产组可收回金额的确定基础相一致，资产组的账面价值也不应当包括这些项目。

资产组在处置时如要求购买者承担一项负债(如环境恢复负债等)、该负债金额已经确认并计入相关资产账面价值，而且企业只能取得包括上述资产和负债在内的单一公允价值减去处置费用后的净额的，为了比较资产组的账面价值和可收回金额，在确定资产组的账面价值及其预计未来现金流量的现值时，应当将已确认的负债金额从中扣除。

例 10.8

光华公司在西北经营一座有色金属矿山，根据有关规定，公司在矿山完成开采后应当将该地区恢复原貌。弃置费用主要是山体表层复原费用(比如恢复植被等)，因为山体表层必须在矿山开发前挖走。因此，光华公司在山体表层挖走后，确认了一项金额为 10 000 000 元的预计负债，并计入矿山成本。

2017 年 12 月 31 日，随着开采的进展，光华公司发现矿山中的有色金属储量远低于预期，有色金属矿山有可能发生了减值，因此，对该矿山进行了减值测试。考虑到矿山的现金流量状况，整座矿山被认定为一个资产组。该资产组在 2017 年年末的账面价值为 20 000 000 元(包括确认的恢复山体原貌的预计负债)。

光华公司如果在 2017 年 12 月 31 日对外出售矿山(资产组)，买方愿意出价 16 400 000 元(已经扣减恢复山体原貌成本)，预计处置费用为 400 000 元，因此该矿山的公允价值减去处置费用后的净额为 16 000 000 元。光华公司估计矿山的未来现金流量现值为 24 000 000 元，不包括弃置费用。

为比较资产组的账面价值和可收回金额，光华公司在确定资产组的账面价值及其预计未来现金流量现值时，应当将已确认的预计负债金额从中扣除。

在本例中，资产组的公允价值减去处置费用后的净额为16 000 000元，该金额已经考虑了弃置费用。该资产组预计未来现金流量现值在考虑了弃置费用后为14 000 000元(24 000 000－10 000 000)。因此，该资产组的可收回金额为16 000 000元。资产组的账面价值在扣除了已确认的恢复原貌预计负债后的金额为10 000 000元(20 000 000－10 000 000)。资产组的可收回金额大于其账面价值，没有发生减值，光华公司不应当确认资产减值损失。

(二) 资产组减值测试

根据减值测试的结果，资产组(包括资产组组合，在后述有关总部资产或者商誉的减值测试时涉及)的可收回金额如低于其账面价值的，应当确认相应的减值损失。减值损失金额应当按照以下顺序进行分摊：先抵减分摊至资产组中商誉的账面价值，再根据资产组中除商誉之外的其他各项资产的账面价值所占比重，按比例抵减其他各项资产的账面价值。

以上资产账面价值的抵减，应当作为各单项资产(包括商誉)的减值损失处理，计入当期损益。抵减后的各资产的账面价值不得低于以下三者之中最高者：该资产的公允价值减去处置费用后的净额(如可确定的)、该资产预计未来现金流量的现值(如可确定的)和零。因此而导致的未能分摊的减值损失金额，应当按照相关资产组中其他各项资产的账面价值所占比重进行分摊。

例 10.9

光华公司有一条甲生产线，该生产线生产某精密仪器，由A、B、C三部机器构成，成本分别为400 000元、600 000元和1 000 000元。使用年限为10年，净残值为0，以平均年限法计提折旧。各机器均无法单独产生现金流量，整条生产线构成完整的产销单位，属于一个资产组。2017年甲生产线所生产的精密仪器有替代产品上市，到年底，导致公司精密仪器的销路锐减40%，因此，公司对甲生产线进行减值测试。

2017年12月31日，A、B、C三部机器的账面价值分别为200 000元、300 000元、500 000元。估计A机器的公允价值减去处置费用后的净额以及未来现金流量的现值。

整条生产线预计尚可使用5年。经估计其未来5年的现金流量及其恰当的折现率后，得到该生产线预计未来现金流量的现值为600 000元。由于公司无法合理估计生产线的公允价值减去处置费用后的净额，公司以该生产线预计未来现金流量的现值为其可收回金额。

鉴于在2017年12月31日，该生产线的账面价值为1 000 000元，而其可收回金额为600 000元，生产线的账面价值高于其可收回金额，因此该生产线已经发生了减值，公司应当确认减值损失400 000元，并将该减值损失分摊到构成生产线的三部机器中。由于A机器的公允价值减去处置费用后的净额为150 000元，因此，A机器分摊了减值损失后的账面价值不应低于150 000元。具体分摊过程如表10.4所示。

表10.4　光华公司2017年12月31日甲生产线资产组减值损失分摊表　单位：元

项　目	机器A	机器B	机器C	整个生产线（资产组）
账目价值	200 000	300 000	500 000	1 000 000
可收回金额				600 000
减值损失				400 000
减值损失分配比例	20%	30%	50%	
分摊减值损失	50 000*	120 000	200 000	370 000
分摊后账面价值	150 000	180 000	300 000	
尚未分摊减值损失				30 000
二次分摊比例		37.5%	62.5%	
二次分摊减值损失		11 250	18 750	
二次分摊后应确认减值损失总额		131 250	218 750	
二次分摊后账面价值		168 750	281 250	

* 按照分摊比例，机器A应当分摊减值损失为80 000元（400 000×20%），但由于机器A的公允价值减去处置费用后的净额为150 000元，因此机器A最多只能确认减值损失为50 000元（200 000－150 000），未能分摊的减值损失为30 000元（80 000－50 000），应当在机器B和机器C之间进行再分摊。

根据上述计算和分摊结果，构成甲生产线的机器A、B、C应当分别确认减值损失50 000元、131 250元和218 750元，作如下账务处理：

借：资产减值损失——固定资产减值损失——机器A　50 000

　　　　　　　　——固定资产减值损失——机器B　131 250

　　　　　　　　——固定资产减值损失——机器C　18 750

　贷：固定资产减值准备——机器A　50 000

　　　　　　　　　　　——机器B　131 250

　　　　　　　　　　　——机器C　218 750

三、总部资产的减值测试

企业总部资产包括企业集团或其事业部的办公楼、电子数据处理设备、研发中心等资产。总部资产的显著特征是难以脱离其他资产或者资产组产生独立的现金流入，其账面价值也难以完全归属于某一资产组。因此，总部资产通常难以单独进行减值测试，需要结合其他相关资产组或者资产组组合进行。资产组组合是指由若干个资产组组成的最小资产组组合，包括资产组或者资产组组合，以及按合理方法分摊的总部资产部分。

在资产负债表日，如果有迹象表明某项总部资产可能发生减值，企业应当计算确定该总部资产所归属的资产组或者资产组组合的可收回金额，然后将其与相应的账面价值进行比较，据以判断是否需要确认资产减值损失。

企业在对某一资产组进行减值测试时，应当先认定所有与该资产组相关的总部资产，再根据相关总部资产能否按照合理和一致的基础分摊至该资产组，对下列情况分别进行处理：

（一）对于相关总部资产能够按照合理和一致的基础分摊至该资产组的部分，应当将该部分总部资产的账面价值分摊至该资产组，再据以比较该资产组的账面价值（包括已分摊的总部资产的账面价值部分）和可收回金额，并按照前述有关资产组减值损失处理顺序和方法处理。

（二）对于相关总部资产难以按照合理和一致的基础分摊至该资产组的，应当按照下列步骤进行处理：

1. 在不考虑相关总部资产的情况下，估计和比较资产组的账面价值和可收回金额，并按照前述有关资产组减值损失处理顺序和方法处理。

2. 认定由若干个资产组组成的最小的资产组组合，该资产组组合应当包括所测试的资产组与可以按照合理和一致的基础将该总部资产的账面价值分摊其上的部分。

3. 比较所认定的资产组组合的账面价值（包括已分摊的总部资产的账面价值部分）和可收回金额，并按照前述有关资产组减值损失处理顺序和方法处理。

例 10.10

光华公司属于高科技企业，拥有 A、B 和 C 三条生产线，分别认定为三个资产组。在 2017 年年末，A、B、C 三个资产组的账面价值分别为 4 000 000 元、6 000 000 元和 8 000 000 元；预计剩余使用寿命分别为 10 年、20 年和 20 年，采用直线法计提折旧；不存在商誉。由于光华公司的竞争对手通过技术创新开发出了技术含量更高的新产品，且广受市场欢迎，从而对光华公司生产的产品产生了重大不利影响，用于生产该产品的A、B、C生产线可能发生减值，为此，光华公司于2017年年末对A、B、C生产线进行减值测试。

（1）光华公司在对资产组进行减值测试时，应当认定与其相关的总部资产

光华公司的生产经营管理活动由公司总部负责，总部资产包括一栋办公大楼和一个研发中心，研发中心的账面价值为6 000 000元，办公大楼的账面价值为2 000 000元。研发中心的账面价值可以在合理和一致的基础上分摊至各资产组，但是办公大楼的账面价值难以在合理和一致的基础上分摊至各相关资产组。

（2）光华公司根据各资产组的账面价值和剩余使用寿命加权平均计算的账面价值分摊比例，分摊研发中心的账面价值，具体见表10.5。

表10.5　　光华公司2017年年末各资产组分摊比例和账面价值表　　单位：元

项　　目	资产组A	资产组B	资产组C	合　计
各资产组账面价值	4 000 000	6 000 000	8 000 000	18 000 000
各资产组剩余使用寿命	10	20	20	
按使用寿命计算的权重	1	2	2	
加权计算后的账面价值	4 000 000	12 000 000	16 000 000	32 000 000
研发中心分摊比例（各资产组加权计算后的账面价值/各资产组加权计算后的账面价值合计）	12.5％	37.5％	50％	100％
研发中心账面价值分摊到各资产组的金额	750 000	2 250 000	3 000 000	6 000 000
包括分摊的研发中心账面价值部分的各资产组账面价值	4 750 000	8 250 000	11 000 000	24 000 000

最后，光华公司应当确定各资产组的可收回金额，并将其与账面价值（包括已分摊的研发中心的账面价值部分）进行比较，确定相应的资产减值损失。考虑到办公大楼的账面价值难以按照合理和一致的基础分摊至相关资产组，因此，光华公司确定由A、B、C三个资产组组成最小资产组组合（即为光华公司整个企业），通过计算该资产组组合的可收回金额，并将其与账面价值（包括已分摊的办公大楼和研发中心的账面价值部分）进行比较，以确定相应的资产减值损失。假定各资产组和资产组组合的公允价值减去处置费用后的净额难以确定，光华公

司根据它们的预计未来现金流量现值计算其可收回金额，计算现值所用的折现率为15%，计算过程见表10.6。

表10.6　光华公司根据未来现金流量现值计算可收回金额表(折现率15%)　单位:元

年限	资产组A		资产组B		资产组C		包括办公大楼在内的最小资产组组合(光华公司)	
	未来现金流量	现　值	未来现金流量	现　值	未来现金流量	现　值	未来现金流量	现　值
1	720 000	626 112	360 000	313 056	400 000	347 840	1 560 000	1 356 576
2	1 240 000	937 564	640 000	483 904	800 000	604 880	2 880 000	2 177 568
3	18 000	973 100	960 000	631 200	1 360 000	894 200	4 200 000	2 761 500
4	18 000	960 624	1 160 000	663 288	1 760 000	1 006 368	5 120 000	2 927 616
5	1 840 000	914 848	1 280 000	636 416	2 040 000	1 010 208	5 720 000	2 843 984
6	2 080 000	899 184	1 320 000	570 636	2 240 000	968 352	6 200 000	2 680 260
7	2 200 000	826 980	1 360 000	511 224	2 400 000	902 160	6 480 000	2 435 832
8	2 200 000	719 180	1 400 000	457 660	2 520 000	823 788	6 640 000	2 170 616
9	212 000	602 716	1 400 000	398 020	2 600 000	739 180	6 680 000	1 899 124
10	1 920 000	474 624	1 400 000	346 080	2 640 000	652 608	6 760 000	1 671 072
11			1 440 000	309 456	2 640 000	567 336	5 280 000	1 134 672
12			1 400 000	261 660	2 640 000	493 416	5 240 000	979 356
13			1 400 000	227 500	2 640 000	429 000	5 240 000	851 500
14			1 320 000	186 516	2 600 000	367 380	5 120 000	723 456
15			1 200 000	147 480	2 480 000	304 792	4 880 000	599 752
16			1 040 000	111 176	2 400 000	256 560	4 600 000	491 740
17			880 000	81 752	2 280 000	211 812	4 320 000	401 328
18			720 000	58 176	2 040 000	164 832	3 880 000	313 504
19			560 000	39 368	1 720 000	120 916	3 400 000	239 020
20			400 000	24 440	1 400 000	85 540	2 840 000	173 524
现值合计		7 934 932		6 459 008		10 951 168		28 832 000

根据表10.6可见，资产组A、B、C的可收回金额分别为7 934 932元、

6 459 008元和 10 951 168 元，相应的账面价值（包括分摊的研发中心账面价值）分别为 4 750 000 元、8 250 000 元和 11 000 000 元，资产组 B 和 C 的可收回金额均低于其账面价值，应当分别确认 1 790 992 元和 48 832 元减值损失，并将该减值损失在研发中心和资产组之间进行分摊。根据分摊结果，因资产组 B 发生减值损失 1 790 992 元而导致研发中心减值 488 452 元（1 790 992×2 250 000÷8 250 000），导致资产组 B 所包括的资产发生减值 1 302 540 元（1 790 992×6 000 000÷8 250 000）；因资产组 C 发生减值损失 48 832 元而导致研发中心减值 13 318 元（48 832×3 000 000÷11 000 000），导致资产组 C 所包括的资产发生减值 35 514 元（48 832×8 000 000÷11 000 000）。

经过上述减值测试后，资产组 A、B、C 和研发中心的账面价值分别为 4 000 000 元、4 697 460 元、7 964 486 元和 5 498 230 元，办公大楼的账面价值仍为 2 000 000 元，由此包括办公大楼在内的最小资产组组合（即光华公司）的账面价值总额为 24 160 176 元（4 000 000＋4 697 460＋7 964 486＋5 498 230＋2 000 000），但其可收回金额为 28 832 000 元，高于其账面价值，因此，光华公司不必再进一步确认减值损失（包括办公大楼的减值损失）。

根据上述计算和分摊结果，光华公司的生产线 B、生产线 C、研发中心应当分别确认减值损失 1 302 540 元、35 514 元和 501 770 元，账务处理如下：

借：资产减值损失——生产线 B　　1 302 540
　　　　　　　　——生产线 C　　35 514
　　　　　　　　——研发中心　　501 770
　贷：固定资产减值准备——生产线 B　　1 302 540
　　　　　　　　　　　——生产线 C　　35 514
　　　　　　　　　　　——研发中心　　50 170

第五节　商誉减值测试与处理

一、商誉减值测试的基本要求

企业合并所形成的商誉，至少应当在每年年度终了进行减值测试。由于商誉难以独立产生现金流量，因此，商誉应当结合与其相关的资产组或者资产组组合进行减值测试。这些相关的资产组或者资产组组合应当是能够从企业合并的协同效应中受益的资产组或者资产组组合。

为了资产减值测试的目的，对于因企业合并形成的商誉的账面价值，应当自购买日起按照合理的方法分摊至相关的资产组；难以分摊至相关的资产组的，应当将其分摊至相关的资产组组合。

企业因重组等原因改变了其报告结构，从而影响到已分摊商誉的一个或者若干个资产组或者资产组组合构成的，应当按照合理的方法，将商誉重新分摊至受影响的资产组或者资产组组合。

二、商誉减值测试的方法与会计处理

企业在对包含商誉的相关资产组或者资产组组合进行减值测试时，如与商誉相关的资产组或者资产组组合存在减值迹象的，应当首先对不包含商誉的资产组或者资产组组合进行减值测试，计算可收回金额，并与相关账面价值相比较，确认相应的减值损失；然后对包含商誉的资产组或者资产组组合进行减值测试，比较这些相关资产组或者资产组组合的账面价值（包括所分摊的商誉的账面价值部分）与其可收回金额，如相关资产组或者资产组组合的可收回金额低于其账面价值的，应当就其差额确认减值损失，减值损失金额应当首先抵减分摊至资产组或者资产组组合中商誉的账面价值；再根据资产组或者资产组组合中除商誉之外的其他各项资产的账面价值所占比重，按比例抵减其他各项资产的账面价值。和资产减值测试的处理一样，以上资产账面价值的抵减，也都应当作为各单项资产（包括商誉）的减值损失处理，计入当期损益。抵减后的各资产的账面价值不得低于以下三者之中最高者：该资产的公允价值减去处置费用后的净额（如可确定的）、该资产预计未来现金流量的现值（如可确定的）和零。因此而导致的未能分摊的减值损失金额，应当按照相关资产组或者资产组组合中其他各项资产的账面价值所占比重进行分摊。

按照《企业会计准则第20号——企业合并》的规定：因企业合并所形成的商誉是母公司根据其在子公司所拥有的权益而确认的商誉，子公司中归属于少数股东的商誉并没有在合并财务报表中予以确认；因此，在对与商誉相关的资产组或者资产组组合进行减值测试时，为了使减值测试建立在一致的基础上，企业应当调整资产组的账面价值，将归属于少数股东权益的商誉包括在内，然后根据调整后的资产组账面价值与其可收回金额进行比较，以确定资产组（包括商誉）是否发生了减值。

上述资产组如发生减值的，应当首先抵减商誉的账面价值，但由于根据上述方法计算的商誉减值损失包括了应由少数股东权益承担的部分，而少数股东权益拥有的商誉价值及其减值损失都不在合并财务报表中反映，合并财务报表只反映归属于母公司的商誉减值损失，因此应当将商誉减值损失在可归属于母公司和少数股东权益部分之间按比例进行分摊，以确认归属于母公司的商誉减值损失。

例 10.11

A企业在2017年1月1日以1 600万元的价格收购了B企业80%股权。在购买日，B企业可辨认资产的公允价值为1 500万元，没有负债。因此，A企业在购买日编制的合并资产负债表中确认商誉为400万元(1 600－1 500×80%)、B企业可辨认净资产1 500万元和少数股东权益300万元(1 500×20%)。

假定B企业的所有资产被认定为一个资产组。由于该资产组包括商誉，因此，它至少应当于每年年度终了进行减值测试。

在2017年年末，A企业确定该资产组的可收回金额为1 000万元，可辨认净资产的账面价值为1 350万元。由于B企业作为一个单独的资产组的可收回金额1 000万元中包括归属于少数股东权益在商誉价值中享有的部分，因此，出于减值测试的目的，在与资产组的可收回金额进行比较之前，必须对资产组的账面价值进行调整，使其包括归属于少数股东权益的商誉价值100万元[(1 600÷80%－1 500)×20%]。然后再据以比较该资产组的账面价值和可收回金额，确定是否发生了减值损失。其测试过程如表10.7所示。

表 10.7　　B公司2017年年末减值损失的测试表　　单位:万元

项　　目	商　誉	可辨认资产	合　计
账面价值	400	1 350	1 750
未确认归属于少数股东权益的商誉价值	100	—	100
调整后账面价值	500	1 350	1 850
可收回金额			1 000
减值损失			850

根据上述计算结果，资产组发生减值损失850万元，应当首先冲减商誉的账面价值，然后再将剩余部分分摊至资产组中的其他资产。在本例中，850万元减值损失中有500万元应当属于商誉减值损失，其中由于在合并财务报表中确认的商誉仅限于A企业持有B企业80%股权部分，因此，A企业只需要在合并报表中确认归属于A企业的商誉减值损失，即500万元商誉减值损失的80%为

400 万元。剩余的 350 万元(850－500)减值损失应当冲减 B 企业的可辨认资产的账面价值,作为 B 企业可辨认资产的减值损失。减值损失的分摊过程如表 10.8 所示。

表 10.8　　A 公司 2017 年年末该资产组减值损失的分摊表　　单位:万元

项　　目	商　誉	可辨认资产	合　计
账面价值	400	1 350	1 750
确认的减值损失	－400	－350	－750
确认减值损失后的账面价值	—	1 000	1 000

复习思考题

1. 资产可能发生减值的迹象主要包括哪些? 企业应当如何进行判断?

2. 企业应当如何估计资产的公允价值减去处置费用后的净额? 为了达到减值测试的目的,资产公允价值的估计有何特点?

3. 为什么要引入资产组的概念,并以此为基础来确认减值损失?

4. 资产组的认定应当遵循什么原则? 企业应当如何认定资产组?

5. 企业以资产组为基础进行减值测试时,应当如何确认相关资产的减值损失?

6. 总部资产应当如何认定? 总部资产的减值测试有何特殊之处? 对于总部资产应当如何进行减值测试?

7. 商誉的减值测试有何特殊之处? 对于商誉应当如何进行减值测试?

第三篇

负债及所有者权益

第十一章 负　债

【本章导读】

在上市企业的财报中我们会发现，有如此之多的上市公司的流动负债比率如此之大。相比于长期负债，流动负债的利息低，将其用作投资时，其成本可直接计入费用，可减少当期税费支出；同时，流动负债还可以增加公司再次获取负债的能力。这些原因都促使上市公司大量举借流动负债。通过本章的学习，你将更全面地了解资本来源之一：负债的相关知识。

第一节　负债概述

一、负债的概念及特征

负债是指企业过去的交易或者事项形成的、预期会导致经济利益流出企业的现时义务。

负债的特征如下：

（一）负债是企业负担的现时义务

现时义务是企业在现行条件下已承担的义务。未来发生的交易或事项形成的义务，不属于现时义务。

义务可以是法定义务，也可以是推定义务。

法定义务是指具有约束力的合同或者法律法规规定的义务，如企业的应纳税款。

推定义务是指企业根据多年来的习惯，公开地承诺或者公开宣布的政策而导致企业将承担的责任。如企业的质量保证承诺。

负债是企业在过去和现时的经济业务中所产生的，且在未来偿还的一项经济负担。它代表企业未来资金的交付或资产（或劳务）的提供，但未来经济业务可能发生的负债，不包括在会计负债之内。

(二) 负债是企业过去交易或事项形成的

购买货物或接受劳务会产生应付账款(已经预付或是在交货时支付的款项除外),接受银行贷款则会产生偿还贷款的义务。只有源于已经发生的交易或事项,会计上才有可能确认为负债。

(三) 负债会导致经济利益流出企业

如用现金偿还或以实物资产偿还,以提供劳务偿还,以部分转移资产、部分提供劳务形式偿还。

(四) 负债须有确切的债权人和到期日

对于可以作出合理估计的,可作出合理的估计;对于某些不能合理估计的,但是有可能在将来发生损失的事项,可作为或有负债在资产负债表附注中或其他方式予以揭示。"或有负债"一般是由于某种约定的条件或允诺的责任,在将来可能成为企业的负债,但当前并不是负债。如,进行中的诉讼案件,由于可能败诉而造成赔偿,就产生或有负债;应收票据贴现后,可能发生出票人到期不能偿付而形成或有负债。

二、负债的确认条件

将一项现时义务确认为负债,除应符合负债的定义外,还要同时满足两个条件:

(一) 与该义务有关的经济利益很可能流出企业

从负债的定义可以看到,预期会导致经济利益流出企业是负债的一个本质特征。在实务中,履行义务所需流出的经济利益带有不确定性,尤其是与推定义务相关的经济利益通常需要依赖于大量的估计。因此,负债的确认应当与经济利益流出的不确定性程度的判断结合起来,如果有确凿证据表明,与现时义务有关的经济利益很可能流出企业,就应当将其作为负债予以确认;反之,如果企业承担了现时义务,但是导致企业经济利益流出的可能性很小,就不符合负债的确认条件,不应将其作为负债予以确认。

(二) 未来流出的经济利益的金额能够可靠的计量

负债的确认在考虑经济利益流出企业的同时,对于未来流出的经济利益的金额应当能够可靠计量。对于与法定义务有关的经济利益流出金额,通常可以根据合同或者法律规定的金额予以确定,考虑到经济利益流出的金额通常在未来期间,有时未来期间较长,有关金额的计量需要考虑货币时间价值等因素的影响。对于与推定义务有关的经济利益流出金额,企业应当根据履行相关义务所需支出的最佳估计数进行估计,并综合考虑有关货币时间价值、风险等因素的影响。

三、负债的分类

负债一般按其偿还速度或偿还时间长短划分为流动负债和非流动负债两类。流动负债是指将在一年(含一年)或超过一年的一个营业周期内偿还的债务,主要包括短期借款、应付票据、应付账款、应付利息、预收账款、应付职工薪酬、应缴税费、应付股利、其他应付款等。长期负债是指偿还期在一年或超过一年的一个营业周期以上的债务,包括长期借款、应付债券、长期应付款等。

第二节　流动负债

一、短期借款

短期借款是指企业向银行或其他金融机构等借入的期限在一年以内(含一年)的各种借款。短期借款一般是企业为取得维持正常的生产经营所需的资金而借入的或者为抵偿某项债务而借入的。

企业借入的短期借款,无论用于哪个方面,只要借入了这项资金,就构成了一项负债。期末尚未归还的短期借款的本金,应反映在"资产负债表"的流动负债有关项目内。归还短期借款时,除了归还借入的本金外,还应支付利息。短期借款的利息,作为一项财务费用计入当期损益。

对于企业发生的短期借款,应设置"短期借款"科目进行总分类核算,并按借款人、贷款人和币种进行明细核算。短期借款的核算主要涉及三个方面:取得借款的处理,借款利息的处理,归还借款的处理。

企业借入的各种短期借款,借记"银行存款"科目,贷记"短期借款"科目,归还借款时作相反的会计分录。

资产负债表日,应按计算确定的短期借款利息费用,借记"财务费用"等科目,贷记"银行存款""应付利息"等科目。

例 11.1

光华公司因生产经营的临时性需要,向银行申请并于 8 月 1 日取得借款 600 000 元,期限 3 个月,年利率 9%,按月预提利息费用,到期一次还本付息。光华公司应作如下会计处理。

(1) 8 月 1 日，借入资金时

借：银行存款　　600 000

　贷：短期借款　　600 000

(2) 8 月 31 日、9 月 30 日，分别确认当月利息费用 4 500 元（600 000×9%÷12）

借：财务费用　　4 500

　贷：应付利息　　4 500

(3) 10 月 31 日，确认当月利息费用 4 500 元，并支付本息

借：应付利息　　9 000

　财务费用　　4 500

　短期借款　　600 000

　贷：银行存款　　613 500

二、以公允价值计量且其变动计入当期损益的金融负债

金融负债是负债的组成部分，主要包括短期借款、应付票据、应付债券、长期借款等。金融负债应按照企业会计准则中关于金融工具确认和计量的规定进行会计处理。

企业应当结合自身业务特点和风险管理要求，将承担的金融负债在初始确认时分为以下两类：一是以公允价值计量且其变动计入当期损益的金融负债；二是其他金融负债。其他金融负债是指没有划分为以公允价值计量且其变动计入当期损益的金融负债。

企业应当在成为金融工具合同的一方时确认金融负债，在金融负债的现时义务全部或部分已经解除时，终止确认该金融负债或其一部分。

以公允价值计量且其变动计入当期损益的金融负债，应按照公允价值进行初始计量和后续计量。其他金融负债应按照公允价值和相关交易费用作为初始确认金额，应按照实际利率法计算确定的摊余成本进行后续计量（财务担保合同和贷款承诺除外）。

（一）以公允价值计量且其变动计入当期损益的金融负债概述

以公允价值计量且其变动计入当期损益的金融负债，包括交易性金融负债和直接指定为以公允价值计量且其变动计入当期损益的金融负债。

1. 交易性金融负债

满足以下条件之一的金融负债，应当划分为交易性金融负债：

(1) 承担该金融负债的目的，主要是为了近期内出售或回购。

(2) 属于进行集中管理的可辨认金融工具组合的一部分，且有客观证据表

明企业近期采用短期获利方式对该组合进行管理。在这种情况下，即使组合中有某个组成项目持有的期限稍长也不受影响。

(3) 属于衍生工具。但是，被指定为有效套期工具的衍生工具、属于财务担保合同的衍生工具与在活跃市场中没有报价且其公允价值不能可靠计量的权益工具投资挂钩并且通过交付该权益工具结算的衍生工具除外。其中，财务担保合同是指保证人和债权人约定，当债务人不履行债务时，保证人按照约定履行债务或者承担责任的合同。

2. 直接指定为以公允价值计量且其变动计入当期损益的金融负债

在通常情况下，对于混合工具以外的金融负债，只有能够产生更相关的会计信息时才能将该项金融负债直接指定为以公允价值计量且其变动计入当期损益的金融负债。

符合以下条件之一者，说明直接指定能够产生更相关的会计信息：

(1) 该指定可以消除或明显减少由于该金融负债的计量基础不同而导致的相关利得或损失在确认和计量方面不一致的情况。

设立这项条件，目的在于通过直接指定为以公允价值计量，并将其变动计入当期损益，以消除会计上可能存在的不配比现象。例如，有些金融资产可以被划分为交易性金融资产，从而其公允价值变动计入当期损益，但与之直接相关的金融负债却以摊余成本进行后续计量，从而导致"会计不配比"。但是，如果将以上金融资产和金融负债均直接指定为以公允价值计量且其变动计入当期损益类，那么这种会计上的不配比就能够消除。

(2) 企业的风险管理或投资策略的正式书面文件已载明，该金融负债组合或该金融资产和金融负债组合，以公允价值为基础进行管理、评价并向关键管理人员报告。

(二) 以公允价值计量且其变动计入当期损益的金融负债的会计处理

1. 确认和终止确认

企业成为金融工具合同的一方并承担相应义务时确认金融负债。根据此确认条件，对于由衍生工具合同形成的义务，企业应当将其确认为金融负债。企业应当在金融负债的现时义务全部或部分已经解除时，终止确认该金融负债或其一部分。

例 11.2

光华公司因购买商品2017年3月1日确认了一项应付账款2 000万元。按合同约定，该企业于2017年4月1日支付银行存款2 000万元，解除了相关现时义务，为此，该企业应将应付账款 2 000 万元从账上转销。如果按合同约定，货款应于 2017 年 4 月 1 日、4 月 30 日分两次等额清偿。那么，该企业应在 4 月 1 日支付银行存款 1 000 万元时，终止确认应付账款 1 000 万元(终止确认该金融负债 50%)。在 4 月 30 日支付剩余的贷款 1 000 万元时终止确认应付账款 1 000 万元。

2. 初始计量和后续计量

对于以公允价值计量且其变动计入当期损益的金融负债，应当按照公允价值初始计量和后续计量。相关交易费用应当直接计入当期损益，其中，金融负债的公允价值通常应当以市场交易价格为基础确定。

交易费用是指可直接归属于购买、发行或处置金融工具新增的外部费用。新增的外部费用是指企业不购买、发行或处置金融工具就不会发生的费用，包括支付给代理机构、咨询公司、券商等的手续费和佣金及其他必要支出，不包括债券溢价、折价、融资费用、内部管理成本及其他与交易不直接相关的费用。交易费用构成实际利息的组成部分。

对于按照公允价值进行后续计量的金融负债，其公允价值变动形成的利得或损失，除与套期保值有关外，应当计入当期损益。

三、应付及预收项目

(一) 应付票据

应付票据是由出票人出票，委托付款人在指定日期无条件支付特定的金额给收款人或者持票人的票据。应付票据一般是指商业汇票，包括商业承兑汇票和银行承兑汇票。企业发生的交易在采用商业汇票结算方式下，如果开出的是商业承兑汇票，必须由付款方(购买单位)承兑；由银行承兑的汇票，必须经银行承兑。商业汇票尚未到期前，企业视其为一笔负债，期末反映在资产负债表上的应付票据项目内。付款单位应在商业汇票到期前，及时将款项足额缴存开户银行，可使银行待到期日凭票将款项划转给收款人、被背书人或贴现银行。企业收到银行的付款通知时，编制付款凭证。

1. 带息应付票据的处理

应付票据如为带息票据，其票据的面值就是票据的现值。由于我国商业汇票期限较短，因此，通常在期末，对尚未支付的应付票据计提利息，计入当期财务费用；票据到期支付票款时，尚未计提的利息部分直接计入当期财务费用。

2. 不带息应付票据的处理

不带息应付票据，其面值就是票据到期时的应付金额。

例 11.3

光华公司为增值税一般纳税人，采购原材料采用商业汇票方式结算货款，根据有关发票账单，购入材料的实际成本为 150 000 元，增值税专用发票上注明的增值税为 25 500 元。材料已经验收入库。企业开出一张期限为 3 个月的商业承兑汇票，并用银行存款支付运杂费。假如该企业采用实际成本进行材料的日常核算，根据上述资料，企业应作如下会计分录：

借：原材料　　50 000

　　应交税费——应交增值税(进项税额)　　25 500

　　贷：应付票据　　175 500

开出并承兑的商业承兑汇票如果不能如期支付，应在票据到期时，将“应付票据”科目转入“应付账款”科目，待协商后再行处理；如果重新签发新的票据以清偿原应付票据的，再从“应付账款”科目转入“应付票据”科目。

例 11.4

光华公司 2017 年 11 月 1 日购入价值为 30 000 元的商品，同时出具一张期限为 3 个月的不带息票据。企业应作如下会计处理：

(1) 2017 年 11 月 1 日，购入商品

借：库存商品　　30 000

　　贷：应付票据　　30 000

(2) 2017 年 2 月 1 日，到期付款

借：应付票据　　30 000

　　贷：银行存款　　30 000

(3) 2017 年 2 月 1 日到期，企业无力偿付票据，且不再签发新的票据

借：应付票据　　30 000

　　贷：应付账款　　30 000

银行承兑汇票如果票据到期，企业无力支付到期票款时，承兑银行除凭票向持票人无条件付款外，对出票人尚未支付的汇票金额转作逾期贷款处理.并按照

每天5‰计收利息。企业无力支付到期银行承兑汇票，在接到银行转来的"××号汇票无款支付转入逾期贷款户"等有关凭证时，应借记"应付票据"科目，贷记"短期借款"科目。对计收的利息，按短期借款利息的处理办法进行处理。

(二) 应付账款

应付账款指因购买材料、商品或接受劳务供应等而发生的债务。这是买卖双方在购销活动中由于取得物资与支付货款在时间上不一致而产生的负债。

应付账款入账时间的确定，应以与所购买物资所有权有关的风险和报酬已经转移或劳务已经接受为标志，但在实际工作中，应区别情况处理：在物资和发票账单同时到达的情况下，应付账款一般待物资验收入库后，才按发票账单登记入账，这主要是为了确认所购入的物资是否在质量、数量和品种上都与合同上注明的条件相符，以免因先入账而在验收入库时发现购入物资错、漏、破损等问题再行调账；在物资和发票账单未同时到达的情况下，由于应付账款需根据发票账单登记入账，有时货物已到，发票账单要间隔较长时间才能到达，由于这笔负债已经成立，因此应作为一项负债反映。为在资产负债表上客观反映企业所拥有的资产和应承担的债务，在实际工作中，一般采用在月份终了将所购物资和应付债务估计入账，待下月初再用红字予以冲回的办法。因购买商品等而产生的应付账款，应设置"应付账款"科目进行核算，用以反映这部分负债的价值。

应付账款一般接应付金额入账，而不按到期应付金额的现值入账。如果购入的资产在形成一笔应付账款时是带有现金折扣的，应付账款入账金额的确定按发票上记载的应付金额的总值(即不扣除折扣)记账。在这种方法下，应按发票上记载的全部应付金额，借记有关科目，贷记"应付账款"科目，获得的现金折扣冲减财务费用。

例 11.5

光华公司为增值税一般纳税人，2017 年 3 月发生如下业务：

(1) 1 日，从甲公司购入材料一批，货款 100 000 元，增值税 17 000 元，对方代垫运杂费 1 000 元。材料已运到并验收入库(该企业材料按实际成本计价核算)，款项尚未支付

借：原材料	101 000	
应交税费——应交增值税(进项税额)	17 000	
贷：应付账款——甲公司		118 000

(2) 3 日,上述款项通过银行支付

借:应付账款——甲公司　　118 000

　贷:银行存款　　118 000

(三) 预收账款

预收账款是买卖双方协议商定,由购货方预先支付一部分货款给供应方而发生的一项负债。预收账款的核算应视企业的具体情况而定。如果预收账款比较多,可以设置“预收账款”科目;预收账款不多,可以不设置“预收账款”科目,直接记入“应收账款”科目的贷方。单独设置“预收账款”科目核算的,其“预收账款”科目的贷方反映预收的货款和补付的货款,借方反映应收的货款和退回多收的货款,期末贷方余额反映尚未结清的预收款项,借方余额反映应收的款项。

例 11.6

光华公司接受一批订货合同,按合同规定,货款金额总计为 400 000 元,预计 6 个月完成。订货方预付货款 40%,另 60%待完工发货后再支付。该物资的增值税税率为 17%。根据上述经济业务,企业应作如下会计处理。

(1) 收到预付的货款

借:银行存款　　160 000

　贷:预收账款　　160 000

(2) 6 个月后产品发出

借:预收账款　　468 000

　贷:主营业务收入　　400 000

　　应交税费——应交增值税(销项税额)　　68 000

(3) 订货单位补付货款

借:银行存款　　308 000

　贷:预收账款　　308 000

四、应付职工薪酬

(一) 职工薪酬的内容

职工薪酬,是指企业为获得职工提供的服务或解除劳动关系而给予的各种形式的报酬或补偿。职工薪酬包括短期薪酬、离职后福利、辞退福利和其他长期职工福利。企业提供给职工配偶、子女、受赡养人、已故员工遗属及其他受益人等的福利,也属于职工薪酬。这里所称的职工,是指与企业订立劳动合同的所有人员，含全职、兼职和临时职工，也包括虽未与企业订立劳动合同但由企业正式任命的人员。未与企业订立劳动合同或未由其正式任命，但向企业所提供服务与职工所提供服务类似的人员，也属于职工的范畴，包括通过企业与劳务中介公司签订用工合同而向企业提供服务的人员。

短期薪酬，是指企业在职工提供相关服务的年度报告期间结束后 12 个月内需要全部予以支付的职工薪酬，因解除与职工的劳动关系给予的补偿除外。短期薪酬具体包括：职工工资、奖金、津贴和补贴，职工福利费，医疗保险费、工伤保险费和生育保险费等社会保险费，住房公积金，工会经费和职工教育经费，短期带薪缺勤，短期利润分享计划，非货币性福利以及其他短期薪酬。带薪缺勤，是指企业支付工资或提供补偿的职工缺勤，包括年休假、病假、短期伤残、婚假、产假、丧假、探亲假等；利润分享计划，是指因职工提供服务而与职工达成的基于利润或其他经营成果提供薪酬的协议。

离职后福利，是指企业为获得职工提供的服务而在职工退休或与企业解除劳动关系后，提供的各种形式的报酬和福利，短期薪酬和辞退福利除外。

辞退福利，是指企业在职工劳动合同到期之前解除与职工的劳动关系，或者为鼓励职工自愿接受裁减而给予职工的补偿。

其他长期职工福利，是指除短期薪酬、离职后福利、辞退福利之外所有的职工薪酬，包括长期带薪缺勤、其他长期服务福利、长期残疾福利、长期利润分享计划和长期奖金计划等。

（二）职工薪酬的确认和计量

1. 短期薪酬

（1）一般短期薪酬的确认和计量

企业发生的职工工资、津贴和补贴等短期薪酬，应当根据职工提供服务情况和工资标准等计算计入职工薪酬的工资总额，并按照收益对象计入当期损益或相关资产成本，借记“生产成本”、“制造费用”、“管理费用”等科目，贷记“应付职工薪酬”科目。发放时，借记“应付职工薪酬”科目，贷记“银行存款”科目。

企业为职工缴纳的医疗保险费、工伤保险费、生育保险费等社会保险费和住房公积金，以及按规定提取的工会经费和职工教育经费，应当在职工为其提供服务的会计期间，根据规定的计提基础和计提比例计算确定相应的职工薪酬金额，并确认相关负债，按照受益对象计入当期损益或相关资产成本。

企业发生的职工福利费，应当在实际发生时根据实际发生额计入当期损益或相关资产成本。企业向职工提供非货币性福利的，应当按照公允价值计量。如企业以自产的产品作为非货币性福利提供给职工的，应当按照该产品的公允价值和相关税费确定职工薪酬金额,并计入当期损益或相关资产成本。相关收入的确认、销售成本的结转以及相关税费的处理,与企业正常商品销售的会计处理相同。企业以外购的商品作为非货币性福利提供给职工的,应当按照该商品的公允价值和相关税费确定职工薪酬的金额,并计入当期损益或相关资产成本。

(2) 短期带薪缺勤的确认和计量

带薪缺勤应当根据其性质及其职工享有的权利,分为累积带薪缺勤和非累积带薪缺勤两类。企业应当对累积带薪缺勤和非累积带薪缺勤分别进行会计处理。如果带薪缺勤属于长期带薪缺勤的,企业应当作为其他长期职工福利处理。

累积带薪缺勤,是指带薪权利可以结转下期的带薪缺勤,本期尚未用完的带薪缺勤权利可以在未来期间使用。企业应当在职工提供了服务从而增加了其未来享有的带薪缺勤权利时,确认与累积带薪缺勤相关的职工薪酬,并以累积未行使权利而增加的预期支付金额计量。有些累积带薪缺勤在职工离开企业时,对于未行使的权利,职工有权获得现金支付;职工在离开企业时能够获得现金支付的,企业应当确认企业必须支付的、职工全部累积未使用权利的金额;企业应当根据资产负债表日因累积未使用权利而导致的顶期支付的追加金额,作为累积带薪缺勤费用进行预计。

非累积带薪缺勤,是指带薪权利不能结转下期的带薪缺勤,本期尚未用完的带薪缺勤权利将予以取消,并且职工离开企业时也无权获得现金支付。我国企业职工休婚假、产假、丧假、探亲假、病假期间的工资通常属于非累积带薪缺勤。企业应当在职工实际发生缺勤的会计期间确认与非累积带薪缺勤相关的职工薪酬。通常情况下,与非累积带薪缺勤相关的职工薪酬已经包括在企业每期向职工发放的工资等薪酬中,因此,不必额外作相应的账务处理。

(3) 短期利润分享计划的确认和计量

短期利润分享计划同时满足下列条件的,企业应当确认相关的应付职工薪酬,并计入当期损益或相关资产成本:

① 企业因过去事项导致现在具有支付职工薪酬的法定义务或推定义务。

② 因利润分享计划所产生的应付职工薪酬义务能够可靠估计。属于下列三种情形之一的,视为义务金额能够可靠估计:在财务报告批准报出之前企业已确定应支付的薪酬金额;该利润分享计划的正式条款中包括确定薪酬金额的方式;过去的惯例为企业确定推定义务金额提供了明显证据。

企业在计量利润分享计划产生的应付职工薪酬时,应当反映职工因离职而没有得到利润分享计划支付的可能性。如果企业预期在职工为其提供相关服务的年度报告期间结束后12个月内，不需要全部支付利润分享计划产生的应付职工薪酬，该利润分享计划应当适用其他长期职工福利的有关规定。

企业根据经营业绩或职工贡献等情况提取的奖金，属于奖金计划，应当比照短期利润分享计划进行处理。

例 11.7

甲公司于2017年年初制定和实施了一项短期利润分享计划，以对公司管理层进行激励：该计划规定，公司全年的净利润指标为1 000万元，如果在公司管理层的努力下完成的净利润超过1 000万元，公司管理层将可以分享超过1 000万元净利润部分的10%作为额外报酬。假定至2017年12月31日，甲公司全年实际完成净利润1 500万元。如果不考虑离职等其他因素，则甲公司管理层按照利润分享计划可以分享利润50万元[(1 500－1 000)×10%]作为其额外的薪酬：

甲公司2017年12月31日的相关账务处理如下：

借：管理费用　　　　　　　　　　　　500 000

　　贷：应付职工薪酬——利润分享计划　　　　500 000

2. 离职后福利

离职后福利计划，是指企业与职工就离职后福利达成的协议，或者企业为向职工提供离职后福利制定的规章或办法等。企业应当按照企业承担的风险和义务情况，将离职后福利计划分类为设定提存计划和设定受益计划两种类型。

(1) 设定提存计划的确认和计量

设定提存计划，是指企业向单独主体(如基金等)缴存固定费用后，不再承担进一步支付义务的离职后福利计划。

对于设定提存计划，企业应当根据在资产负债表日为换取职工在会计期间提供的服务而应向单独主体缴存的提存金，确认为职工薪酬负债，并计入当期损益或相关资产成本。根据设定提存计划，预期不会在职工提供相关服务的年度报告期结束后12个月内支付全部应缴存金额的，企业应当参照规定的折现率，将全部应缴存金额以折现后的金额计量应付职工薪酬。

(2) 设定受益计划的确认和计量

设定受益计划，是指除设定提存计划以外的离职后福利计划。当企业负有下列义务时，该计划就是一项设定受益计划：①计划福利公式不仅与提存金金额相关，且要求企业在资产不足以满足该公式的福利时提供进一步的提存金；或者

②通过计划间接地或直接地对提存金的特定回报作出担保。

企业对设定受益计划的会计处理通常包括下列四个步骤：

① 确定设定受益计划义务的现值和当期服务成本。

企业应当根据预期累计福利单位法，采用无偏且相互一致的精算假设对有关人口统计变量和财务变量等作出估计，计量设定受益计划所产生的义务，并确定相关义务的归属期间。企业应当根据资产负债表日与设定受益计划义务期限和币种相匹配的国债或活跃市场上的高质量公司债券的市场收益率确定折现率，将设定受益计划所产生的义务予以折现，以确定设定受益计划义务的现值和当期服务成本。

根据预期累计福利单位法，职工每提供一个期间的服务，就会增加一个单位的福利权利，企业应当对每一单位的福利权利进行单独计量，并将所有单位的福利权利累计形成最终义务。企业应当将福利归属于提供设定受益计划的义务发生的期间。这一期间是指从职工提供服务以获取企业在未来报告期间预计支付的设定受益计划福利开始，至职工的继续服务不会导致这一福利金额显著增加之日为止。

企业在确定设定受益计划义务的现值、当期服务成本以及过去服务成本时，应当根据计划的福利公式将设定受益计划产生的福利义务归属于职工提供服务的期间，并计入当期损益或相关资产成本。

当职工后续年度的服务将导致其享有的设定受益计划福利水平显著高于以前年度时，企业应当按照直线法将累计设定受益计划义务分摊确认于职工提供服务而导致企业第一次产生设定受益计划福利义务至职工提供服务不再导致该福利义务显著增加的期间。在确定后续年度服务是否将导致职工享有的设定受益福利水平显著高于以前年度时，不应考虑仅因未来工资水平提高而导致设定受益计划义务显著增加的情况。

② 确定设定受益计划净负债或净资产。

设定受益计划存在资产的，企业应当将设定受益计划义务的现值减去设定受益计划资产公允价值所形成的赤字或盈余确认为一项设定受益计划净负债或净资产。计划资产包括长期职工福利基金持有的资产、符合条件的保险单等，但不包括企业应付但未付给独立主体的提存金、由企业发行并由独立主体持有的任何不可转换的金融工具。

设定受益计划存在盈余的，企业应当以设定受益计划的盈余和资产上限两项的孰低者计量设定受益计划净资产。其中，资产上限，是指企业可从设定受益计划退款或减少未来向独立主体缴存提存金而获得的经济利益的现值。

③ 确定应当计入当期损益的金额。

报告期末,企业应当在损益中确认的设定受益计划产生的职工薪酬成本包括服务成本、设定受益净负债或净资产的利息净额。除非其他相关会计准则要求或允许职工福利成本计入资产成本,企业应当将服务成本和设定受益净负债或净资产的利息净额计入当期损益。

服务成本包括当期服务成本、过去服务成本和结算利得或损失。其中,当期服务成本,是指因职工当期提供服务所导致的设定受益计划义务现值的增加额;过去服务成本,是指设定受益计划修改所导致的与以前期间职工服务相关的设定受益计划义务现值的增加或减少;设定受益计划结算利得或损失是下列两项的差额:①结算日确定的设定受益计划义务的现值;②结算价格,包括转移的计划资产的公允价值和企业直接发生的与结算相关的支付。

设定受益计划净负债或净资产的利息净额,是指设定受益净负债或净资产在职工提供服务期间由于时间变化而产生的变动,包括计划资产的利息收益、设定受益计划义务的利息费用以及资产上限影响的利息。

④ 确定应当计入其他综合收益的金额。

企业应当将重新计量设定受益计划净负债或净资产所产生的变动计入其他综合收益,并且在后续会计期间不允许转回至损益,但企业可以在权益范围内转移这些在其他综合收益中确认的金额。

重新计量设定受益计划净负债或净资产所产生的变动包括下列部分:①精算利得或损失,即由于精算假设和经验调整导致之前所计量的设定受益计划义务现值的增加或减少。②计划资产回报,扣除包括在设定受益净负债或净资产的利息净额中的金额。计划资产的回报,指计划资产产生的利息、股利和其他收入,以及计划资产已实现和未实现的利得或损失。企业在确定计划资产回报时,应当扣除管理该计划资产的成本以及计划本身的应付税款,但计量设定受益义务时所采用的精算假设所包括的税款除外。管理该计划资产以外的其他管理费用不需从计划资产回报中扣减。③资产上限影响的变动,扣除包括在设定受益计划净负债或净资产的利息净额中的金额。

3. 辞退福利

企业向职工提供辞退福利的,应当在以下两者孰早日确认辞退福利产生的职工薪酬负债,并计入当期损益。

① 企业不能单方面撤回解除劳动关系计划或裁减建议所提供的辞退福利时。

② 企业确认涉及支付辞退福利的重组相关的成本和费用时。

企业有详细、正式的重组计划并且该重组计划已对外公告时,表明已经承担了重组义务。重组计划包括重组涉及的业务、主要地点、需要补偿的职工人数及其岗位性质、预计重组支出、计划实施时间等。

企业应当按照辞退计划条款的规定，合理预计并确认辞退福利产生的职工薪酬负债，并具体考虑下列情况：

① 对于职工没有选择权的辞退计划，企业应当根据计划条款规定拟解除劳动关系的职工数量、每一职位的辞退补偿等确认职工薪酬负债。

② 对于自愿接受裁减建议的辞退计划，由于接受裁减的职工数量不确定，企业应当根据《企业会计准则第 13 号——或有事项》规定，预计将会接受裁减建议的职工数量，根据预计的职工数量和每一职位的辞退补偿等确认职工薪酬负债。

③ 对于辞退福利预期在其确认的年度报告期间期末后 12 个月内完全支付的辞退福利，企业应当适用短期薪酬的相关规定。

④ 对于辞退福利预期在年度报告期间期末后 12 个月内不能完全支付的辞退福利，企业应当适用其他长期职工福利的相关规定。

企业在确定提供的经济补偿是否为辞退福利时，应当区分辞退福利和正常退休养老金。辞退福利是在职工与企业签订的劳动合同到期前，企业根据法律与职工本人或职工代表(如工会)签订的协议，或者基于商业惯例，承诺当其提前终止对职工的雇佣关系时支付的补偿，引发补偿的事项是辞退。

对于职工虽然没有与企业解除劳动合同，但未来不再为企业提供服务，不能为企业带来经济利益，企业承诺提供实质上具有辞退福利性质的经济补偿的，如发生“内退”的情况，在其正式退休日期之前应当比照辞退福利处理，在其正式退休日期之后，应当按照离职后福利处理。

实施职工内部退休计划的，企业应当比照辞退福利处理，在内退计划符合《企业会计准则第 9 号——职工薪酬》规定的确认条件时，企业应当按照内退计划规定，将自职工停止提供服务日至正常退休日期间、企业拟支付的内退职工工资和缴纳的社会保险费等，确认为应付职工薪酬，一次性计入当期损益，不能在职工内退后各期分期确认因支付内退职工工资和为其缴纳社会保险费等产生的义务。

4. 其他长期职工福利

企业向职工提供的其他长期职工福利，符合设定提存计划条件的，应当按照设定提存计划的有关规定进行会计处理。企业向职工提供的其他长期职工福利，符合设定受益计划条件的，企业应当按照设定受益计划的有关规定，确认和计量其他长期职工福利净负债或净资产。

在报告期末，企业应当将其他长期职工福利产生的职工薪酬成本确认为下列组成部分：

(1) 服务成本。

(2) 其他长期职工福利净负债或净资产的利息净额。

(3) 重新计量其他长期职工福利净负债或净资产所产生的变动。

为了简化相关会计处理,上述项目的总净额应计入当期损益或相关资产成本。

长期残疾福利水平取决于职工提供服务期间长短的,企业应在职工提供服务的期间确认应付长期残疾福利义务,计量时应当考虑长期残疾福利支付的可能性和预期支付的期限;与职工提供服务期间长短无关的,企业应当在导致职工长期残疾的事件发生的当期确认应付长期残疾福利义务。

五、应缴税费

企业必须按照国家规定履行纳税义务,对其经营所得依法缴纳各种税费。这些应缴税费应按照权责发生制原则进行确认、计提,在尚未缴纳之前暂时留在企业,形成一项负债(应该上缴国家暂未上缴国家的税费)。企业应通过"应交税费"科目,总括反映各种税费的缴纳情况,并按照应交税费项目进行明细核算。该科目的贷方登记应交纳的各种税费,借方登记已交纳的各种税费,期末贷方余额反映尚未交纳的税费;期末如为借方余额反映多交或尚未抵扣的税费。

应交税费包括企业依法交纳的增值税、消费税、所得税、资源税、土地增值税、城市维护建设税、房产税、土地使用税、车船税、教育费附加、矿产资源补偿费等税费,以及在上缴国家之前,由企业代收代缴的个人所得税等。

应交税费核算规定如下:

一是本科目核算企业按照税法规定计算应交纳的各种税费,包括增值税、消费税、所得税、资源税、土地增值税、城市维护建设税、房产税、土地使用税、车船税、教育费附加、矿产资源补偿费等。

二是发生的房产税、车船税、土地使用税、印花税等借记"税金及附加"科目,贷记"应交税费"科目。

借:税金及附加

　　贷:应交税费

三是本科目应当按照应交税费的税种进行明细核算。应交增值税还应分别对"进项税额""销项税额""出口退税""进项税额转出""已交税金"等设置专栏进行明细核算。

(一) 增值税

增值税是对销售货物或者提供加工、修理修配劳务以及进口货物的单位和个人就其实现的增值额征收的一个税种。增值税是以商品(含应税劳务)在流转过程中产生的增值额作为计税依据而征收的一种流转税。从计税原理上说,增值税是对商品生产、流通、劳务服务中多个环节的新增价值或商品的附加值征收的一种流转税。实行价外税,也就是由消费者负担,有增值才征税没增值不征税。

在实际当中,商品新增价值或附加值在生产和流通过程中是很难准确计算的。因此,中国也采用国际上普遍采用的税款抵扣的办法。即根据销售商品或劳务的销售额,按规定的税率计算出销售税额,然后扣除取得该商品或劳务时所支付的增值税款,也就是进项税额,其差额就是增值部分应交的税额。

增值税的纳税人按其经营规模及会计核算是否健全划分为一般纳税人和小规模纳税人。下面分别说明一般纳税人和小规模纳税人的核算。

1. 一般纳税人

(1) 应纳增值税的计算

应纳增值税的计算公式:应纳增值税＝本期销项税额－本期进项税额。

本期销项税额的确定:本期销项税额＝本期销售额×增值税税率。

本期销售额为不含增值税的销售额,在增值税发票上销售额和增值税以价和税分别反映。如果销售额为含税销售额,在计算本期销项税额时,必须将含税销售额换算成不含税销售额。公式如下:

不含税销售额＝含税销售额÷(1＋增值税税率)

一般纳税人适用的税率有17%、11%、6%、0%等。

① 适用17%税率

销售货物或者提供加工、修理修配劳务以及进口货物。提供有形动产租赁服务。

② 适用11%税率

提供交通运输业服务。农产品(含粮食)、自来水、暖气、石油液化气、天然气、食用植物油、冷气、热水、煤气、居民用煤炭制品、食用盐、农机、饲料、农药、农膜、化肥、沼气、二甲醚、图书、报纸、杂志、音像制品、电子出版物。

③ 适用6%税率

提供现代服务业服务(有形动产租赁服务除外)。

④ 适用0%税率

出口货物等特殊业务。

本期进项税额的确定:

一是增值税专用发票。购入货物或接受应税劳务时,需取得销货单位或提供应税劳务单位开具的增值税发票，按发票上已注明的增值税额作为进项税额。

二是完税凭证。企业进口应税货物时，需取得海关的完税凭证，按完税凭证上注明的增值税额作为进项税额。

三是收购凭证。购入免税农产品或收购废旧物资时，按收购凭证上注明的收购金额和10%的扣除率计算进项税额。

四是运费单据。外购货物所支付的运杂费，按运费单据所列运费金额和7%的扣除率计算进项税额。

(2) 账户设置

企业应交的增值税，应在“应交税费”账户下设置“应交增值税”明细账户。

“应交税费——应交增值税”明细账户的格式和内容：其格式采用多栏式，在借方按“进项税额”“已交税金”“转出未交增值税”等分设专栏，在贷方按“销项税额”“进项税额转出”“转出多交增值税”等分设专栏。

“进项税额”记录企业购入货物或提供应税劳务已支付的增值税额。退回所购货物，用红字冲销已入账的进项税额。

“已交税金”记录企业已经向税务局交纳的增值税，退回多交的增值税用红字冲销。

“转出未交增值税”记录企业月末转出的应交未交的增值税。

“销项税额”记录企业销售货物或提供应税劳务应支付的增值税额。退回已销货物，用红字冲销已入账的销项税额。

“进项税额转出”记录企业的购进货物、在产品、产成品等发生非正常损失以及其他原因而不应从销项税额中抵扣，按规定转出的进项税额。

“转出多交增值税”记录企业月末转出的多交增值税。

“未交增值税”明细账户用来登记月末从“应交增值税”明细账中转入的本月未交或多交的增值税。

(3) 账务处理

① 一般购销业务

例 11.8

光华公司购入材料一批，增值税专用发票上注明价款为30 000元，增值税额为5 100元，货款以银行存款支付，材料已验收入库。

借：原材料　　30 000

　　应交税费——应交增值税(进项税额)　　5 100

　　贷：银行存款　　35 100

例 11.9

光华公司销售商品一批，增值税专用发票上注明价款为 1 000 000 元，增值税额为 170 000 元，货款已收到并存入银行。

借：银行存款 1 170 000
　贷：主营业务收入 1 000 000
　　应交税费——应交增值税(销项税额) 170 000

② 视同销售业务

在企业经营过程中，有些业务不是销售业务，即双方没有进行交易，但是企业货物已经转移，按照税法规定视同销售业务，需交纳增值税并开具增值税发票。

有 8 种行为在增值税法中被视同为销售货物，均要征收增值税，分别是：将货物交由他人代销，代他人销售货物，将货物从一地移送至另一地(同一县市除外)，将自产或委托加工的货物用于非应税项目，将自产、委托加工或购买的货物作为对其他单位的投资，将自产、委托加工或购买的货物分配给股东或投资者，将自产、委托加工的货物用于职工福利或个人消费，将自产、委托加工或购买的货物无偿赠送他人。

计算增值税的销售额应按当月同类货物的平均销售价格确定；按最近时期同类货物的平均销售价格确定；按组成计税价格确定，公式为：组成计税价格＝成本＋(1＋成本利润率)。

例 11.10

光华公司用本企业生产的产品对红星公司进行投资，双方协商按成本作价。该产品的成本为 450 000 元，计税价格为 500 000 元，增值税率为 17%。

借：长期股权投资 535 000
　贷：库存商品 450 000
　　应交税费——应交增值税(销项税额) 85 000 (500 000 × 17%)

例 11.11

光华公司将本企业生产的产品用于自建工程，其成本为 80 000 元，计税价格为 100 000 元，增值税率为 17%。

借：在建工程 97 000

贷:库存商品　　80 000

应交税费——应交增值税(销项税额)　17 000 (100 000×17%)

③ 不予以抵扣项目

纳税企业购进货物或接受应税劳务已支付的增值税并不是全部都可以抵扣。下列情况按税法规定不允许抵扣:用于非应税项目的购进货物或者应税劳务;用于免税项目的购进货物或者应税劳务;用于集体福利或者个人消费的购进货物或者应税劳务;非正常损失的购进货物;非正常损失的在产品、库存商品所耗用的购进货物或者应税劳务。

例 11.12

光华公司自建工程领用生产产品用的材料,增值税专用发票上注明价款为 50 000 元,增值税额为 8 500 元。

借:在建工程　　58 500

贷:原材料　　50 000

应交税费——应交增值税(进项税额转出)　　8 500

④ 上缴增值税

例 11.13

光华公司 8 月末计算本月欠交增值税为 5 000 元。9 月上旬缴纳上月欠交税款 5 000 元。

(1) 8 月末

借:应交税费——应交增值税(转出未交增值税)　　5 000

贷:应交税费——未交增值税　　5 000

(2) 9 月缴纳上月欠交税款

借:应交税费——未交增值税　　5 000

贷:银行存款　　5 000

2. 小规模纳税人

(1) 小规模纳税人的条件

小规模纳税人是指年销售额在规定标准以下,并且会计核算不健全,不能按规定报送有关税务资料的增值税纳税人。会计核算不健全是指不能正确核算增值税的销项税额、进项税额和应纳税额。

《关于北京等8省市营业税改征增值税试点增值税一般纳税人资格认定有关事项的公告》(国家税务总局公告2012年第38号)规定：试点实施前应税服务年销售额未超过500万元的试点纳税人，可以向主管税务机关申请一般纳税人资格认定。超过500万元的小规模纳税人应当申请一般纳税人资格认定。除国家税务总局另有规定外，纳税人一经认定为一般纳税人以后，不得转为小规模纳税人。

增值税对小规模纳税人采用简易征收办法，对小规模纳税人适用的税率称为征收率。考虑到小规模纳税人经营规模小，且会计核算不健全，难以按增值税税率计税和使用增值税专用抵扣进项税额，因此实行按销售额与征收率计算应纳税额的建议办法。自2009年1月1日起，小规模纳税人增值税征收率由过去的6%和4%一律调整为3%，不再设置工业和商业两档征收率。

(2) 应纳增值税额的计算

应纳增值税额的相关计算公式：应纳增值税＝不含税销售额×征收率3%

不含税销售额＝含税销售额÷(1＋3%)

进项税额不得抵扣。

(3) 账户设置及账务处理

在"应交税费"账户下仍需设置"应交增值税"明细账，格式采用三栏式。

例11.14

华联实业股份有限公司假设为小规模纳税人，从一般纳税人企业购进材料，增值税专用发票注明价款为10 000元，增值税额为1 700元。材料已验收入库，货款用银行存款支付。

借：原材料　11 700

　　贷：银行存款　11 700

例11.15

光华公司假设为小规模纳税人，销售产品一批，货款为10 300元尚未收到。

计算不含税销售额：10 300÷(1＋3%)＝10 000(元)

计算应纳增值税额：10 000×3%＝300(元)

借：银行存款　10 300

贷:主营业务收入　　10 000

　应交税费——应交增值税　　300

(二) 消费税

消费税是指在我国境内生产、委托加工和进口应税消费品的单位和个人,按其流转额缴纳的一种税。消费税有从价定率、从量定额、从价定率和从量定额(简称复合计税)三种征收方法。采取从价定率方法征收的消费税,以不含增值税的销售额为税基,按照税法规定的税率计算。企业的销售收入包含增值税的,应将其换算为不含增值税的销售额。采取从量定额计征的消费税,按税法确定的企业应税消费品的数量和单位应税消费品应缴纳的消费税计算确定。采取复合计税计征的消费税,由以不含增值税的销售额为税基,按照税法规定的税率计算的消费税和根据按税法确定的企业应税消费品的数量和单位应税消费品应缴纳的消费税计算的消费税合计确定。

应缴消费税的账务处理

企业应在"应缴税费"科目下设置"应缴消费税"明细科目,核算应缴消费税的发生、缴纳情况。该科目贷方登记应缴纳的消费税,借方登记已缴纳的消费税,期末贷方余额,反映企业尚未缴纳的消费税,期末借方余额,反映企业多缴纳的消费税。

1. 销售应税消费品

企业销售应税消费品应缴的消费税,应借记"税金及附加"科目,贷记"应缴税费——应缴消费税"科目。

例 11.16

甲企业销售所生产的化妆品,价款1 000 000元(不含增值税),开具的增值税专用发票上注明的增值税税额为170 000元,适用的消费税税率为30%,款项已存入银行。甲公司应编制如下会计分录:

(1) 取得价款和税款时:

借:银行存款　　1 170 000

　贷:主营业务收入　　1 000 000

　　应缴税费——应缴增值税(销项税额)　　170 000

(2) 计算应缴纳的消费税:

应纳消费税额=1 000 000×30%=300 000(元)

借:税金及附加　　300 000

　贷:应缴税费——应缴消费税　　300 000

2. 自产自用应税消费品

企业将生产的应税消费品用于在建工程等非生产机构时，按规定应缴纳的消费税，借记“在建工程”等科目，贷记“应缴税费——应缴消费税”科目。

例 11.17

乙企业在建工程领用自产柴油，成本为 50 000 元，应纳消费税 6 000 元。不考虑其他相关税费。乙企业应编制如下会计分录：

	借方	贷方
借：在建工程	56 000	
贷：库存商品		50 000
应缴税费——应缴消费税		6 000

例 11.18

丙企业下设的职工食堂享受企业提供的补贴，本月领用自产产品一批，该产品的账面成本 20 000 元，市场价格 30 000 元，适用的增值税税率为 17%、消费税税率为 10%。丙企业应编制如下会计分录：

	借方	贷方
借：应付职工薪酬——职工福利费	35 100	
税金及附加	3 000	
贷：主营业务收入		30 000
应缴税费——应缴增值税（销项税额）		5 100
——应缴消费税		3 000

同时：

	借方	贷方
借：主营业务成本	20 000	
贷：库存商品		20 000

3. 委托加工应税消费品

企业如有应缴消费税的委托加工物资，一般应由受托方代收代缴税款。委托加工物资收回后，直接用于销售的，应将受托方代收代缴的消费税计入委托加工物资的成本，借记“委托加工物资”等科目，贷记“应付账款”“银行存款”等科目；委托加工物资收回后用于连续生产应税消费品的，按规定准予抵扣的，应按已由受托方代收代缴的消费税，借记“应缴税费——应缴消费税”科目，贷记“应付账款”“银行存款”等科目，待用委托加工的应税消费品生产出应纳消费税的产品销售时，再缴纳消费税。

例 11.19

甲企业委托乙企业代为加工一批应缴消费税的材料(非金银首饰)。甲企业的材料成本为 2 000 000 元,加工费为 400 000 元,增值税税率为 17%,由乙企业代收代缴的消费税为 160 000 元。材料已经加工完成,并由甲企业收回验收入库,加工费尚来支付。甲企业采用实际成本法进行原材料的核算。甲企业应编制如下会计分录:

(1) 如果委托加工物资收回继续用于生产应税消费品:

借:委托加工物资　　2 000 000

　　贷:原材料　　2 000 000

借:委托加工物资　　400 000

　　应缴税费——应缴增值税(进项税额)　　6 800

　　　　　　——应缴消费税　　160 000

　　贷:应付账款　　628 000

借:原材料　　2 400 000

　　贷:委托加工物资　　2 400 000

(2) 如果委托加工物资收回直接对外销售

借:委托加工物资　　2 000 000

　　贷:原材料　　2 000 000

借:委托加工物资　　560 000

　　应缴税费——应缴增值税(进项税额)　　6 800

　　贷:应付账款　　628 000

借:原材料　　2 560 000

　　贷:委托加工物资　　2 560 000

4. 进口应税消费品

企业进口应税物资在进口环节应缴的消费税,计入该项物资的成本,借记"材料采购"、"固定资产"等科目,贷记"银行存款"科目。

例 11.20

甲企业从国外进口一批需要缴纳消费税的商品价值 1 000 000 元(不含增值税),进口环节需要缴纳的消费税为 200 000 元,采购的商品已经验收入库,货款和税款已经用银行存款支付。对该批商品的消费税甲企业应编制如下会计分录：

借：库存商品 1 200 000

贷：银行存款 1 200 000

(三) 其他应缴税费

其他应缴税费是指除上述应缴税费以外的其他各种应上缴国家的税费，包括应缴资源税、应缴城市维护建设税、应缴土地增值税、应缴所得税、应缴房产税、应缴土地使用税、应缴车船税、应缴教育费附加、应缴矿产资源补偿费、应缴个人所得税等。企业应当在“应缴税费”科目下设置相应的明细科目进行核算，贷方登记应缴纳的有关税费，借方登记已缴纳的有关税费，期末贷方余额，反映企业尚未缴纳的有关税费。

1. 资源税

资源税是对在我国境内开采矿产品或者生产盐的单位和个人征收的税。对外销售应税产品应缴纳的资源税应记入“税金及附加”科目，借记“税金及附加”科目，贷记“应缴税费——应缴资源税”科目；自产自用应税产品应缴纳的资源税应记入“生产成本”“制造费用”等科目，借记“生产成本”“制造费用”等科目，贷记“应缴税费——应缴资源税”科目。

例 11.21

甲企业本期对外销售资源税应税矿产品 3 600 吨、将自产资源税应税矿产品 800 吨用于其产品生产，税法规定每吨矿产品应缴资源税 5 元。甲企业应编制如下会计分录：

(1) 计算对外销售应税矿产品应缴资源税：

借：税金及附加 18 000

贷：应缴税费——应缴资源税 18 000

企业对外销售应税产品而应缴的资源税＝3 600×5＝18 000(元)

(2) 计算自用应税矿产品应缴资源税：

借：生产成本 4 000

贷：应缴税费——应缴资源税 4 000

企业自产自用应税矿产品而应缴纳的资源税＝800×5＝4 000(元)

(3) 应缴资源税：

借：应缴税费——应缴资源税 22 000

贷：银行存款 22 000

2. 城市维护建设税

城市维护建设税是以增值税和消费税为计税依据征收的一种税。其纳税人为缴纳增值税和消费税的单位和个人，以纳税人实际缴纳的增值税和消费税税额为计税依据，并分别与两项税金同时缴纳。税率因纳税人所在地不同从1%—7%不等。公式为：

应纳税额=(应缴增值税+应缴消费税)×适用税率

企业按规定计算出应缴纳的城市维护建设税，借记“税金及附加”等科目，贷记“应缴税费——应缴城市维护建设税”科目。缴纳城市维护建设税，借记“应缴税费——应缴城市维护建设税”科目，贷记“银行存款”科目。

例 11.22

甲企业本期实际应缴增值税 510 000 元、消费税 240 000 元，适用的城市维护建设税税率为 7%。甲企业应编制如下会计分录：

(1) 计算应缴城市维护建设税：

借：税金及附加　　52 500

　　贷：应缴税费——应缴城市维护建设税　　52 500

应缴的城市维护建设税=(510 000+240 000)×7%=52 500(元)

(2) 用银行存款缴纳城市维护建设税

借：应缴税费——应缴城市维护建设税　　52 500

　　贷：银行存款　　52 500

3. 教育费附加

教育费附加是为了发展教育事业而向企业征收的附加费用，企业按应缴流转税的一定比例计算缴纳。企业按规定计算出应缴纳的教育费附加，借记“税金及附加”等科目，贷记“应缴税费——应缴教育费附加”科目。

例 11.23

甲企业按税法规定计算，2016 年第四季度应缴纳教育费附加 300 000 元。款项已经用银行存款支付。甲企业应编制如下会计分录：

(1) 计算应缴纳的教育费附加：

借：税金及附加　　300 000

　　贷：应缴税费——应缴教育费附加　　300 000

(2) 交教育费附加：

借：应缴税费应缴教育费附加 300 000

贷：银行存款 300 000

4. 土地增值税

土地增值税是对转让国有土地使用权、地上的建筑物及其附着物(以下简称转让房地产)并取得增值性收入的单位和个人所征收的一种税。

土地增值税按照转让房地产所取得的增值额和规定的税率计算征收。转让房地产的增值额是转让收入减去税法规定扣除项目金额后的余额，其中，转让收入包括货币收入、实物收入和其他收入；扣除项目主要包括取得土地使用权所支付的金额、开发土地的成本及费用、新建房及配套设施的成本及费用、与转让房地产有关的税金、旧房及建筑物的评估价格、财政部确定的其他扣除项目等。土地增值税采用四级超率累进税率，其中最低税率为30%，最高税率为60%。

根据企业对房地产核算方法不同，企业应缴土地增值税的账务处理也有所区别：企业转让的土地使用权连同地上建筑物及其附着物一并在“固定资产”科目核算的，转让时应缴的土地增值税，借记“固定资产清理”科目，贷记：“应缴税费——应缴土地增值税”科目；土地使用权在“无形资产”科目核算的，借记“银行存款”“累计摊销”“无形资产减值准备”科目，按应缴的土地增值税，贷记“应缴税费——应缴土地增值税”科目，同时冲销土地使用权的账面价值，贷记“无形资产”科目，按其差额，借记“营业外支出”科目或贷记“营业外收入”科目；房地产开发经营企业销售房地产应缴纳的土地增值税，借记“税金及附加”科目，贷记“应缴税费——应缴土地增值税”科目。缴纳土地增值税，借记“应缴税费——应缴土地增值税”科目，贷记“银行存款”科目。

例 11.24

甲企业对外转让一栋厂房，根据税法规定计算的应缴土地增值税为25 000元，甲企业应编制如下会计分录：

(1) 计算应缴土地增值税：

借：固定资产清理 25 000

贷：应缴税费——应缴土地增值税 25 000

(2) 用银行存款缴纳土地增值税：

借：应缴税费——应缴土地增值税 25 000

贷：银行存款 25 000

5. 房产税、城镇土地使用税、车船税和矿产资源补偿费

房产税是国家对在城市、县城、建制镇和工矿区征收的由产权所有人缴纳的一种税。房产税依照房产原值一次减除10%—30%后的余额计算缴纳。没有房产原值作为依据的，由房产所在地税务机关参考同类房产核定；房产出租的，以房产租金收入为房产税的计税依据。

城镇土地使用税是以城市、县城、建制镇、工矿区范围内使用土地的单位和个人为纳税人，以其实际占用的土地面积和规定税额计算征收。

车船税是以车辆、船舶(简称车船)为课征对象，向车船的所有人或者管理人征收的一种税。

矿产资源补偿费是对在我国领域和管辖海域开采矿产资源而征收的费用。矿产资源补偿费按照矿产品销售收入的一定比例计征，由采矿人缴纳。

企业应缴的房产税、城镇土地使用税、车船税、矿产资源补偿费，记入“税金及附加”科目，借记“税金及附加”科目，贷记“应缴税费——应缴房产税或应缴城镇土地使用税、应缴车船税、应缴矿产资源补偿费”科目。

例 11.25

某企业按税法规定本期应缴纳房产税160 000元、车船税38 000元、城镇土地使用税45 000元。该企业应编制如下会计分录：

(1) 计算应缴纳上述税金：

	借方	贷方
借：税金及附加	243 000	
贷：应缴税费——应缴房产税		160 000
——应缴城镇土地使用税		45 000
——应缴车船税		38 000

(2) 用银行存款缴纳上述税金：

	借方	贷方
借：应缴税费——应缴房产税	160 000	
——应缴城镇土地使用税	45 000	
——应缴车船税	38 000	
贷：银行存款		243 000

6. 个人所得税

企业职工按规定应缴纳的个人所得税通常由单位代扣代缴。企业按规定计算的代扣代缴的职工个人所得税，借记“应付职工薪酬”科目，贷记“应缴税费——应缴个人所得税”科目；企业缴纳个人所得税时，借记“应缴税费——应缴

个人所得税”科目，贷记“银行存款”等科目。

例 11.26

某企业结算本月应付职工工资总额 300 000 元，按税法规定应代扣代缴的职工个人所得税共计 3 000 元，实发工资 297 000 元。该企业应编制如下会计分录：

（1）代扣个人所得税：

借：应付职工薪酬——职工工资、奖金、津贴和补贴　　3 000

　　贷：应缴税费——应缴个人所得税　　3 000

（2）缴纳个人所得税

借：应缴税费——应缴个人所得税　　3 000

　　贷：银行存款　　3 000

六、其他流动负债

（一）应付利息

应付利息是指企业按照合同约定应支付的利息，包括吸收存款、分期付息到期还本的长期借款、企业债券等应支付的利息。本科目可按存款人或债权人进行明细核算。（应付利息与应计利息的区别是：应付利息属于借款，应计利息属于企业存款。）

资产负债表日，按摊余成本和实际利率计算确定的利息费用，借记“在建工程”“财务费用”“研发支出”等科目；按合同利率计算确定的应付未付利息，贷记“应付利息”；按借贷双方之间的差额，借记或贷记“长期借款——利息调整”等科目。

合同利率与实际利率差异较小的，也可以采用合同利率计算确定利息费用。实际支付利息时，借记“应付利息”科目，贷记“银行存款”等科目。

例 11.27

光华公司于 2017 年 1 月 1 日向银行借入一笔生产经营用短期借款，共计 120 000 元，期限为 9 个月，年利率为 8%。根据与银行签署的借款协议。该项借款的本金到期后一次归还；利息分月预提，按季支付。光华公司的有关会计处理如下：

（1）1 月 1 日借入短期借款时

借：银行存款　　120 000

　　贷：短期借款　　120 000

(2) 1 月末,计提 1 月份应计利息时

本月应计提的利息金额 $=120\,000\times 8\%\div 12=800$(元)

本例中,短期借款利息 800 元属于企业的筹资费用,应计入"财务费用"科目。

借:财务费用　　800

　　贷:应付利息　　800

2 月末计提 2 月份利息费用的处理与 1 月份相同。

(3) 3 月末支付第一季度银行借款利息时

借:应付利息　　1 600

　　财务费用　　800

　　贷:银行存款　　2 400

第二、三季度的会计处理同上。

(4) 10 月 1 日偿还银行借款本金时

借:短期借款　　120 000

　　贷:银行存款　　120 000

如果上述借款期限是 8 个月,则到期日为 9 月 1 日,8 月末之前的会计处理与上述相同。9 月 1 日偿还银行借款本金,同时支付 7 月和 8 月已提未付利息:

借:短期借款　　120 000

　　应付利息　　1 600

　　贷:银行存款　　121 600

(二) 应付股利

企业的应付股利,是指按协议规定应该支付给投资者的利润。由于企业的资金通常有投资者投入,因此,企业在生产经营过程中实现的利润,在依法纳税后,还必须向投资人分配利润。而这些利润在应付未付之前暂时留在企业内,构成了企业的一项负债。

在我国,股利的支付通常有两种基本形式,即现金股利和股票股利。所谓现金股利,是指企业以现金形式向股东派发的股利;而股票股利则是企业用增发的股票向股东派发的股利。当作股利发放的股票又称红股,俗称送股。

当企业股东大会决议确定分配现金股利时,自宣告之日起,应付的股利就构成企业的一项流动负债;如果股东大会决议确定发放股票股利,则并不构成企业的负债,因为它只是从未分配利润转增股本,是企业权益内部的一种变化,不会引起任何含有经济利益的资源外流。因此,按会计制度规定,设置"应付股利"科目,核算内容为企业股东大会决议确定分配的现金股利,而企业分配的股票股

利，在正式办理增资手续以前，只需在备查簿中作相应登记，不需要作正式的账务处理。

通常，企业派发现金股利需经历两个步骤或阶段：首先，企业股东大会决议确定并宣告股利分配方案，这时，按应支付的现金股利，借记“利润分配——应付股利”科目，贷记“应付股利”科目；然后，企业如数拨出一笔现款存入受托的证券公司或银行，用于实际支付股东的现金股利，此时，借记“应付股利”科目，贷记“库存现金”“银行存款”等科目。

例 11.28

经股东大会表决通过，光华公司 2017 年度的分配方案为每 10 股派发 0.5 元的现金股利，共计 430 000 000 元。企业应作如下会计处理。

（1）宣告发放现金股利

借：利润分配——应付股利　　430 000 000

　　贷：应付股利　　430 000 000

（2）支付现金股利

借：应付股利　　430 000 000

　　贷：库存现金　　430 000 000

应该注意的是，企业董事会或类似机构通过的利润分配方案中拟分配的现金股利或利润，不应确认负债，但应在附注中披露。

(三) 其他应付款

其他应付款是指企业在商品交易业务以外发生的应付和暂收款项。指企业除应付票据、应付账款、应付工资、应付利润等以外的应付、暂收其他单位或个人的款项。

企业采用售后回购方式融资的，应按实际收到的金额，借记“银行存款”科目，贷记“其他应付款”科目。回购价格与原销售价格之间的差额，应在售后回购期间内按期计提利息费用，借记“财务费用”科目，贷记“其他应付款”科目。按照合同约定购回该项商品时，应按实际支付的金额，借记“其他应付款”科目，贷记“银行存款”科目。

企业发生的其他各种应付、暂收款项，借记“管理费用”等科目，贷记“其他应付款”科目；支付的其他各种应付、暂收款项，借记“其他应付款”科目，贷记“银行存款”等科目。

例 11.29

光华公司以经营性租赁方式租入厂房一幢，按租赁合同规定，每月租金于次月底支付，本月计提应付租金 2 500 元。应记录：

(1) 本月计提应付租金

借：制造费用　　2 500

　　贷：其他应付款——应付租金　　2 500

(2) 次月底通过银行转账支付应付租金

借：其他应付款——应付租金　　2 500

　　贷：银行存款　　2 500

例 11.30

光华公司实行退休金统筹，本月按规定标准计提统筹退休金 3 000 元。则应记录：

借：管理费用——劳动保险费　　3 000

　　贷：其他应付款——应付统筹退休金　　3 000

例 11.31

光华公司出租给某企业机器设备一台，收到租用押金 6 000 元，应记录：

借：银行存款　　6 000

　　贷：其他应付款　　6 000

例 11.32

接【例 11.31】，某企业租赁期结束退还该机器设备，光华公司退还押金，应记录：

借：其他应付款　　6 000

　　贷：银行存款　　6 000

第三节　非流动负债

按照《企业会计准则第 30 号——财务报表列报》的要求，负债分为流动负债和非流动负债（也称长期负债）。流动负债以外的负债为长期负债。长期负债通常包括长期借款、长期应付款、应付债券等。根据《企业会计准则第22号——金融工具确认和计量》的规定，长期负债应当按照公允价值进行初始计量，采用摊余成本进行后续计量。实际利率与合同利率差别较小的，也可按合同利率计算利息费用。有关摊余成本和利息费用的计算确定参见本书第九章的相关内容。

一、长期借款

长期借款是指企业向银行或其他金融机构借入的期限在一年以上(不含一年)或超过一年的一个营业周期以上的各项借款。我国股份制企业的长期借款主要是向金融机构借入的各项长期性借款，如从各专业银行、商业银行取得的贷款；除此之外，还包括向财务公司、投资公司等金融企业借入的款项。长期借款的有关账务处理如下：

企业借入各种长期借款，按实际收到的款项，借记"银行存款"科目；按借款本金，贷记"长期借款——本金"科目；按其差额，借记"长期借款——利息调整"科目。

在资产负债表日，企业应按长期借款的摊余成本和实际利率计算确定的长期借款的利息费用，借记"在建工程""财务费用""制造费用"等科目；按借款本金和合同利率计算确定的应付未付利息，贷记"应付利息"科目(对于一次还本付息的长期借款，贷记"长期借款——应计利息"科目)；按其差额，贷记"长期借款——利息调整"科目。企业归还长期借款，按归还的长期借款本金，借记"长期借款——本金"科目；按转销的利息调整金额，贷记"长期借款——利息调整"科目；按实际归还的款项，贷记"银行存款"科目；按其差额，借记"在建工程""财务费用""制造费用"等科目。

例 11.33

光华公司为建造一幢A厂房，于2016年1月1日向工商银行借入期限为2年的长期专门借款1 500 000元，款项已存入银行。借款利率按市场利率确定为9%，每年付息一次，期满后一次还清本金。2016年年初，该企业以银行存款支付工程价款共计900 000元，2012年年初，又以银行存款支付工程费用600 000元。该厂房于2017年8月31日完工，达到预定可使用状态。假定不考虑闲置专门借款资金存款的利息收入或者投资收益。该企业有关账务处理如下：

(1) 2016年1月1日，取得借款时

借：银行存款 1 500 000

　　贷：长期借款——工商银行——本金 1 500 000

(2) 2016 年年初，支付工程款时

借：在建工程——厂房　　900 000

　贷：银行存款　　900 000

(3) 2016 年 12 月 31 日，计算 2011 年应计入工程成本的利息费用时

借款利息＝1 500 000×9%＝135 000(元)

借：在建工程——厂房　　135 000

　贷：应付利息——工商银行　　135 000

(4) 2016 年 12 月 31 日，支付借款利息时

借：应付利息——工商银行　　135 000

　贷：银行存款　　135 000

(5) 2016 年年初，支付工程款时

借：在建工程——厂房　　600 000

　贷：银行存款　　600 000

(6) 2017 年 8 月 31 日，工程达到预定可使用状态时

该期应计入工程成本的利息＝(1 500 000×9%÷12)×8＝90 000(元)

借：在建工程——厂房　　90 000

　贷：应付利息——工商银行　　90 000

借：固定资产——厂房　　1 725 000

　贷：在建工程——厂房　　725 000

(7) 2017 年 12 月 31 日，计算 2012 年 9～12 月的利息费用时

应计入财务费用的利息＝(1 500 000×9%÷12)×4＝45 000(元)

借：财务费用——××借款　　45 000

　贷：应付利息——工商银行　　45 000

(8) 2017 年 12 月 31 日，支付利息时

借：应付利息——工商银行　　135 000

　贷：银行存款　　135 000

(9) 2018 年 1 月 1 日，到期还本时

借：长期借款——工商银行——本金　　1 500 000

　贷：银行存款　　1 500 000

二、应付债券

债券是企业依照法定程序发行，约定在一定期限内还本付息的有价证券。应付债券就是企业在记账时的一个会计科目，即发行债券的企业在到期时应付

钱给持有债券的人(包括本钱和利息)。

(一) 一般公司债券

1. 公司债券的发行

企业发行的一年期以上的债券,构成了企业的长期负债。公司债券的发行方式有3种,即面值发行、溢价发行、折价发行。假设不考虑其他条件,债券的票面利率高于市场利率时,可按超过债券票面价值的价格发行,称为溢价发行,溢价是企业以后各期多付利息而事先得到的补偿;如果债券的票面利率低于市场利率,可按低于债券票面价值的价格发行,称为折价发行,折价是企业以后各期少付利息而预先给投资者的补偿;如果债券的票面利率与市场利率相同,可按票面价值的价格发行,称为面值发行。溢价或折价实质上是发行债券企业在债券存续期内对利息费用的一种调整。

无论是按面值发行,还是溢价发行或折价发行,企业均应按债券面值记入"应付债券——面值"科目,实际收到的款项与面值的差额记入"应付债券——利息调整"科目。企业发行债券时,按实际收到的款项,借记"银行存款"等科目,按债券票面价值,贷记"应付债券——面值"科目,按实际收到的款项与票面价值之间的差额,贷记或借记"应付债券——利息调整"科目。

2. 利息调整的摊销

利息调整应在债券存续期间内采用实际利率法进行摊销。

企业发行的债券通常分为到期一次还本付息和分期付息、一次还本两种。在资产负债表日,对于分期付息、一次还本的债券,企业应按应付债券的摊余成本和实际利率计算确定的债券利息费用,借记"在建工程""制造费用""财务费用"等科目;按票面利率计算确定的应付未付利息,贷记"应付利息"科目;按其差额,借记或贷记"应付债券——利息调整"科目。

例 11.34

2012年12月31日,光华公司经批准发行5年期一次还本、分期付息的公司债券10 000 000元,债券利息在每年12月31日支付,票面利率为年利率6%。假定债券发行时的市场利率为5%。

光华公司该批债券实际发行价格为:

$$10\,000\,000 \times 0.783\,5 + 10\,000\,000 \times 6\% \times 4.329\,5 = 10\,432\,700$$

光华公司根据上述资料,采用实际利率法和摊余成本计算确定的利息费用,如表11.1所示。

表 11.1　　光华公司 2012 年 12 月 31 日发行债券的利息费用计算表　　单位:元

付息日期	应付利息	利息费用	摊销的利息调整	应付债券摊余成本
2012.12.31				10 432 700.00
2013.12.31	600 000	521 635.00	78 365.00	10 354 335.00
2014.12.31	600 000	517 716.75	82 283.25	10 272 051.75
2015.12.31	600 000	513 602.59	86 397.41	10 185 654.34
2016.12.31	600 000	509 282.72	90 717.28	10 094 937.06
2017.12.31	600 000	505 062.94*	94 937.06	10 000 000.00

*尾数调整。

根据上表资料,甲公司作如下账务处理:

(1) 2012 年 12 月 31 日,发行债券时

借:银行存款　　10 432 700

　贷:应付债券——面值　　1 000 000

　　　　　　——利息调整　　432 700

(2) 2013 年 12 月 31 日,计算利息费用时

借:财务费用　　521 635

　应付债券——利息调整　　78 365

　贷:应付利息　　600 000

2014 年、2015 年、2016 年确认利息费用的会计处理同 2013 年。

对于一次还本付息的债券,企业应于资产负债表日按摊余成本和实际利率计算确定的债券利息费用,借记"在建工程""制造费用""财务费用"等科目;按票面利率计算确定的应付未付利息,贷记"应付债券——应计利息"科目;按其差额,借记或贷记"应付债券——利息调整"科目。

3. 债券的偿还

采用一次还本付息方式的,企业应于债券到期支付债券本息时,借记"应付债券——面值""应付债券——应计利息"科目,贷记"银行存款"科目。采用一次还本、分期付息方式的,在每期支付利息时,借记"应付利息"科目,贷记"银行存款"科目;债券到期偿还本金并支付最后一期利息时,借记"应付债券——面值""在建工程""财务费用"科目;按其差额,借记或贷记"应付债券——利息调整"科目。

例 11.35

沿用【例 11.32】,2017 年 12 月 31 日归还债券本金及最后一期的利息费用时:

借:财务费用　505 062.94
　应付债券——面值　10 000 000
　　　　——利息调整　94 937.06
　贷:银行存款　10 600 000.00

采用一次还本付息方式的,企业应于债券到期支付债券本息时,借记"应付债券——面值、应计利息"等科目,贷记"银行存款"科目。

(二) 可转换公司债券

我国发行可转换公司债券采取记名式无纸化发行方式。企业发行的可转换公司债券,既含有负债成分又含有权益成分,根据《企业会计准则第 37 号——金融工具列报》的规定:应当在初始确认时将负债和权益成分进行分拆,分别进行处理。企业在进行分拆时,应当先确定负债成分的公允价值并以此作为其初始确认金额,确认为应付债券;再按照该可转换公司债券整体的发行价格扣除负债成分初始确认金额后的金额确定权益成分的初始确认金额,确认为资本公积。负债成分的公允价值是合同规定的未来现金流量按一定利率折现的现值。其中,利率根据市场上具有可比信用等级并在相同条件下提供几乎相同的现金流量,但不具有转换权的工具的适用利率确定。发行该可转换公司债券发生的交易费用,应当在负债成分和权益成分之间按照其初始确认金额的相对比例进行分摊。企业发行可转换公司债券的有关账务处理如下:

企业发行的可转换公司债券在"应付债券"科目下设置"可转换公司债券"明细科目核算。企业应按实际收到的款项,借记"银行存款"等科目,按可转换公司债券包含的负债成分面值,贷记"应付债券——可转换公司债券——面值"科目;按权益成分的公允价值,贷记"其他权益工具"科目;按其差额,借记或贷记"应付债券——可转换公司债券——利息调整"科目。对于可转换公司债券的负债成分,在转换为股份前,其会计处理与一般公司债券相同,即按照实际利率和摊余成本确认利息费用,按照面值和票面利率确认应付债券或应付利息,差额作为利息调整。

可转换公司债券持有人行使转换权利,将其持有的债券转换为股票的,按可转换公司债券的余额,借记"应付债券——可转换公司债券——面值"科目,借记或贷记“应付债券——可转换公司债券——利息调整”科目；按其权益成分的金额，借记“其他权益工具”科目；按股票面值和转换的股数计算的股票面值总额，贷记“股本”科目；按其差额，贷记“资本公积——股本溢价”科目。如用现金支付不可转换股票的部分，还应贷记“库存现金”“银行存款”等科目。

例 11.36

光华公司经批准于 2016 年 1 月 1 日按每份面值 100 元发行了 1 000 000 份 5 年期一次还本、分期付息的可转换公司债券，共计 100 000 000 元，款项已收存银行，债券票面年利率为 6%。债券发行 1 年后可转换为光华公司普通股股票，转股时每份债券可转 10 股，股票面值为每股 1 元。假定 2017 年 1 月 1 日债券持有人将持有的可转换公司债券全部转换为光华公司普通股股票。光华公司发行可转换公司债券时二级市场上与之类似的没有转换权的债券市场利率为 9%。该可转换公司债券发生的利息费用不符合资本化条件。

光华公司有关该可转换公司债券的账务处理如下：

(1) 2016 年 1 月 1 日，发行可转换公司债券时

确定可转换公司债券负债成分的公允价值＝100 000 000×$(P/S, 9\%, 5)$＋100 000 000×6%×$(P/A, 9\%, 5)$＝100 000 000×0.649 9＋100 000 000×6%×3.889 7＝88 328 200(元)

可转换公司债券权益成分的公允价值＝100 000 000－88 328 200＝11 671 800(元)

借：银行存款　　100 000 000
　　应付债券——可转换公司债券——利息调整　　11 671 800
　贷：应付债券——可转换公司债券——面值　　100 000 000
　　　其他权益工具——可转换公司债券　　11 671 800

(2) 2016 年 12 月 31 日，确认利息费用时

应计入财务费用的利息＝88 328 200×9%＝7 949 538(元)

当期应付未付的利息费用＝100 000 000×6%＝6 000 000(元)

借：财务费用　　7 949 538
　贷：应付利息　　6 000 000
　　　应付债券——可转换公司债券——利息调整　　1 949 538

(3) 2017 年 1 月 1 日，债券持有人行使转换权时

转换的股份数＝1 000 000×10＝10 000 000(股)

借：应付债券——可转换公司债券——面值　　100 000 000

其他权益工具——可转换公司债券　　11 671 800
贷:股本　　10 000 000
　应付债券——可转换公司债券——利息调整　　9 722 262
　资本公积——股本溢价　　91 949 538

企业发行附有赎回选择权的可转换公司债券,其在赎回日可能支付的利息补偿金,即债券约定赎回期届满日应当支付的利息减去应付债券票面利息的差额,应当在债券发行日至债券约定赎回届满日期间计提应付利息,计提的应付利息分别计入相关资产成本或财务费用。

需要注意的是,企业发行认股权和债券分离交易的可转换公司债券(以下简称"分离交易可转换公司债券"),其认股权符合《企业会计准则第 22 号——金融工具确认和计量》和《企业会计准则第 37 号——金融工具列报》有关权益工具定义的,应当按照分离交易可转换公司债券发行价格,减去不附认股权且其他条件相同的公司债券公允价值后的差额,确认一项权益工具(资本公积)。认股权持有人到期没有行使权利的,企业应当在到期时将原计入资本公积(其他资本公积)的部分转入资本公积(股本溢价)。

三、长期应付款

长期应付款,是企业除长期借款和应付债券以外的其他各种长期应付款项,包括应付融资租入固定资产的租赁费、具有融资性质的延期付款购买资产发生的应付款项等。下面介绍应付融资租入固定资产的租赁费。

租赁,是指在约定的期间内,出租人将资产使用权让与承租人,以获取租金的协议。租赁的主要特征是转移资产的使用权,而不是转移资产的所有权,并且这种转移是有偿的,取得使用权以支付租金为代价,从而使租赁有别于资产购置和不把资产的使用权从合同的一方转移给另一方的服务性合同,如劳务合同、运输合同、保管合同、仓储合同等,以及无偿提供使用权的借用合同。

承租人应当在租赁开始日将租赁分为融资租赁和经营租赁。租赁开始日,是指租赁协议日与租赁各方就主要条款作出承诺日中的较早者。在租赁开始日,承租人应当将租赁认定为融资租赁或经营租赁,并确定在租赁期开始日应确认的金额。

企业对租赁进行分类时,应当全面考虑租赁期届满时租赁资产所有权是否转移给承租人、承租人是否有购买租赁资产的选择权、租赁期占租赁资产使用寿命的比例等各种因素。租赁期是指租赁协议规定的不可撤销的租赁期间。如果承租人有权选择续租该资产，并且在租赁开始日就可以合理确定承租人将会行使这种选择权，不论是否再支付租金，续租期也包括在租赁期之内。

具体地说，满足下列标准之一的，应认定为融资租赁：

(1) 在租赁期届满时，资产的所有权转移给承租人。如果在租赁协议中已经约定，或者根据其他条件在租赁开始日就可以合理地判断，租赁期届满时出租人会将资产的所有权转移给承租人，那么该项租赁应当认定为融资租赁。

(2) 承租人有购买租赁资产的选择权，所订立的购价预计远低于行使选择权时租赁资产的公允价值，因而在租赁开始日就可合理地确定承租人将会行使这种选择权。

(3) 租赁期占租赁资产使用寿命的大部分。这里的“大部分”掌握在租赁期占租赁开始日租赁资产使用寿命的75%以上(含75%)。需要说明的是，这里的量化标准只是指导性标准，企业在具体运用时，必须以《企业会计准则第21号——租赁》(以下简称“租赁准则”)规定的相关条件进行判断。

需要注意的是，这条标准强调的是租赁期占租赁资产使用寿命的比例，而非租赁期占该项资产全部可使用年限的比例。如果租赁资产是旧资产，在租赁前已使用年限超过资产自全新时起算可使用年限的75%以上(含75%)时，则这条判断标准不适用，不能使用这条标准确定租赁的分类。

(4) 就承租人而言，租赁开始日最低租赁付款额的现值几乎相当于租赁开始日租赁资产的公允价值。这里的“几乎相当于”掌握在90%(含90%)以上。需要说明的是，这里的量化标准只是指导性标准，企业在具体运用时，必须以租赁准则规定的相关条件判断。

最低租赁付款额，是指在租赁期内，承租人应支付或可能被要求支付的款项(不包括或有租金和履约成本)，加上由承租人或与其有关的第三方担保的资产余值。

承租人有购买租赁资产选择权，所订立的购买价款预计将远低于行使选择权时租赁资产的公允价值，因而在租赁开始日就可以合理确定承租人将会行使这种选择权的，购买价款应当计入最低租赁付款额。

(5) 租赁资产性质特殊，如果不作较大改造，只有承租人才能使用。这条标准是指，租赁资产是出租人根据承租人对资产型号、规格等方面的特殊要求专门购买或建造的，具有专购、专用性质。这些租赁资产如果不作较大的重新改制，其他企业通常难以使用。这种情况下，该项租赁也应当认定为融资租赁。

第四节 或有事项

一、或有事项概述

(一) 或有事项的概念及其特征

企业在经营活动中有时会面临诉讼、仲裁、债务担保、产品质量保证、重组等具有较大不确定性的经济事项，这些不确定事项对企业的财务状况和经营成果可能会产生较大的影响，其最终结果须由某些未来事项的发生或不发生加以决定。例如，企业对商品提供售后担保，承诺在商品发生质量问题时由企业无偿提供修理服务，从而会发生一些费用。至于这笔费用是否发生以及如果发生金额是多少，取决于未来是否发生修理请求以及修理工作量的大小等。按照权责发生制的要求，企业不能等到客户提出修理请求时，才确认因提供产品质量保证而发生的义务，而应当在资产负债表日对这一不确定事项作出判断，以决定是否在当期确认可能承担的修理义务。会计上将这种不确定事项称为或有事项。

或有事项，是指由过去的交易或者事项形成的，其结果须由某些未来事项的发生或不发生才能决定的不确定事项。常见的或有事项包括：未决诉讼或未决仲裁、债务担保、产品质量保证(含产品安全保证)、亏损合同、重组义务、承诺、环境污染整治等。

或有事项具有以下特征：

1. 或有事项是由过去的交易或者事项形成的

或有事项作为一种不确定事项，是由企业过去的交易或者事项形成的。由过去的交易或者事项形成，是指或有事项的现存状况是过去交易或者事项引起的客观存在。

例如，未决诉讼是企业因过去的经济行为导致起诉其他单位或被其他单位起诉，是现存的一种状况，而不是未来将要发生的事项。又如，产品质量保证是企业对已售出商品或已提供劳务的质量提供的保证，不是为尚未出售商品或尚未提供劳务的质量提供的保证。基于这一特征，未来可能发生的自然灾害、交通事故、经营亏损等事项，都不属于或有事项。

2. 或有事项的结果具有不确定性

或有事项的结果具有不确定性，是指或有事项的结果是否发生具有不确定性或者或有事项的结果预计将会发生，但发生的具体时间或金额具有不确定性。

（1）或有事项的结果是否发生具有不确定性。例如，债务的担保方在债务到期时是否承担和履行连带责任，需要根据被担保方能否按时还款决定，其结果在担保协议达成时具有不确定性。又如，有些未决诉讼，被起诉的一方是否会败诉，在案件审理过程中是难以确定的，需要根据人民法院的判决加以确定。

（2）或有事项的结果预计将会发生，但发生的具体时间或金额具有不确定性。例如，某企业因生产过程中排污治理不力并对周围环境造成污染而被起诉，如无特殊情况，该企业很可能败诉。但是，在诉讼成立时，该企业因败诉将支出多少金额，或者何时将发生这些支出，可能是难以确定的。

3. 或有事项的结果须由未来事项决定

或有事项的结果须由未来事项决定，是指或有事项的结果只能由未来不确定事项的发生或不发生才能决定。

或有事项的结果，由未来事项发生或不发生予以确定。例如，或有事项发生时，将会对企业产生有利影响还是不利影响，或虽已知是有利影响或不利影响，但影响有多大，在或有事项发生时是难以确定的。这种不确定性的消失，只能由未来不确定事项的发生或不发生来证实。例如，企业为其他单位提供债务担保，该担保事项最终是否会要求企业履行偿还债务的连带责任，要看被担保方的未来经营情况和偿债能力。如果被担保方经营情况和财务状况良好且有较好的信用，那么企业将不需要履行该连带责任。只有在被担保方到期无力还款时，担保方才承担偿还债务的连带责任。又如，未决诉讼只能等到人民法院判决才能决定其结果。

或有事项与不确定性联系在一起，但会计处理过程中存在不确定性的事项并不都是或有事项，企业应当按照或有事项的定义和特征进行判断。例如，对固定资产计提折旧虽然也涉及对固定资产预计净残值和使用寿命进行分析和判断，带有一定的不确定性，但是，固定资产折旧是已经发生的损耗，固定资产的原值是确定的，其价值最终会转移到成本或费用中也是确定的，该事项的结果是确定的，因此，对固定资产计提折旧不属于或有事项。

（二）或有负债和或有资产

或有负债和或有资产与或有事项密切相关。

1. 或有负债

或有负债，是指过去的交易或事项形成的潜在义务，其存在须通过未来不确定事项的发生或不发生予以证实；或过去的交易或事项形成的现时义务，履行该义务不是很可能导致经济利益流出企业或该义务的金额不能可靠计量。

或有负债涉及两类义务：一类是潜在义务，另一类是现时义务。

(1) 潜在义务，是指结果取决于不确定未来事项的可能义务。也就是说，潜在义务最终是否转变为现时义务，由某些未来不确定事项的发生或不发生才能决定。

(2) 现时义务，是指企业在现行条件下已承担的义务，该现时义务的履行不是很可能导致经济利益流出企业，或者该现时义务的金额不能可靠地计量。

"不是很可能导致经济利益流出企业"，是指该现时义务导致经济利益流出企业的可能性不超过50%(含50%)。例如，甲企业和乙企业签订担保合同，承诺为乙企业的某项贷款提供担保。由于担保合同的签订，甲企业承担了一项现时义务，但承担现时义务不意味着经济利益很可能因此流出企业。如果乙企业的财务状况良好，说明甲企业履行连带责任的可能性不大，那么这项担保合同不是很可能导致经济利益流出甲企业。该现时义务属于甲企业的或有负债。

"金额不能可靠地计量"，是指该现时义务导致经济利益流出企业的"金额"难以合理预计，现时义务履行的结果具有较大的不确定性。例如，甲公司涉及一桩诉讼案，根据以往的审判案例推断，甲公司很可能要败诉。但人民法院尚未判决，甲公司无法根据经验判断未来将要承担多少赔偿金额，因此该现时义务的金额不能可靠地计量，该诉讼案件即形成一项甲公司的或有负债。

或有负债无论是潜在义务还是现时义务，均不符合负债的确认条件，因而不能在财务报表中予以确认，但应当按照相关规定在财务报表附注中披露有关信息，包括或有负债的种类及其形成原因、经济利益流出不确定性的说明、预计产生的财务影响以及获得补偿的可能性等。

例 11.37

2016年5月10日，A公司的子公司B公司从银行贷款人民币80 000 000元，期限2年，由A公司全额担保；2017年6月1日，C公司从银行贷款人民币50 000 000元，期限3年，由A公司全额担保；2017年7月1日，D公司从银行贷款20 000 000美元，期限5年，由A公司担保60%。截至2017年12月31日的情况如下：B公司贷款逾期未还，银行已起诉A公司和B公司，C公司经营状况良好，预期不存在还款困难。D公司受政策不利影响，可能无法偿还到期美元债务。

在本例中，就B公司而言，A公司很可能履行连带责任，造成损失，但损失金额是多少，目前还难以预计。就C公司而言，要求A公司履行连带责任的可能性极小。就D公司而言，A公司可能履行连带责任。根据企业会计准则的规定，A公司应在2017年12月31日的财务报表附注中作披露(见表11.2)。

表 11.2　　A公司 2017 年 12 月 31 日财务报表中或有负债信息表

被担保单位	担保金额	财务影响
B公司	担保金额人民币 80 000 000 元,2016 年 5 月 10 日到期	B公司的银行借款已逾期。贷款银行已起诉B公司和本公司,由于对B公司该笔银行贷款提供全额担保,预期诉讼结果将给本公司的财务造成重大不利影响,损失金额目前难以估计
C公司	担保金额人民币 50 000 000 元,2018 年 6 月 1 日到期	C公司目前经营情况良好,预期对银行贷款不存在还款困难,因此对C公司的担保极小可能会给本公司造成不利影响,损失金额目前难以估计
D公司	担保金额美元 20 000 000 元,2020 年 7 月 1 日到期	D公司受政策影响本年度效益不如以往,可能无法偿还到期美元贷款,D公司可能因此承担相应的连带责任而发生损失,损失金额目前难以估计

2. 或有资产

或有资产,是指过去的交易或者事项形成的潜在资产,其存在须通过未来不确定事项的发生或不发生予以证实。

或有资产作为一种潜在资产,其结果具有较大的不确定性,只有随着经济情况的变化,通过某些未来不确定事项的发生或不发生才能证实其是否会形成企业真正的资产。例如,甲企业向法院起诉乙企业侵犯了其专利权。法院尚未对该案件进行公开审理,甲企业是否胜诉尚难判断。对于甲企业而言,将来可能胜诉而获得的赔偿属于一项或有资产,但这项或有资产是否会转化为真正的资产,要由人民法院的判决结果确定。如果终审判决结果是甲企业胜诉,那么这项或有资产就转化为企业的一项资产。如果终审判决结果是甲企业败诉,那么或有资产就消失了,不会形成企业的资产。

正如或有负债不符合负债确认条件一样,或有资产也不符合资产确认条件,因而也不能在财务报表中确认。企业通常不应当披露或有资产,但或有资产很可能给企业带来经济利益的,应当披露其形成的原因、预计产生的财务影响等。

3. 或有负债和或有资产转化为预计负债(负债)和资产

需要指出的是,影响或有负债和或有资产的多种因素处于不断变化之中,企业应当持续地对这些因素予以关注。随着时间的推移和事态的进展,或有负债对应的潜在义务可能转化为现时义务,原来不是很可能导致经济利益流出的现时义务也可能被证实将很可能导致企业流出经济利益,并且现时义务的金额也能够可靠计量。企业应当对或有负债相关义务进行评估，分析判断其是否符合预计负债确认条件。如符合预计负债确认条件，应将其确认为负债。类似地，或有资产对应的潜在权利也可能随着相关因素的改变而发生变化，其对应的潜在资产最终是否能够流入企业会逐渐变得明确，如果某一时点企业基本确定能够收到这项潜在资产并且其金额能够可靠计量，应当将其确认为企业的资产。

例如，未决诉讼中预期会胜诉的一方，因未决诉讼形成了一项或有资产；该或有资产最终是否转化为企业的资产，要根据诉讼的最终判决而定。最终判决胜诉的一方，这项或有资产就转化为企业真正的资产。而预期会败诉的一方因未决诉讼形成了一项或有负债或预计负债：如为或有负债，该或有负债最终是否转化为企业的预计负债，只能根据诉讼的进展而定。企业根据法律规定、律师建议等因素判断自己很可能败诉且赔偿金额能够合理估计的，这项或有负债就转化为企业的预计负债。

二、或有事项的确认和计量

(一) 或有事项的确认

或有事项的确认通常是指与或有事项相关义务的确认。或有事项形成的或有资产只有在企业基本确定能够收到的情况下，才能转变为真正的资产，从而应当予以确认。

根据《企业会计准则第 13 号——或有事项》的规定：与或有事项有关的义务在同时符合以下 3 个条件时，应当确认为预计负债：该义务是企业承担的现时义务，履行该义务很可能导致经济利益流出企业，该义务的金额能够可靠地计量。

1. 该义务是企业承担的现时义务

该义务是企业承担的现时义务，是指与或有事项相关的义务，是在企业当前条件下已承担的义务，企业没有其他现实的选择，只能履行该现时义务。通常情况下，过去的事项是否导致现时义务是比较明确的，但也存在极少情况，如法律诉讼。特定事项是否已发生或这些事项是否已产生了一项现时义务可能难以确定，企业应当考虑包括资产负债表日后所有可获得的证据、专家意见等，以此确定资产负债表日是否存在现时义务。如果据此判断，资产负债表日很可能存在现时义务，且符合预计负责确认条件的，应当确认一项预计负债；如果资产负债表日现时义务很可能不存在，企业应披露一项或有负债，除非含有经济利益的资源流出企业的可能性极小。

这里所指的义务包括法定义务和推定义务。

法定义务是指因合同、法规或其他司法解释等产生的义务，通常是指企业在经济管理和经济协调中,依照经济法律、法规的规定必须履行的责任。例如,企业与其他企业签订购货合同产生的义务就属于法定义务。

推定义务,是指因企业的特定行为而产生的义务。企业的"特定行为",泛指企业以往的习惯做法、已公开的承诺或已公开宣布的经营政策。并且,由于以往的习惯做法,或通过这些承诺或公开的声明,企业向外界表明了它将承担特定的责任,从而使受影响的各方形成了其将履行那些责任的合理预期。例如,甲公司是一家化工企业,因扩大经营规模,到A国创办了一家分公司。假定A国尚未针对甲公司这类企业的生产经营可能产生的环境污染制定相关法律,因而甲公司的分公司对在A国生产经营可能产生的环境污染不承担法定义务。但是,甲公司为在A国树立良好的形象,自行向社会公告,宣称将对生产经营可能产生的环境污染进行治理,甲公司的分公司为此承担的义务就属于推定义务。

2. 履行该义务很可能导致经济利益流出企业

履行该义务很可能导致经济利益流出企业,是指履行与或有事项相关的现时义务时,导致经济利益流出企业的可能性超过50%,但尚未达到基本确定的程度。

履行或有事项相关义务导致经济利益流出企业的可能性,通常按照一定的概率区间加以判断。一般情况下,发生的概率分为以下几个层次:基本确定、很可能、可能、极小可能。企业通常可以结合表11.3判断经济利益流出的可能性:

表11.3　　履行或有事项导致经济利益流出企业概率表

结果的可能性	对应的概率区间
基本确定	大于95%但小于100%
很可能	大于50%但小于或等于95%
可　能	大于5%但小于或等于50%
极小可能	大于0但小于或等于5%

企业因或有事项承担了现时义务,并不说明该现时义务很可能导致经济利益流出企业。例如,2017年5月1日,甲企业与乙企业签订协议,承诺为乙企业的2年期银行借款提供全额担保。对于甲企业而言,由于该担保事项而承担了一项现时义务,但这项义务的履行是否很可能导致经济利益流出企业,需依据乙企业的经营情况和财务状况等因素加以确定。假定2017年年末,乙企业的财务状况恶化,且没有迹象表明可能发生好转。此种情况出现,表明乙企业很可能违约,从而甲企业履行承担的现时义务将很可能导致经济利益流出企业。反之,如果乙企业财务状况良好,一般可以认定乙企业不会违约,从而甲企业履行承担的

现时义务不是很可能导致经济利益流出。

3. 该义务的金额能够可靠地计量

该义务的金额能够可靠地计量，是指与或有事项相关的现时义务的金额能够合理地估计。

由于或有事项具有不确定性，因或有事项产生的现时义务的金额也具有不确定性，需要估计。要对或有事项确认一项预计负债，相关现时义务的金额应当能够可靠估计。只有在其金额能够可靠地估计，并同时满足其他两个条件时，企业才能加以确认。

例如，乙公司涉及一起诉讼案。根据以往的审判结果判断，公司很可能败诉，相关的赔偿金额也可以估算出一个区间。在这种情况下，就可以认为该公司因未决诉讼承担的现时义务的金额能够可靠地估计，从而对未决诉讼确认一项因或有事项形成的预计负债。但是如果没有以往的审判结果作为比照，而相关的法律条文又没有明确解释，那么即使该公司预计可能败诉，在判决以前也很可能无法合理估计其需承担的现时义务的金额，这种情况下不应确认为预计负债。

(二) 或有事项的计量

或有事项的计量，通常是指与或有事项相关的义务形成的预计负债的计量。当与或有事项有关的义务符合确认为负债的条件时应当将其确认为预计负债，预计负债应当按照履行相关现时义务所需支付的最佳估计数进行初始计量。此外，企业清偿预计负债所需支出还可能从第二方或其他方获得补偿。因此，预计负债的计量主要涉及两个方面：一是最佳估计数的确定；二是预期可获得补偿的处理。

1. 最佳估计数的确定

预计负债应当按照履行相关现时义务所需支出的最佳估计数进行初始计量。最佳估计数的确定应当分两种情况处理：

(1) 所需支出存在一个连续范围，且该范围内各种结果发生的可能性相同，则最佳估计数应当按照该范围内的中间值，即上下限金额的平均数确定。

例 11.38

2017 年 12 月 1 日，光华公司因合同违约而被乙公司起诉。2017 年 12 月 31 日，光华公司尚未接到人民法院的判决。光华公司预计，最终的法律判决很可能对公司不利。假定预计将要支付的赔偿金额为 1 000 000～1 600 000 元的某一金额，而且这个区间内每个金额的可能性都大致相同。在这种情况下，光华公司应在 2017 年 12 月 31 日的资产负债表中确认一项预计负债，金额为 (1 000 000＋1 600 000)÷2＝1 300 000(元)。有关账务处理如下：

借:营业外支出——赔偿支出——乙公司　　　　1 300 000

　　贷:预计负债——未决诉讼——乙公司　　　　1 300 000

(2) 所需支出不存在一个连续范围,或者虽然存在一个连续范围,但该范围内各种结果发生的可能性不相同。在这种情况下,最佳估计数按照如下方法确定:

如果或有事项涉及单个项目,最佳估计数按照最可能发生金额确定。"涉及单个项目"指或有事项涉及的项目只有一个,如一项未决诉讼、一项未决仲裁或一项债务担保等。

例 11.39

2017 年 10 月 2 日,光华公司涉及一起诉讼案。2017 年 12 月 31 日,光华公司尚未接到人民法院的判决。在咨询了公司的法律顾问后,光华公司认为:胜诉的可能性为 40%,败诉的可能性为 60%:如果败诉,需要赔偿 1 000 000 元。在这种情况下,光华公司在 2017 年 12 月 31 日资产负债表中应确认的预计负债金额应为最可能发生的金额,即 1 000 000 元。

有关账务处理如下:

借:营业外支出——赔偿支出　　　　1 000 000

　　贷:预计负债——未决诉讼　　　　1 000 000

如果或有事项涉及多个项目,最佳估计数按照各种可能结果及相关概率加权计算确定。"涉及多个项目"指或有事项涉及的项目不止一个,如产品质量保证。在产品质量保证中,提出产品保修要求的可能有许多客户,相应地,企业对这些客户负有保修义务。

例 11.40

光华公司是生产并销售 A 产品的企业,2017 年度第一季度共销售 A 产品 30 000 件,销售收入为 180 000 000 元。根据公司的产品质量保证条款,该产品售出后一年内,如发生正常质量问题,公司将负责免费维修。根据以前年度的维修记录,如果发生较小的质量问题,发生的维修费用为销售收入的 1%;如果发生较大的质量问题,发生的维修费用为销售收入的 2%。根据公司质量部门的预测,本季度销售的产品中,80%不会发生质量问题;15%可能发生较小质量问题;5%可能发生较大质量问题。

根据上述资料，2017年第一季度末，光华公司应确认的预计负债金额为：

$$180\,000\,000 \times (0 \times 80\% + 1\% \times 15\% + 2\% \times 5\%) = 450\,000(\text{元})$$

有关账务处理如下：

借：销售费用——产品质量保证——A产品　　450 000

　贷：预计负债——产品质量保证——A产品　　450 000

2. 预期可获得补偿的处理

如果企业清偿因或有事项而确认的负债所需支出全部或部分预期由第三方或其他方补偿，则此补偿金额只有在基本确定能收到时，才能作为资产单独确认，确认的补偿金额不能超过所确认负债的账面价值。

预期可能获得补偿的情况通常有：发生交通事故等情况时，企业通常可从保险公司获得合理的赔偿；在某些索赔诉讼中，企业可对索赔人或第三方另行提出赔偿要求；在债务担保业务中，企业在履行担保义务的同时，通常可向被担保企业提出追偿要求。

企业预期从第三方获得的补偿，是一种潜在资产，其最终是否会转化为企业真正的资产（即企业是否能够收到这项补偿）具有较大的不确定性，企业只有在基本确定能够收到补偿时才能对其进行确认。根据资产和负债不能随意抵销的原则，预期可获得的补偿在基本确定能够收到时应当确认为一项资产，而不能作为预计负债金额的扣减。

补偿金额的确认涉及两个方面问题：一是确认时间，补偿只有在“基本确定”能够收到时才予以确认；二是确认金额，确认的金额是基本确定能够收到的金额，而且不能超过相关预计负债的账面价值。

例 11.41

2017年12月31日，乙公司因或有事项而确认了一笔金额为500 000元的预计负债；同时，乙公司因该或有事项基本确定可从甲保险公司获得200 000元的赔偿。

本例中，乙公司应分别确认一项金额为500 000元的预计负债和一项金额为200 000元的资产，而不能只确认一项金额为300 000元（500 000－200 000）的预计负债。同时，乙公司所确认的补偿金额200 000元不能超过所确认的负债的账面价值500 000元。

3. 预计负债的计量需要考虑的其他因素

企业在确定最佳估计数时应当综合考虑与或有事项有关的风险、不确定性、货币时间价值和未来事项等因素。

(1) 风险和不确定性

风险是对交易或事项结果的变化可能性的一种描述。风险的变动可能增加负债计量的金额。企业在不确定的情况下进行判断需要谨慎,使得收入或资产不会被高估,费用或负债不会被低估。但是,不确定性并不说明应当确认过多的预计负债和故意夸大支出或费用。

企业应当充分考虑与或有事项有关的风险和不确定性,既不能忽略风险和不确定性对或有事项计量的影响,也要避免对风险和不确定性进行重复调整,从而在低估和高估预计负债金额之间寻找平衡点。

(2) 货币时间价值

预计负债的金额通常应当等于未来应支付的金额。但是,因货币时间价值的影响,资产负债表日后不久发生的现金流出,要比一段时间之后发生的同样金额的现金流出负有更大的义务。所以,如果预计负债的确认时点距离实际清偿有较长的时间跨度,货币时间价值的影响重大,那么在确定预计负债的确认金额时,应考虑采用现值计量,即通过对相关未来现金流出进行折现后确认最佳估计数。例如,油气井或核电站的弃置费用等,应按照未来应支付金额的现值确定。确定预计负债的金额不应考虑预期处置相关资产形成的利得。

将未来现金流出折算为现值时,需要注意三点:一是用来计算现值的折现率应当是反映货币时间价值的当前市场估计和相关负债特有风险的税前利率。二是风险和不确定性既可以在计量未来现金流出时作为调整因素,也可以在确定折现率时予以考虑,但不能重复反映。三是随着时间的推移,即使在未来现金流出和折现率均不改变的情况下,预计负债的现值也将逐渐增长,企业应当在资产负债表日对预计负债的现值进行重新计量。

(3) 未来事项

企业应当考虑可能影响履行现时义务所需金额的相关未来事项。也就是说,对于这些未来事项,如果有足够的客观证据表明它们将发生,如未来技术进步、相关法规出台等,则应当在预计负债计量中予以考虑。

预期的未来事项可能对预计负债的计量较为重要。例如,某核电企业预计在生产结束时处理核废料的费用将因未来技术的变化而显著降低,那么,该企业因此确认的预计负债金额应当反映有关专家对技术发展以及处理费用减少作出的合理预测。但是,这种预计需要取得确凿的客观证据予以支持。

(三) 资产负债表日对预计负债账面价值的复核

企业应当在资产负债表日对预计负债的账面价值进行复核。有确凿证据表明该账面价值不能真实反映当前最佳估计数的,应当按照当前最佳估计数对该账面价值进行调整。例如,某化工企业对环境造成了污染,按照当时的法律规定,只需要对污染进行清理。随着国家对环境保护越来越重视,按照现在的法律规定,该企业不但需要对污染进行清理,很可能应要对居民进行赔偿。这种法律要求的变化,会对企业预计负债的计量产生影响。企业应当在资产负债表日对因此确认的预计负债金额进行复核,相关因素发生变化表明预计负债金额不再能反映真实情况时,需要按照当前情况下企业清理和赔偿支出的最佳估计数对预计负债的账面价值进行相应的调整。

企业对已经确认的预计负债在实际支出发生时,应当仅限于最初为之确定该预计负债的支出。也就是说,只有与该预计负债有关的支出才能冲减预计负债,否则将会混淆不同预计负债确认事项的影响。

三、或有事项会计的具体应用

(一) 未决诉讼或未决仲裁

诉讼,是指当事人不能通过协商解决争议,因而在人民法院起诉、应诉,请求人民法院通过审判程序解决纠纷的活动。诉讼尚未裁决之前,对于被告来说,可能形成一项或有负债或者预计负债;对于原告来说,则可能形成一项或有资产。

仲裁,是指经济法的各方当事人依照事先约定或事后达成的书面仲裁协议,共同选定仲裁机构并由其对争议依法作出具有约束力裁决的一种活动。作为当事人一方,仲裁的结果在仲裁决定公布以前是不确定的,会构成一项潜在义务或现时义务,或者潜在资产。

例 11.42

光华公司 2017 年度发生的有关交易或事项如下:

(1) 2017 年 10 月 1 日有一笔已到期的银行贷款本金 10 000 000 元,利息 1 500 000 元,光华公司具有还款能力,但因与 B 银行存在其他经济纠纷,而未按时归还 B 银行的贷款,2017 年 12 月 1 日,B 银行向人民法院提起诉讼。截至 2017 年 12 月 31 日人民法院尚未对案件进行审理。光华公司法律顾问认为败诉的可能性为 60%,预计将要支付的罚息、诉讼费用在 1 000 000~1 200 000 元之间,其中诉讼费 50 000 元。

(2) 2015 年 10 月 6 日，光华公司委托银行向 K 公司贷款 60 000 000 元，由于经营困难，2017 年 10 月 6 日贷款到期时 K 公司无力偿还贷款，光华公司依法起诉 K 公司，2017 年 12 月 6 日，人民法院一审判决光华公司胜诉，责成 K 公司向光华公司偿付贷款本息 70 000 000 元，并支付罚息及其他费用 6 000 000 元，两项合计 76 000 000 元，但由于种种原因，K 公司未履行判决，直到 2017 年 12 月 31 日，光华公司尚未采取进一步的行动。

相关分析如下：

(1) 光华公司败诉的可能性为 60%，即很可能败诉，且相关罚息和诉讼费用等支出能可靠计量，因此，光华公司应在 2017 年 12 月 31 日确认一项预计负债，金额为：

(1 000 000 + 1 200 000) ÷ 2 = 1 100 000(元)。

有关账务处理如下：

借：管理费用——诉讼费　　50 000
　营业外支出——罚息支出　1 050 000(1 100 000－50 000)
　贷：预计负债——未决诉讼——B 银行　　1 100 000

同时，光华公司应在 2017 年 12 月 31 日的财务报表附注中作如下披露：

本公司欠 B 银行贷款于 2017 年 10 月 1 日到期，到期本金和利息合计 11 500 000 元，由于与 B 银行存在其他经济纠纷，故本公司尚未偿还上述借款本金和利息，为此，B 银行起诉本公司，除要求本公司偿还本金和利息外，还要支付罚息等费用。由于以上情况，本公司在 2017 年 12 月 31 日确认了一项预计负债 1 100 000 元。目前，此案正在审理中。

(2) 虽然一审判决光华公司胜诉，将很可能从 K 公司收回委托贷款本金、利息及罚息，但是由于 K 公司本身经营困难，该款项是否能全额收回存在较大的不确定性，因此，光华公司 2017 年 12 月 31 日不应确认资产，但应考虑该项委托贷款的减值问题。

同时，光华公司应在 2017 年 12 月 31 日的财务报表附注中作如下披露：

本公司 2015 年 10 月 6 日委托银行向 K 公司贷款 60 000 000 元，K 公司逾期未还，为此本公司依法向人民法院起诉 K 公司。2017 年 12 月 6 日，一审判决本公司胜诉，并可从 K 公司索偿款项 76 000 000 元，其中贷款本金 60 000 000 元、利息 10 000 000 元以及罚息等其他费用 6 000 000 元。截至 2017 年 12 月 31 日，K 公司未履行判决，本公司尚未采取进一步的措施。

（二）债务担保

债务担保在企业中是较为普遍的现象。作为提供担保的一方，在被担保方无法履行合同的情况下，常常承担连带责任。从保护投资者、债权人的利益出发，客观、充分地反映企业因担保义务而承担的潜在风险是十分必要的。

企业对外提供债务担保常常会涉及未决诉讼，这时可以分别以下情况进行处理：一是企业已被判决败诉，则应当按照人民法院判决的应承担的损失金额，确认为负债，并计入当期营业外支出；二是已判决败诉，但企业正在上诉，或者经上一级人民法院裁定暂缓执行，或者由上一级人民法院发回重审等，企业应当在资产负债表日，根据已有判决结果合理估计可能产生的损失金额，确认为预计负债，并计入当期营业外支出；三是人民法院尚未判决的，企业应向其律师或法律顾问等咨询，估计败诉的可能性，以及败诉后可能发生的损失金额，并取得有关书面意见。如果败诉的可能性大于胜诉的可能性，并且损失金额能够合理估计的，应当在资产负债表日将预计担保损失金额，确认为预计负债，并计入当期营业外支出。

例 11.43

2016 年 10 月，光华公司为 B 公司人民币 20 000 000 元、期限 2 年的银行贷款提供全额担保；2017 年 4 月，光华公司为 C 公司 1 000 000 美元、期限 1 年的银行贷款提供 50%的担保。截至 2017 年 12 月 31 日，各贷款单位的情况如下：B 公司贷款逾期未还，银行已起诉 B 公司和光华公司，光华公司因连带责任需赔偿多少金额尚无法确定；C 公司由于受政策影响和内部管理不善等原因，经营效益不如以往，可能无法偿还到期美元债务。

本例中，对 B 公司而言，光华公司很可能需履行连带责任，但损失金额是多少，目前还难以预计；就 C 公司而言，光华公司可能需履行连带责任。这两项债务担保形成光华公司的或有负债，但不符合预计负债的确认条件，光华公司应在 2017 年 12 月 31 日的财务报表附注中披露相关债务担保的被担保单位、担保金额以及财务影响等。

（三）产品质量保证

产品质量保证，通常指销售商或制造商在销售产品或提供劳务后，对客户提供服务的一种承诺。在约定期内（或终身保修），若产品或劳务在正常使用过程中出现质量或与之相关的其他属于正常范围的问题，企业负有更换产品、免费或只收成本价进行修理等责任。按照权责发生制的要求，上述相关支出符合确认条件就应在收入实现时确认相关预计负债。

例 11.44

光华公司为机床生产和销售企业。光华公司对购买其机床的消费者作出承诺:机床售出后3年内如出现非意外事件造成的机床故障和质量问题,光华公司负责免费保修(含零部件更换)。光华公司2017年第1季度、第2季度、第3季度、第4季度分别销售机床400台、600台、800台和700台,每台售价为50 000元。根据以往的经验,机床发生的保修费一般为销售额的1%~1.5%。光华公司2017年4个季度实际发生的维修费用分别为40 000元、400 000元、360 000元和700 000元(假定用银行存款支付50%,另外50%为耗用的原材料)。假定2016年12月31日,“预计负债——产品质量保证——机床”科目年末余额为240 000元。

本例中,光华公司因销售机床而承担了现时义务,该现时义务的履行很可能导致经济利益流出光华公司,且该义务的金额能够可靠计量。因此,光华公司应在每季度末确认一项预计负债。

(1) 第1季度:发生产品质量保证费用(维修费)

借:预计负债——产品质量保证——机床　　40 000
　贷:银行存款　　20 000
　　原材料　　20 000

应确认的产品质量保证负债金额=400×50 000×(1%+1.5%)÷2=250 000(元)

借:销售费用——产品质量保证——机床　　250 000
　贷:预计负债——产品质量保证——机床　　250 000

第1季度末,“预计负债——产品质量保证——机床”科目余额=240 000+250 000-40 000=450 000(元)

(2) 第2季度:发生产品质量保证费用(维修费)

借:预计负债——产品质量保证——机床　　400 000
　贷:银行存款　　200 000
　　原材料　　200 000

应确认的产品质量保证负债金额=600×50 000×(1%+1.5%)÷2=375 000(元)

借:销售费用——产品质量保证——机床　　375 000
　贷:预计负债——产品质量保证——机床　　375 000

第2季度末,“预计负债——产品质量保证——机床”科目余额=450 000+375 000-400 000=425 000(元)

(3) 第3季度:发生产品质量保证费用(维修费)

借：预计负债——产品质量保证——机床　　360 000
　贷：银行存款　　180 000
　　原材料　　180 000

应确认的产品质量保证负债金额 = 800 × 50 000 × (1% + 1.5%) ÷ 2 = 500 000(元)

借：销售费用——产品质量保证——机床　　500 000
　贷：预计负债——产品质量保证——机床　　500 000

第 3 季度末，“预计负债——产品质量保证——机床”科目余额 = 425 000 + 500 000 − 360 000 = 565 000(元)

(4) 第 4 季度：发生产品质量保证费用(维修费)

借：预计负债——产品质量保证——机床　　700 000
　贷：银行存款　　350 000
　　原材料　　350 000

应确认的产品质量保证负债金额 = 700 × 50 000 × (1% + 1.5%) ÷ 2 = 437 500(元)

借：销售费用——产品质量保证——机床　　437 500
　贷：预计负债——产品质量保证——机床　　437 500

第 4 季度末，“预计负债——产品质量保证——机床”科目余额 = 565 000 + 437 500 − 700 000 = 302 500(元)

在对产品质量保证确认预计负债时，需要注意的是：

1. 如果发现保证费用的实际发生额与预计数相差较大，应及时对预计比例进行调整；

2. 如果企业针对特定批次产品确认预计负债，则在保修期结束时，应将“预计负债产品质量保证”余额冲销，同时冲销销售费用；

3. 已对其确认预计负债的产品，如企业不再生产了，那么应在相应的产品质量保证期满后，将“预计负债——产品质量保证”余额冲销，同时冲销销售费用。

(四) 亏损合同

亏损合同，是指履行合同义务不可避免会发生的成本超过预期经济利益的合同。亏损合同产生的义务满足预计负债确认条件的，应当确认为预计负债。预计负债的计量应当反映退出该合同的最低净成本，即履行该合同的成本与未能履行该合同而发生的补偿或处罚两者之中的较低者。企业与其他企业签订的商品销售合同、劳务合同、租赁合同等，均可能变为亏损合同。

企业对亏损合同进行会计处理，需要遵循以下两点原则：

1. 如果与亏损合同相关的义务不需支付任何补偿即可撤销，企业通常就不存在现时义务，不应确认预计负债；如果与亏损合同相关的义务不可撤销，企业就存在了现时义务，同时，满足该义务很可能导致经济利益流出企业且金额能够可靠地计量的，应当确认预计负债。

2. 亏损合同存在标的资产的，应当对标的资产进行减值测试并按规定确认减值损失，在这种情况下，企业通常不需确认预计负债，如果预计亏损超过该减值损失，应将超过部分确认为预计负债；合同不存在标的资产的，亏损合同相关义务满足预计负债确认条件时，应当确认预计负债。

例 11.45

光华公司 2016 年 12 月 10 日与丙公司签订不可撤销合同，约定在 2017 年 3 月 1 日以每件 200 元的价格向丙公司提供 A 产品 1 000 件，若不能按期交货，将对光华公司处以总价款 20%的违约金。签订合同时 A 产品尚未开始生产，光华公司准备生产 A 产品时，原材料价格突然上涨，预计生产 A 产品的单位成本将超过合同单价。不考虑相关税费。

(1) 若生产 A 产品的单位成本为 210 元

履行合同发生的损失＝1 000×(210－200)＝10 000(元)

不履行合同支付的违约金＝1 000×200×20%＝40 000(元)

本例中，光华公司与丙公司签订了不可撤销合同，但是执行合同不可避免发生的费用超过了预期获得的经济利益，属于亏损合同。由于该合同变为亏损合同时不存在标的资产，光华公司应当按照履行合同造成的损失与违约金两者中的较低者确认一项预计负债，即应确认预计负债 10 000 元。

借：营业外支出——亏损合同损失——A 产品　　10 000

　贷：预计负债——亏损合同损失——A 产品　　10 000

待产品完工后，将已确认的预计负债冲减产品成本。

借：预计负债——亏损合同损失——A 产品　　10 000

　贷：库存商品——A 产品　　10 000

(2) 若生产 A 产品的单位成本为 270 元

履行合同发生的损失＝1 000×(270－200)＝70 000(元)

不履行合同支付的违约金＝1 000×200×20%＝40 000(元)

光华公司应确认预计负债 40 000 元。

借:营业外支出——亏损合同损失——A 产品　　40 000
　　贷:预计负债——亏损合同损失——A 产品　　40 000

支付违约金时,冲销预计负债余额。

借:预计负债——亏损合同损失——A 产品　　40 000
　　贷:银行存款　　40 000

例 11.46

光华公司与乙公司于 2016 年 11 月签订不可撤销合同,光华公司向乙公司销售 A 设备 50 台,合同价格每台 1 000 000 元(不含税)。该批设备在 2017 年 1 月 25 日交货。至 2016 年末光华公司已生产 40 台 A 设备,由于原材料价格上涨,单位成本达到 1 020 000 元,每销售一台 A 设备亏损 20 000 元,因此这项合同已成为亏损合同。预计其余未生产的 10 台 A 设备的单位成本与已生产的 A 设备的单位成本相同。则光华公司应对有标的的 40 台 A 设备计提存货跌价准备,对没有标的的 10 台 A 设备确认预计负债。不考虑相关税费,有关账务处理如下:

(1) 有标的部分,合同为亏损合同,确认减值损失

借:资产减值损失——存货跌价损失——A 设备
　　800 000(40 × 20 000)
　　贷:存货跌价准备——A 设备　　800 000

(2) 无标的部分,合同为亏损合同,确认预计负债

借:营业外支出——亏损合同损失——A 设备
　　200 000(10 × 20 000)
　　贷:预计负债——亏损合同损失——A 设备　　200 000

在产品生产出来后,将预计负债冲减产品成本。

借:预计负债——亏损合同损失——A 设备　　200 000
　　贷:库存商品——A 设备　　200 000

(五) 重组义务

重组,是指企业制定和控制的,将显著改变企业组织形式、经营范围或经营方式的计划实施行为。属于重组的事项主要包括:出售或终止企业的部分业务;对企业的组织结构进行较大调整;关闭企业的部分营业场所,或将营业活动由一个国家或地区迁移到其他国家或地区。企业应当将重组与企业合并、债务重组区别开。重组通常是企业内部资源的调整和组合,谋求现有资产效能的最大化;

企业合并是在不同企业之间的资本重组和规模扩张；而债务重组是债权人对债务人作出让步，债务人减轻债务负担，债权人尽可能减少损失。

1. 重组义务的确认

企业因重组而承担了重组义务，并且同时满足预计负债确认条件时，才能确认预计负债。

首先，同时存在下列情况的，表明企业承担了重组义务：一是有详细、正式的重组计划，包括重组涉及的业务、主要地点、需要补偿的职工人数、预计重组支出、计划实施时间等；二是该重组计划已对外公告，重组计划已经开始实施，或已向受其影响的各方通告了该计划的主要内容，从而使各方形成了对该企业将实施重组的合理预期。

企业制订了详细、正式的重组计划，并已经对外公告，使那些受其影响的其他单位或个人可以合理预期企业将实施重组，这构成了企业的一项推定义务。而管理层或董事会在资产负债表日前作出的重组决定，在资产负债表日并不形成一项推定义务，除非企业在资产负债表日前已经对外进行了公告，将重组计划传达给受其影响的各方，使他们形成了对企业将实施重组的合理预期。

其次，需要判断重组义务是否同时满足预计负债的三个确认条件，即判断其承担的重组义务是否是现时义务，履行重组义务是否很可能导致经济利益流出企业，重组义务的金额是否能够可靠计量。只有同时满足这三个确认条件，才能将重组义务确认为预计负债。

例 11.47

2017 年 12 月 31 日，光华上市公司董事会决定关闭一个事业部。2017 年度财务报告报出前，光华上市公司董事会尚未将有关决定传达到受影响的各方，也未采取任何措施实施该项决定，在 2017 年 12 月 31 日，光华上市公司不应对此项决定确认预计负债。

例 11.48

2017 年 12 月 16 日，光华上市公司董事会决定关闭 A 产品事业部，有关计划已获批准。至 2017 年 12 月 31 日，关闭该事业部的决定已经向社会公告，受影响的公司职工、客户及供应商均收到了通知。如果该义务很可能导致经济利益流出光华上市公司，且金额能够可靠计量，在 2017 年 12 月 31 日，光华上市公司应对此项决定确认预计负债。

2. 重组义务的计量

企业应当按照与重组有关的直接支出确定预计负债金额，计入当期损益。其中，直接支出是企业重组必须承担的直接支出，并且与主体继续进行的活动无关的支出，不包括留用职工岗前培训、市场推广、新系统和营销网络投入等支出。因为这些支出与未来经营活动有关，在资产负债表日不是重组义务。

由于企业在计量预计负债时不应当考虑预期处置相关资产的利得，在计量与重组义务相关的预计负债时，也不考虑处置相关资产（厂房、店面，有时是一个事业部整体）可能形成的利得或损失，即使资产的出售构成重组的一部分也是如此，这些利得或损失应当单独确认。

企业可以参照表 11.4 判断某项支出是否属于与重组有关的直接支出。

表 11.4

支 出 项 目	包括	不包括	不包括的原因
自愿遣散	√		
强制遣散（如果自愿遣散目标未满足）	√		
将不再使用的厂房的租赁撤销	√		
将职工和设备从拟关闭的工厂转移到继续使用的工厂		√	支出与继续进行的活动相关
剩余职工的再培训		√	支出与继续进行的活动相关
新经理的招聘成本		√	支出与继续进行的活动相关
推广公司新形象的营销成本		√	支出与继续进行的活动相关
对新营销网络的投资		√	支出与继续进行的活动相关
重组的未来可辨认经营损失（最新预计值）		√	支出与继续进行的活动相关
特定固定资产的减值损失		√	资产减值准备应当按照《企业会计准则第 8 号——资产减值》进行计提

第五节 借 款 费 用

一、借款费用的范围

借款费用是企业因借入资金所付出的代价，包括借款利息、折价或者溢价的摊销、辅助费用以及因外币借款而发生的汇兑差额等。承租人确认的融资租赁发生的融资费用属于借款费用。

因借款而发生的利息包括企业向银行或者其他金融机构等借入资金发生的利息、发行公司债券或企业债券发生的利息，以及为购建或者生产符合资本化条件的资产而发生的带息债务所承担的利息等。

因借款而发生的折价或者溢价主要是指发行债券等发生的折价或者溢价，发行债券中的折价或者溢价，其实质是对债券票面利息的调整(即将债券票面利率调整为实际利率)，属于借款费用的范畴。例如，某公司发行公司债券，每张公司债券票面价值为100元，票面年利率为6%，期限为4年，而同期市场利率为年利率8%，由于公司债券的票面利率低于市场利率，为成功发行公司债券，某公司采取了折价发行的方式，折价金额在实质上是用于补偿投资者在购入债券后所受到的名义利息上的损失，应当作为以后各期利息费用的调整额。

因借款而发生的辅助费用，是指企业在借款过程中发生的诸如手续费、佣金等费用，由于这些费用是因安排借款而发生的，也属于借入资金所付出的代价，是借款费用的构成部分。

因外币借款而发生的汇兑差额，是指由于汇率变动导致市场汇率与账面汇率出现差异，从而对外币借款本金及其利息的记账本位币金额所产生的影响金额。

对于企业发生的权益性融资费用，不应包括在借款费用中。

例 11.49

光华公司发生了借款手续费100 000元，发行公司债券佣金10 000 000元，发行公司股票佣金20 000 000元，借款利息2 000 000元。其中，借款手续费100 000元、发行公司债券佣金10 000 000元和借款利息2 000 000元均属于借款费用；发行公司股票属于公司权益性融资，所发生的佣金应当冲减溢价，不属于借款费用范畴，不应按照《企业会计准则第17号——借款费用》进行会计处理。

二、借款费用的确认

(一) 确认原则

借款费用的确认主要解决的是将每期发生的借款费用资本化，计入相关资产的成本；还是将有关借款费用费用化，计入当期损益的问题。借款费用确认的基本原则是：企业发生的借款费用可直接归属于符合资本化条件的资产购建或者生产的，应当予以资本化，计入相关资产成本；其他借款费用应当在发生时根据其发生额确认为费用，计入当期损益。

符合资本化条件的资产，是指需要经过相当长时间的购建或者生产活动才能达到预定可使用或者可销售状态的固定资产、投资性房地产和存货等资产。建造合同成本、无形资产的开发支出等在符合条件的情况下，也可以认定为符合资本化条件的资产。其中，“相当长时间”应当是指资产的购建或者生产所必需的时间，通常为一年以上(含一年)。

在实务中，如果由于人为或者故意等非正常因素导致资产的购建或者生产时间过长的，该资产不属于符合资本化条件的资产。购入即可使用的资产，或者购入后需要安装但所需安装时间较短的资产，或者需要建造或生产但建造或生产时间较短的资产，均不属于符合资本化条件的资产。

例 11.50

光华公司向银行借入资金分别用于生产 A 产品和 B 产品，其中，A 产品的生产时间较短，为 1 个月；B 产品属于大型发电设备，生产周期较长，为 1 年零 3 个月。为存货生产而借入的借款费用在符合资本化条件的情况下应当予以资本化。

本例中，由于 A 产品的生产时间较短，不属于需要经过相当长时间的生产才能达到预定可销售状态的资产，因此，为 A 产品的生产借入资金所发生的借款费用不应计入 A 产品的生产成本，而应当计入当期财务费用。而 B 产品的生产时间比较长，属于需要经过相当长时间的生产才能达到预定可销售状态的资产，因此，为 B 产品的生产而借入资金所发生的借款费用符合资本化的条件，应计入 B 产品的成本中。

(二) 借款费用应予以资本化的借款范围

借款包括专门借款和一般借款。专门借款，是指为购建或者生产符合资本化条件的资产而专门借入的款项。专门借款通常应当有明确的用途，即为购建或者生产某项符合资本化条件的资产而专门借入，并通常应当具有标明该用途的借款合同。例如，某企业为了建造一条生产线向某银行专门贷款 50 000 000 元，某房地产开发企业为了开发某住宅小区向某银行专门贷款 2 亿元等，均属于专门借款，其使用目的明确，而且其使用受到相关合同的限制。一般借款是指除专门借款之外的借款，相对于专门借款而言，一般借款在借入时，其用途通常没有特指用于符合资本化条件的资产的购建或者生产。

借款费用应予资本化的借款范围，既包括专门借款，也包括一般借款。其中，对于一般借款，只有在购建或者生产某项符合资本化条件的资产占用了一般借款时，才应将与该部分一般借款相关的借款费用资本化；否则，所发生的借款费用应当计入当期损益。

（三）借款费用资本化期间的确定

只有发生在资本化期间内的有关借款费用才允许资本化，资本化期间的确定是借款费用确认和计量的重要前提。借款费用资本化期间是指从借款费用开始资本化时间到停止资本化时间的期间，但不包括借款费用暂停资本化的期间。

1. 借款费用开始资本化的时间

借款费用允许开始资本化必须同时满足三个条件，即资产支出已经发生、借款费用已经发生、为使资产达到预定可使用或者可销售状态所必要的购建或者生产活动已经开始。

（1）资产支出已经发生的判断

资产支出包括以支付现金、转移非现金资产和承担带息债务形式所发生的支出。

支付现金，是指用货币资金支付符合资本化条件的资产的购建或者生产支出。

转移非现金资产，是指企业将自己的非现金资产直接用于符合资本化条件的资产的购建或者生产。例如，光华公司将自己生产的产品，包括水泥、钢材等，用于符合资本化条件的资产的建造或者生产，该企业同时还用自己生产的产品换取其他企业的工程物资，用于符合资本化条件的资产的建造或者生产，这些产品的成本均属于资产支出。

承担带息债务，是指企业为了购建或者生产符合资本化条件的资产而承担的带息应付款项。企业以赊购方式购买这些物资所产生的债务可能带息，也可能不带息。如果企业赊购这些物资承担的是不带息债务，就不应当将购买价款计入资产支出，因为该债务在偿付前不需要承担利息，也没有占用借款资金。企业只有等到实际偿付债务，发生了资源流出时，才能将其作为资产支出。如果企业赊购物资承担的是带息债务，企业要为这笔债务付出代价，支付利息，与企业向银行借入款项用以支付资产支出在性质上是一致的。企业为购建或者生产符合资本化条件的资产而承担的带息债务应当作为资产支出，当该带息债务发生时，视同资产支出已经发生。

（2）借款费用已经发生的判断

借款费用已经发生，是指企业已经发生了因购建或者生产符合资本化条件的资产而专门借入款项的借款费用，或者占用了一般借款的借款费用。

（3）为使资产达到预定可使用或者可销售状态所必要的购建或者生产活动

已经开始的判断

为使资产达到预定可使用或者可销售状态所必要的购建或者生产活动已经开始，是指符合资本化条件的资产的实体建造或者生产工作已经开始，如主体设备的安装、厂房的实际开工建造等。它不包括仅仅持有资产但没有发生为改变资产形态而进行的实质上的建造或者生产活动。

企业只有在上述三个条件同时满足的情况下，有关借款费用才可以开始资本化；只要其中有一个条件没有满足，借款费用就不能资本化，而应计入当期损益。

例 11.51

光华公司专门借入款项建造某符合资本化条件的固定资产，相关借款费用已经发生，同时固定资产的实体建造工作也已开始，但为固定资产建造所需物资等都是赊购或者客户垫付的(且所形成的负债均为不带息负债)，发生的相关薪酬等费用也尚未形成现金流出。

在这种情况下，固定资产建造本身并没有占用借款资金，没有发生资产支出，该事项只满足借款费用开始资本化的第二个和第三个条件，但是没有满足第一个条件，所以，所发生的借款费用不应予以资本化。

例 11.52

光华公司为了建造一项符合资本化条件的固定资产，使用自有资金购置了工程物资，该固定资产已经开始动工兴建，但专门借款资金尚未到位，也没有占用一般借款资金。

在这种情况下，企业尽管满足了借款费用开始资本化的第一个和第三个条件，但是不符合借款费用开始资本化的第二个条件，因此，不允许开始借款费用的资本化。

例 11.53

光华公司为了建造某一项符合资本化条件的厂房，已经使用银行存款购置水泥、钢材等，发生了资产支出，相关借款也已开始计息，但是厂房因各种原因迟迟未能开工兴建。

在这种情况下，企业尽管符合了借款费用开始资本化的第一个和第二个条件，但不符合借款费用开始资本化的第三个条件，因此，所发生的借款费用不允许资本化。

2. 借款费用暂停资本化的时间

符合资本化条件的资产在购建或者生产过程中发生非正常中断且中断时间连续超过 3 个月的，应当暂停借款费用的资本化。中断的原因必须是非正常中断，属于正常中断的，相关借款费用仍可资本化。在实务中，企业应当遵循“实质重于形式”等原则来判断借款费用暂停资本化的时间，如果相关资产购建或者生产的中断时间较长而且满足其他规定条件的，相关借款费用应当暂停资本化。

非正常中断，通常是由于企业管理决策上的原因或者其他不可预见的原因等所导致的中断。例如，企业因与施工方发生了质量纠纷，或者工程、生产用料没有及时供应，或者资金周转发生了困难，或者施工、生产发生了安全事故，或者发生了与资产购建、生产有关的劳动纠纷等原因，导致资产购建或者生产活动发生中断，均属于非正常中断。

例 11.54

光华公司于 2016 年 1 月 1 日利用专门借款开工兴建一幢厂房，支出已经发生，因此借款费用从当日起开始资本化。工程预计于 2017 年 3 月完工。2016 年 5 月 15 日，由于工程施工发生了安全事故，导致工程中断，直到 9 月 10 日才复工。

该中断属于非正常中断，因此，上述专门借款在 5 月 15 日至 9 月 10 日间所发生的借款费用不应资本化，而应作为财务费用计入当期损益。

非正常中断与正常中断显著不同。正常中断通常仅限于购建或者生产符合资本化条件的资产达到预定可使用或者可销售状态所必要的程序，或者事先可预见的不可抗力因素导致的中断。例如，某些工程建造到一定阶段必须暂停下来进行质量或者安全检查，检查通过后才可继续下一阶段的建造工作，这类中断是在施工前可以预见的，而且是工程建造必须经过的程序，属于正常中断。某些地区的工程在建造过程中，由于可预见的不可抗力因素（如雨季或冰冻季节等）导致施工出现停顿，也属于正常中断。

例 11.55

光华公司在某地建造某工程期间，遇上冰冻季节（通常为 6 个月），工程施工因此中断，待冰冻季节过后方能继续施工。

由于该地区在施工期间出现较长时间的冰冻为正常情况，由此导致的施工中断是可预见的不可抗力因素导致的中断，属于正常中断。在正常中断期间所发生的借款费用可以继续资本化，计入相关资产的成本。

3. 借款费用停止资本化的时间

购建或者生产符合资本化条件的资产达到预定可使用或者可销售状态时，借款费用应当停止资本化。在符合资本化条件的资产达到预定可使用或者可销售状态之后所发生的借款费用，应当在发生时根据其发生额确认为费用，计入当期损益。

资产达到预定可使用或者可销售状态，是指所购建或者生产的符合资本化条件的资产已经达到建造方、购买方或者企业自身等预先设计、计划或者合同约定的可以使用或者可以销售的状态。企业在确定借款费用停止资本化的时间时需要运用职业判断，应当遵循实质重于形式原则，针对具体情况，依据经济实质判断所购建或者生产的符合资本化条件的资产达到预定可使用或者可销售状态的时点，具体可从以下几个方面进行判断：

(1) 符合资本化条件的资产的实体建造(包括安装)或者生产活动已经全部完成或者实质上已经完成。

(2) 所购建或者生产的符合资本化条件的资产与设计要求、合同规定或者生产要求相符或者基本相符，即使有极个别与设计、合同或者生产要求不相符的地方，也不影响其正常使用或者销售。

(3) 继续发生在所购建或生产的符合资本化条件的资产上的支出金额很少或者几乎不再发生。

购建或者生产符合资本化条件的资产需要试生产或者试运行的，在试生产结果表明资产能够正常生产出合格产品，或者试运行结果表明资产能够正常运转或者营业时，应当认为该资产已经达到预定可使用或者可销售状态。

例 11.56

光华公司借入一笔款项，于 2016 年 2 月 1 日采用出包方式开工兴建一幢厂房。2017 年 10 月 10 日工程全部完工，达到合同要求。10 月 30 日工程验收合格，11 月 15 日办理工程竣工结算，11 月 20 日完成全部资产移交手续，12 月 1 日厂房正式投入使用。

在本例中，企业应当将 2017 年 10 月 10 日确定为工程达到预定可使用状态的时间，作为借款费用停止资本化的时间。后续的工程验收日、竣工结算日、资产移交日和投入使用日均不应作为借款费用停止资本化的时间，否则会导致资产价值和利润的高估。

在符合资本化条件的资产的实际购建或者生产过程中，如果所购建或者生产的符合资本化条件的资产分别建造、分别完工，企业也应当遵循实质重于形式原则，区别不同情况，界定借款费用停止资本化的时间。

如果所购建或者生产的符合资本化条件的资产的各部分分别完工，且每部分在其他部分继续建造或者生产过程中可供使用或者可对外销售，且为使该部分资产达到预定可使用或可销售状态所必要的购建或者生产活动实质上已经完成的，应当停止与该部分资产相关的借款费用的资本化，因为该部分资产已经达到了预定可使用或者可销售状态。

如果企业购建或者生产的资产的各部分分别完工，但必须等到整体完工后才可使用或者对外销售的，应当在该资产整体完工时停止借款费用的资本化。在这种情况下，即使各部分资产已经完工，也不能够认为该部分资产已经达到了预定可使用或者可销售状态，企业只能在所购建固定资产整体完工时，才能认为资产已经达到了预定可使用或者可销售状态，借款费用方可停止资本化。

例 11.57

光华公司在建设某一涉及数项工程的钢铁冶炼项目时，每个单项工程都是根据各道冶炼工序设计建造的，因此，只有在每项工程都建造完毕后，整个冶炼项目才能正式运转，达到生产和设计要求，所以每一个单项工程完工后不应认为资产已经达到了预定可使用状态，企业只有等到整个冶炼项目全部完工，达到预定可使用状态时，才能停止借款费用的资本化。

三、借款费用的计量

(一) 借款利息资本化金额的确定

在借款费用资本化期间内，每一会计期间的利息(包括折价或溢价的摊销，下同)的资本化金额，应当按照下列原则确定：

1. 为购建或者生产符合资本化条件的资产而借入专门借款的，应当以专门借款当期实际发生的利息费用，减去将尚未动用的借款资金存入银行取得的利息收入或进行暂时性投资取得的投资收益后的金额，确定专门借款应予资本化的利息金额。

2. 为购建或者生产符合资本化条件的资产而占用了一般借款的，企业应当根据累计资产支出超过专门借款部分的资产支出加权平均数乘以所占用一般借款的资本化率，计算确定一般借款应予资本化的利息金额。资本化率应当根据一般借款加权平均利率计算确定。即企业占用一般借款购建或者生产符合资本化条件的资产时，一般借款的借款费用的资本化金额的确定应当与资产支出相挂钩。有关计算公式如下：

$$\frac{\text{一般借款利息费用}}{\text{资本化金额}} = \frac{\text{累计资产支出超过专门借款部分的}}{\text{资产支出加权平均数}} \times \frac{\text{所占用一般借款的}}{\text{资本化率}}$$

$$\frac{\text{所占用一般借款}}{\text{的资本化率}} = \frac{\text{所占用一般借款}}{\text{加权平均利率}} = \frac{\text{所占用一般借款当期}}{\text{实际发生的利息之和}} \div \frac{\text{所占用一般借款}}{\text{本金加权平均数}}$$

例 11.58

光华公司于2016年1月1日正式动工兴建一幢厂房，工期预计为1年零6个月。工程采用出包方式，分别于2016年1月1日、2016年7月1日和2017年1月1日支付工程进度款。

光华公司为建造厂房于2016年1月1日专门借款30 000 000元，借款期限为3年，年利率为5%。另外，在2016年7月1日又专门借款60 000 000元，借款期限为5年，年利率为6%。借款利息按年支付(如无特别说明，本章例题中名义利率与实际利率相同)。

光华公司将闲置借款资金用于固定收益债券短期投资，该短期投资月收益率0.5%。

厂房于2017年6月30日完工，达到预定可使用状态。

光华公司为建造该厂房的支出金额如表11.5所示。

表 11.5　　光华公司建造厂房的支出金额表　　单位:元

日　　期	每期资产支出金额	累计资产支出金额	闲置借款资金用于短期投资金额
2016年1月1日	15 000 000	150 000 000	15 000 000
2016年7月1日	35 000 000	50 000 000	40 000 000
2017年1月1日	35 000 000	85 000 000	5 000 000
总　　计	85 000 000	—	60 000 000

由于光华公司使用了专门借款建造厂房，而且厂房建造支出没有超过专门借款金额，因此，公司2016年、2017年建造厂房应予资本化的利息金额计算如下：

(1) 确定借款费用资本化期间为2016年1月1日至2017年6月30日

(2) 计算在资本化期间内专门借款实际发生的利息金额

2016年专门借款发生的利息金额＝30 000 000×5%＋60 000 000×6%×

6/12＝3 300 000(元)

2017 年 1 月 1 日至 6 月 30 日专门借款发生的利息金额＝30 000 000×5%×6/12＋60 000 000×6%×6/12＝2 550 000(元)

(3) 计算在资本化期间内利用闲置的专门借款资金进行短期投资的收益

2016 年短期投资收益＝15 000 000×0.5%×6＋40 000 000×0.5%×6＝1 650 000(元)

2017 年 1 月 1 日至 6 月 30 日短期投资收益＝5 000 000×0.5%×6＝150 000(元)

(4) 由于在资本化期间内,专门借款利息费用的资本化金额应当以其实际发生的利息费用减去将闲置的借款资金进行短期投资取得的投资收益后的金额确定,因此

公司 2016 年的利息资本化金额＝3 300 000－1 650 000＝1 650 000(元)

公司 2017 年的利息资本化金额＝2 550 000－150 000＝2 400 000(元)

(5) 有关账务处理如下

2016 年 12 月 31 日

	借方	贷方
借:在建工程——××厂房	1 650 000	
应收利息(或银行存款)	1 650 000	
贷:应付利息——××银行		3 300 000

2017 年 6 月 30 日

	借方	贷方
借:在建工程——××厂房	2 400 000	
应收利息(或银行存款)	150 000	
贷:应付利息——××银行		2 550 000

例 11.59

沿用【例 11.56】,假定光华公司建造厂房没有专门借款,占用的都是一般借款。

光华公司为建造厂房占用的一般借款有两笔,具体如下:

(1) 向 A 银行长期贷款 20 000 000 元,期限为 2015 年 12 月 1 日至 2018 年 12 月 1 日,年利率为 6%,按年支付利息。

(2) 发行公司债券 1 亿元,于 2015 年 1 月 1 日发行,期限为 5 年,年利率为 8%,按年支付利息。

假定这两笔一般借款除了用于厂房建设外,没有用于其他符合资本化条件的资产的购建或者生产活动。按全年 360 天计算,其他资料沿用【例 11.56】。

鉴于光华公司建造厂房没有占用专门借款，而是占用了一般借款，因此，公司应当首先计算所占用一般借款的加权平均利率作为资本化率，然后计算建造厂房的累计资产支出加权平均数，将其与资本化率相乘，计算求得当期应予资本化的借款利息金额。具体如下：

(1) 计算所占用一般借款资本化率

一般借款资本化率（年）＝(20 000 000 × 6% ＋ 100 000 000 × 8%) ÷ (20 000 000＋100 000 000) × 100% ＝7.67%

(2) 计算累计资产支出加权平均数

2016 年累计资产支出加权平均数＝15 000 000 × 360 ÷ 360 ＋ 35 000 000 × 180 ÷ 360 ＝32 500 000(元)

2017 年累计资产支出加权平均数＝85 000 000×180÷360＝42 500 000(元)

(3) 计算每期利息资本化金额

2016 年为建造厂房的利息资本化金额＝32 500 000×7.67%＝2 492 750(元)

2016 年实际发生的一般借款利息费用＝20 000 000 × 6% ＋ 100 000 000 × 8% ＝9 200 000(元)

2017 年为建造厂房的利息资本化金额＝42 500 000×7.67%＝3 259 750(元)

2017 年 1 月 1 日至 6 月 30 日实际发生的一般借款利息费用＝20 000 000 × 6% × 180 ÷ 360 ＋ 100 000 000 × 8% × 180 ÷ 360 ＝4 600 000(元)

上述计算的利息资本化金额没有超过两笔一般借款实际发生的利息费用，可以资本化。

(4) 根据上述计算结果，账务处理如下

2016 年 12 月 31 日

	借方	贷方
借：在建工程——厂房	2 492 750	
财务费用	6 707 250	
贷：应付利息——××银行		9 200 000

2017 年 6 月 30 日

	借方	贷方
借：在建工程——厂房	3 259 750	
财务费用	1 340 250	
贷：应付利息——××银行		4 600 000

例 11.60

沿用【例 11.56】、【例 11.57】，假定光华公司为建造厂房于 2016 年 1 月 1 日专门借款 30 000 000 元，借款期限为 3 年，年利率为 5%。除此之外，没有其他专门借款。在厂房建造过程中所占用的一般借款仍为两笔，一般借款有关资料沿用【例 11.57】。其他相关资料均同【例 11.56】、【例 11.57】。

在这种情况下，公司应当首先计算专门借款利息的资本化金额，然后计算所占用一般借款利息的资本化金额。具体如下：

(1) 计算专门借款利息资本化金额

2016 年专门借款利息资本化金额＝30 000 000×5%－15 000 000×0.5%×6＝1 050 000(元)

2017 年专门借款利息资本化金额＝30 000 000×5%×180÷360＝750 000(元)

(2) 计算一般借款资本化金额

在建造厂房过程中，自 2016 年 7 月 1 日起已经有 20 000 000 元占用了一般借款。另外，2017 年 1 月 1 日支出的 35 000 000 元也占用了一般借款。计算这两笔资产支出的加权平均数如下：

2016 年占用了一般借款的资产支出加权平均数＝20 000 000×180÷360＝10 000 000(元)

由于一般借款利息资本化率与【例 11.57】相同，即为 7.67%。所以：

2016 年应予资本化的一般借款利息金额＝10 000 000×7.67%＝767 000(元)

2017 年占用了一般借款的资产支出加权平均数＝(20 000 000＋35 000 000)×180÷360＝27 500 000(元)

2017 年应予资本化的一般借款利息金额＝27 500 000×7.67%＝2 109 250(元)

(3) 根据上述计算结果，公司建造厂房应予资本化的利息金额如下：

2016 年利息资本化金额＝1 050 000＋767 000＝1 817 000(元)

2017 年利息资本化金额＝750 000＋2 109 250＝2 859 250(元)

(4) 有关账务处理如下

2016 年 12 月 31 日

借：在建工程——××厂房	1 817 000	
财务费用	8 433 000	
应收利息(或银行存款)	450 000	
贷：应付利息——××银行		10 700 000

注：2016 年实际发生的借款利息＝30 000 000×5%＋20 000 000×6%＋100 000 000×8%＝10 700 000(元)

2017 年 6 月 30 日

借：在建工程——××厂房　　2 859 250

　　财务费用　　2 490 750

　　贷：应付利息——××银行　　5 350 000

注：2017 年 1 月 1 日至 6 月 30 日实际发生的借款利息＝10 700 000×180÷360＝5 350 000(元)

例 11.61

光华公司拟在厂区内建造一幢新厂房，有关资料如下：

(1) 2016 年 1 月 1 日向银行专门借款 60 000 000 元，期限为 3 年，年利率为 6%，每年 1 月 1 日付息。

(2) 除专门借款外，公司只有一笔其他借款，为 2015 年 12 月 1 日借入的长期借款 72 000 000 元，期限为 5 年，年利率为 8%，每年 12 月 1 日付息，假设光华公司在 2016 年和 2017 年年底均未支付当年利息。

(3) 由于审批、办手续等原因，厂房于 2016 年 4 月 1 日才开始动工兴建，当日支付工程款 24 000 000 元。工程建设期间的支出情况如表 11.6 所示。

表 11.6　　光华公司建造新厂房期间的支出情况表　　单位：元

<table>
<tr><th>日　　期</th><th>每期资产支出金额</th><th>累计资产支出金额</th><th>闲置借款资金用于短期投资金额</th></tr>
<tr><td>2016 年 4 月 1 日</td><td>24 000 000</td><td>24 000 000</td><td>36 000 000</td></tr>
<tr><td>2016 年 6 月 1 日</td><td>12 000 000</td><td>36 000 000</td><td>24 000 000</td></tr>
<tr><td>2016 年 7 月 1 日</td><td>36 000 000</td><td>72 000 000</td><td rowspan="5">占用一般借款</td></tr>
<tr><td>2017 年 1 月 1 日</td><td>12 000 000</td><td>84 000 000</td></tr>
<tr><td>2017 年 4 月 1 日</td><td>6 000 000</td><td>90 000 000</td></tr>
<tr><td>2017 年 7 月 1 日</td><td>6 000 000</td><td>96 000 000</td></tr>
<tr><td>总　　计</td><td>96 000 000</td><td>—</td><td>—</td></tr>
</table>

工程于 2017 年 9 月 30 日完工，达到预定可使用状态。其中，由于施工质量问题，工程于 2016 年 9 月 1 日至 12 月 31 日停工 4 个月。

(4) 专门借款中未支出部分全部存入银行，假定月利率为 0.25%。全年按照 360 天计算，每月按照 30 天计算。

根据上述资料，有关利息资本化金额的计算和账务处理如下：

(1) 计算2016年、2017年全年发生的专门借款和一般借款利息费用

2016年专门借款发生的利息金额＝60 000 000×6％＝3 600 000(元)

2016年一般借款发生的利息金额＝72 000 000×8％＝5 760 000(元)

2017年专门借款发生的利息金额＝60 000 000×6％＝3 600 000(元)

2017年一般借款发生的利息金额＝72 000 000×8％＝5 760 000(元)

(2) 在本例中,尽管专门借款于2016年1月1日借入,但是厂房建设于4月1日方才开工。因此,借款利息费用只有在4月1日起才符合开始资本化的条件,计入在建工程成本。同时,由于厂房建设在2016年9月1日至12月31日期间发生非正常中断4个月,该期间发生的利息费用应当暂停资本化,计入当期损益。

(3) 计算2016年借款利息资本化金额和应计入当期损益金额及其账务处理:

2016年1～3月和9～12月专门借款发生的利息费用＝60 000 000×6％×210÷360＝2 100 000(元)

2016年专门借款转存入银行取得的利息收入＝60 000 000×0.25％×3＋36 000 000×0.25％×2＋24 000 000×0.25％×1＝690 000(元)

其中,专门借款在资本化期间内取得的利息收入＝36 000 000×0.25％×2＋24 000 000×0.25％×1＝240 000(元)

公司在2016年应予资本化的专门借款利息金额＝3 600 000－21 000 000－240 000＝1 260 000(元)

公司在2016年应当计入当期损益(财务费用)的专门借款利息金额(减利息收入)＝3 600 000－1 260 000－690 000＝1 650 000(元)

公司在2016年占用了一般借款资金的资产支出加权平均数＝(24 000 000＋12 000 000＋36 000 000－60 000 000)×60÷360＝2 000 000(元)

公司在2016年一般借款应予资本化的利息金额＝2 000 000×5％＝160 000(元)

公司在2016年应当计入当期损益的一般借款利息金额＝5 760 000－160 000＝5 600 000(元)

公司在2016年应予资本化的借款利息金额＝1 260 000＋160 000＝1 420 000(元)

公司在2016年应当计入当期损益的借款利息金额＝1 650 000＋5 600 000＝7 250 000(元)

借:在建工程——××厂房　　　　1 420 000

　　财务费用　　　　　　　　　7 250 000

应收利息(或银行存款)　　690 000

贷:应付利息——××银行　　9 360 000

(4) 计算2017年借款利息资本化金领和应计入当期损益金额及其账务处理

公司在2017年应予资本化的专门借款利息金额＝60 000 000×6%×270÷360＝2 700 000(元)

公司在2017年应当计入当期损益的专门借款利息金额＝3 600 000－2 700 000＝900 000(元)

公司在2017年占用了一般借款资金的资产支出加权平均数＝24 000 000×270÷360＋6 000 000×180÷360＋6 000 000×90÷360＝22 500 000(元)

公司在2017年一般借款应予资本化的利息金额＝22 500 000×8%＝1 800 000(元)

公司在2017年应当计入当期损益的一般借款利息金额＝5 760 000－1 800 000＝3 960 000(元)

公司在2017年应予资本化的借款利息金额＝2 700 000＋1 800 000＝4 500 000(元)

公司在2017年应当计入当期损益的借款利息金额＝900 000＋3 960 000＝4 860 000(元)

借:在建工程——××厂房　　4 500 000

财务费用　　4 860 000

贷:应付利息——××银行　　9 360 000

(二) 借款辅助费用资本化金额的确定

辅助费用是企业为了安排借款而发生的必要费用,包括借款手续费(如发行债券手续费)、佣金等。如果企业不发生这些费用,就无法取得借款,因此,辅助费用是企业借入款项所付出的一种代价,是借款费用的有机组成部分。

对于企业发生的专门借款辅助费用,在所购建或者生产的符合资本化条件的资产达到预定可使用或者可销售状态之前发生的,应当在发生时根据其发生额予以资本化;在所购建或者生产的符合资本化条件的资产达到预定可使用或者可销售状态之后所发生的,应当在发生时根据其发生额确认为费用,计入当期损益。上述资本化或计入当期损益的辅助费用的发生额,是指根据《企业会计准则第22号——金融工具确认和计量》,按照实际利率法所确定的金融负债交易费用对每期利息费用的调整额。借款实际利率与合同利率差异较小的,也可以采用合同利率计算确定利息费用。一般借款发生的辅助费用,也应当按照上述原则确定其发生额。考虑到借款辅助费用与金融负债交易费用是一致的，其会计处理相同。

根据《企业会计准则第 22 号——金融工具确认和计量》的规定，除以公允价值计量且其变动计入当期损益的金融负债之外，其他金融负债相关的交易费用应当计入金融负债的初始确认金额。为购建或者生产符合资本化条件的资产的专门借款或者一般借款，通常都属于除以公允价值计量且其变动计入当期损益的金融负债之外的其他金融负债。对于这些金融负债所发生的辅助费用需要计入借款的初始确认金额，即抵减相关借款的初始确认金额，从而影响以后各期实际利息的计算。换句话说，由于辅助费用的发生将导致相关借款实际利率的上升，从而需要对各期利息费用作相应调整，在确定借款辅助费用资本化金额时可以结合借款利息资本化金额一并计算。

(三) 外币专门借款汇兑差额资本化金额的确定

在资本化期间，外币专门借款本金及其利息的汇兑差额应当予以资本化，计入符合资本化条件的资产的成本；除外币专门借款之外的其他外币借款本金及其利息所产生的汇兑差额，应当作为财务费用计入当期损益。

例 11.62

光华公司产品已经打入美国市场，为节约生产成本，决定在当地建造生产工厂并设立分公司，2016 年 1 月 1 日，为该工程项目专门向当地银行借入 10 000 000 美元，年利率为 8%，期限为 3 年，假定不考虑与借款有关的辅助费用。合同约定，光华公司于每年 1 月 1 日支付借款利息，到期偿还借款本金。工程于 2016 年 1 月 1 日开始实体建造，2017 年 6 月 30 日完工，达到预定可使用状态。期间发生的资产支出如下：

2016 年 1 月 1 日，支出 2 000 000 美元；

2016 年 7 月 1 日，支出 5 000 000 美元；

2017 年 1 月 1 日，支出 3 000 000 美元。

公司的记账本位币为人民币，外币业务采用外币业务发生时当日即期汇率即市场汇率折算。相关汇率如下：

2016 年 1 月 1 日，1 美元＝6.70 人民币元；

2016 年 12 月 31 日，1 美元＝6.75 人民币元；

2017 年 1 月 1 日，1 美元＝6.77 人民币元；

2017 年 6 月 30 日，1 美元＝6.80 人民币元。

本例中，光华公司计算该外币借款汇兑差额资本化金额如下：

(1) 计算2016年汇兑差额资本化金额

应付利息＝10 000 000×5%×6.75＝5 400 000(元)

账务处理为：

借:在建工程——××工程　　5 400 000

　贷:应付利息——××银行　　5 400 000

外币借款本金及利息汇兑差额＝10 000 000×(6.75－6.70)＋800 000×(6.75－6.75)＝500 000(元)

账务处理为：

借:在建工程——××工程　　500 000

　贷:长期借款——××银行——汇兑差额　　50 000

(2) 2017年1月1日实际支付利息时，应当支付800 000美元，折算成人民币为5 416 000元。该金额与原账面金额之间的差额16 000元应当继续予以资本化，计入在建工程成本。账务处理为：

借:应付利息——××银行　　5 400 000

　在建工程——××工程　　16 000

　贷:银行存款　　541 600

(3) 计算2017年6月30日时的汇兑差额资本化金额

应付利息＝10 000 000×8%×6÷12×6.80＝2 720 000(元)

账务处理为：

借:在建工程——××工程　　2 720 000

　贷:应付利息——××银行　　2 720 000

外币借款本金及利息汇兑差额＝10 000 000×(6.80－6.75)＋400 000×(6.80－6.80)＝500 000(元)

账务处理为：

借:在建工程——××工程　　500 000

　贷:长期借款——××银行——汇兑差额　　500 000

第六节 债务重组

一、债务重组的定义

债务重组，是指在债务人发生财务困难的情况下，债权人按照其与债务人达成的协议或者法院的裁定作出让步的事项。本章主要讲述持续经营条件下债权人作出让步的债务重组的会计处理。

债务人发生财务困难、债权人作出让步是会计准则中债务重组的基本特征。债务人发生财务困难,是指因债务人出现资金周转困难、经营陷入困境或者其他方面的原因,导致其无法或者没有能力按原定条件偿还债务。债权人作出让步,是指债权人同意发生财务困难的债务人现在或者将来以低于重组债务账面价值的金额或者价值偿还债务。债权人作出让步的情形主要包括债权人减免债务人部分债务本金或者利息、降低债务人应付债务的利率等。

二、债务重组的方式

债务重组的方式主要有以下几种:

(一) 以资产清偿债务

以资产清偿债务,是指债务人转让其资产给债权人以清偿债务的债务重组方式。债务人用于清偿债务的资产主要有:现金、存货、金融资产、固定资产、无形资产等。此处的现金包括库存现金、银行存款和其他货币资金。

(二) 将债务转为资本

将债务转为资本,是指债务人将债务转为资本,同时债权人将债权转为股权的债务重组方式。其结果是,债务人因此而增加股本(或实收资本),债权人因此而增加长期股权投资等。债务人根据转换协议,将应付可转换公司债券转为资本的,属于正常情况下的债务转为资本,不能作为本章所指的债务重组。

(三) 修改其他债务条件

修改其他债务条件,是指修改不包括上述两种方式在内的其他债务条件进行债务重组的方式,如减少债务本金、降低利率、减少或免去债务利息、延长偿还期限等。

(四) 以上三种方式的组合

以上三种方式的组合,是指采用以上三种方式共同清偿债务的债务重组方式。例如,以转让资产清偿某项债务的一部分,另一部分债务通过修改其他债务条件进行债务重组。

三、债务重组的会计处理

(一) 以资产清偿债务

1. 以现金清偿债务

根据《企业会计准则第 12 号——债务重组》的规定,以现金清偿债务的,债务人应当在满足金融负债终止确认条件时，终止确认重组债务，并将重组债务的账面价值与实际支付现金之间的差额确认为债务重组利得，计入营业外收入。重组债务的账面价值，一般为债务的面值或本金，如应付账款；如有利息的，还应加上应计未付利息，如长期借款等。

债权人应当在满足金融资产终止确认条件时，终止确认重组债权，并将重组债权的账面余额与收到的现金之间的差额确认为债务重组损失，计入营业外支出。债权人已对债权计提减值准备的，应当先将该差额冲减减值准备，冲减后尚有余额的，计入营业外支出，冲减减值准备后仍有余额的，应予转回并抵减当期资产减值损失。

例 11.63

2016 年 2 月 13 日，光华公司销售一批材料给乙公司，开具的增值税专用发票上的价款为 300 000 元，增值税税额为 51 000 元。按合同规定，乙公司应于 2016 年 5 月 15 日前偿付价款。由于乙公司发生财务困难，无法按合同规定的期限偿还债务，经双方协商于 2017 年 7 月 1 日进行债务重组。债务重组协议规定，光华公司同意减免光华公司 50 000 元债务，余额用现金立即清偿。光华公司于 2017 年 7 月 6 日收到乙公司通过银行转账偿还的剩余款项。光华公司已为该项应收账款计提了 30 000 元坏账准备。

乙公司(债务人)：

支付的现金＝应付账款账面余额－债务重组利得＝351 000－50 000＝301 000(元)

借：应付账款——光华公司　　351 000
　贷：银行存款　　301 000
　　营业外收入——债务重组利得　　50 000

光华公司(债权人)：

债务重组损失＝应收账款账面余额－收到的现金－已计提坏账准备

＝351 000－301 000－30 000＝20 000(元)

借：银行存款　　301 000
　坏账准备　　30 000
　营业外支出——债务重组损失　　20 000
　贷：应收账款——乙公司　　351 000

2. 以非现金资产清偿债务

(1) 债务人的会计处理

以非现金资产清偿债务的，债务人应当在满足金融负债终止确认条件时，终止确认重组债务，并将重组债务的账面价值与转让的非现金资产的公允价值之间的差额确认为债务重组利得，计入营业外收入。转让的非现金资产的公允价值与其账面价值的差额为资产转让损益，计入当期损益。非现金资产的账面价值，一般为非现金资产的账面原价扣除累计折旧或累计摊销，以及资产减值准备后的金额。债务人在转让非现金资产过程中发生的一些税费，如资产评估费、运杂费等，直接计入资产转让损益。

(2) 债权人的会计处理

债务人以非现金资产清偿债务，债权人应当在满足金融资产终止确认条件时，终止确认重组债权，并将重组债权的账面余额与受让的非现金资产的公允价值之间的差额，计入当期损益。债权人已对债权计提减值准备的，应当先将该差额冲减减值准备，冲减后尚有余额的计入营业外支出，冲减后减值准备仍有余额的，应予转回并抵减当期资产减值损失。

下面介绍根据不同非现金资产清偿债务时的会计处理。

(1) 以库存材料、商品产品抵偿债务

债务人以库存材料、商品产品抵偿债务，应视同销售进行会计处理。企业可将该项业务分为两部分：一是将库存材料、商品产品出售给债权人，取得贷款。出售库存材料、商品产品业务与企业正常的销售业务处理相同，其发生的损益计入当期损益；二是以取得的货币清偿债务。但在这项业务中并没有实际的现金流入和流出。

例 11.64

2016 年 11 月 7 日，光华公司向乙公司购买了一批货物，价款 450 000 元(包括应收取的增值税税额)，按照购销合同约定，光华公司应提前支付该价款，但至 2016 年 11 月 30 日光华公司尚未支付。由于光华公司财务发生困难，短期内不能偿还债务，经双方协商，乙公司同意光华公司以其生产的产品偿还债务。该产品的公允价值为 360 000 元，实际成本为 315 000 元，适用的增值税税率为 17%。乙公司于 2016 年 12 月 8 日收到光华公司抵债的产品，并作为商品入库；乙公司对该项应收账款计提了 10 000 元坏账准备。

光华公司(债务人)：

债务重组利得＝应付账款的账面余额－所转让产品的公允价值－增值税销

项税额＝450 000－360 000－360 000×17%＝28 800(元)

借:应付账款——乙公司　　450 000
　贷:主营业务收入　　360 000
　　应交税费——应交增值税(销项税额)
　　　　61 200(360 000×17%)
　　营业外收入——债务重组利得　　28 800
借:主营业务成本　　315 000
　贷:库存商品　　315 000

本例中,销售产品取得的利润体现在主营业务利润中,债务重组利得作为营业外收入处理。如果债务人以库存材料清偿债务,则视同销售取得的收入作其他业务收入,发出材料的成本作其他业务成本处理。

乙公司(债权人):

债务重组损失＝应收账款的账面价值－受让的产成品公允价值－未支付的增值税进项税额－已计提坏账准备＝450 000－360 000－360 000×17%－10 000＝18 800 元。

借:库存商品　　360 000
　应交税费——应交增值税(进项税额)　　61 200
　坏账准备　　10 000
　营业外支出——债务重组损失　　18 800
　贷:应收账款——光华公司　　450 000

(2) 以固定资产清偿债务

债务人以固定资产清偿债务,应将固定资产的公允价值与该项固定资产账面价值和清理费用的差额作为转让固定资产的损益处理;将固定资产公允价值与重组债务的账面价值的差额,作为债务重组利得。债权人收到的固定资产按公允价值计量。

例 11.65

2016 年 4 月 5 日,光华公司销售一批材料给光明公司,价款 1 100 000 元(包括应收取的增值税税额),按购销合同约定,光明公司应于 2016 年 7 月 5 日前支付价款,但至 2016 年 9 月 30 日仍未支付。由于光明公司发生财务困难,短期内无法偿还债务。经过协商,光华公司同意光明公司用其一台机器设备抵偿债务。该项设备的账面原价为 1 200 000 元,累计折旧为 330 000 元,公允价值为 850 000 元。抵债设备已于 2016 年 10 月 10 日运抵光华公司，光华公司将其用于本企业产品的生产。

光明公司(债务人)：

债务重组利得＝1 100 000－(850 000＋850 000×17%)＝105 500(元)

固定资产清理损益：850 000－(1 200 000－330 000)＝－20 000(元)

将固定资产净值转入固定资产清理

借：固定资产清理　　870 000

　累计折旧　　330 000

　贷：固定资产　　1 200 000

结转债务重组利得

借：应付账款——光华公司　　1 100 000

　贷：固定资产清理　　850 000

　　应交税费——应交增值税(销项税额)　　144 500

　　营业外收入——债务重组利得　　105 500

结转转让固定资产损失

借：营业外支出——处置非流动资产损失　　20 000

　贷：固定资产清理　　20 000

光华公司(债权人)：

债务重组损失＝1 100 000－(850 000＋850 000×17%)＝105 500(元)

借：固定资产　　850 000

　应交税费——应交增值税(进项税额)　　144 500

　营业外支出——债务重组损失　　105 500

　贷：应收账款——光明公司　　1 100 000

(3) 以股票、债券等金融资产抵偿债务

债务人以股票、债券等金融资产抵偿债务，应按相关金融资产的公允价值与其账面价值的差额，作为转让金融资产的利得或损失处理；相关金融资产的公允价值与重组债务的账面价值的差额，作为债务重组利得。债权人收到的相关金融资产按公允价值计量。

例 11.66

光华公司于 2016 年 8 月 1 日销售给光明公司一批产品，价款 500 000 元，按购销合同约定，光明公司应于 2016 年 11 月 1 日前支付价款。至 2016 年 11 月 20 日，光明公司尚未支付。由于光明公司发生财务困难，短期内无法偿还债务。经过协商，光华公司同意光明公司以其所持有作为可供出售金融资产核算的某公司股票抵偿债务。该股票账面价值440 000元，公允价值变动计入资本公积的金额为0，债务重组日的公允价值为450 000元。光华公司为该项应收账款提取了坏账准备25 000元。用于抵债的股票已于2016年11月25日办理了相关转让手续；光华公司将取得的股票作为可供出售金融资产核算。假定不考虑相关税费和其他因素。

光明公司(债务人)：

债务重组利得＝500 000－450 000＝50 000(元)

转让股票收益＝450 000－440 000＝10 000(元)

借：应付账款——光华公司　　500 000
　贷：可供出售金融资产——××股票——成本　　440 000
　　营业外收入——债务重组利得　　50 000
　　投资收益　　10 000

光华公司(债权人)：

债务重组损失＝500 000－450 000－25 000＝25 000(元)

借：可供出售金融资产——××股票——成本　　450 000
　坏账准备　　25 000
　营业外支出——债务重组损失　　25 000
　贷：应收账款——光明公司　　500 000

(二) 将债务转为资本

将债务转为资本，应分别以下情况处理：

1. 债务人为股份有限公司时，应当在满足金融负债终止确认条件时，终止确认重组债务，并将债权人放弃债权而享有股份的面值总额确认为股本：股份的公允价值总额与股本之间的差额确认为股本溢价计入资本公积。重组债务账面价值超过股份的公允价值总额的差额，作为债务重组利得计入当期营业外收入。

2. 债务人为其他企业时，应当在满足金融负债终止确认条件时，终止确认重组债务，并将债权人放弃债权而享有的股权份额确认为实收资本：股权的公允价值与实收资本之间的差额确认为资本溢价计入资本公积。重组债务账面价值超过股权的公允价值的差额，作为债务重组利得计入当期营业外收入。

3. 债权人应当在满足金融资产终止确认条件时，终止确认重组债权，并将因放弃债权而享有股份的公允价值确认为对债务人的投资，重组债权的账面余额与股份的公允价值之间的差额确认为债务重组损失，计入当期营业外支出。

债权人已对债权计提减值准备的，应当先将该差额冲减减值准备，减值准备不足以冲减的部分，作为债务重组损失计入当期营业外支出。发生的相关税费，分别按照长期股权投资或者金融工具确认计量的规定进行处理。

例 11.67

2016 年 3 月 15 日，光华公司销售一批材料给光明公司，价款 200 000 元（包含应收取的增值税额），合同约定 6 个月后结清款项。6 个月后，由于光明公司发生财务困难，无法支付该价款，与光华公司协商进行债务重组。经双方协议，光华公司同意光明公司将该债务转为光明公司的股份。光华公司对该项应收账款计提了坏账准备 10 000 元。转股后光明公司注册资本为 5 000 000 元，抵债股权占光明公司注册资本的 2%。债务重组日，抵债股权的公允价值为 152 000 元。2016 年 12 月 1 日，相关手续办理完毕。假定不考虑其他相关税费。

光明公司（债务人）：

应计入资本公积的金额 = 152 000 − 5 000 000 × 2% = 52 000（元）

债务重组利得 = 200 000 − 152 000 = 48 000（元）

借：应付账款——光华公司　　200 000
　贷：实收资本——光华公司　　100 000（5 000 000 × 2%）
　　资本公积——资本溢价　　52 000
　　营业外收入——债务重组利得　　48 000

光华公司（债权人）：

债务重组损失 = 200 000 − 152 000 − 10 000 = 38 000（元）

借：长期股权投资——光明公司　　152 000
　坏账准备　　10 000
　营业外支出——债务重组损失　　38 000
　贷：应收账款——光明公司　　200 000

（三）修改其他债务条件

企业采用修改其他债务条件进行债务重组的，应当区分是否涉及或有应付（或应收）金额进行会计处理。或有应付（或应收）金额，是指需要根据未来某种事项出现而发生的应付（或应收）金额，而且该未来事项的出现具有不确定性。

1. 不涉及或有应付（或应收）金额的债务重组

以修改其他债务条件进行债务重组的，修改后的债务条款中不涉及或有应付金额，如果重组债务的账面价值大于重组后债务的入账价值，债务人应当将其差额作为债务重组利得，计入营业外收入。

以修改其他债务条件进行债务重组的，如果修改后的债务条款中不涉及或有应收金额，债权人应当将修改其他债务条件后的债权的公允价值作为重组后债权的账面价值，重组债权的账面余额与重组后债权的账面价值之间的差额作为债务重组损失，计入营业外支出。如债权人已对该债权计提减值准备的，应当先将该差额冲减减值准备，减值准备不足以冲减的部分作为债务重组损失计入营业外支出。

例 11.68

安阳银行 2016 年 12 月 31 日应收光华公司贷款的账面余额为 10 700 000 元，其中，700 000 元为累计应收的利息，贷款年利率 7%。由于光华公司连年亏损，资金周转困难，不能偿付应于 2016 年 12 月 31 日到期的贷款。经双方协商，于 2017 年 1 月 1 日进行债务重组。安阳银行同意将贷款本金减至 8 000 000 元，免去债务人所欠的全部利息；将利率从 7%降低到 5%(等于实际利率)，并将债务到期日延长至 2018 年 12 月 31 日，利息按年支付。该项债务重组协议从协议签订日起开始实施。安阳银行为该项贷款计提了 500 000 元贷款减值准备。

光华公司(债务人)：

2017 年 1 月 1 日，债务重组利得＝10 700 000－8 000 000＝2 700 000(元)

借：长期借款——安阳银行　10 700 000
　贷：长期借款——债务重组——安阳银行　8 000 000
　　营业外收入——债务重组利得　2 700 000

2017 年 12 月 31 日，计提和支付利息

借：财务费用　400 000
　贷：应付利息——安阳银行　400 000(8 000 000×5%)
借：应付利息——安阳银行　400 000
　贷：银行存款　400 000

2018 年 12 月 31 日，偿还本金及最后一年利息

借：财务费用　400 000
　贷：应付利息——安阳银行　400 000
借：长期借款——债务重组——安阳银行　8 000 000
　应付利息——安阳银行　400 000
　贷：银行存款　8 400 000

安阳银行(债权人)：

2017 年 1 月 1 日，债务重组损失＝10 700 000－8 000 000－500 000＝2 200 000(元)

借：长期贷款——债务重组——光华公司——本金 8 000 000
　　贷款减值准备 500 000
　　营业外支出——债务重组损失 2 200 000
　　贷：长期贷款——光华公司 107 000 000

2017 年 12 月 31 日，收到利息

借：吸收存款——光华公司 400 000
　　贷：利息收入 400 000

2018 年 12 月 31 日，收到本金及最后一年利息

借：吸收存款——光华公司 8 400 000
　　贷：长期贷款——债务重组——光华公司——本金 8 000 000
　　　　利息收入 400 000

2. 涉及或有应付(或应收)金额的债务重组

以修改其他债务条件进行债务重组的，修改后的债务条款如涉及或有应付金额，且该或有应付金额符合《企业会计准则第 13 号——或有事项》中有关预计负债确认条件的，债务人应当将该或有应付金额确认为预计负债。比如，债务重组协议规定，债务人在债务重组后一定期间内，其业绩改善到一定程度或者符合一定要求(如扭亏为盈、摆脱财务困境等)，应向债权人额外支付一定款项。重组债务的账面价值与重组后债务的入账价值和预计负债金额之和的差额作为债务重组利得，计入营业外收入。或有应付金额在随后的会计期间没有发生的，企业应当冲销已确认的预计负债，同时确认营业外收入。

以修改其他债务条件进行债务重组的，修改后的债务条款中涉及或有应收金额的，债权人不应当确认或有应收金额，不得将其计入重组后债权的账面价值。根据谨慎性要求，或有应收金额属于或有资产，或有资产不予确认。只有在或有应收金额实际发生时，才计入当期损益。

(四) 以上三种方式的组合方式

以以上三种方式的组合方式进行债务重组，主要有以下几种情况：

1. 债务人以现金、非现金资产两种方式的组合清偿某项债务的，应将重组债务的账面价值与支付的现金、转让的非现金资产的公允价值之间的差额作为债务重组利得。非现金资产的公允价值与其账面价值的差额作为资产转让损益。

债权人应将重组债权的账面余额与收到的现金、受让的非现金资产的公允价值，以及已提坏账准备之间的差额作为债务重组损失。

2. 债务人以现金、将债务转为资本两种方式的组合清偿某项债务的，应将重组债务的账面价值与支付的现金、债权人因放弃债权而享有的股权的公允价值之间的差额作为债务重组利得。股权的公允价值与股本(或实收资本)的差额作为资本公积。

债权人应将重组债权的账面余额与收到的现金、因放弃债权而享有股权的公允价值，以及已提坏账准备之间的差额作为债务重组损失。

3. 债务人以非现金资产、将债务转为资本两种方式的组合清偿某项债务的，应将重组债务的账面价值与转让的非现金资产的公允价值、债权人因放弃债权而享有的股权的公允价值之间的差额作为债务重组利得。非现金资产的公允价值与账面价值的差额作为资产转让损益；股权的公允价值与股本(或实收资本)的差额作为资本公积。

债权人应将重组债权的账面余额与受让的非现金资产的公允价值、因放弃债权而享有的股权的公允价值，以及已提坏账准备的差额作为债务重组损失。

4. 债务人以现金、非现金资产、将债务转为资本三种方式的组合清偿某项债务的，应将重组债务的账面价值与支付的现金、转让的非现金资产的公允价值、债权人因放弃债权而享有股权的公允价值的差额作为债务重组利得。非现金资产的公允价值与账面价值的差额作为资产转让损益；股权的公允价值与股本(或实收资本)的差额作为资本公积。

债权人应将重组债权的账面余额与收到的现金、受让的非现金资产的公允价值、因放弃债权而享有的股权的公允价值，以及已提坏账准备的差额作为债务重组损失。

5. 以资产、将债务转为资本等方式清偿某项债务的一部分，并对该项债务的另一部分以修改其他债务条件进行债务重组。在这种方式下，债务人应先以支付的现金、转让的非现金资产的公允价值、债权人因放弃债权而享有的股权的公允价值冲减重组债务的账面价值，余额与将来应付金额进行比较，据此计算债务重组利得。非现金资产的公允价值与其账面价值的差额作为资产转让损益；股权的公允价值与股本(或实收资本)的差额作为资本公积。

债权人应先以收到的现金、受让的非现金资产的公允价值、因放弃债权而享有的股权的公允价值冲减重组债权的账面价值，余额与将来应收金额进行比较，据此计算债务重组损失。

例 11.69

2016 年 1 月 10 日，光华公司销售一批产品给光明公司，价款 1 300 000 元（包括应收取的增值税税额）。至 2016 年 12 月 31 日，光华公司对该应收账款计提的坏账准备为 18 000 元。由于光明公司发生财务困难，无法偿还债务，与光华公司协商进行债务重组。2017 年 1 月 1 日，光明公司与光华公司达成债务重组协议如下：

(1) 光明公司以一批 H 材料偿还部分债务。该批材料的账面价值为 280 000 元（未提取跌价准备），公允价值为 300 000 元，适用的增值税税率为 17%。假定材料同日送抵光华公司，光明公司开出增值税专用发票，光华公司将该批材料作为原材料验收入库。

(2) 将 250 000 元的债务转为光明公司的股份，其中 50 000 元为股份面值。假定股份转让于续同日办理完毕，光华公司将其作为长期股权投资核算。

(3) 光华公司同意减免光明公司所负全部债务扣除实物抵债和股权抵债后剩余债务的 40%，其余债务的偿还期延长至 2017 年 6 月 30 日。

光明公司（债务人）：

债务重组后债务的公允价值＝[1 300 000－300 000×(1＋17%)－250 000]×(1－40%)＝419 400（元）

债务重组利得＝1 300 000－351 000－250 000－419 400＝279 600（元）

借：应付账款——光华公司　　1 300 000

　贷：其他业务收入——销售 H 材料　　300 000

　　应交税费——应交增值税（销项税额）　　51 000

　　股本　　50 000

　　资本公积——股本溢价　　200 000

　　应付账款——债务重组——光华公司　　419 400

　　营业外收入——债务重组利得　　279 600

借：其他业务成本——销售 H 材料　　280 000

　贷：原材料——H 材料　　280 000

光华公司（债权人）：

债务重组损失＝1 300 000－351 000－250 000－419 400－18 000＝261 600（元）

借：原材料——H 材料　　300 000

　应交税费——应交增值税（进项税额）　　51 000

　长期股权投资——光明公司　　250 000

应收账款——债务重组——光明公司　　419 400
坏账准备　　18 000
营业外支出——债务重组损失　　261 600
贷:应收账款——光明公司　　1 300 000

复习思考题

1. 职工薪酬包括哪些内容？企业应当如何核算非货币性职工薪酬？企业应当如何核算以现金结算的股份支付？

2. 发行一般公司债券实际收到的款项与债券面值之间的差额,应当如何进行分摊?

3. 发行可转换公司债券,应当如何分拆包含的负债成分和权益成分?

4. 企业应交的增值税应当如何进行会计处理?

5. 借款费用包括哪些主要内容?

6. 借款费用资本化期间如何确定？如何判断借款费用开始资本化的时间？符合资本化条件的资产的购建或者生产发生的正常中断和非正常中断如何区分？如何判断借款费用停止资本化的时间?

7. 借款费用资本化金额如何计算确定？如何进行账务处理?

8. 举例说明债务重组的含义及债务重组的方式。

9. 以非现金资产抵偿债务的会计处理有何特点？在进行相关会计处理时应当注意哪些问题?

10. 将债务转为资本的债务重组方式下,债务人和债权人在会计处理时应当注意哪些问题?

11. 债务重组中所发生的债务重组损益应当如何处理?

第十二章　所有者权益

【本章导读】

本章将介绍所有者权益的形成、结构及其变动的确认和计量。说明所有者权益不同部分的来源和用途，要求掌握所有者权益的不同组成部分的会计处理方法和管理要点。

第一节　概　述

一、所有者权益

(一) 所有者权益概念

所有者权益是指企业资产扣除负债后由所有者享有的剩余权益。包括实收资本(或股本)、其他权益工具资本公积、其他综合收益盈余公积和未分配利润。在股份制企业又称为股东权益。所有者权益是企业投资人对企业净资产的所有权。它受总资产和总负债变动的影响发生增减变动。所有者权益包含所有者以其出资额的比例分享企业利润。与此同时，所有者也必须以其出资额承担企业的经营风险。所有者权益还意味着所有者有法定的管理企业和委托他人管理企业的权利。

所有者权益，在数量上等于企业全部资产减去全部负债后的余额，这可以通过对会计恒等式的变形来表示，即，资产－负债＝所有者权益。

公司的所有者权益又称为股东权益。任何企业，其资产形成的资金来源不外乎两种：一种是债权人提供(对企业而言，即为负债)；一种是所有者提供(对企业而言，即为所有者权益)。

(二) 所有者权益的特征

(1) 所有者权益是企业投资人对企业净资产的所有权。包括所有者对投入资产的所有权、使用权、处置权和收益分配权。但所有者权益是一种剩余权益，只有负债的要求得到清偿后，所有者权益才能够被清偿。它受总资产和总负债变动的影响而发生增减变动。

(2) 所有者权益包含所有者以其出资额的比例分享企业利润。与此同时，所有者也必须以其出资额承担企业的经营风险。

(3) 所有者权益还意味着所有者有法定的管理企业和委托他人管理企业的权利，但这种权利来自投资者投入的可供企业长期使用的资源。

(4) 所有者权益具有长期特性。所有者权益作为剩余权益，并不存在确切的、约定的偿付期限。

(5) 所有者权益计量的间接性。所有者权益除了投资者投入资本能够直接计量外，在企业存续期内任一时点都不是直接计量的，而是通过计量资产和负债来间接计量的。

二、所有者权益的构成

所有者权益根据其核算的内容和要求，可分为实收资本(股本)、其他权益工具、资本公积、其他综合收益、盈余公积和未分配利润等部分。其中，盈余公积和未分配利润称为留存收益。包括：

(1) 实收资本：企业的实收资本是指投资者按照企业章程，或合同、协议的约定，实际投入企业的资本。所有者向企业投入的资本，在一般情况下无须偿还，可以长期周转使用。

(2) 资本公积：资本本身升值或其他原因而产生的投资者的共同的权益。包括资本(或股本)溢价、接受捐赠资产、外币资本折算差额等。资本(或股本)溢价，是指企业投资者投入的资金超过其在注册资本中所占份额的部分；接受捐赠资产，是指企业因接受现金和非现金资产捐赠而增加的资本公积；外币资本折算差额，是指企业接受外币投资因所采用的汇率不同而产生的资本折算差额。

(3) 其他综合收益：是指企业根据企业会计准则规定未在损益中确认的各项利得和损失扣除所得税影响后的净额。

(4) 盈余公积：企业从实现的利润中提取或形成的留存于企业内部的积累。

(5) 未分配利润：企业留于以后年度分配的利润或待分配利润。

三、所有者权益和负债的区别

(1) 从本质上讲，所有者权益是投资者对企业剩余资产的要求权，而负债则是企业对债权人应负担的义务。

(2) 企业债权人要求支付利息和偿还本金的权利在所有者权利之前。

(3) 企业债务到期时应支付的利息是按一定的利率计算的,并且金额固定;而对企业所有者支付的股利则是根据企业的盈利情况、公司的政策、董事会决议等,经公司宣布才能发放,一般是不固定的。

(4) 债务的偿还日期通常是固定的;但股东不能在某一确定的日期收回其投入资本金,只有在破产清算等情况发生时,才能根据企业清算情况,按照一定的标准收回投资。

第二节　实 收 资 本

企业要进行经营、申请开业的必要条件之一,是必须具备符合国家规定并与其生产经营和服务规模相适应的资金数额。投入资本是企业经营的原动力。

实收资本一般是指投资者作为资本投入到企业中的各种资产的价值。我国实行注册资本制度。除国家另有规定外,企业的实收资本应当与其注册资本相一致。分期出资的情况下,在合同约定的出资期满时,实收资本也应等于注册资本。法律通过注册资本的概念来保障债权人的利益。实收资本的变动受到法规的约束。投资者投入资本未经办理一定的减资手续,不得以任何形式减少或抽回。

投资者投入资本一般表明投资者对企业应承担的经济责任和应享有的权利,也是维系债权人资金安全的一道屏障。为了切实保护债权人以及各方投资者的合法权益,企业应聘请注册会计师验证投资者投入资本及资本变更情况,并出具验资证明。验资证明、资产评估报告、投资合同或协议、企业收到投资者投入资本的有关凭证,如银行收款凭证及证明、实物资产转移清单、房屋产权及场地使用权等权利变更文件等等,是企业核算实收资本必需的原始凭证和法定依据。

企业应设置"实收资本"科目核算投资者投入的资本,并按投资者设置明细科目。股份制企业应设置"股本"科目核算股东投入的资本。

投资者可以根据投资合同或协议用现金、存货、固定资产、无形资产等多种形式出资。

企业接受货币资金投资,在实际收到或存入企业开户银行时,按实际收到的金额,借记"银行存款"等科目,贷记"实收资本"科目。

企业接受实物资产及无形资产投资,在办理实物移交手续或权利变更手续后,按投资各方确认价值,借记有关资产科目,贷记"实收资本"科目。

一、国有独资公司的投入资本

我国公司法将股东人数必需在两人以上作为公司成立的必备条件，但同时规定国家授权投资的机构或者部门可以单独投资设立国有独资的有限责任公司。在公司法公布前已设立的国有企业，符合公司法规定设立有限责任公司条件的，可以依照公司法改建为国有独资的有限责任公司。

在会计核算上，单独把国有独资公司作为一种类型，是因为这类企业组建时，所有者投入的资本，全部作为实收资本入账，而其他类型的企业，所有者投入的资本不一定全部作为实收资本。国有独资公司不发行股票，不会产生股票溢价发行收入；也不会在追加投资时，为维持一定的投资比例而产生资本公积。

二、有限责任公司实收资本的核算

有限责任公司，又称有限公司。有限责任公司指根据《中华人民共和国公司登记管理条例》规定登记注册，由 50 个以下的股东出资设立，每个股东以其所认缴的出资额对公司承担有限责任，公司以其全部资产对其债务承担责任的经济组织。有限责任公司包括国有独资公司以及其他有限责任公司，国有独资公司的处理上已述及。

按照《中华人民共和国公司法》的规定：有限责任公司的股东可以用货币出资，也可以用实物、知识产权、土地使用权等可以用货币估价并可以依法转让的非货币财产作价出资，但是法律、行政法规规定不得作为出资的财产除外。对作为出资的非货币财产应当评估作价，核实财产，不得高估或者低估作价。法律、行政法规对评估作价有规定的，从其规定。全体股东的货币出资金额不得低于有限责任公司注册资本的 30%。

例 12.1

A、B、C 共同出资设立有限责任光华公司，公司注册资本为 20 000 000 元，A、B、C 持股比例分别为 50%、30%和 20%。2017 年 2 月 6 日，光华公司如期收到各投资者一次性缴足的款项。根据上述资料，光华公司应作如下账务处理：

	借方	贷方
借：银行存款	20 000 000	
贷：实收资本——A		10 000 000
——B		6 000 000
——C		4 000 000

有限责任公司初建时，各投资者按照合同、协议或公司章程投入企业的资金应全部记入“实收资本”科目，注册资本为在公司登记机关登记的全体股东认缴的出资额。在企业增资时，如有新投资者介入，新介入的投资者交纳的出资额大于其按约定比例计算的其在注册资本中所占的份额部分，不记入“实收资本”科目，而作为资本公积，记入“资本公积”科目。

三、股份有限责任公司股本的核算

股份有限公司是指全部资本由等额股份构成并通过发行股票筹集资本，股东以其所持股份对公司承担有限责任，公司以其全部资产对公司债务承担有限责任的企业法人。

(一) 股份有限公司特征

1. 公司是独立的法律主体

公司一经政府批准成立，就成为法律上确认的法人，具有同自然人同样的享有权利和承担义务的能力。公司由股东大会选出的董事会代表，由董事会聘任的总经理等高级职员负责经营。这种所有权与经营权的分离，正是现代大公司所以具有生命力的重要原因。

2. 股东对公司的债务只负有限的清偿责任

股东的责任以所认购的股份为限，也就是说，最多只会损失其原来的投资，而不承担个人责任。即一旦公司无力偿还债务或宣告破产，债权人对公司债务的清偿权只限于公司本身所拥有的财产，而不涉及股东个人的财产。这是公司所以能在资本市场上吸引分散的小投资者的主要特征。另一方面，也是政府之所以要对公司进行比较严格管制的原因。

3. 股份可以自由转让

这是公司所以能在资本市场上吸引分散的小投资者的另一个主要特征。股东所拥有的股票份额，代表其对公司的所有权。根据需要，他们可以部分或全部出售或转让给其他投资者而使得其所有权转让。由于股份的转让对公司的产权无任何影响，所以在公司会计上无需作任何处理。

4. 易于筹集大量资本

由于公司具有有限责任，股份易于转让等特点，使得大量资本的筹集相对独资、合伙企业来说比较容易。公司可以向全社会的所有投资者筹集资本，使零散的资金得以集中，可大大提高公司的经营能力。

5. 所有权和经营权分离

股东人数众多，不可能人人直接参加公司经营管理，股东本身也不一定有管理学识和才能或足够的时间精力,因此公司通常推举熟悉业务、有管理能力的人担任董事,组成董事会,董事会是决策机构。企业聘任的经理在董事会领导下负责日常的经营管理工作。

6. 管理专业化程度提高

和独资、合伙企业不同,公司的股东一般不直接参与经营,而是由股东选举的董事会管理公司日常事务,董事会可以聘请各方面的专业人才进行日常经营,实现对公司的集中领导和专业化管理。

7. 政府管理严格

由于公司股东对公司的债务只负有限责任,因此,为保护公司债权人及广大股东的利益,政府对公司的管理十分严格。通过制定各种法律对公司的行为进行限制。

(二) 股份有限公司股本的核算

"股本"科目核算股东投入股份有限责任公司的股本,企业应将核定的股本总额、股份总数、每股面值在股本账户中作备查记录。为提供企业股份的构成情况,企业可在"股本"科目下按股东单位或姓名设置明细账。企业的股本应在核定的股本总额范围内发行股票取得。但值得注意的是,企业发行股票取得的收入与股本总额往往不一致,公司发行股票取得的收入大于股本总额的,称为溢价发行;小于股本总额的,称为折价发行;等于股本总额的,为面值发行。我国不允许企业折价发行股票。在采用溢价发行股票的情况下,企业应将相当于股票面值的部分记入"股本"科目,其余部分在扣除发行手续费、佣金等发行费用后记入"资本公积——股本溢价"科目。

例 12.2

光华公司发行普通股 30 000 000 股,每股面值为 1 元,发行价格为 5 元。股款 150 000 000 元已经全部收到,发行过程中发生相关税费 80 000 元。

根据上述资料,光华公司应作如下账务处理:

借:银行存款	149 920 000	
贷:股本		30 000 000
资本公积——股本溢价		119 920 000

四、实收资本增减变动的会计处理

《中华人民共和国公司登记管理条例》规定:公司增加注册资本的,有限责任公司股东认缴新增资本的出资和股份有限责任公司的股东认购新股,应当分别依照我国《公司法》设立有限责任公司交纳出资和设立股份有限责任公司交纳股款的有关规定执行。公司法定公积金转增为注册资本的，验资证明应当载明留存的该项公积金不少于转增前公司注册资本的25%。公司减少注册资本的，应当自公告之日起45日后申请变更登记，并应当提交公司在报纸上登载公司减少注册资本公告的有关证明和公司债务清偿或者债务担保情况的说明。公司减资后的注册资本不得低于法定的最低限额。公司变更实收资本的，应当提交依法设立的验资机构出具的验资证明，并应当按照公司章程载明的出资时间、出资方式交纳出资。公司应当自足额交纳出资或者股款之日起30日内申请变更登记。

(一) 实收资本增加的会计处理

1. 企业增加资本的一般途径

企业增加资本的途径一般有三条：

(1) 所有者(包括原企业所有者和新投资者)投入。企业接受投资者投入的资本，借记"银行存款""固定资产""无形资产""长期股权投资"等科目，贷记"实收资本"或"股本"等科目。

(2) 将资本公积转为实收资本或者股本。会计上应借记"资本公积——资本溢价"或"资本公积——股本溢价"科目，贷记"实收资本"或"股本"科目。

例 12.3

光华公司由A、B两人共同投资设立，原注册资本为20 000 000元，A、B出资分别为15 000 000元和5 000 000元，为了扩大经营规模，经批准，光华公司按照原出资比例将资本公积5 000 000元转增资本。

根据上述资料，光华公司应作如下账务处理：

借：资本公积	5 000 000	
贷：实收资本——A		3 750 000
——B		1 250 000

(3) 将盈余公积转为实收资本。会计上应借记"盈余公积"科目，贷记"实收资本"或"股本"科目。

这里要注意的是，资本公积和盈余公积均属所有者权益，转为实收资本或者股本的，企业如为独资企业的，核算比较简单，直接结转即可；如为股份有限责任公司或有限责任公司的，应按原投资者所持股份同比例增加各股东的股权。

2. 股份有限责任公司发放股票股利

股份有限责任公司采用发放股票股利实现增资的，在发放股票股利时，按照股东原来持有的股数分配，如股东所持股份按比例分配的股利不足1股时，应采用适当的方法处理。例如，股东会决议按股票面额的10%发放股票股利时所定新股发行价格及面额与原股相同，对于所持股票不足10股的股东，将会发生不能领取1股的情况。在这种情况下，有两种方法可供选择：一是将不足1股的股票股利改为现金股利，用现金支付；二是由股东相互转让，凑为整股。股东大会批准的利润分配方案中分配的股票股利，应在办理增资手续后，借记"利润分配"科目，贷记"股本"科目。

3. 可转换公司债券持有人行使转换权利

可转换公司债券持有人行使转换权利，将其持有的债券转换为股票，按可转换公司债券的余额，借记"应付债券——可转换公司债券（面值、利息调整）"科目；按其权益成分的金额，借记"其他权益工具"科目；按股票面值和转换的股数计算的股票面值总额，贷记"股本"科目；按其差额，贷记"资本公积——股本溢价"科目。

4. 企业将重组债务转为资本

企业将重组债务转为资本的，应按重组债务的账面余额，借记"应付账款"等科目；按债权人因放弃债权而享有本企业股份的面值总额，贷记"实收资本"或"股本"科目；按股份的公允价值总额与相应的实收资本或股本之间的差额，贷记或借记"资本公积——资本溢价"或"资本公积——股本溢价"科目；按其差额，贷记"营业外收入——债务重组利得"科目。

5. 以权益结算的股份支付的行权

以权益结算的股份支付换取职工或其他方提供服务的在行权日，应根据实际行权情况确定的金额，借记"资本公积——其他资本公积"科目；按应计入实收资本或股本的金额，贷记"实收资本"或"股本"科目。

（二）实收资本减少的会计处理

企业实收资本减少的原因大体有两种：一是资本过剩；二是企业发生亏损而需要减少实收资本。企业因资本过剩而减资，一般要发还股款。有限责任公司和一般企业发还投资的会计处理比较简单，按法定程序报经批准减少注册资本的，借记"实收资本"科目，贷记"库存现金""银行存款"等科目。

股份有限责任公司由于采用的是发行股票的方式筹集股本，发还股款时，则要回购发行的股票，发行股票的价格与股票面值可能不同，回购股票的价格也不同；由于发行价格不同，会计处理较为复杂。股份有限责任公司因减少注册资本而回购本公司股份的，应按实际支付的金额，借记"库存股"科目，贷记"银行存款"等科目。注销库存股时，应按股票面值和注销股数计算的股票面值总额，借记"股本"科目；按注销库存股的账面余额，贷记“库存股”科目；按其差额，冲减股票发行时原计入资本公积的溢价部分，借记“资本公积——股本溢价”科目。若回购价格超过回购股份所对应的股本，冲减“股本”及“资本公积——股本溢价”科目的部分，应依次借记“盈余公积”“利润分配——未分配利润”等科目；若回购价格低于回购股份所对应的股本，所注销库存股的账面余额与所冲减股本的差额作为增加股本溢价处理，按回购股份所对应的股本面值，借记“股本”科目；按注销库存股的账面余额，贷记“库存股”科目；按其差额，贷记“资本公积——股本溢价”科目。

例 12.4

光华公司截至 2017 年 12 月 31 日共发行股票 30 000 000 股，股票面值为 1 元，资本公积（股本溢价）6 000 000 元，盈余公积 4 000 000 元。经股东大会批准，光华公司以现金回购本公司股票 3 000 000 股并注销。假定光华公司按照每股 4 元回购股票，不考虑其他因素，光华公司作如下会计处理：

库存股的成本＝3 000 000×4＝12 000 000（元）

	借方	贷方
借：库存股	12 000 000	
贷：银行存款		12 000 000
借：股本	3 000 000	
资本公积——股本溢价	6 000 000	
盈余公积	3 000 000	
贷：库存股		12 000 000

例 12.5

沿用【例 12.4】，假定光华公司以每股 0.9 元回购股票，其他条件不变。光华公司作如下会计处理：

库存股的成本＝3 000 000×0.9＝2 700 000（元）

	借方	贷方
借：库存股	2 700 000	
贷：银行存款		2 700 000
借：股本	3 000 000	
贷：库存股		2 700 000
资本公积——股本溢价		300 000

由于光华公司以低于面值的价格回购股票，股本与库存股成本的差额 300 000元应作增加资本公积处理。

第三节　资本公积和其他综合收益

一、资本公积确认与计量

资本公积是企业收到投资者的超出其在企业注册资本(或股本)中所占份额的投资,以及直接计入所有者权益的利得和损失等。资本公积包括资本溢价(或股本溢价)和其他资本公积。

资本溢价(或股本溢价)是企业收到投资者的超出其在企业注册资本(或股本)中所占份额的投资。形成资本溢价(或股本溢价)的原因有溢价发行股票、投资者超额缴入资本等。

资本公积一般应当设置"资本(或股本)溢价""其他资本公积"明细科目核算。

(一) 资本溢价或股本溢价的会计处理

1. 资本溢价

投资者经营的企业(不含股份有限公司),投资者依其出资份额对企业经营决策享有表决权,依其所认缴的出资额对企业承担有限责任。明确记录投资者认缴的出资额,真实地反映各投资者对企业享有的权利与承担的义务,是会计处理应注意的问题。为此,会计应设置"实收资本"科目,核算企业投资者按照公司章程所规定的出资比例实际缴付的出资额。在企业创立时,出资者认缴的出资额全部计入"实收资本"科目。

在企业重组并有新的投资者加入时,为了维护原有投资者的权益,新加入的投资者的出资额,并不一定全部作为实收资本处理。这是因为,在企业正常经营过程中投入的资金虽然与企业创立时投入的资金在数量上一致,但其获利能力却不一致。企业创立时,要经过筹建、试生产经营、为产品寻找市场、开辟市场等等过程,从投入资金到取得投资回报,中间需要许多时间,并且这种投资具有风险性,在这个过程中资本利润率很低。而企业进行正常生产经营后,在正常情况下,资本利润率要高于企业初创阶段。而这高于初创阶段的资本利润率是初创时必要的垫支资本带来的,企业创办者为此付出了代价。因此,相同数量的投资,由于出资时间不同,其对企业的影响程度不同,由此而带给投资者的权利也不同,往往早期出资带给投资者的权利要大于后期出资带给投资者的权利。所以,新加入的投资者要付出大于原有投资者的出资额,才能取得与投资者相同的投资比例。另外,不仅原投资者原有投资从质量上发生了变化,就是从数量上也可能发生变化,这是因为企业经营过程中实现利润的一部分留在企业,形成留存收益,而留存收益也属于投资者权益,但其未转入实收资本。新加入的投资者与原投资者共享这部分留存收益,也要求其付出大于原有投资者的出资额,才能取得与原有投资者相同的投资比例。投资者投入的资本中按其投资比例计算的出资额部分,应记入"实收资本"科目,大于部分应"资本公积"科目。

2. 股本溢价

股份有限公司是以发行股票方式筹集股本的,股票是企业签发的证明股东按其所持股份享有权利和承担义务的书面证明。由于股东按其所持企业股份享有权利和承担义务,为了反映和便于计算各股东所持股份占企业全部股本的比例,企业的股本总额应按股票的面值与股份总数的乘积计算。国家规定,实收股本总额应与注册资本相等。因此,为提供企业股本总额及其构成和注册资本等信息,在采用与股票面值相同的价格发行股票的情况下,企业发行股票取得的收入,应全部记入"股本"科目;在采用溢价发行股票的情况下,企业发行股票取得的收入,相当于股票面值的部分记入"股本"科目,超出股票面值的溢价收入记入"资本公积"科目。委托证券商代理发行股票而支付的手续费、佣金等,应从溢价发行收入中扣除,企业应按扣除手续费、佣金后的数额记入"资本公积"科目。

(二) 其他资本公积的会计处理

其他资本公积,是指除资本溢价(或股本溢价)项目以外所形成的资本公积。

1. 以权益结算的股份支付

以权益结算的股份支付换取职工或其他方提供服务的,应按照确定的金额,记入"管理费用"等科目,同时增加资本公积(其他资本公积)。在行权日,应按实际行权的权益工具数量计算确定的金额,借记"资本公积——其他资本公积"科目,按计入实收资本或股本的金额,贷记"实收资本"或"股本"科目,并将其差额记入"资本公积——资本溢价"、或"资本公积——股本溢价"。

2. 采用权益法核算的长期股权投资

长期股权投资采用权益法核算的,被投资单位除净损益、其他综合收益和利润分配以外的所有者权益的其他变动,投资企业按持股比例计算应享有的份额,应当增加或减少长期股权投资的账面价值同时增加或减少资本公积(其他资本公积)。当处置采用权益法核算的长期股权投资时,应当将原记入资本公积(其他资本公积)的相关金额转入投资收益(除不能转入损益的项目外)。

(三) 资本公积转增资本的会计处理

按照《公司法》的规定,法定公积金(资本公积和盈余公积)转为资本时所留存的该项公积金不得少于转增前公司注册资本的25%。经股东大会或类似机构决议，用资本公积转增资本时，应冲减资本公积，同时按照转增前的实收资本(或股本)的结构或比例，将转增的金额记入"实收资本"(或"股本")科目下各所有者的明细分类账。

二、其他综合收益的确认与计量及会计处理

其他综合收益，是指企业根据其他会计准则规定未在当期损益中确认的各项利得和损失。包括以后会计期间满足规定条件时将重分类进损益的其他综合收益两类。

(一) 以后会计期间不能重分类进损益的其他综合收益项目，主要包括重新计量设定受益计划净负债或净资产导致的变动，以及按照权益法核算因被投资单位重新计量设定受益计划净资产或净负债变动导致的权益变动，投资企业按持股比例计算确认的该部分其他综合收益项目。

(二) 以后会计期间满足规定条件时将重分类进损益的其他综合收益项目，主要包括：

1. 可供出售金融资产公允价值的变动

可供出售金融资产公允价值变动形成的利得，除减值损失和外币货币性金融资产形成的汇兑差额外，借记"可供出售金融资产——公允价值变动"科目，贷记"其他综合收益"科目，公允价值变动形成的损失，作相反的会计分录。

2. 可供出售外币非货币性项目的汇兑差额

对于以公允价值计量的可供出售非货币性项目，如果期末的公允价值以外币反映，则应当先将该外币按照公允价值确定当日的即期汇率折算为记账本位币金额，再与原记账本位币金额进行比较，其差额计入其他综合收益。具体地说，对于发生的汇兑损失，借记"其他综合收益"科目，贷记"可供出售资产"科目；对于发生的汇兑收益，借记"可供出售金融资产"科目，贷记"其他综合收益"科目。

3. 金融资产的重分类

将可供出售金融资产重分类为采用成本或摊余成本计量的金融资产，该金融资产的公允价值或账面价值作为成本或摊余成本，该金融资产没有固定到期日的，与该金融资产相关、原直接记入所有者权益的利得和损失，应当仍然记入"其他综合收益"科目，在该金融资产被处置时转出，记入当期损益。

将持有至到期投资重分类为可供出售金融资产，并以公允价值进行后续计量，该投资的账面价值与其公允价值之间的差额记入"其他综合收益"科目，在该

可供出售金融资产发生减值或终止确认时转出，计入当期损益。

按照金融工具确认和计量的规定应当以公允价值计量，但以前公允价值不能可靠计量的可供出售金融资产，企业应当在其公允价值能够可靠计量时改按公允价值计量，将相关账面价值与公允价值之间的差额记入“其他综合收益”科目，在其发生减值或终止确认时将上述差额转出，计入当期损益。

4. 采用权益法核算的长期股权投资

采用权益法核算的长期股权投资，按照被投资单位实现其他综合收益以及持股比例计算应享有或分担的金额，调整长期股权投资的账面价值，同时增加或减少其他综合收益，其会计处理为：借记（或贷记）“长期股权投资——其他综合收益”科目，贷记（或借记）“其他综合收益”，待该项股权投资处置时，将原计入其他综合收益的金额转入当期损益。

5. 存货或自用房地产转换为投资性房地产

企业将作为存货的房地产转换为采用公允价值模式计量的投资性房地产时，应当按该项房地产在转换日的公允价值，借记“投资性房地产——成本”科目，原已计提跌价准备的，借记“存货跌价准备”科目，按其账面余额，贷记“开发产品”等科目；同时，转换日的公允价值小于账面价值的，按其差额，借记“公允价值变动损益”科目，转换日的公允价值大于账面价值的，按其差额贷记“其他综合收益”科目。

企业将自用的建筑物等转换为采用公允价值模式计量的投资性房地产时，应当按该项房地产在转换日的公允价值，借记“投资性房地产——成本”科目，原已计提减值准备的，借记“固定资产减值准备”科目，按已计提的累计折旧等，借记“累计折旧”等科目，按其账面余额，贷记“固定资产”等科目；同时，转换日的公允价值小于账面价值按其差额，借记“公允价值变动损益”科目，转换日的公允价值大于账面价值的，按其差额，贷记“其他综合收益”科目。

待该项投资性房地产处置时，因转换计入其他综合收益的部分应转入当期损益。

第四节 留存收益

留存收益是公司在经营过程中创造的，但由于公司经营发展的需要或由于法定的原因等，没有分配给所有者而留存在公司的盈利。

留存收益是指企业从历年实现的利润中提取或留存于企业的内部积累，它来源于企业的生产经营活动所实现的净利润，包括企业的盈余公积金和未分配利润两个部分，其中盈余公积金是有特定用途的累积盈余，未分配利润是没有指定用途的累积盈余。

利润分配是指企业根据国家有关规定和投资者的决议，对企业当年可供分配的利润所进行的分配。可供分配的利润，按下列顺序分配：提取法定盈余公积，提取任意盈余公积。

可供分配的利润减去提取的法定盈余公积、任意盈余公积后，为可供投资者分配的利润。

一、盈余公积

(一) 盈余公积概述

盈余公积是指企业按照规定从净利润中提取的积累资金，包括法定盈余公积、任意盈余公积等。法定盈余公积按照净利润(减弥补以前年度亏损)的10%提取(非公司制企业也可按照超过10%的比例提取)，法定公积金累计额已达注册资本的50%时可以不再提取。任意盈余公积主要是公司制企业按照股东会的决议提取，其他企业也可根据需要提取任意盈余公积。

盈余公积用于弥补公司的亏损、扩大公司生产经营或者转为增加公司资本。但是，资本公积金不得用于弥补公司的亏损。法定盈余公积金转为资本时，所留存的该项盈余公积金不得少于转增前公司注册资本的25%。

企业提取盈余公积主要可以用于以下几个方面。

1. 弥补亏损

企业发生亏损时，应由企业自行弥补。弥补亏损的渠道主要有三条：一是用以后年度税前利润弥补。按照现行制度规定，企业发生亏损时，可以用以后5年内实现的税前利润弥补，即税前利润弥补亏损的期间为5年。二是用以后年度税后利润弥补。企业发生的亏损经过5年期间来弥补足额的，尚未弥补的亏损应用所得税后的利润弥补。三是以盈余公积弥补亏损。企业以提取的盈余公积弥补亏损时，应当由公司董事会提议，并经股东大会批准。

2. 转增资本

企业将盈余公积转增资本时，必须经股东大会决议批准。在实际将盈余公积转增资本时，要按股东原有持股比例结转。按照我国《公司法》的规定：法定公积金(资本公积和盈余公积)转为资本时，所留存的该项公积金不得少于转增前公司注册资本的25%。

企业提取的盈余公积，无论是用于弥补亏损，还是用于转增资本，只不过是在企业所有者权益内部作结构上的调整。例如，企业以盈余公积弥补亏损时，实际是减少盈余公积留存的数额，以此抵补未弥补亏损的数额，并不引起企业所有者权益总额的变动；企业以盈余公积转增资本时，也只是减少盈余公积结存的数额，但同时增加企业实收资本或股本的数额，也并不引起所有者权益总额的变动。

3. 扩大企业生产经营

盈余公积的用途，并不是指其实际占用形态，提取盈余公积也并不是单独将这部分资金从企业资金周转过程中抽出。企业盈余公积的结存数，实际只表现为企业所有者权益的组成部分，表明企业生产经营资金的一个来源，而且其形成的资金可能表现为一定的货币资金，也可能表现为一定的实物资产，如存货和固定资产等，随同企业的其他来源所形成的资金进行循环周转，用于企业的生产经营。

(二) 盈余公积的确认和计量

为了反映盈余公积的形成及使用情况，企业应设置"盈余公积"科目。企业应当分别"法定盈余公积""任意盈余公积"科目进行明细核算。

企业提取盈余公积时，借记"利润分配——提取法定盈余公积""利润分配——提取任意盈余公积"科目，贷记"盈余公积——法定盈余公积""盈余公积——任意盈余公积"科目。

企业用盈余公积弥补亏损或转增资本时，借记"盈余公积"科目，贷记"利润分配——盈余公积补亏""实收资本"或"股本"科目。经股东大会决议，用盈余公积派送新股，按派送新股计算的金额，借记"盈余公积"科目；按股票面值和派送新股总数计算的股票面值总额，贷记"股本"科目。

二、未分配利润

未分配利润是企业未作分配的利润。它在以后年度可继续进行分配，在未进行分配之前，属于所有者权益的组成部分。从数量上来看，未分配利润是期初未分配利润加上本期实现的净利润，减去提取的各种盈余公积和分出的利润后的余额。

企业当年实现的利润总额在交完所得税后，其净利润可按以下顺序进行分配：

弥补以前年度亏损(用利润弥补亏损无须专门作会计分录)；提取法定盈余公积公益金(盈余公积用于弥补亏损或转增资本；公益金只能用于职工集体福利)；提取任意盈余公积；分配优先股股利；分配普通股股利。

最后剩下的就是年终未分配利润。

在进行未分配利润核算时，应注意以下几个问题：

1. 未分配利润核算是通过“利润分配——未分配利润”账户进行的。

2. 未分配利润核算一般是在年度终了时进行的。年终时，将本年实现的净利润结转到“利润分配——未分配利润”账户的贷方；同时将本年利润分配的数额结转到“利润分配——未分配利润”账户的借方。

3. 年末，“利润分配”科目所属的其他明细科目的余额，转入“未分配利润”明细科目。结转后，“未分配利润”明细科目的贷方余额，就是未分配利润的金额；如出现借方余额，则表示未弥补亏损的金额。“利润分配”科目所属的其他明细科目应无余额。

例 12.6

光华公司的股本为 100 000 000 元，每股面值 1 元。2017 年年初未分配利润为贷方 80 000 000 元，2017 年实现净利润 50 000 000 元。

假定公司经批准的 2017 年度利润分配方案为：按照 2017 年实现净利润的 10%提取法定盈余公积，5%提取任意盈余公积，同时向股东按每股 0.2 元派发现金股利，按每 10 股送 3 股的比例派发股票股利。2018 年 3 月 15 日，公司以银行存款支付了全部现金股利，新增股本也已经办理完股权登记和相关增资手续。

光华公司作如下会计处理：

(1) 2017 年年度终了时，企业结转本年实现的净利润

借：本年利润　　50 000 000

　贷：利润分配——未分配利润　　50 000 000

(2) 提取法定盈余公积和任意盈余公积

借：利润分配——提取法定盈余公积　　5 000 000

　　　　　　——提取任意盈余公积　　2 500 000

　贷：盈余公积——法定盈余公积　　5 000 000

　　　　　　——任意盈余公积　　2 500 000

(3) 批准向股东分配并发放现金股利＝100 000 000×0.2＝20 000 000(元)

借：利润分配——应付现金股利　　20 000 000

　贷：应付股利　　20 000 000

2018 年 3 月 15 日，实际发放现金股利

借：应付股利　　20 000 000

　贷：银行存款　　20 000 000

(4) 2018 年 3 月 15 日，发放股票股利：100 000 000÷10×3=30 000 000(元)

借：利润分配——转作股本的股利　　30 000 000

　贷：股本　　30 000 000

(5) 结转“利润分配”的明细科目：

借：利润分配——未分配利润　　57 500 000

　贷：利润分配——提取法定盈余公积　　5 000 000

　　　　　　——提取任意盈余公积　　2 500 000

　　　　　　——应付现金股利　　20 000 000

　　　　　　——转作股本的股利　　30 000 000

光华公司 2017 年年底“利润分配——未分配利润”科目的余额＝80 000 000＋50 000 000－57 500 000＝72 500 000(元)

即贷方余额 72 500 000 元，反映企业的累计未分配利润为 72 500 000 元。

三、弥补亏损的会计处理

企业在生产经营过程中既有可能发生盈利，也有可能出现亏损。企业在当年发生亏损的情况下，与实现利润的情况相同，应当将本年发生的亏损自“本年利润”科目转入“利润分配——未分配利润”科目，借记“利润分配——未分配利润”科目，贷记“本年利润”科目，结转后“利润分配”科目的借方余额，即为未弥补亏损的数额，然后通过“利润分配”科目核算有关亏损的弥补情况。

由于未弥补亏损形成的时间长短不同等原因，以前年度未弥补亏损有的可以以当年实现的税前利润弥补，有的则须用税后利润弥补。以当年实现的利润弥补以前年度结转的未弥补亏损，不需要进行专门的账务处理。企业应将当年实现的利润自“本年利润”科目转入“利润分配——未分配利润”科目的贷方，其贷方发生额与“利润分配——未分配利润”科目的借方余额自然抵补。无论是以税前利润还是以税后利润弥补亏损，其会计处理方法均相同。但是，两者在计算交纳所得税时的处理是不同的。在以税前利润弥补亏损的情况下，其弥补的数额可以抵减当期企业应纳税所得额，而以税后利润弥补的数额，则不能作为纳税所得扣除处理。

例 12.7

光华公司 2011 年发生亏损 1 200 000 元。在年度终了时，企业应当结转本年发生的亏损，即编制如下会计分录：

借：利润分配——未分配利润　　1 200 000

　贷：本年利润　　1 200 000

假设2012～2016年，该企业每年均实现利润200 000元。按照现行制度规定，企业在发生亏损后的5年内可以以税前利润弥补亏损。该企业在2012～2016年均可在税前弥补亏损。此时，该企业在2012～2016年年度终了时，均应编制如下会计分录：

借：本年利润　　200 000

　　贷：利润分配——未分配利润　　200 000

2012～2016年各年度终了，按照上述会计分录的结果，2016年"利润分配——未分配利润"科目期末余额为借方余额200 000元，即2017年未弥补亏损200 000元。假设该企业2017年实现税前利润400 000元，按现行制度规定，该企业只能用税后利润弥补以前年度亏损。在2017年年度终了时，该企业首先应当按照当年实现的税前利润计算交纳当年应负担的所得税，然后再将当期扣除计算交纳的所得税后的净利润，转入利润分配账户。

在本例中，假设该企业适用的所得税税率为25%，该企业在2017年年度计算交纳所得税时，其应纳税所得额为400 000元，当年应交纳的所得税100 000元(400 000×25%)。此时，该企业应编制如下会计分录：

(1) 交纳所得税

借：所得税费用　　100 000

　　贷：应交税费——应交所得税　　100 000

借：本年利润　　100 000

　　贷：所得税费用　　100 000

(2) 结转本年利润，弥补以前年度未弥补亏损

借：本年利润　　300 000

　　贷：利润分配——未分配利润　　300 000

上述核算的结果，该企业2017年"利润分配——未分配利润"科目的期末贷方余额为100 000元(300 000－200 000)。

复习思考题

1. 所有者权益与负债的主要区别是什么？

2. 何为国有独资公司？何为有限责任公司？何为股份有限公司？它们对实收资本是如何核算的？

3. 其他资本公积的含义是什么？其具体包括哪些内容？

4. 企业的留存收益是指什么？具体包括哪些内容？

第四篇

收入、费用和利润

第十三章 所得税费用

【本章导读】

由于税法的目标和会计目标存在着差别,这使得会计利润和纳税所得之间存在差异,这种差异分为永久性差异和暂时性差异。对于这些差异,会计上存在不同的处理方法:应付税款法和纳税影响会计法两种;纳税影响会计法又分为递延法和债务法两种;债务法又进一步分为利润表债务法和资产负债表债务法两种。现行《企业会计准则——所得税》规定:企业只能采用资产负债表债务法。本章主要对此进行介绍。

第一节 企业所得税概述

一、企业所得税的概念和特点

企业所得税是指国家对境内企业生产、经营所得和其他所得依法征收的一种税。它是国家参与企业利润分配的重要手段。

企业所得税与其他税种相比较,具有以下特点:

(一) 企业所得税征收的多少受企业效益好坏影响

企业所得税的征税对象是境内企业实现的应纳税所得额,即总收入扣除总成本费用后的净所得额。所得多多征,所得少少征,无所得不征。而所得的多少则表明一个企业的经济效益好坏,因而企业的经济效益直接影响企业所得税的多少。

(二) 税收负担比较合理

企业所得税采用比例税率,其税收负担与负担能力相适应,体现了合理负担的原则。

(三) 税法对税基的约束力强

企业应纳税所得额的计算应严格按照《中华人民共和国企业所得税法实施条例》及其他有关规定进行,如果企业的财务会计处理办法与国家税收法规相抵触的，应当按照税法的规定计算纳税。这一规定弥补了原来税法服从于财务制度的缺陷，有利于保护税基，维护国家利益。

(四) 收入及时均衡

企业所得税征收方式一般采用分期预征，年终汇算清缴的办法。由于所得额与纳税人的财务结算期有关，一般是按月或按季预缴，年终汇总清算，使得税收收入的取得比较及时、均衡，保证了稳定的财政收入。

二、纳税人的一般规定、特殊规定和征税范围

在中华人民共和国境内，企业和其他取得收入的组织(以下统称企业)为企业所得税的纳税人，依照企业所得税法的规定缴纳企业所得税。个人独资企业、合伙企业不适用企业所得税法。

企业全部或部分被个人、其他企业、单位承租经营，但是未改变被承租企业的名称，未变更工商登记，并仍然以被承租企业名义对外从事生产经营活动，不论被承租企业与承租方如何分配经营成果，均以被承租企业为纳税义务人。企业全部或部分被个人、其他企业、单位承租经营，承租方承租后重新办理工商登记，并以承租方名义对外从事生产经营活动。其承租经营所得，应以重新办理工商登记的企业、单位为纳税义务人。

企业所得税的征税范围是纳税人源于中国境内外的生产、经营所得和其他所得。为此，可将应纳税所得额分为两类：

(1) 生产、经营所得，是指纳税人从事主营业务活动取得的收入，包括从事物质生产、交通运输、商品流通、劳务服务以及经国务院财政部门确认的其他营利事业取得的所得。

(2) 其他所得，是指股息、利息、租金、转让各类资产、特许权使用费以及营业外收益等所得。

三、税率、征收方法、纳税年度及地点

按照现行企业所得税条例规定，企业所得税基本税率为 25%；非居民企业适用税率 20%；符合条件的小型微利企业适用税率 20%；国家需要重点扶持的高新技术企业适用税率 15%。

企业所得税可以就地缴纳，也可以集中缴纳。采用集中缴纳所得税的，应当报经国家税务总局批准。企业纳税年度一般与公历年度一致，即自每年公历 1 月 1 日起至 12 月 31 日止。纳税人在一个纳税年度中间开业，或者由于合并、关闭等原因，使该纳税年度的实际经营期不足 12 个月的，应当以其实际经营期为

一个纳税年度。纳税人清算时，应当以清算期间作为一个纳税年度。企业所得税实行按年计算，分月或分季预缴，年终汇算清缴，多退少补的征纳方法。具体纳税期限由主管税务机关根据纳税人应纳税额的多少，予以核定。

四、税收优惠的规定

企业所得税的税收优惠，是指国家根据经济和社会的发展，在一定期限内对特定地区、行业和企业的纳税人应缴纳的企业所得税，给予减征或者免征的一种照顾和鼓励措施。税收优惠具有很强的政策导向作用，正确制定并运用这种措施，可以更好地发挥税收的调节功能，促进国民经济的健康发展。

目前，我国企业所得税的优惠规定主要如下：

1. 国家对重点扶持和鼓励发展的产业和项目，给予企业所得税优惠。

2. 企业的下列收入为免税收入：

(1) 国债利息收入；

(2) 符合条件的居民企业之间的股息、红利等权益性投资收益；

(3) 在中国境内设立机构、场所的非居民企业从居民企业取得与该机构、场所有实际联系的股息、红利等权益性投资收益；

(4) 符合条件的非营利组织的收入。

3. 企业的下列所得，可以免征、减征企业所得税：

(1) 从事农、林、牧、渔业项目的所得；

(2) 从事国家重点扶持的公共基础设施项目投资经营的所得；

(3) 从事符合条件的环境保护、节能节水项目的所得；

(4) 符合条件的技术转让所得；

(5) 非居民企业在中国境内未设立机构、场所的，或者虽设立机构、场所但取得的所得与其所设机构、场所没有实际联系的。

4. 符合条件的小型微利企业，减按20%的税率征收企业所得税。国家需要重点扶持的高新技术企业，减按15%的税率征收企业所得税。

5. 民族自治地方的自治机关对本民族自治地方的企业应缴纳的企业所得税中属于地方分享的部分，可以决定减征或者免征。自治州、自治县决定减征或者免征的，须报省、自治区、直辖市人民政府批准。

6. 企业的下列支出，可以在计算应纳税所得额时加计扣除：

(1) 开发新技术、新产品、新工艺发生的研究开发费用；

(2) 安置残疾人员及国家鼓励安置的其他就业人员所支付的工资。

7. 创业投资企业从事国家需要重点扶持和鼓励的创业投资，可以按投资额的一定比例抵扣应纳税所得额。

8. 企业的固定资产由于技术进步等原因，确需加速折旧的，可以缩短折旧年限或者采取加速折旧的方法。

9. 企业综合利用资源，生产符合国家产业政策规定的产品所取得的收入，可以在计算应纳税所得额时减计收入。

10. 企业购置用于环境保护、节能节水、安全生产等专用设备的投资额，可以按一定比例实行税额抵免。

11. 根据国民经济和社会发展的需要，或者由于突发事件等原因对企业经营活动产生重大影响的，国务院可以制定企业所得税专项优惠政策。

第二节　企业所得税的计税依据

企业所得税的计税依据是应纳税所得额，即企业每一纳税年度的应税收入总额减去准予扣除项目后的余额。应纳税所得额的计算以权责发生制原则为基础，按税法规定的程序和标准确定，其计算公式为：

应纳税所得额＝收入总额－准予扣除项目金额

一、收入总额的确定

收入总额是指企业在生产经营活动中以及其他行为取得的各项收入的总和。包括纳税人来源于中国境内、境外的生产经营收入和其他收入。

（一）收入总额的一般规定

企业以货币形式和非货币形式从各种来源取得的收入，为收入总额。包括：

1. 销售货物收入

企业销售商品、产品、原材料、包装物、低值易耗品以及其他存货取得的收入，按权责发生制确认收入。

2. 提供劳务收入

企业从事建筑安装、修理修配、交通运输、仓储租赁、金融保险、邮电通信、咨询经纪、文化体育、科学研究、技术服务、教育培训、餐饮住宿、中介代理、卫生保健、社区服务、旅游、娱乐、加工以及其他劳务服务活动取得的收入，按权责发生制确认收入。

3. 转让财产收入

包括转让固定资产、有价证券、股权以及其他财产而取得的收入，按权责发生制确认收入。

4. 股息、红利等权益性投资收益

企业因权益性投资从被投资方取得的收入。股息、红利等权益性投资收益，除国务院财政、税务主管部门另有规定外，按照被投资方作出利润分配决定的日期确认收入的实现。

5. 利息收入

企业将资金提供他人使用但不构成权益性投资，或者因他人占用企业资金取得的收入，包括存款利息、贷款利息、债券利息、欠款利息等收入。按合同规定的债务人应付利息的日期确认收入的实现。

6. 租金收入

按合同规定的承租人应付租金的日期确认收入的实现。

7. 特许权使用费收入

纳税人提供或者转让无形资产的使用权而取得的收入。按合同规定应付特许权使用费的日期确认收入的实现。

8. 接受捐赠收入

实际收到捐赠资产时确认收入的实现。

9. 其他收入

包括固定资产盘盈收入、罚款收入、因债权人缘故确实无法支付的应付款项，物资及现金的溢余收入，教育费附加返回款，包装物押金收入以及其他收入。

（二）特殊收入的确认

以分期收款方式销售货物的，按合同约定的收款日期确认收入的实现。

企业受托加工制造大型机械设备、船舶、飞机，以及从事建筑安装、装配工程或者提供其他劳务等，持续时间超过 12 个月的，按纳税年度内完工进度或者完成的工作量确认收入的实现。

采取产品分成方式取得收入的，按企业分得产品的日期确认收入的实现，其收入额按产品的公允价值确定。

企业发生的非货币性资产交换，以及将货物、财产、劳务用于捐赠、偿债、赞助、广告、样品、职工福利或者利润分配等用途的，应当视同销售货物、转让财产或者提供劳务，计算收入。视同销售行为包括：企业将自产或委托加工的货物用于非应税项目；企业将自产、委托加工或购买的货物作为投资；企业将自产、委托加工的货物用于集体福利、个人消费等；企业将自产、委托加工或购买的货物无偿赠送他人。

（三）不征税收入

财政拨款。

依法收取并纳入财政管理的行政事业性收费、政府性基金。

国务院规定的其他不征税收入。

(四) 免税收入

国债利息收入。纳税人购买国债的利息收入，不计入应纳税所得额；纳税人购买国家重点建设债券和金融债券的利息收入，应计入应纳税所得额。

符合条件的居民企业之间的股息、红利等权益性投资收益。

在中国境内设立机构、场所的非居民企业从居民企业取得与该机构、场所有实际联系的股息、红利等权益性投资收益(不包括连续持有居民企业公开发行并上市流通的股票不足12个月取得的投资收益)。

符合条件的非营利组织的收入(不包括非营利组织从事营利性活动取得的收入)。

二、准予扣除的项目

在计算应纳税所得额时准予从收入额中扣除的项目，是指纳税人每一纳税年度发生的与取得应纳税收入有关的所有必要和正常的成本、费用、税金和损失。

(一) 准予扣除项目

纳税年度企业实际发生的与取得收入有关的、合理的支出，包括成本、费用、税金、损失和其他支出。

1. 成本

企业在生产经营活动中发生的销售成本、销货成本、业务支出，以及其他耗费。

2. 费用

企业每一个纳税年度为生产、经营商品和提供劳务等所发生的销售(经营)费用、管理费用和财务费用。已计入成本的有关费用除外。

3. 税金

企业发生的除企业所得税和允许抵扣的增值税以外的企业缴纳的各项税金及其附加，即企业按规定缴纳的消费税、营业税、城市维护建设税、关税、资源税、土地增值税、房产税、车船税、土地使用税、印花税、教育费附加等产品销售税金及附加。

4. 损失

企业在生产经营活动中发生的固定资产和存货的盘亏、毁损、报废损失，转让财产损失，呆账损失，坏账损失，自然灾害等不可抗力因素造成的损失以及其他损失。

5. 扣除的其他支出

除成本、费用、税金、损失外，企业在生产经营活动中发生的与生产经营活动有关的、合理的支出。

(二)准予扣除项目的标准

1. 工资、薪金

企业发生的合理的工资、薪金支出准予据实扣除。包括基本工资、奖金、津贴、补贴、年终加薪、加班工资,以及与任职或者受雇有关的其他支出。

2. 职工福利费、工会经费、职工教育经费

按标准扣除,未超过标准的按实际数扣除,超过标准的只能按标准扣除。

企业实际发生的职工福利费支出,不超过工资薪金总额的14%的部分准予扣除。

企业拨缴的工会经费,不超过工资薪金总额的2%的部分准予扣除。

企业发生的职工教育经费支出,不超过工资薪金总额的2.5%的部分准予扣除,超过部分准予结转以后纳税年度扣除。

3. 保险费

企业按国务院有关主管部门或省级人民政府规定的范围和标准为职工缴纳的"五险一金",即基本养老保险费、基本医疗保险费、失业保险费、工伤保险费、生育保险费等基本社会保险费和住房公积金,准予扣除。

企业为员工支付的补充养老保险费、补充医疗保险费准予扣除,按规定为特殊工种职工支付的人身安全保险费,在国务院财政、税务主管部门规定的范围和标准内,准予扣除。

企业参加财产保险,按规定缴纳的保险费准予扣除。

企业为职工支付的商业保险费不得扣除。

4. 利息费用

企业向金融机构的借款利息支出、企业经批准发行债券的利息支出可据实扣除。

企业向非金融机构的借款利息支出,不超过按金融企业同期同类贷款利率计算的数额的部分可据实扣除,超过部分不得扣除。

5. 借款费用

非资本化借款费用准予扣除。

企业为购置、建造固定资产、无形资产和经过12个月以上的建造才能达到预定可销售状态的存货发生借款的,在有关资产购置建造期间发生的合理的借款费用,应予以资本化,作为资本性支出计入有关资产的成本;有关资产交付使用后发生的借款利息,可在发生当期扣除。

6. 业务招待费

按发生额的60%扣除,但最高不得超过当年销售(营业)收入的5‰。

7. 广告费和业务宣传费

广告，是通过工商部门批准的专门机构制作的，已实际支付费用并取得相应发票，通过一定的媒体传播。

企业发生的符合规定条件的广告费和业务宣传费支出，不超过当年销售(营业)收入15%的部分，准予扣除；超过部分，准予结转以后纳税年扣除。

8. 环境保护专项资金

按有关规定提取的用于环境保护、生态恢复等专项基金，准予扣除，但改变资金用途的不得扣除。

9. 保险费

企业参加财产保险，按规定缴纳的保险费，准予扣除。

10. 租赁费

经营租赁方式的租赁费按租赁期限均匀扣除；

融资租赁方式租入的租赁费不得扣除，但按期提取折旧的费用可分期扣除。

11. 劳保费

合理的劳动保护支出，准予扣除。

12. 公益性捐赠支出

公益性捐赠，是指企业通过公益性社会团体或者县级以上人民政府及其部门，用于《中华人民共和国公益事业捐赠法》内定的公益事业的捐赠。

企业发生的公益性捐赠支出，在年度利润总额12%以内的部分，准予在计算应纳税所得额时扣除。

$$公益性捐赠扣除限额=年度利润总额(会计利润)\times 12\%$$

13. 有关资产费用的扣除

企业转让各类固定资产发生的费用，准予扣除；企业按规定计算的固定资产的折旧费、无形资产和递延资产的摊销费，准予扣除。

14. 总机构分摊的费用

非居民企业在中国境内设立的机构场所，就其中国境外总机构发生的与该机构场所生产经营有关的费用，能够提供总机构出具的费用汇集范围、定额、分配依据和方法等证明文件，并合理分摊的，准予扣除。

15. 资产损失

企业当期发生的固定资产盘亏、毁损净损失，由其提供清查盘存资料经主管税务机关审核后，准予扣除。企业因存货盘亏、毁损、报废等原因不得从销项税金中抵扣的进项税金，应视同企业财产损失，准予与存货损失一起在所得税前按规定扣除。

16. 其他费用

会员费、会议费、差旅费、违约金、诉讼费等，准予扣除。

(三) 不得扣除项目

1. 向投资者支付的股息、红利等权益性投资收益款项

2. 企业所得税税款

3. 税收滞纳金

纳税人因违反税法规定，被处以的滞纳金(每天万分之五)，不得扣除。

4. 罚金、罚款和被没收财物的损失

行政性罚款，不得扣除。但纳税人逾期归还银行贷款，银行按规定加收的罚息，不属于行政性罚款，允许在税前扣除。

5. 企业发生的公益性捐赠支出，在年度利润总额 12%以外的捐赠支出

6. 赞助支出

7. 未经核定的准备金支出

8. 企业之间支付的管理费、企业内营业机构之间支付的租金和特许权使用费，以及非银行企业内营业机构之间支付的利息不得扣除

9. 与取得收入无关的其他支出

(四) 亏损弥补

纳税人发生年度亏损的，可以用下一纳税年度的所得弥补；下一纳税年度的所得不足弥补的，可以逐年延续弥补，但是延续弥补期最长不得超过 5 年。5 年内不论是盈利或亏损，都作为实际弥补期限计算。

这里的亏损，是税务机关按税法规定核实调整后的金额，不是企业财务报表中反映的亏损额。如连续发生年度亏损，也必须从第一个亏损年度算起，先亏先补，按顺序连续计算亏损弥补期，不得将每个亏损年度的连续弥补期相加，更不得断开计算。企业境外业务之间(企业境外业务在同一国家)的盈亏可以互相弥补，但企业境内外之间的盈亏不得相互弥补。

第三节　企业所得税的计算

财务会计和税收分别遵循不同的原则、服务于不同的对象，以达到不同的目的。财务会计核算是为了真实、完整地反映企业的财务状况、经营成果，以及现金流量，为相关利益者提供与决策有用的经济信息。税法是以课税为目的，依照有关

的税收法规确定一定时期内纳税人应缴纳的税额。财务会计制度与税收法规的区别在于确认收益实现和费用扣减的时间以及费用的可扣减性。由于财务会计是按照企业会计准则和企业会计制度对资产、负债、收益、费用和利润等进行核算的，而税法是按照税收法规确认资产、负债、收益、费用和利润等，因此按照财务会计方法计算的利润与按照税法规定计算的应税所得之间往往存在一定的差异。

一、税前会计利润与应纳税所得额之间的差异

（一）永久性差异

永久性差异，指某一会计期间由于会计准则和税法在计算收益、费用或损失时的口径不同所产生的税前会计利润与应纳税所得额之间的差异。永久性差异有以下几种类型：

1. 按会计准则规定核算时作为收益计入会计报表，在计算应纳税所得额时不确认为收益

如，技术转让收益（高等院校全部、企业 30 万元以下）；治理“三废”收益；国库券利息收入（国债）；经国务院、财政部、国家税务总局批准取得的补贴收入等。

2. 按会计准则规定核算时不作为收益计入会计报表，在计算应纳税所得额时确认为收益，需要交纳所得税

如，将自产的商品用于固定资产工程、对外捐赠；售后回购、售后租回等。

3. 按会计准则规定核算时确认为费用或损失，在计算应纳税所得额时则不允许扣减

超过规定标准项目：工资支出、职工福利、职工教育经费、工会经费、利息支出、业务招待费、公益救济性捐赠等。

不允许扣除项目：违法经营罚款和被没收财务损失，税收滞纳金、罚金、罚款，非公益救济性捐赠，各种赞助支出，未使用的房屋建筑物以外的固定资产计提的折旧费等。

4. 按会计准则规定核算时不确认为费用或损失，在计算应纳税所得额时则允许扣减

如，盈利企业技术开发费用的加计扣除等。

上述永久性差异中，第 1、3 两项影响税前会计利润的计算而不影响应纳税所得额的计算，第 2、4 两类则相反；另外，第 1、4 两项会使税前会计利润大于应纳税所得额，而第 2、3 两类则使税前会计利润小于应纳税所得额。

应纳税所得额＝会计利润－①－④＋②＋③

（①②③④ 分别对应上述永久性差异类别）

(二) 时间性差异

时间性差异，指税法与会计准则在确认收益、费用或损失时的时间不同而产生税前会计利润与应纳税所得额之间的差异。

时间性差异主要有以下几种类型：

1. 企业取得的某项收益，在会计报表上确认为当期收益，但按照税法规定需待以后期间确认为应纳税所得额

如，会计上采用权益法核算时，年末确认的投资收益。

2. 企业发生的某项费用或损失，在会计报表上确认为当期费用或损失，但按照税法规定需待以后期间从应纳税所得额中扣减

如，会计上计提的“产品保修费”、计提各项资产减值准备等。

3. 企业取得的某项收益，在会计报表上于以后期间确认为收益，但按照税法规定需计入当期应纳税所得额

4. 企业发生的某项费用或损失，在会计报表上于以后期间确认为费用或损失，但按照税法规定可以从当期应纳税所得额中扣减。

上述时间性差异中，第 1、4 两项属于应纳税时间性差异，即将增加未来应纳税所得额的时间性差异；第 2、3 两项属于可抵扣时间性差异，即将减少未来应纳税所得额的时间性差异。

应纳税所得额＝会计利润－①－④＋②＋③

(①②③④ 分别对应上述时间性差异类别)

二、应纳税额的计算

根据上述分析，应纳税所得额计算公式概括如下：

应纳税所得额＝会计利润±永久性差异＋本期形成的可抵扣时间性差异－本期形成的应纳税时间性差异－本期转回可抵扣时间性差异＋本期转回应纳税时间性差异

应纳税额＝应纳税所得额×税率

第四节　所得税会计

企业所得税会计是以企业的资产负债表及其附注为依据，结合相关的资料，

分析计算各项资产、负债的计税基础,通过比较资产、负债的账面价值与其计税基础之间的差异,确定应纳税暂时性差异和可抵扣暂时性差异,进而按照暂时性差异与适用的所得税税率计算递延所得税资产、递延所得税负债,并在此基础上确认各期所得税费用。

企业的应纳税所得额是依据税法规定而确认的,税法对企业的资产、负债、收入、费用的确认有严格的界定,这与企业会计核算中的资产、负债、收入、费用所依据的企业会计准则有所不同。从而导致会计反映的资产、负债的账面价值与税法规定的计税基础之间存在差异,需要对其进行所得税会计处理。

企业所得税会计处理方法分为应付税款法和纳税影响会计法两种;纳税影响会计法又分为递延法和债务法两种;债务法进一步分为利润表债务法和资产负债表债务法两种。现行《企业会计准则第 18 号——所得税》规定:企业只能采用资产负债表债务法。

资产负债表债务法是从资产负债表出发,通过分析暂时性差异的原因及其性质,将其对未来所得税的影响分别确认为递延所得税负债和递延所得税资产,并在此基础上倒推出各期所得税费用的一种方法。该方法是以“资产负债观”为理论基础,通过合理确认资产负债表中的递延所得税资产和递延所得税负债,得出所得税费用。

一、资产负债表债务法的基本核算程序

资产负债表债务法下,企业应于资产负债表日进行所得税的会计处理。其基本核算程序如下:

(一) 确定资产和负债的账面价值

资产、负债的账面价值是指按照会计准则的相关规定对资产、负债进行会计处理后确定在资产负债表中应列示的金额。

(二) 确定资产和负债的计税基础

按照会计准则中对资产和负债计税基础的确定方法,以适用的税收法规为基础进行确定。

(三) 确定递延所得税

比较资产、负债的账面价值和计税基础,对两者存在的差异,分析其性质,计算并确认递延所得税资产、递延所得税负债及递延所得税。

(四) 确定当期所得税

按照税法规定,计算确定当期应纳税所得额,以应纳税所得额乘以适用的所得税税率,计算确定当期应交所得税,作为利润表中所得税费用的组成部分。

(五) 确定利润表中的所得税费用

利润表中的所得税费用由当期所得税和递延所得税两部分构成。企业在计算确定当期所得税和递延所得税的基础上，将两者之和（或之差）作为利润表中的所得税费用。

二、资产的计税基础

资产的计税基础，是指企业在收回资产账面价值的过程中，计算应纳税所得额时按照税法规定可以自应税经济利益中抵扣的金额。

在通常情况下，资产取得时其入账价值与计税基础是相同的，其计税基础一般为取得成本，即企业为取得某项资产支付的成本在未来期间准予税前扣除。只是在后续计量过程中，有可能因会计准则的有关规定与税法规定不同，产生资产的账面价值与其计税基础有差异。

在资产持续持有的过程中，其计税基础是指资产的取得成本减去以前期间按照税法规定已经累计税前扣除的金额后的余额。如固定资产、无形资产等长期资产在某一资产负债表日的计税基础是指其成本扣除按照税法规定已在以前期间税前扣除的累计折旧额或累计摊销额后的金额。

(一) 固定资产

以各种方式取得的固定资产，初始确认时其账面价值一般等于计税基础。固定资产在持有期间进行后续计量时，由于会计与税收规定就折旧方法、折旧年限以及固定资产减值准备的提取等处理的不同，可能造成固定资产的账面价值与计税基础的差异。固定资产在持续使用期间，由于会计准则是按照“初始成本－累计折旧－固定资产减值准备”进行后续计量，而税法按照“初始成本－按照税法规定已在以前期间从税前扣除的累计折旧”进行后续计量，两者在固定资产的账面价值与计税基础间产生差异，包括折旧方法、折旧年限、计提固定资产减值准备等方面产生差异。

与会计准则的规定不同，税法规定，固定资产一般按直线法计提折旧，由于技术进步等原因确需加速折旧的，也可以采用双倍余额递减法或年数总和法计提折旧；税法对每一类固定资产的最低折旧年限作了明确规定；税法对于企业计提的资产减值准备在发生实质性损失前不允许税前扣除。

例 13.1

光华公司于 2014 年 12 月 20 日取得的某项环保用固定资产，原价为 750 万元，使用年限为 10 年，会计上采用年限平均法计提折旧，净残值为零。税法规定该类环保用固定资产采用加速折旧法计提的折旧可予税前扣除，该公司在计税时采用双倍余额递减法计列折旧，净残值为零。2016 年 12 月 31 日，企业估计该项固定资产的可收回金额为 550 万元。

2016 年 12 月 31 日光华公司确定该固定资产的账面价值和计税基础如下：

(1) 账面价值

2016 年 12 月 31 日，该项固定资产的账面价值＝750－750÷10×2＝600(万元)，该账面价值大于其可收回金额 550 万元，两者之间的差额应计提 50 万元的固定资产减值准备。

2016 年 12 月 31 日，该项固定资产减值后的账面价值＝750－750÷10×2－50＝550(万元)

(2) 计税基础

计税基础＝750－750÷10×2－600÷10×2＝480(万元)

该项固定资产的账面价值 550 万元与其计税基础 480 万元之间的 70 万元差额，将于未来期间计入企业的应纳税所得额。其账面价值大于其计税基础 70 万元，将于未来期间增加企业的应纳税所得额。

(二) 无形资产

除内部研究开发形成的无形资产以外，其他方式取得的无形资产，初始确认时按照会计准则规定确定的入账价值与按照税法规定确定的计税成本之间一般不存在差异。无形资产的账面价值与计税基础间的差异主要产生于企业内部研究开发形成的无形资产、使用寿命不确定的无形资产和计提无形资产减值准备。

1. 内部研究开发形成的无形资产

会计准则规定，成本为开发阶段符合资本化条件以后发生的支出，除此之外，研究开发过程中发生的其他支出应予费用化计入损益。税法对自行开发的无形资产，以开发过程中该资产符合资本化条件后至达到预定用途前发生的支出为计税基础。在研发形成的无形资产上，一般情况下会计准则确认的初始成本与计税基础是相同的。

但对于企业为开发新技术、新产品、新工艺发生的研究开发费用，税法规定，未形成无形资产计入当期损益的(费用化部分)，在按照规定据实扣除的基础上，按研究开发费用的 50%加计扣除；形成无形资产的，按无形资产成本的 150%摊销。这种情况下，对于形成无形资产的(资本化部分)，其计税基础应在会计入账价值的基础上加计 50%，因而会产生账面价值与计税基础在初始确认时的差异。对于这类无形资产计税基础与账面价值形成的差异不确认其所得税影响。

2. 无形资产在后续计量时，会计与税法的差异主要产生于是否需要摊销及无形资产减值准备的提取

会计准则规定，应根据无形资产的使用寿命情况，区分为使用寿命有限的无形资产与使用寿命不确定的无形资产。对于使用寿命不确定的无形资产，不要求摊销，但持有期间每年应进行减值测试。税法规定，企业取得的无形资产成本，应在一定期限内摊销。对于使用寿命不确定的无形资产，会计处理时不予摊销，但计税时按照税法规定确定的摊销额允许税前扣除，造成该类无形资产账面价值与计税基础的差异。

对于无形资产计提减值准备，税法规定计提的无形资产减值准备在转变为实质性损失前不允许税前扣除，即无形资产的计税基础不会随减值准备的提取发生变化，从而造成无形资产的账面价值与计税基础的差异。

例 13.2

光华公司研究一项新产品，2016 年当期发生研究开发支出计 2 000 万元，其中研究阶段支出 400 万元，开发阶段符合资本化条件前发生的支出为 400 万元，符合资本化条件后发生的支出为 1 200 万元。税法规定，企业为开发新技术、新产品、新工艺发生的研究开发费用，未形成无形资产计入当期损益的，在按照规定据实扣除的基础上，按研究开发费用的 50%加计扣除；形成无形资产的，按无形资产成本的 150%摊销。

2016 年 12 月 31 日光华公司确定该项研发支出的账面价值和计税基础如下：

(1) 账面价值

光华公司当期发生的研究开发支出中，按照会计规定应予费用化的金额为 800 万元(研究阶段 400 万元＋开发阶段不符合资本化条件的支出 400 万元)，未形成资产的账面价值；期末形成无形资产的成本(即账面价值)为 1 200 万元。

(2) 计税基础

按照税法规定，光华公司可在当期税前扣除的研究开发费用化金额为 1 200 万元 (800＋800×50%)。所形成无形资产在未来期间可税前扣除的金额为 1 800 万元 (1 200×150%)，即计税基础为 1 800 万元，与其账面价值形成暂时性差异 600 万元。

(三) 以公允价值计量且其变动计入当期损益的金融资产

税法规定，以公允价值计量的金融资产在持有期间市价的波动在计税时不

予考虑，有关金融资产在某一会计期末的计税基础为其取得成本，从而造成在公允价值变动的情况下，对以公允价值计量的金融资产账面价值与计税基础之间的差异。

例 13.3

2016 年 11 月 10 日，光华公司自公开市场取得一项权益性投资，支付价款 120 万元，作为交易性金融资产核算。2016 年 12 月 31 日，该投资的市价为 110 万元。

2016 年 12 月 31 日，光华公司确定该项交易性金融资产的账面价值和计税基础如下：

(1) 账面价值

该项交易性金融资产的期末市价为 110 万元，按照会计准则规定进行核算，2016 年资产负债表日的账面价值为 110 万元。

(2) 计税基础

因税法规定交易性金融资产在持有期间的公允价值变动不计入应纳税所得额，其在 2016 年资产负债表日的计税基础应维持原取得成本不变，为 120 万元。

该交易性金融资产的账面价值 110 万元与其计税基础 120 万元之间产生了 10 万元的暂时性差异，该暂时性差异在未来期间转回时会减少未来期间的应纳税所得额。

(四) 其他资产

1. 投资性房地产

对于采用公允价值模式进行后续计量的投资性房地产，其计税基础的确定类似于以公允价值计量且其变动计入当期损益的金融资产。以成本模式进行后续计量的投资性房地产，其账面价值与计税基础的确定类似于固定资产、无形资产。

2. 其他计提了资产减值准备的各项资产

有关资产计提了减值准备后，其账面价值会随之下降，而税法规定资产在发生实质性损失之前，不允许税前扣除，即其计税基础不会因减值准备的提取而变化，造成在计提资产减值准备以后，资产的账面价值与计税基础之间的差异。

三、负债的计税基础

负债的计税基础，是指负债的账面价值减去未来期间计算应纳税所得额时按照税法规定可予抵扣的金额。用公式表示即为：

负债的计税基础＝账面价值－未来期间按照税法规定可予税前扣除的金额

通常情况下，负债的确认与偿还不会影响当期的损益，也不影响企业的应纳税所得额，未来期间计算应纳税所得额时按照税法规定可予以税前扣除的金额为零，负债的计税基础一般等于账面价值。但在特殊情况下，负债的确认也可能会影响损益，影响应纳税所得额，从而导致其计税基础与账面价值产生差异。

（一）预计负债

1. 企业因销售商品提供售后服务等原因确认的预计负债

按照或有事项准则规定，企业对于预计提供售后服务将发生的支出在满足有关确认条件时，销售当期即应确认为费用，同时确认预计负债。但税法规定，与销售产品相关的支出应于发生时税前扣除。因该类事项产生的预计负债在期末的计税基础为其账面价值与未来期间可税前扣除的金额之间的差额，一般为零。其他交易或事项中确认的预计负债，应按照税法规定的计税原则确定其计税基础。

例 13.4

光华公司 2016 年因销售产品承诺提供 3 年的保修服务，在当年度利润表中确认了 300 万元的销售费用，同时确认为预计负债，当年度未发生任何保修支出。按照税法规定，与产品售后服务相关的费用在实际发生时允许税前扣除。适用的所得税税率为 25%，光华公司 2016 年 12 月 31 日确定此项负债的账面价值和计税基础如下：

负债账面价值＝300(万元)

负债计税基础＝300－300＝0(万元)

该项预计负债的账面价值与计税基础之间产生了 300 万元的差额，该差额将于未来期间减少企业的应纳税所得额。

2. 未决诉讼

因其他事项确认的预计负债，应按照税法规定的计税原则确定其计税基础。某些情况下，因有些事项确认的预计负债，如果税法规定其支出无论是否实际发生均不允许税前扣除，即未来期间按照税法规定可予抵扣的金额为零，其账面价值与计税基础相同。

例 13.5

光华公司 2016 年 12 月 31 日涉及一项担保诉讼案件，光华公司估计败诉的可能性为 60%，如败诉，赔偿金额估计为 300 万元。根据税法的规定，企业对外提供与本企业生产经营活动无关的担保，相关担保损失不得在所得税前扣除。

该项担保计入当期营业外支出的担保损失不允许税前扣除，并且在以后期间也不得从税前扣除。因此，该项预计负债未来期间允许扣除的金额为 0。该项预计负债的计税基础为 300 万元，等于其账面减值，两者不存在差异。

(二) 预收账款

企业在预收客户款项时，因不符合收入确认条件，会计上将其确认为负债。税法中对于收入的确认原则一般与会计规定相同，即会计上未确认收入，计税时也一般不计入应纳税所得额。该预收账款形成的负债，其计税基础等于账面价值。

如果某些情况下，因不符合会计准则规定的收入确认条件，未确认为收入的预收款，按照税法规定应计入当期应纳税所得额时，有关预收账款的计税基础为零，即未来期间确认的收入可以全额税前扣除。

例 13.6

光华公司于 2016 年 11 月 13 日自客户收到一笔合同预付款，金额为 500 万元，作为预收账款核算。按照适用税法规定，该款项应计入取得当期应纳税所得额计算缴纳所得税。

光华公司确定此项负债的账面价值和计税基础如下：

(1) 账面价值

该预收账款在光华公司 2016 年 12 月 31 日资产负债表中的账面价值为 500 万元。

(2) 计税基础

该预收账款的计税基础＝账面价值－未来期间计算应纳税所得额时按照税法规定可予抵扣的金额＝500－500＝0(万元)

该项负债的账面价值 500 万元与其计税基础零之间产生的 500 万元暂时性差异，会减少企业于未来期间的应纳税所得额。

(三) 应付职工薪酬

会计准则规定,企业为获得职工提供的服务给予的各种形式的报酬以及其他相关支出均应作为企业的职工薪酬,根据职工提供服务的受益对象,计入有关成本费用,并在未支付之前确认为负债。税法中对于职工薪酬的合理部分,允许税前扣除。如,支付给职工的工资薪金、按国家规定的范围和标准为职工缴纳的基本社会保险费、住房公积金、补充养老保险费、补充医疗保险费等;对有些职工薪酬,税法中则规定了税前扣除的标准,如企业发生的职工福利费支出,不超过工资薪金总额14%的部分准予税前扣除;一些职工薪酬,如企业为职工支付的商业保险费,税法规定不得税前扣除。对于发生当期准予税前扣除的职工薪酬,以后期间不存在税前扣除的,所确认的负债的账面价值等于计税基础;对于超过税前扣除标准支付的职工薪酬以及不得税前扣除的职工薪酬,在以后期间也不允许税前扣除,因此,所确认的负债的账面价值也等于计税基础。

税法规定,与辞退福利有关的补偿款于实际支付时可税前抵扣。辞退福利义务确认的预计负债形成的暂时性差异,应确认递延所得税。

例 13.7

光华公司2016年12月计入成本费用的职工工资总额为500万元,至2016年12月31日尚未支付。按照适用税法规定,当期计入成本费用的500万元工资支出中,可予税前扣除的金额为500万元。光华公司确定此项负债的账面价值和计税基础如下:

该项应付职工薪酬的账面价值为500万元。

该项应付职工薪酬的计税基础＝账面价值－未来期间计算应纳税所得额时按照税法规定可予抵扣的金额＝500－0＝500(万元)

该项负债的账面价值500万元与其计税基础500万元相同,不形成暂时性差异。

(四) 其他负债

其他负债如企业应交的罚款和滞纳金等,在尚未支付之前按照会计规定确认为费用,同时作为负债反映。税法规定,罚款和滞纳金不能税前扣除,即该部分费用无论是在发生当期还是在以后期间均不允许税前扣除,其计税基础为账面价值减去未来期间计税时可予税前扣除的金额,即计税基础等于账面价值。

四、暂时性差异

企业应于每个资产负债表日,对资产、负债的账面价值与其计税基础进行分析比较，两者存在的差额就是暂时性差异。根据暂时性差异对未来期间应纳税所得额的影响，分为应纳税暂时性差异和可抵扣暂时性差异。

(一) 应纳税暂时性差异

应纳税暂时性差异，是指在确定未来收回资产或清偿负债期间的应纳税所得额时，将导致产生应税金额的暂时性差异。如，企业支付200万元取得交易性金融资产，资产负债表日其公允价值为250万元，该项资产的账面价值为250万元，其计税基础为200万元，差额50万元为应纳税暂时性差异。

(二) 可抵扣暂时性差异

可抵扣暂时性差异，是指在确定未来收回资产或清偿负债期间的应纳税所得额时，将导致产生可抵扣金额的暂时性差异。如，企业的某批存货成本为500万元，期末估计的可变现净值为400万元，会计处理中需计提100万元存货跌价准备；税法对100万元的跌价准备不允许税前扣除，其计税基础仍为500万元。账面价值400万元与计税基础500万元间的100万元为可抵扣暂时性差异。

企业对发生的应纳税或可抵扣暂时性差异，可以根据以下规律加以区分：当资产的账面价值大于其计税基础，或负债的账面价值小于其计税基础，其差额为应纳税暂时性差异；当资产的账面价值小于其计税基础，或负债的账面价值大于其计税基础，其产生的差额则为可抵扣暂时性差异。另外，按税法规定的一些特殊项目，如广告费、业务宣传费的相关规定①和允许抵减的各年度利润的可抵扣亏损等，也视同可抵扣暂时性差异。

五、递延所得税负债及递延所得税资产

(一) 递延所得税负债

应纳税暂时性差异在未来期间转回时，会增加转回期间的应纳税所得额和相应的应交所得税，导致经济利益流出企业，因而在其产生期间，相关的所得税影响金额构成一项未来的纳税义务，应确认为一项负债，所以递延所得税负债产生于应纳税暂时性差异。

除所得税准则中明确规定可不确认递延所得税负债的情况以外，企业对于所有的应纳税暂时性差异均应确认相关的递延所得税负债。除与直接计入所有者权益的交易或事项以及企业合并中取得资产、负债相关的以外，在确认递延所

---

① 对于广告费、业务宣传费，会计处理是发生时计入当期损益（销售费用），不形成资产，即资产账面价值为零。税法规定：按不超过当年销售收入15%的部分准予扣除；超过部分准予在以后纳税年度结转扣除，即超过部分形成资产的计税基础。两者之间的差异形成暂时性差异。

得税负债的同时，应增加利润表中的所得税费用。

在确认应纳税暂时性差异产生的递延所得税负债的同时，导致应纳税暂时性差异产生的交易或事项如果影响到会计利润或应纳税所得额的，其所得税影响应增加所得税费用；应纳税暂时性差异的产生与直接计入所有者权益的交易或事项相关的，相关的所得税影响应减少所有者权益（资本公积）；应纳税暂时性差异的产生与企业合并中取得的资产、负债相关的，相关的所得税影响应增加购买日的商誉或减少计入合并当期损益（营业外收入）的金额。

资产负债表日，递延所得税负债应根据税法规定，按照预期清偿该负债期间的适用税率计量。无论应纳税暂时性差异的转回期间如何，相关的递延所得税负债均不要求折现。

例 13.8

光华公司于 2010 年 12 月底购入一台机器设备，成本为 525 000 元，预计使用年限为 6 年，预计净残值为零。会计上按直线法计提折旧，因该设备符合税法规定的税收优惠条件，计税时可采用年数总和法计提折旧，假定税法规定的使用年限及净残值均与会计相同。

假定该公司各会计期间均未对固定资产计提减值准备，除该项固定资产产生的会计与税收之间的差异外，不存在其他会计与税收的差异。

该公司每年因固定资产账面价值与计税基础不同应予确认的递延所得税情况如表 13.1 所示：

表 13.1　　光华公司固定资产每年应确认的递延所得税情况表　　单位:元

	2011 年	2012 年	2013 年	2014 年	2015 年	2016 年
实际成本	525 000	525 000	525 000	525 000	525 000	525 000
累计会计折旧	87 500	175 000	262 500	350 000	437 500	525 000
账面价值	437 500	350 000	262 500	175 000	87 500	0
累计计税折旧	150 000	275 000	375 000	450 000	500 000	525 000
计税基础	375 000	250 000	150 000	75 000	25 000	0
暂时性差异	62 500	100 000	112 500	100 000	62 500	0
适用税率	25%	25%	25%	25%	25%	25%
递延所得税负债余额	15 625	25 000	28 125	25 000	15 625	0

该项固定资产各年度账面价值与计税基础确定如下：

(1) 2011 年资产负债表日

账面价值＝实际成本－会计折旧＝525 000－87 500＝437 500(元)

计税基础＝实际成本－税前扣除的折旧额＝525 000－150 000＝375 000(元)

因账面价值 437 500 大于其计税基础 375 000，两者之间产生的 62 500 元差异会增加未来期间的应纳税所得额和应交所得税，属于应纳税暂时性差异，应确认与其相关的递延所得税负债 15 625 元(62 500×25%)，账务处理如下：

借：所得税费用　　15 625

　贷：递延所得税负债　　15 625

(2) 2012 年资产负债表日

账面价值＝525 000－175 000＝350 000(元)

计税基础＝实际成本－累计已税前扣除的折旧额＝525 000－275 000＝250 000(元)

因资产的账面价值 350 000 元大于其计税基础 250 000 元，两者之间的差异为应纳税暂时性差异，应确认与其相关的递延所得税负债 25 000 元，但递延所得税负债的期初余额为 15 625 元，当期应进一步确认递延所得税负债 9 375 元，账务处理如下：

借：所得税费用　　9 375

　贷：递延所得税负债　　9 375

(3) 2013 年资产负债表日

账面价值＝525 000－262 500＝262 500(元)

计税基础＝525 000－375 000＝150 000(元)

因账面价值 262 500 元大于其计税基础 150 000 元，两者之间为应纳税暂时性差异，应确认与其相关的递延所得税负债 28 125 元，但递延所得税负债的期初余额为 25 000 元，当期应进一步确认递延所得税负债 3 125 元，账务处理如下：

借：所得税费用　　3 125

　贷：递延所得税负债　　3 125

(4) 2014 年资产负债表日

账面价值＝525 000－350 000＝175 000(元)

计税基础＝525 000－450 000＝75 000(元)

因其账面价值 175 000 元大于计税基础 75 000 元，两者之间为应纳税暂时性性差异，应确认与其相关的递延所得税负债 25 000 元，但递延所得税负债的期初余额为 28 125 元，当期应转回原已确认的递延所得税负债 3 125 元，账务处理如下：

借：递延所得税负债　　　　　　　　　　　　　　3 125

　贷：所得税费用　　　　　　　　　　　　　　　　3 125

(5) 2015 年资产负债表日

账面价值＝525 000－437 500＝87 500(元)

计税基础＝525 000－500 000＝25 000(元)

因其账面价值 87 500 元大于计税基础 25 000 元，两者之间的差异为应纳税暂时性差异，应确认与其相关的递延所得税负债 15 625 元，但递延所得税负债的期初余额为 25 000 元，当期应转回递延所得税负债 9 375 元，账务处理如下：

借：递延所得税负债　　　　　　　　　　　　　　9 375

　贷：所得税费用　　　　　　　　　　　　　　　　9 375

(6) 2016 年资产负债表日

该项固定资产的账面价值及计税基础均为零，两者之间不存在暂时性差异，原已确认的与该项资产相关的递延所得税负债应予全额转回，账务处理如下：

借：递延所得税负债　　　　　　　　　　　　　　15 625

　贷：所得税费用　　　　　　　　　　　　　　　　15 625

(二) 递延所得税资产

可抵扣暂时性差异在转回期间将减少企业的应纳税所得额和相应的应交税费，导致经济利益流入企业，因而在其产生期间，相关的所得税影响金额构成一项未来的经济利益，确认为一项资产。所以，递延所得税资产产生于可抵扣暂时性差异。

确认因可抵扣暂时性差异产生的递延所得税资产应以未来期间可能取得的应纳税所得额为限。对与子公司、联营企业、合营企业的投资相关的可抵扣暂时性差异，同时满足下列条件的，应当确认相关的递延所得税资产：一是暂时性差异在可预见的未来很可能转回；二是未来很可能获得用来抵扣可抵扣暂时性差异的应纳税所得额。对于按照税法规定可以结转以后年度的未弥补亏损和税款抵减，应视同可抵扣暂时性差异处理。

某些情况下，企业发生的某项交易或事项不属于企业合并，并且交易发生时既不影响会计利润也不影响应纳税所得额，且该项交易中产生的资产、负债的初始确认金额与其计税基础不同，产生可抵扣暂时性差异的，所得税准则中规定在交易或事项发生时不确认相应的递延所得税资产。例如：研发支出，虽然有可抵扣差异（资产账面价值小于计税基础），但是，不应确认递延所得税资产。

确认递延所得税资产时，应当以预期收回该资产期间的适用所得税税率为基础计算确定。无论相关的可抵扣暂时性差异转回期间如何，递延所得税资产均不要求折现。确认和计量时，应采用与收回资产或清偿债务的预期方式相一致的税率和计税基础。

如果所得税率发生非预期变化，对期初已确认递延所得税做出相应的调整。因税法变化，导致企业在某一会计期间适用的所得税税率发生变化的，企业应对已确认的递延所得税资产和递延所得税负债按照新的税率进行重新计量，调整递延所得税负债及递延所得税资产金额，使之能反映未来期间应当承担的纳税义务或可以获得的抵税利益。

六、所得税费用的确认和计量

在资产负债表债务法下，利润表中的所得税费用由当期所得税和递延所得税两部分组成。

（一）当期所得税

当期所得税，是指企业按照税法规定计算确定的针对当期发生的交易和事项，应交纳给税务部门的所得税金额，即当期应交所得税。

企业在确定当期应交所得税时，对于当期发生的交易或事项，会计处理与纳税处理不同的，应在会计利润的基础上，按使用税法规定进行调整，计算出当期应纳税所得额，按照应纳税所得额与使用所得税税率计算当期应交所得税。即，当期所得税（应交所得税）＝当期应纳税所得额×所得税税率。

应纳税所得额可在会计利润基础上，考虑会计处理与纳税处理之间的差异，按照下列公式计算：

应纳税所得额＝会计利润＋按照会计准则规定计入利润表但计税时不允许税前扣除的费用＋（或－）计入利润表的费用与按照税法规定可予税前抵扣的金额之间的差额＋（或－）计入利润表的收入与按照税法规定应计入应纳税所得的收入之间的差额－税法规定的不征税收入＋（或－）其他需要调整的因素

（二）递延所得税

递延所得税，是指按照所得税准则规定应当计入当期利润表的递延所得税费用(或收益),它是按照所得税准则规定的当期应予确认的递延所得税资产和递延所得税负债金额,即递延所得税资产和递延所得税负债当期发生额的综合结果,但不包括计入所有者权益的交易或事项的所得税影响。用公式表示如下:

递延所得税＝(递延所得税负债的期末余额－递延所得税负债的期初余额)
－(递延所得税资产的期末余额－递延所得税资产的期初余额)

当期应予确认的递延所得税负债大于当期应予确认的递延所得税资产的差额,为当期应予确认的递延所得税费用,递延所得税费用应当计入当期所得税费用;当期应予确认的递延所得税负债小于当期应予确认的递延所得税资产的差额,为当期应予确认的递延所得税收益,递延所得收益用应当抵减当期所得税费用。

需要注意的是递延所得税是指应当计入当期利润表的递延所得税费用(或收益),因此有两种除外情况,不计入递延所得税费用(或收益):一是某项交易或事项按照会计准则规定应计入所有者权益的,由该交易或事项产生的递延所得税资产或递延所得税负债及其变化亦应计入所有者权益,不构成利润表中的递延所得税费用;二是企业合并中取得的资产、负债,其账面价值与计税基础不同,应确认相关递延所得税的,该递延所得税的确认影响合并中产生的商誉或是计入当期损益的金额,不影响所得税费用。这两种除外情况最后计入所有者权益(资本公积)。

(三) 所得税费用

所得税费用,是指的利润表中的所得税费用项目。计算确定了当期所得税及递延所得税以后,利润表中应予确认的所得税费用为两者之和,计算公式如下:

所得税费用＝当期所得税＋(或－)递延所得税

例 13.9

光华公司使用所得税税率25%,2016年度按税法规定计算的应交所得税为1 200万元,期末通过比较资产、负债的账面价值与其计税基础,确定应纳税暂时性差异为2 000万元,可抵扣暂时性差异为1 500万元,这些暂时性差异均与直接计入所有者权益的交易或事项无关。公司不存在可抵扣的亏损和税款抵减,预计在未来期间能够产生足够的应纳税所得额用以抵扣可抵扣暂时性差异。根据以上资料,下列情况下光华公司有关所得税的会计处理如下:

(1) 假定光华公司的递延所得税资产和递延所得税负债均无期初余额

当期确认的递延所得税负债＝2 000×25%＝500(万元)

当期确认的递延所得税资产＝1 500×25%＝375(万元)

当期确认的递延所得税＝500－375＝125(万元)

当期确认的所得税费用＝1 200＋125＝1 325(万元)

借:所得税费用——当期所得税　　12 000 000
　贷:应交税费——应交所得税　　12 000 000
借:所得税费用——递延所得税　　1 250 000
　递延所得税资产　　3 750 000
　贷:递延所得税负债　　5 000 000

(2) 假定光华公司的递延所得税资产期初账面余额为 300 万元,递延所得税负债期初账面余额为 450 万元

当期确认的递延所得税负债＝2 000×25%－450＝50(万元)

当期确认的递延所得税资产＝1 500×25%－300＝75(万元)

当期确认的递延所得税＝50－75＝－25(万元)

当期确认的所得税费用＝1 200－25＝1 175(万元)

借:所得税费用——当期所得税　　12 000 000
　贷:应交税费——应交所得税　　12 000 000
借:递延所得税资产　　750 000
　贷:递延所得税负债　　500 000
　　所得税费用——递延所得税　　250 000

例 13.10

光华公司 2016 年度利润表中利润总额为 3 000 万元,该公司适用的所得税税率为 25%。递延所得税资产及递延所得税负债不存在期初余额。与所得税核算有关的情况如下:

2016 年发生的有关交易和事项中,会计处理与税收处理存在差别的有:

(1) 2016 年 1 月开始计提折旧的一项固定资产,成本为 1 500 万元,使用年限为 10 年,净残值为 0,会计处理按双倍余额递减法计提折旧,税法规定按直线法计提折旧。假定税法规定的使用年限及净残值与会计规定相同。

(2) 向关联企业捐赠现金 500 万元。假定按照税法规定,企业向关联方的捐赠不允许税前扣除。

(3) 当期取得作为交易性金融资产核算的股票投资成本 800 万元,12 月 31 日公允价值 1 200 万元。

(4) 违反环保法规定应支付罚款 250 万元。

(5) 期末对持有的存货计提了 75 万元的存货跌价准备。

光华公司 2016 年资产负债表相关项目金额及其计税基础如表 13.2 所示：

表 13.2　　光华公司 2016 年资产负债表相关项目金额及其计税基础表　　单位:万元

项　目	账面价值	计税基础	差　异	
			应纳税暂时性差异	可抵扣暂时性差异
存　货	2 000	2 075		75
固定资产：				
固定资产原价	1 500	1 500		
减:累计折旧	300	150		
减:固定资产减值准备	0	0		
固定资产账面价值	1 200	1 350		150
交易性金融资产	1 200	800	400	
其他应付款	250	250		
总　计			400	225

光华公司有关所得税的会计处理如下：

(1) 2016 年度当期应交所得税

应纳税所得额＝3 000＋150＋500－400＋250＋75＝3 575(万元)

应交所得税＝3 575×25%＝893.75(万元)

(2) 2016 年度递延所得税

递延所得税资产＝225×25%＝56.25(万元)

递延所得税负债＝400×25%＝100(万元)

递延所得税＝100－56.25＝43.75(万元)

(3) 利润表中应确认的所得税费用

所得税费用＝893.75＋43.75＝937.50(万元)，确认所得税费用的账务处理如下：

借:所得税费用　　9 375 000

　递延所得税资产　　562 500

　贷:应交税费——应交所得税　　8 937 500

　　递延所得税负债　　1 000 000

第五节　企业所得税的申报与缴纳

一、企业所得税纳税申报

企业所得税纳税申报分为月季报和年报，企业应在税法或主管税务机关规定的期限内进行纳税申报，提交纳税申报表和同期财务会计报表。

(一) 企业所得税月季报

1. 企业所得税月季报方式

企业所得税月季报方式主要有直接申报和网上申报两种方式。

(1) 直接申报方式

采用直接申报方式的企业应填写企业所得税月季报表，持该表、会计报表及税务机关要求报送的其他资料，到主管税务机关办理申报手续。

(2) 网上申报方式

采用网上申报方式的企业应按照税务机关规定的方式进入税务机关网站的纳税申报系统，填写企业所得税月季报表和会计报表，通过互联网进行纳税申报。

2. 企业所得税月季报表

企业所得税月季报表因企业征收办法不同而使用不同的申报表。查账征收企业适用《企业所得税预缴纳税申报表》，查定征收企业和定额征收企业适用《企业所得税纳税申报表》。本书仅就常用的查账征收企业适用的《企业所得税预缴纳税申报表》(见表 13.3)的填写作说明。预缴所得税有三种方式：据实预缴、按照上一纳税年度应纳税所得额的平均额预缴、按照税务机关确定的其他方法预缴。据实预缴，即按照企业当季利润进行预缴，此种方式用得较多。

(二) 企业所得税年报

纳税年度终了后，企业应在 5 个月内进行企业所得税的汇算清缴，填报企业所得税年度纳税申报表。

1. 企业所得税年报方式

企业所得税年报一般采用直接申报方式，但有的税务机关要求企业同时提交电子报表。填写电子报表的软件由税务机关提供。

表 13.3　中华人民共和国

企业所得税月(季)度预缴纳税申报表(A 类)

税款所属期间：　年　月　日至　年　月　日

纳税人识别号：□□□□□□□□□□□□□□□□□□□□

纳税人名称：　　　　　　　　　　　　金额单位：　人民币元(列至角分)

行次	项　　目	本期金额	累计金额
1	一、按照实际利润额预缴		
2	营业收入		
3	营业成本		
4	利润总额		
5	加:特定业务计算的应纳税所得额		
6	减:不征税收入		
7	免税收入		
8	弥补以前年度亏损		
9	实际利润额(4 行+5 行−6 行−7 行−8 行)		
10	税率(25%)		
11	应纳所得税额		
12	减:减免所得税额		
13	减:实际已预缴所得税额	—	
14	减:特定业务预缴(征)所得税额		
15	应补(退)所得税额(11 行−12 行−13 行−14 行)	—	
16	减:以前年度多缴在本期抵缴所得税额		
17	本期实际应补(退)所得税额	—	
18	二、按照上一纳税年度应纳税所得额平均额预缴		
19	上一纳税年度应纳税所得额	—	
20	本月(季)应纳税所得额(19 行×1/4 或 1/12)		
21	税率(25%)		
22	本月(季)应纳所得税额(20 行×21 行)		
23	三、按照税务机关确定的其他方法预缴		
24	本月(季)确定预缴的所得税额		

续 表

<table>
<tr><td>行次</td><td colspan="2">项　　目</td><td>本期金额</td><td>累计金额</td></tr>
<tr><td>25</td><td colspan="4">**总分机构纳税人**</td></tr>
<tr><td>26</td><td rowspan="5">总机构</td><td>总机构应分摊所得税额(15 行或 22 行或 24 行×总机构应分摊预缴比例)</td><td></td><td></td></tr>
<tr><td>27</td><td>财政集中分配所得税额</td><td></td><td></td></tr>
<tr><td>28</td><td>分支机构应分摊所得税额(15 行或 22 行或 24 行×分支机构应分摊比例)</td><td></td><td></td></tr>
<tr><td>29</td><td>其中:总机构独立生产经营部门应分摊所得税额</td><td></td><td></td></tr>
<tr><td>30</td><td>总机构已撤销分支机构应分摊所得税额</td><td></td><td></td></tr>
<tr><td>31</td><td rowspan="2">分支机构</td><td>分配比例</td><td></td><td></td></tr>
<tr><td>32</td><td>分配所得税额</td><td></td><td></td></tr>
<tr><td colspan="5">谨声明:此纳税申报表是根据《中华人民共和国企业所得税法》《中华人民共和国企业所得税法实施条例》和国家有关税收规定填报的,是真实的、可靠的、完整的。
法定代表人(签字):　　　　　年　月　日</td></tr>
<tr><td colspan="2">纳税人公章:
会计主管:
填表日期:　　年　月　日</td><td>代理申报中介机构公章:
经办人:
经办人执业证件号码:
代理申报日期:　　年　月　日</td><td colspan="2">主管税务机关受理专用章:
受理人:
受理日期:　　年　月　日</td></tr>
</table>

国家税务总局监制

填写说明:预缴表中的"营业收入""营业成本""利润总额"直接根据利润表中的相应项目填写,不必进行纳税调整。本期的有关项目数据直接根据季度末的相应项目累计数据减去相应项目的上季末数据填列。

2. 企业所得税年度纳税申报表

企业所得税年度纳税申报表由 1 张主表和 11 张附表组成,适用于实行查账征收方式的企业。

主表:企业所得税纳税申报表

附表一:收入明细表

附表二:成本费用明细表

附表三:纳税调整项目明细表

附表四:企业所得税弥补亏损明细表

附表五:税收优惠明细表

附表六:境外所得税抵免计算明细表

附表七：以公允价值计量资产纳税调整表

附表八：广告费和业务宣传费跨年度纳税调整明细表

附表九：资产折旧、摊销纳税调整明细表

附表十：资产减值准备项目调整明细表

附表十一：长期股权投资所得（损失）明细表

二、企业所得税的缴纳

企业所得税按年计征，分月或者分季预缴，年终汇算清缴，多退少补。

企业所得税的纳税年度，自公历每年1月1日起至12月31日止。企业在一个纳税年度的中间开业，或者由于合并、关闭等原因终止经营活动，使该纳税年度的实际经营期不足12个月的，应当以其实际经营期为一个纳税年度。企业清算时，应当以清算期间作为一个纳税年度。

自年度终了之日起5个月内，向税务机关报送年度企业所得税纳税申报表，并汇算清缴，结清应缴应退税款。

企业在年度中间终止经营活动的，应当自实际经营终止之日起60日内，向税务机关办理当期企业所得税汇算清缴。

按月或按季预缴的，应当自月份或者季度终了之日起15日内，向税务机关报送预缴企业所得税纳税申报表，预缴税款。企业在报送企业所得税纳税申报表时，应当按照规定附送财务会计报告和其他有关资料。企业在纳税年度内无论盈利或者亏损，都应当依照企业所得税法第五十四条规定的期限，向税务机关报送预缴企业所得税纳税申报表、年度企业所得税纳税申报表、财务会计报告和税务机关规定应当报送的其他有关资料。

复习思考题

1. 简述企业所得税纳税人的一般规定和特殊规定。

2. 什么是永久性差异？常见有哪些项目？

3. 什么是时间性差异？常见有哪些项目？

4. 什么是暂时性差异？常见有哪些项目？并说明产生的原因。

5. 资产负债表债务法下，企业应于资产负债表日进行所得税的会计处理的基本核算程序是怎样的？

6. 简述企业所得税有哪些税收优惠规定。

第十四章 收 入

【本章导读】

以下摘自中国联通股份有限公司的2013年年报，我们可以从中了解到该公司是如何确认收入的：

收入的金额按照本集团在日常经营活动中提供电信服务、其他劳务或销售通信产品时，已收或应收合同或协议价款的公允价值确定。收入按扣除销售折让及销售退回的净额列示。与交易相关的经济利益能够流入本集团，相关的收入和成本能够可靠计量且满足下列各项经营活动的特定收入确认标准时，确认相关的收入：

(a) 通话费和月租费在提供服务时确认；

(b) 提供宽带、数据及其他互联网相关服务的收入在提供服务时予以确认；

……

(e) 增值服务收入是指向用户提供如短信、炫铃、个性化彩铃、无线数据服务、来电显示以及秘书服务等，并在服务提供时确认；

(f) 提供劳务收入是指对外提供通信信息工程和建筑工程的咨询、勘察、设计、监理、客服等劳务，当合同已经签订且相关服务已提供完毕时确认相关的收入；

(g) 销售通信产品收入指销售手机、通信设备等通信产品而产生的收入，在产品所有权上的风险和报酬转移给买方时确认；

……

(l) 本集团向顾客提供捆绑通信终端及通信服务的优惠套餐。该优惠套餐的合同总金额按照通信终端和通信服务的公允价值在两者之间进行分配。通信终端销售收入于该通信终端的所有权转移至最终用户时予以确认。通信服务收入按用户的移动通信服务实际用量予以确认。销售通信终端的成本于通信终端销售收入确认时于利润表内立刻确认为营业成本。

本章主要对收入的确认和计量进行学习。

第一节 收入概述

一、收入及其特征

(一) 收入的概念

收入是指企业在日常活动中形成的、会导致所有者权益增加的、与所有者投入资本无关的经济利益的总流入。

收入包括销售商品收入、提供劳务收入和让渡资产使用权收入。企业代第三方收取的款项,应当作为负债处理,不应当确认为收入。企业应当根据其在向客户转让商品前是否拥有对该商品的控制权,来判断其从事交易时的身份是主要责任人还是代理人。企业在向客户转让商品前能够控制该商品的,该企业为主要责任人,应当按照已收或应收对价总额确认收入;否则,该企业为代理人,应当按照预期有权收取的佣金或手续费的金额确认收入,该金额应当按照已收或应收对价总额扣除应支付给其他相关方的价款后的净额,或者按照既定的佣金金额或比例等确定。

(二) 收入的特征

1. 收入从企业的日常活动中产生,而不是从偶发的交易或事项中产生

如工商企业销售商品、提供劳务的收入等。有些交易或事项也能为企业带来经济利益,但不属于企业的日常活动,其流入的经济利益是利得,而不是收入,如出售固定资产,因固定资产是为使用而不是为出售而购入的,将固定资产出售并不是企业的经营目标,也不属于企业的日常活动,出售固定资产取得的收益不作为收入核算。

2. 收入会导致企业所有者权益的增加

收入可能表现为企业资产的增加,如增加银行存款、应收账款等;也可能表现为企业负债的减少,如以商品或劳务抵偿债务;或者两者兼而有之。例如,商品销售的货款中部分抵偿债务,部分收取现款。这里所指的以商品或劳务抵债不包括债务重组中的以商品抵债。

收入能增加资产或减少负债或两者兼而有之,因此,根据“资产－负债＝所有者权益”的公式,企业取得收入一定能增加所有者权益。但收入扣除相关成本费用后的净额,则可能增加所有者权益,也可能减少所有者权益。这里仅指收入本身导致的所有者权益的增加,而不是指收入扣除相关成本费用后的结果对所

有者权益的影响。

3. 收入只包括本企业经济利益的流入,不包括为第三方代收的款项

企业代国家收取的增值税、代收利息等代收的款项,一方面增加企业的资产,一方面增加企业的负债。因此,不增加企业的所有者权益,也不属于本企业的经济利益,不能作为本企业的收入。

二、收入的分类

(一) 收入按交易性质分类

收入按交易的性质分类可以分为销售商品收入、提供劳务收入、让渡资产使用权收入和建造合同收入等。

1. 销售商品收入

销售商品收入,是指企业通过销售产成品或商品而取得的收入。如,制造企业销售产成品、半成品取得的收入,商品流通企业销售商品取得的收入,房地产经营商销售自行开发的房地产取得的收入。

2. 提供劳务收入

提供劳务收入,是指企业通过提供劳务作业而取得的收入。如,制造企业提供工业性劳务作业取得的收入,商品流通企业提供代购代销劳务取得的收入等。

3. 让渡资产使用权收入

让渡资产使用权收入,是指企业通过让渡资产使用权而取得的收入。如,金融企业发放贷款取得的收入,企业让渡无形资产使用权取得的收入。

4. 建造合同收入

建造合同收入,是指企业通过签订建造合同,并按合同要求为客户设计和建造房屋、道路、桥梁、水坝等建筑物以及船舶、飞机、大型机器设备等而取得的收入。

(二) 收入按其在企业经营业务中的主次分类

收入按照在企业经营业务中的主次分类可以分为主营业务收入和其他业务收入。

1. 主营业务收入

主营业务收入,是指企业通过主要经营业务所取得的收入。如,制造企业以销售产成品、半成品和提供工业性劳务作业为主,商品流通企业以销售商品为主,旅游服务业以门票收入、客房收入、餐饮收入为主等。

2. 其他业务收入

其他业务收入，是指企业通过主要经营业务以外的其他经营活动取得的收入。如销售材料、代购代销、出租包装物等取得的收入。

第二节 销售商品收入

一、销售商品收入的确认

以控制权转移替代风险报酬转移作为收入确认时点的判断标准：

企业应当在履行了合同中的履约任务，即在客户取得相关商品控制权时确认收入。取得相关商品控制权，是指能够主导该商品的使用并从中获得几乎全部的经济利益。

当企业与客户之间的合同同时满足下列条件时，企业应当在客户取得相关商品控制权时确认收入。

（一）合同各方已批准该合同并承诺将履行各自义务；

（二）该合同明确了合同各方与所转让商品或提供劳务（以下简称"转让商品"）相关的权利和义务；

（三）该合同有明确的与所转让商品相关的支付条款；

（四）该合同具有商业实质，即履行该合同将改变企业未来现金流量的风险、时间分布或金额；

（五）企业因向客户转让商品而有权取得的对价很可能收回。

在合同开始日即满足前数条件的合同，企业在后续期间无需对其进行重新评估，除非有迹象表明相关事实和情况发生重大变化，合同开始日通常是指合同生效日。

在合同开始日不符合本准则第五条规定的合同，企业应当对其进行持续评估，并在其满足本准则第五条规定时按照该条的规定进行会计处理。

对于不符合本准则第五条规定的合同，企业只有在不再负有向客户转让商品的剩余义务，且已向客户收取的对价无需退还时，才能将已收取的对价确认为收入；否则，应当将已收取的对价作为负债进行会计处理。没有商业实质的非货币性资产交换，不确认收入。

二、销售商品收入的计量

企业销售商品收入满足收入确认条件时，应当按照已收或应收合同或协议价款的公允价值确定销售商品收入的金额，已收或应收的合同或协议价款显失公允的除外。

购货方已收或应收的合同或协议价款，通常为公允价值。

应收的合同或协议价款与其公允价值相差较大的，应按照应收的合同或协议价款的公允价值确定销售商品收入金额，应收的合同或协议价款与其公允价值之间的差额，应当在合同或协议期间内采用实际利率法进行摊销，计入当期损益。

某些情况下，合同或协议明确规定销售商品需要延期收取款项，如分期收款销售商品，实质上具有融资性质的，应当按照应收的合同或协议价款的现值确定其公允价值。应收的合同或协议价款与其公允价值之间的差额，应当在合同或协议期间内，按照应收款项的摊余成本和实际利率计算确定的摊销金额，冲减财务费用。

销售商品涉及商业折扣的，应当按照扣除商业折扣后的金额来确认销售商品收入金额。

销售商品涉及现金折扣的，应当按照扣除现金折扣前的金额来确认销售商品收入金额。现金折扣在实际发生时计入当期损益。

企业已经确认销售商品收入的售出商品发生销售折让的，应当在发生时冲减当期销售商品收入。销售折让属于资产负债表日后事项的，适用资产负债表日后事项会计准则。

企业已经确认销售商品收入的售出商品发生销售退回的，应当在发生时，冲减当期的销售商品收入。销售退回属于资产负债表日后事项的，适用资产负债表日后事项会计准则。

总之，企业在确定销售商品收入时，不考虑各种预计可能发生的现金折扣、销售折让和销售退回。现金折扣在实际发生时计入发生当期财务费用，销售折让和销售退回在实际发生时作为当期销售收入的减项。

三、销售商品收入的会计处理

销售商品业务主要是指企业以取得货币性资产方式的商品销售，它是制造企业和商品流通企业的主要经营业务。

企业应设置“主营业务收入”科目核算企业销售商品主营业务的收入。本科目可按主营业务的种类进行明细核算。期末，应将“主营业务收入”科目的余额转入“本年利润”科目，结转后本科目无余额。

不仅如此，企业还应当设置“主营业务成本”科目核算企业确认销售商品收入实现时应结转的成本。本科目可按主营业务的种类进行明细核算。期末，应将“主营业务成本”科目的余额转入“本年利润”科目，结转后本科目无余额。

(一) 一般销售商品业务的会计处理

企业销售商品符合收入确认条件的，应在收入确认时，按确定的收入金额与应收取的增值税，借记“银行存款”“应收账款”“应收票据”等科目；按确认的收入金额，贷记“主营业务收入”科目；按应收取的增值税，贷记“应交税费——应交增值税(销项税额)”科目。

企业销售商品，在销售商品收入实现时或月份终了，结算已销商品的实际成本，借记“主营业务成本”科目，贷记“库存商品”等科目。

例 14.1

光华公司向乙企业销售一批商品，增值税专用发票上注明的售价金额为100 000元，增值税17 000元。光华公司已按合同发货，并以银行存款代垫运杂费500元，货款尚未收到。该商品为应税消费品，消费税税率为5%，该批商品的成本为65 000元。

光华公司会计处理如下：

(1) 确认收入

借：应收账款　117 500

　　贷：主营业务收入　100 000

　　　　应交税费——应交增值税(销项税额)　17 000

　　　　银行存款　500

(2) 结转成本

借：主营业务成本　65 000

　　贷：库存商品　65 000

(3) 计算应交的消费税

应交消费税＝100 000×5%＝5 000(元)

借：税金及附加　5 000

　　贷：应交税费——应交消费税　5 000

(二) 销售商品涉及商业折扣、现金折扣和销售折让业务的会计处理

1. 销售商品涉及商业折扣业务的会计处理

商业折扣，是指企业为促进商品销售而在商品标价上给予的价格扣除。

企业销售商品涉及商业折扣的，应当按照扣除商业折扣后的金额来确认销

售商品收入金额。不需另作账务处理。

2. 销售商品涉及现金折扣业务的会计处理

现金折扣,是指债权人为鼓励债务人在规定的期限内付款而向债务人提供的债务扣除。

例 14.2

光华公司采用赊销方式销售一批商品给乙企业,赊销期限为 30 天,增值税专用发票上注明的售价金额为 50 000 元,增值税额为 8 500 元。光华公司为了鼓励乙企业早日付款,规定付款的信用条件为“2/10、N/30”,即在信用期内前 10 天兑付款,给予乙企业货款 2%的现金折扣;若在 10 天后付款,则付全额。会计处理如下:

(1) 销售实现确认收入

	借方	贷方
借:应收账款——乙	58 500	
贷:主营业务收入		50 000
应交税费——应交增值税(销项税额)		8 500

(2) 如果乙企业在信用期的前 10 天内支付货款,则可享受商品售价总额 2%的现金折扣(58 500 × 2% = 1 170 元),实际付款 57 330 元(58 500 − 1 170)。收到款项时

	借方	贷方
借:银行存款	57 330	
财务费用	1 170	
贷:应收账款——乙		58 500

(3) 如果乙企业在信用期内超过现金折扣期付款,则应支付全部的款项 58 500 元,实际付款时

	借方	贷方
借:银行存款	58 500	
贷:应收账款——乙		58 500

3. 销售商品涉及销售折让业务的会计处理

销售折让,是指企业因售出商品的质量不合格等原因而在售价上给予的减让。

企业已经确认销售商品收入的售出商品发生销售折让的,应当在发生时冲减当期销售商品收入。销售折让属于资产负债表日后事项的,适用资产负债表日后事项会计准则。

企业将商品销售后,如购货方发现商品在质量、规格等方面不符合要求,可

能要求销货方在价格上给予一定的减让。销售折让应在实际发生时冲减当期的收入。发生销售折让时，按规定允许扣减当期的销项税额，应同时用红字冲减“应交税费——应交增值税(销项税额)”科目。

例 14.3

光华公司销售给丙企业一批商品，增值税专用发票上的售价金额为 400 000 元，增值税额为 68 000 元，丙企业收到商品后，发现商品的质量不符合要求，要求光华公司在价格上给予 2%的折让。光华公司会计处理如下：

(1) 确认收入

借：应收账款——丙　　468 000

　贷：主营业务收入　　400 000

　　应交税费——应交增值税(销项税额)　　68 000

(2) 发生销售折让

借：主营业务收入　　8 000(400 000×2%)

　应交税费——应交增值税(销项税额)　　1 360(8 000×17%)

　贷：应收账款——丙　　9 360

(3) 收到货款

借：银行存款　　458 640

　贷：应收账款——丙　　458 640

(三) 销售商品涉及销售退回业务的会计处理

销售退回是指企业售出的商品由于质量、品种不符合要求等原因而发生的退货。销售商品涉及销售退回业务，企业应按不同情况进行会计处理。

1. 尚未确认销售收入的销货退回

销售退回可能发生在企业确认收入之前，这种处理比较简单，只需将已记入“发出商品”科目的商品成本转回“库存商品”科目。

2. 已确认收入实现的销货退回

如企业销售商品收入确认后，又发生销售退回的，不论是当年销售的，还是以前年度销售的，一般均应冲减退回当月的销售收入，同时冲减退回当月的销售成本；企业发生销售退回时，按规定允许扣减当月销项税额，应同时用红字冲减“应交税费——应交增值税(销项税额)”科目。

例 14.4

光华公司采用赊销方式销售一批商品给乙企业，信用期限为 30 天，增值税专用发票上的售价金额为 100 000 元，增值税额为 17 000 元，该批商品的成本为 60 000 元，规定付款的信用条件为“2/10、N/30”。乙企业收到商品后，发现部分商品的质量严重不合格予以退回，退回商品的售价为 10 000 元，成本为 6 000 元，如果商品的销售收入已确认，乙企业获得了现金折扣，不合格商品在资产负债表日以前或财务报告批准报出日之后被退回。光华公司会计处理如下：

(1) 确认收入，并结转成本

借：应收账款　　117 000

　贷：主营业务收入　　100 000

　　应交税费——应交增值税(销项税额)　　17 000

借：主营业务成本　　60 000

　贷：库存商品　　60 000

(2) 10 日内收到货款

借：银行存款　　114 660

　财务费用　　2 340(117 000 × 2%)

　贷：应收账款——乙　　117 000

(3) 收到不合格商品冲减收入，并同时冲减成本

借：主营业务收入　　10 000

　应交税费——应交增值税(销项税额)　　1 700

　贷：银行存款　　11 466

　　财务费用　　234

借：库存商品　　6 000

　贷：主营业务成本　　6 000

3. 报告年度或以前年度售出的商品，在资产负债表日至财务报告批准报出日之间发生的退回

这种情况应作为资产负债表日后发生的调整事项，冲减报告年度的收入、成本和税金；如该项销售在资产负债表日及之前已发生现金折扣或销售折让的，还应同时冲减报告年度相关的折扣、折让。

例 14.5

承【例 14.4】，若光华公司报告年度或以前年度售出的商品，在资产负债表日至财务报告批准报出日之间发生的退回，假定所得税税率为 25%。在退回时光华公司编制分录如下：

(1) 调整收入

借：以前年度损益调整　　9 766(10 000－234)

　应交税费——应交增值税(销项税额)　　1 700

　贷：银行存款　　11 466

(2) 调整成本

借：库存商品　　6 000

　贷：以前年度损益调整　　6 000

(3) 调整所得税费用

借：应交税费——应交所得税　942[(9 766－6 000)×25%，取整]

　贷：以前年度损益调整　　942

(4) 调整税后盈余

借：利润分配——未分配利润　　2 824(9 766－6 000－942)

　贷：以前年度损益调整　　2 824

(四) 销售商品不符合收入确认条件的会计处理

如果企业售出的商品不符合销售收入确认的 5 个条件中的任何一条，均不应确认收入。对于企业未满足收入确认条件但已经发出商品的实际成本(或进价)或计划成本(或售价)，企业应设置“发出商品”科目进行核算。本科目可按购货单位、商品类别和品种进行明细核算。“发出商品”科目期末借方余额，反映企业发出商品的实际成本(或进价)或计划成本(或售价)。

例 14.6

光华公司采用托收承付方式向乙企业销售一批商品，增值税专用发票上注明的售价金额为 200 000 元，增值税额为 34 000 元，商品的实际成本 130 000 元。商品已经发出，并办理了托收手续。此时光华公司得知乙企业在另一项交易中发生了巨额损失，资金周转困难，经与乙企业交涉，确定该项收入目前收回的可能性不大，决定不确认收入。光华公司对该项业务的会计处理如下：

(1) 商品发出

借：发出商品　　130 000

　贷：库存商品　　130 000

借:应收账款——乙　　34 000

　　贷:应交税费——应交增值税(销项税额)　　34 000

(2) 如果近期乙企业的经营状况逐渐好转,并且乙企业承诺将在近期付款,则光华公司可以确认收入,并同时结转成本

借:应收账款——乙　　200 000

　　贷:主营业务收入　　200 000

借:主营业务成本　　130 000

　　贷:发出商品　　130 000

四、特殊销售商品业务

企业会计实务中,可能遇到一些特殊的销售商品业务,在将销售商品收入确认和计量原则运用于特殊销售商品收入的会计处理时,应结合这些特殊销售商品交易的形式,并注重交易的实质。

(一) 代销商品业务

代销商品是委托方委托受托方代售商品的销售方式,代销商品通常有“视同买断”和“收取手续费”代销两种方式。

1. 视同买断方式代销商品

视同买断方式是指由委托方和受托方签订协议,委托方按协议价格收取委托代销商品的货款,实际售价可由受托方自定,实际售价与协议价之间的差额归受托方所有的销售方式。

如果委托方和受托方之间的协议明确标明,受托方在取得代销商品后,无论是否卖出、是否获利,均与委托方无关,此种代销商品交易,与委托方直接销售商品给受托方没有实质区别。在符合销售商品收入确认条件时,委托方应确认相关销售商品收入。

如果委托方和受托方之间的协议明确标明,将来受托方在没有将商品售出时可以将商品退回给委托方,或受托方因代销商品出现亏损时可以要求委托方补偿,那么委托方在交付商品时不确认收入,受托方也不作为购进商品处理;

受托方将商品销售后,按实际售价确认销售收入,并向委托方开具代销清单;委托方收到代销清单时,再确认本企业的销售收入。

例 14.7

光华公司委托乙企业销售商品 1 000 件,协议售价为 80 元/件,该商品的成本为 45 000 元,增值税税率为 17%。代销协议约定,乙企业在取得代销商

品后，无论是否能够卖出去、是否获利，均与光华公司无关。这批商品已经发出，款项尚未收到。光华公司开出的增值税专用发票上注明的增值税额为13 600元。

光华公司账务处理如下：

(1) 在发出商品时

借：应收账款——乙企业　　93 600

　贷：主营业务收入　　80 000

　　应交税费——应交增值税(销项税额)　　13 600

借：主营业务成本　　45 000

　贷：库存商品　　45 000

(2) 收到乙企业交来的货款

借：银行存款　　93 600

　贷：应收账款——乙企业　　93 600

2. 收手续费方式代销商品

收手续费方式，是受托方根据所代销的商品数量向委托方收取手续费的方式。

对于受托方来说，收取的手续费实际上是一种劳务收入。

在这种代销方式下，委托方发出商品时，商品所有权上的主要风险和报酬未转移给受托方，因此，委托方在发出商品时通常不应确认销售商品收入，而应在收到受托方开出的代销清单时确认销售商品收入；

受托方应在商品销售后，按合同或协议约定的方法计算确定的手续费确认收入。

例 14.8

承【例 14.7】，若双方协议价为 82 000 元，乙企业按 82 000 元的价格对外销售，光华公司按售价的 8%向乙企业支付手续费。乙企业实际销售时，即开出一张增值税专用发票，发票上注明商品售价 82 000 元，增值税额 13 940 元，光华公司收到乙企业交来的代销清单时，向乙企业开具一张相同金额的增值税专用发票。光华公司的会计处理如下：

(1) 发出商品

借：委托代销商品——乙企业　　45 000

　贷：库存商品　　45 000

(2) 收到乙企业交来的代销清单,确认收入,同时结转成本

借:应收账款——乙企业　　95 940

　　贷:主营业务收入　　82 000

　　　　应交税费——应交增值税(销项税额)　　13 940

借:主营业务成本　　45 000

　　贷:委托代销商品——乙企业　　45 000

借:销售费用——代销手续费　　6 560(82 000×8%)

　　贷:应付账款——乙企业　　6 560

(3) 收到乙企业交来的货款

借:银行存款　　89 380(95 940－6 560)

　　贷:应收账款——乙企业　　89 380

(二) 订货或预收款销售商品

订货销售,是指已收到全部或部分货款,而库存没有现货,需要通过制造等程序才能将商品交付购货方的销售方式。在这种方式下,企业通常在发出商品时确认收入实现,在此之前预收的货款应确认为负债。

预收款销售商品,是指购买方在商品尚未收到前按合同或协议约定分期付款,销售方在收到最后一笔款项时才交货的销售方式。在这种方式下,企业通常在发出商品时确认收入实现,在此之前预收的货款应确认为负债。企业向客户预收销售商品款项的,应当首先将该款项确认为负债,待履行了相关履约义务时再转为收入。当企业预收款项无需退回,且客户可能会放弃其全部或部分合同权利时,企业预期将有权获得与客户所放弃的合同权利相关的金额的,应当按照客户行使合同权利的模式按比例将上述金额确认为收入;否则,企业只有在客户要求其履行剩余履约任务的可能性极低时,才能将上述负债的相关余额转为收入。

(三) 具有融资性质的递延方式分期收款销售商品

对于采用递延方式分期收款(通常为超过 3 年)、具有融资性质的销售商品满足收入确认条件的,企业按应收合同或协议价款公允价值确定收入金额,借记"长期应收款"科目;按应收合同或协议价款的公允价值(折现值),贷记"主营业务收入"科目;按其差额,贷记"未实现融资收益"科目。应收的合同或协议价款与其公允价值之间的差额,应当在合同或协议期间内,按照应收款项摊余成本和实际利率计算确定的摊销金额,冲减财务费用。

(四) 附有销售退回条件的销售

附有销售退回条件的销售,需同时确认退货权资产及预期退款负债。

对于附有销售退回条款的销售，企业应当在客户取得相关商品控制权时，按照因向客户转让商品而预期有权收取的对价金额(即，不包含预期因销售退回将退还的金额)确认收入，按照预期因销售退回将退还的金额确认负债；同时，按照预期将退回商品转让时的账面价值，扣除收回该商品预计发生的成本(包括退回商品的价值减损)后的余额，确认为一项资产，按照所转让商品转让时的账面价值，扣除上述资产成本的净额结转成本。

每一资产负债表日，企业应当重新估计未来销售退回情况，如有变化，应当作为会计估计变更进行会计处理。在这种销售方式下，如果企业能够按照以往的经验对退货的可能性作出合理估计，应在发出商品后，按估计不会发生退货的部分确认收入，估计可能发生退货的部分，不确认收入；如果企业不能合理地确定退货的可能性，则在所售商品的退货期满时确认收入。

例 14.9

光华公司是一家健身器材销售公司。2016 年 1 月 1 日，光华公司向乙公司销售 5 000 件健身器材，单位销售价格为 500 元，单位成本为 400 元，开出的增值税专用发票上注明的销售价款为 2 500 000 元，增值税额为 425 000 元。协议约定，乙公司应于 2 月 1 日之前支付货款，在 6 月 30 日之前有权退还健身器材。健身器材已经发出，款项尚未收到。假定甲公司根据过去的经验，估计该批健身器材退货率约为 20%；健身器材发出时纳税义务已经发生；实际发生销售退回时有关的增值税税额允许冲减。

光华公司的账务处理如下：

(1) 1 月 1 日发出健身器材时

借：应收账款	2 925 000	
贷：主营业务收入		2 500 000
应交税费——应交增值税(销项税额)		425 000
借：主营业务成本	2 000 000	
贷：库存商品		2 000 000

(2) 1 月 31 日确认估计的销售退回时

借：主营业务收入	500 000(500 × 5 000 × 20%)	
贷：主营业务成本		400 000(400 × 5 000 × 20%)
预计负债		100 000

(3) 2 月 1 日前收到货款时

借：银行存款	2 925 000	

贷:应收账款　　2 925 000

(4) 6 月 30 日发生销售退回

如果实际退货量为 1 000 件

借:库存商品　　400 000

　应交税费——应交增值税(销项税额)

　　85 000(500×1 000×17%)

　预计负债　　100 000

　贷:银行存款　　585 000

如果实际退货量为 800 件时

借:库存商品　　320 000(400×800)

　应交税费——应交增值税(销项税额)

　　68 000(500×800×17%)

　主营业务成本　　80 000(400 000－320 000)

　预计负债　　100 000

　贷:银行存款　　468 000

　　主营业务收入　　100 000[500×(1 000－800)]

如果实际退货量为 1 200 件时

借:库存商品　　480 000

　应交税费——应交增值税(销项税额)　　102 000

　主营业务收入　　100 000(500×1 200－500 000)

　预计负债　　100 000

　贷:主营业务成本　　80 000(480 000－400 000)

　　银行存款　　702 000

(5) 6 月 30 日之前如果没有发生退货,作(2)的相反分录

借:主营业务成本　　400 000

　预计负债　　100 000

　贷:主营业务收入　　500 000

(五) 售后回购

售后回购,是指企业销售商品的同时承诺或有权选择日后再将该商品(包括相同或几乎相同的商品,或以该商品作为组成部分的商品)购回的销售方式。

对于售后回购交易，企业应当区分下列两种情形分别进行会计处理：

1. 企业因存在与客户的远期安排而负有回购义务或企业享有回购权利的，表明客户在销售时点并未取得相关商品控制权，企业应当作为租赁交易或融资交易进行相应的会计处理，其中，回购价格低于原售价的，应当视为租赁交易，按照《企业会计准则第21号——租赁》的相关规定进行会计处理；回购价格不低于原售价的，应当视为融资交易，在收到客户款项时确认金融负债，并将该款项和回购价格的差额在回购期间内确认为利息费用等。企业到期未行使回购权利的，应当在该回购权利到期时终止确认金融负债，同时确认收入。

2. 企业负有应客户要求回购商品义务的，应当在合同开始日评估客户是否具有行使该要求权的重大经济动因，客户具有行使该要求权重大经济动因的，企业应当将售后回购作为租赁交易或融资交易。

例14.10

2016年6月1日，光华公司销售给乙企业一批商品，商品的成本为60 000元，售价100 000元。双方签订购回协议，协议中规定该批商品半年后光华公司以112 000元的价格购回。光华公司与乙企业均为一般纳税企业，增值税税率为17%。光华公司收到款项存入银行。

(1) 2016年6月1日

分录	借方	贷方
借：银行存款	117 000	
贷：其他应付款		100 000
应交税费——应交增值税（销项税额）		17 000
借：发出商品	60 000	
贷：库存商品		60 000

(2) 由于销售企业的回购价格大于原售价，应在销售与回购期内按期计提利息费用，计提的利息费用直接计入当期财务费用。光华公司每月计提利息

分录	借方	贷方
借：财务费用	2 000	
贷：其他应付款		2 000

(3) 半年后光华公司从乙企业购回商品

分录	借方	贷方
借：其他应付款	112 000	
应交税费——应交增值税（进项税额）	19 040	
贷：银行存款		131 040

借：库存商品　　60 000
　贷：发出商品　　60 000

(六) 售后租回

售后租回，是指销售商品的同时，销售方同意在日后再将同样的商品租回的销售方式。

在这种方式下，销售方应根据合同或协议条款判断企业是否已将商品所有权上的主要风险和报酬转移给购货方，以判断是否确认销售商品收入。

在大多数情况下，售后租回属于融资交易，企业不应确认销售商品收入，收到的款项应确认为负债，售价与资产账面价值之间的差额应分别不同情况进行会计处理。

1. 售后租回交易认定为融资租赁

如果售后租回交易认定为融资租赁的，资产售价与其账面价值之间的差额应当予以递延，并按照该项租赁资产的折旧进度进行分摊，作为折旧费用的调整。

2. 售后租回交易认定为经营租赁

如果售后租回交易认定为经营租赁的，资产售价与其账面价值之间的差额应当予以递延，并在租赁期内按照与确认租金费用相一致的方法进行分摊，作为租金费用的调整。但是，有确凿证据表明认定为经营租赁的售后租回交易是按照公允价值达成的，销售的商品按售价确认收入，并按账面价值结转成本。

(七) 以旧换新的商品销售

以旧换新销售，是指销售方在销售商品的同时回收与所售商品相同的旧商品。在这种销售方式下，销售的商品应当按照销售商品收入确认条件确认收入，回收的旧商品作为购进商品处理。

例 14.11

光华公司采用以旧换新方式销售给乙企业产品4台，单位售价为5万元，单位成本为3万元；同时收回4台同类旧商品，每台回收价为0.5万元(不考虑增值税)，款项已收入银行。光华公司编制分录如下：

借：银行存款　　234 000
　贷：主营业务收入　　200 000
　　应交税费——应交增值税(销项税额)　　34 000

借:主营业务成本　　120 000
　贷:库存商品　　120 000
借:库存商品　　20 000(4×5 000)
　贷:银行存款　　20 000

第三节　提供劳务收入

一、提供劳务收入的确认和计量

企业提供劳务收入的确认和计量,应该按照在资产负债表日提供劳务交易的结果能否可靠估计进行。

(一) 提供劳务交易结果能够可靠估计

企业在资产负债表日提供劳务交易的结果能够可靠估计的,应当按照完工百分比法确认提供劳务收入。完工百分比法,是指按照提供劳务交易的完工进度确认收入与费用的方法。提供劳务交易的结果能够可靠估计,是指同时具备以下条件:

1. 收入的金额能够可靠地计量

收入的金额能够可靠地计量,企业应当按照从接受劳务方已收或应收的合同或协议价款确定提供劳务收入总额,已收或应收的合同或协议价款显失公允的除外。已收或应收的合同或协议价款可能随着劳务的不断提供,根据实际情况增加或较少,此时企业应及时调整提供劳务收入的总额。

2. 相关的经济利益很可能流入企业

相关的经济利益很可能流入企业,是指提供劳务收入总额收回的可能性大于不能收回的可能性。

通常情况下,企业提供劳务符合合同或协议要求,接受劳务方承诺付款,就表明提供劳务收入总额收回的可能性大于不能收回的可能性。如果企业提供劳务收入总额不是很可能流入企业,应当提供确凿证据。

3. 交易的完工进度能够可靠确定

企业确定提供劳务交易的完工进度,可以选用下列方法:

(1) 已完成工作的测量。

(2) 已经提供的劳务占应提供的劳务总量的比例。

(3) 已发生的成本占估计总成本的比例。

4. 交易中已发生的和将发生的成本能够可靠地计量

交易中已发生的和将发生的成本能够可靠地计量，是指交易中已发生的和将发生的成本能够可靠地估计，企业应当随着劳务的不断提供或外部情况的不断变化，随时对将要发生的成本进行修订。

企业应当在资产负债表日按提供劳务收入总额乘以完工进度扣除以前会计期间累计已确认提供劳务收入后的金额，确认当期提供劳务收入；同时，按照提供劳务总成本乘以完工进度扣除以前会计期间累计已确认提供劳务成本后的金额，确认当期提供劳务成本。

用公式表示如下：

$$\text{本期确认的提供劳务收入}=\text{提供劳务收入总额}\times\text{完工进度}-\text{以前会计期间累计已确认提供劳务收入}$$

$$\text{本期确认的提供劳务成本}=\text{提供劳务预计成本总额}\times\text{完工进度}-\text{以前会计期间累计已确认提供劳务成本}$$

(二) 提供劳务交易结果不能够可靠估计

企业在资产负债表日提供劳务交易结果不能够可靠估计的，应当分别下列情况处理：

1. 已经发生的劳务成本预计能够得到补偿

应按已经发生的劳务成本金额确认收入，并按相同金额结转成本。

2. 已经发生的劳务成本预计只能部分得到补偿的

应当按照能够得到补偿的劳务成本金额确认收入，并按已经发生的劳务成本结转劳务成本。

3. 已经发生的成本预计全部不能够得到补偿的

应当将已经发生的劳务成本计入当期损益，不确认提供劳务收入。

(三) 销售商品和提供劳务的混合劳务

企业与其他企业签订的合同或协议包括销售商品和提供劳务时，销售商品部分和提供劳务部分能够区分且能够单独计量的，将提供劳务的部分作为提供劳务处理。

销售商品部分和提供劳务部分不能够区分的，或虽能区分但不能够单独计量的，应当将销售商品部分和提供劳务部分全部作为销售商品处理。

(四) 特殊劳务交易

下列提供劳务满足收入确认条件的，应按规定确认收入：

(1) 安装费，在资产负债表日根据安装的完工进度确认收入。安装工作是商品销售附带条件的，安装费在确认商品销售实现时确认收入。

(2) 宣传媒介的收费，在相关的广告或商业行为开始出现于公众面前时确认收入。广告的制作费，在资产负债表日根据制作广告的完工进度确认收入。

(3) 为特定客户开发软件的收费，在资产负债表日根据开发的完工进度确认收入。

(4) 包括在商品售价内可区分的服务费，在提供服务的期间内分期确认收入。

(5) 艺术表演、招待宴会和其他特殊活动的收费，在相关活动发生时确认收入。收费涉及几项活动的，预收的款项应合理分配给每项活动，分别确认收入。

(6) 申请入会费和会员费只允许取得会籍，所有其他服务和商品都要另行收费的，在款项收回不存在重大不确定性时确认收入。申请入会费和会员费能使会员在会员期内得到各种服务或商品，或者以低于非会员的价格销售商品或提供劳务的，在整个收益期内分期确认收入。

(7) 属于提供设备和其他有形资产的特许权费，在交付资产或转移资产所有权时确认收入；属于提供初始及后续服务的特许权费，在提供服务时确认收入。

(8) 长期为客户提供重复的劳务收取的劳务费，在相关劳务活动期间发生时确认收入。

二、提供劳务收入的会计处理

企业提供劳务的收入可能在劳务完成时确认，也可能按完工百分比法等确认。

劳务收入在确认时，应按确定的收入金额借记“应收账款”“预收账款”“银行存款”等科目，贷记“主营业务收入”“其他业务收入”科目；发生成本费用支出时，借记“劳务成本”科目，贷记“原材料”“应付职工薪酬”“银行存款”等科目；结转提供劳务成本时，借记“主营业务成本”“其他业务成本”等科目，贷记“劳务成本”科目。“劳务成本”科目期末借方余额，反映企业尚未完成或尚未结转的劳务成本。

(一) 提供劳务交易的结果能够可靠估计情况下的会计处理

1. 在资产负债表日劳务全部完成

企业应在提供的劳务完成时确认收入。

例 14.12

光华公司 2016 年 4 月 25 日接受一个旅游团提供的旅游服务,时间自 4 月 28 日开始到 5 月 8 日结束,双方协议确定的旅游费为 200 000 元,服务开始时收取 150 000 元,服务结束时收取 50 000 元。提供服务实际发生支出 160 000 元,营业税税率为 5%。会计处理如下:

(1) 收到第一批款项

借:银行存款　　150 000

　贷:预收账款　　150 000

(2) 发生支出

借:劳务成本　　160 000

　贷:银行存款　　160 000

(3) 收到第二批款项

借:银行存款　　50 000

　预收账款　　150 000

　贷:主营业务收入　　200 000

借:主营业务成本　　160 000

　贷:劳务成本　　160 000

(4) 计算应交的营业税

借:营业税金及附加　　10 000

　贷:应交税费——应交营业税　　10 000(200 000×5%)

(二) 提供劳务交易结果不能够可靠估计情况下的会计处理

企业在资产负债表日,不能对提供劳务交易的结果作出可靠的估计的情况下,应按已经发生并预计能够补偿的劳务成本确认收入,并按相同的金额结转成本;如预计已经发生的劳务成本不能得到补偿,则不应确认收入,但应将已经发生的成本确认为当期费用。

例 14.13

光华公司 2016 年 10 月份和一家企业签订合作协议,在元旦和春节期间光华公司为企业的产品作广告宣传服务,合作期限为 11 月 1 日至次年 3 月 1 日。协议规定,企业支付给光华公司广告费 100 000 元,分两次支付,11 月 1 日支付 40 000 元,次年 3 月 1 日支付 60 000 元。光华公司 2016 年为制作广告发生费用

50 000 元。在 2016 年 12 月 31 日，光华公司得知合作企业发生经营困难，第二笔广告费 60 000 元能否收回没有把握。光华公司 2016 年的会计处理如下：

(1) 预收款项

借：银行存款　　40 000

　贷：预收账款　　40 000

(2) 实际发生成本

借：劳务成本　　50 000

　贷：银行存款等　　50 000

(3) 12 月 31 日企业只将已经发生的成本 50 000 元中能够补偿的部分(即 40 000 元)确认为收入

借：预收账款　　40 000

　贷：主营业务收入　　40 000

(4) 把发生的 50 000 元成本全部确认为当年费用结转成本

借：主营业务成本　　50 000

　贷：劳务成本　　50 000

(三) 销售商品业务和提供劳务混合业务

企业与其他企业签订的合同或协议，有时既包括销售商品又包括提供劳务，如，销售电梯的同时负责安装工作，销售软件后继续提供技术支持等。此时，如果销售商品部分和提供劳务部分能够区分且能够单独计量的，将提供劳务的部分作为提供劳务处理；如果销售商品部分和提供劳务部分不能够区分的，或虽能区分但不能够单独计量的，应当将销售商品部分和提供劳务部分全部作为销售商品进行会计处理。

(四) 授予客户奖励积分业务

授予积分时，应当将销售取得的货款或应收货款在本次商品销售或劳务提供产生的收入与奖励积分的公允价值之间进行分配，将取得的货款或应收货款扣除奖励积分公允价值的部分确认为收入，奖励积分的公允价值确认为递延收益。奖励积分公允价值为单独销售可取得的金额。兑换积分时，获得奖励积分的客户满足条件时有权取得授予企业的商品或服务，在客户兑换奖励积分时，授予企业应将原计入递延收益的与所兑换积分相关的部分确认为收入。

(五) 特殊劳务收入

1. 安装费

如果安装费是与商品销售分开的，则应在年度终了时根据安装的完工程度确认收入;如果安装费是商品销售收入的一部分,则应与所销售的商品同时确认收入。

2. 宣传媒介收费

宣传媒介收费应在相关的广告或商业行为开始出现于公众面前时予以确认;广告的制作费则应在年度终了时根据项目的完成程度确认。

3. 为特定客户开发软件的收费

在资产负债表日根据开发的完工进度确认收入。

4. 包括在商品售价内可区分的服务费

在提供服务的期间内分期确认为收入。

5. 艺术表演、招待宴会和其他特殊活动的收费

因艺术表演、招待宴会以及其他特殊活动而产生的收入,应在这些活动发生时予以确认;如果是一笔预收几项活动的费用,则这笔预收款应合理分配给每项活动。

6. 申请入会费和会员费收入

如果所收费用只允许取得会籍,而所有其他服务或商品都要另行收费,则在款项收回不存在任何不确定性时确认为收入;如果所收费用能使会员在会员期内得到各种服务或出版物,或者以低于非会员所负担的价格购买商品或接受劳务,则该项收费应在整个受益期内分期确认收入。

7. 特许权费收入

属于提供设备和其他有形资产的部分,应在这些资产的所有权转移时,确认为收入。属于提供初始及后续服务的部分,在提供服务时确认为收入。

8. 长期为客户提供某重复劳务收取的劳务费

应在相关劳务活动发生时确认为收入,如企业收取的物业管理费等。

例 14.14

光华公司和甲公司两企业达成协议,光华公司允许甲企业经营其连锁店。协议规定,光华公司共向甲企业收特许权费 600 000 元,其中,提供家具、柜台等收费 200 000 元,这些家具、柜台成本为 180 000 元;提供初始服务,如帮助选址、培训人员、融资、广告等收费 300 000 元,发生成本 200 000 元(其中 150 000 为人员薪酬,50 000 为支付的广告费用)。提供后续服务收费 100 000 元,发生成本为 60 000 元(假定均为人员薪酬)。款项在协议签订当日一次付清。则光华公司的会计处理如下:

(1) 收到款项

借:银行存款　　600 000

　　贷:预收账款　　600 000

(2) 在家具、柜台等的所有权转移时,确认 200 000 元收入

借:预收账款　200 000

　贷:主营业务收入　200 000

借:主营业务成本　180 000

　贷:库存商品　180 000

(3) 在提供初始服务时,确认 300 000 元的收入

借:预收账款　300 000

　贷:主营业务收入　300 000

借:主营业务成本　200 000

　贷:劳务成本　200 000

借:劳务成本　200 000

　贷:应付职工薪酬　150 000

　　银行存款　50 000

(4) 在提供后续服务时,确认 100 000 元收入

借:预收账款　100 000

　贷:主营业务收入　100 000

借:主营业务成本　60 000

　贷:劳务成本　60 000

借:劳务成本　60 000

　贷:应付职工薪酬　60 000

第四节　让渡资产使用权收入

让渡资产使用权收入包括利息收入(金融企业对外贷款形成的利息收入等)、使用费收入(企业转让资产的使用权形成的使用费收入),企业对外出租资产收取的租金、进行债权投资收取的利息、进行股权投资取得的现金股利,也属于让渡资产使用权形成的收入。

一、让渡资产使用权收入的确认和计量

(一) 让渡资产使用权收入的确认

让渡资产使用权收入同时满足下列条件的,才能予以确认:

1. 相关的经济利益很可能流入企业

相关的经济利益很可能流入企业，是任何交易均应遵循的一项重要原则，企业应根据对方的信誉情况、当年的效益情况以及双方就结算方式、付款期限等达成的协议等方面进行判断。如果企业估计收入收回的可能性不大，就不应确认收入。

2. 收入的金额能够可靠计量

当企业让渡资产使用权收入的金额能够可靠地计量时，才能进行确认。

(二) 让渡资产使用权收入的计量

企业应当分别下列情况确定让渡资产使用权收入金额：

1. 利息收入金额

按照他人使用本企业货币资金的时间和实际利率计算确定。

2. 使用费收入金额

按照有关合同或协议约定的收费时间和方法计算确定。

二、让渡资产使用权收入的会计处理

(一) 利息收入的会计处理

企业在资产负债表日，按照他人使用本企业货币资金的时间和实际利率计算并确认利息收入，借记“应收利息”“贷款”“银行存款”等科目，贷记“其他业务收入”“利息收入”等科目。

(二) 使用费收入的核算

使用费收入应按有关合同或协议规定的收费时间和方法确认。不同的使用费收入，其收费时间和收费方法各不相同，有一次收回一笔固定的金额的，有在协议规定的有效期内分期等额收回的，有分期不等额收回的等。

如果合同、协议规定一次性收取使用费，且不提供后期服务的，应视同销售该项资产一次性确认收入；如提供后期服务的，应在合同、协议规定的有效期内分期确认收入。如合同规定分期收取使用费的，应按合同规定的收款时间和金额或合同规定的收费方法计算确定的金额分期确认收入。

使用费收入在确认时，应按确定的收入金额借记“应收账款”“银行存款”等科目，贷记“其他业务收入”或“主营业务收入”科目；发生的有关费用支出，借记“其他业务成本”“主营业务成本”“营业税金及附加”等科目，贷记“银行存款”“应交税费”等科目。

例 14.15

光华公司向甲公司转让其商品的商标使用权，约定甲公司每年年末按销售收入的 10% 支付使用费，使用期为 5 年。假定第一年甲公司销售收入 800 000 元，第二年销售收入 1 000 000 元，这两年的使用费按年支付。不考虑其他因素，光华公司所作的会计处理如下：

(1) 第一年末确认使用费收入

借：银行存款　　　　80 000

　贷：其他业务收入　　　　80 000

(2) 第二年末确认使用费收入

借：银行存款　　　　100 000

　贷：其他业务收入　　　　100 000

第五节　建造合同收入

一、建造合同及其特征

(一) 建造合同

建造合同，是指为建造一项或数项在设计、技术、功能、最终用途等方面密切相关的资产而订立的合同。

建造合同所指的资产，是指房屋、道路、桥梁、水坝等建筑物以及船舶、飞机、大型机器设备等。

(二) 建造合同的特征

建造合同具有以下特征：一是建造合同先有买主(客户)，后有标底(资产)；二是资产建设期长，一般都要跨越一个会计年度，有的长达数年；三是所建造的固定资产体积大，造价高，而且造价在签订合同时已经确定；四是建造合同一般是不可取消合同。

(三) 建造合同的类型

建造合同分为固定造价合同和成本加成合同两种类型。

1. 固定造价合同

固定造价合同是指按照固定的合同价或固定单价确定工程价款的建造合同。

2. 成本加成合同

成本加成合同是指以合同约定或其他方式议定的以成本为基础，加上该成本的一定比例或定额费用确定工程价款的建造合同。

固定造价合同与成本加成合同的主要区别在于风险的承担者不同，固定造价合同的风险主要由建造承包方承担，成本加成合同的风险主要由发包方承担。

二、建造合同收入与合同成本

(一) 建造合同收入

建造合同收入应当包括下列内容：

1. 合同规定的初始收入

合同规定的初始收入是建造承包商与客户在双方签订的合同中最初商定的合同总金额，它是建造合同收入的主要组成部分。

2. 因合同变更、索赔、奖励等形成的收入

因合同变更、索赔、奖励等形成的收入，并不构成合同双方在签订合同时已在合同中商定的合同总金额，而是在执行合同过程中由于合同的变更、索赔、奖励等原因而形成的追加收入。对这部分收入建筑承包商不能随意确认，只有在符合规定条件时才构成合同总收入。

合同变更指经合同各方批准对原合同范围或价格作出的变更。

合同变更款同时满足下列条件的，才能构成合同收入：一是客户能够认可因变更而增加的收入；二是收入能够可靠地计量。

索赔款是指因客户或第三方的原因造成的、向客户或第三方收取的、用以补偿不包括在合同造价中的成本的款项。

索赔款同时满足下列条件的，才能构成合同收入：一是根据谈判情况，预计对方能够同意该项索赔；二是对方同意接受的金额能够可靠地计量。

奖励款是指工程达到或超过规定的标准时，客户同意支付的额外款项。奖励款同时满足下列条件的，才能构成合同收入：一是根据目前完成情况，足以判断工程进度和工程质量能够达到或超过规定的标准；二是奖金金额能够可靠地计量。

(二) 建造合同成本

建造合同成本应当包括从合同签订开始至合同完成为止所发生的、与执行合同有关的直接费用和间接费用。

1. 直接费用

建造合同的直接费用应当包括：耗用的材料费用，耗用的人工费用，耗用的机械使用费，其他直接费用，指其他可以直接计入合同的费用。

2. 间接费用

间接费用是企业下属的施工单位或生产单位为组织和管理施工生产活动所发生的费用。

三、建造合同收入与费用的确认和计量

(一) 建造合同收入与合同费用的确认

企业在资产负债表日,建造合同的结果能够可靠估计的,应当根据完工百分比法确认合同收入和费用。完工百分比法,是指根据合同完工进度确认收入与费用的方法。

1. 固定造价合同的结果能够可靠估计的条件

固定造价合同的结果能够可靠估计,需要同时满足下列条件:

(1) 合同总收入能够可靠计量;

(2) 与合同相关的经济利益很可能流入企业;

(3) 实际发生的合同成本能够清楚区分和可靠计量;

(4) 合同完工进度和为完成合同尚需发生的成本能够可靠确定。

2. 成本加成合同的结果能够可靠估计的条件

成本加成合同的结果能够可靠估计,需要同时满足下列条件:

(1) 与合同相关的经济利益很可能流入企业;

(2) 实际发生的合同成本能够清楚区分和可靠计量。

3. 合同完工进度确定的方法

企业确定合同完工进度,可以选用下列方法:

(1) 累计实际发生的合同成本占合同预计总成本的比例;

(2) 已经完成的合同工作量占合同预计总工作量的比例;

(3) 实际测定的完工进度。

值得注意的是,企业采用累计实际发生的合同成本占合同预计总成本的比例确定合同完工进度的,累计实际发生的合同成本不包括下列内容:一是施工中尚未安装或使用的材料成本等与合同未来活动相关的合同成本;二是在分包工程的工作量完成之前预付给分包单位的款项。

4. 建造合同的结果不能可靠估计的,应当区别以下情况处理

(1) 合同成本能够收回的,合同收入根据能够收回的实际合同成本予以确认,合同成本在其发生的当期确认为合同费用。

(2) 合同成本不可能收回的,在发生时立即确认为合同费用,不确认收入。

使建造合同的结果不能可靠估计的不确定因素不复存在的,应当在资产负

债表日采用完工百分比法确认与建造合同有关的收入和费用。

合同预计总成本超过合同总收入的，应当将预计损失确认为当期费用。

(二) 建造合同收入与合同费用的计量

建造合同收入应以收到或应收的建造合同的总金额或总造价来计量。

如果建造合同的结果能够可靠地估计，企业应按完工百分比法在资产负债表日确认合同收入和合同费用。

完工百分比法是指根据合同完工进度确认收入和费用的方法。它可以按累计实际发生的合同成本占合同预计总成本的比例、已经完成的合同工作量占合同预计总工作量的比例、已完成合同工作的测量等方法确定。

采用完工百分比法确认当期收入和费用的计算如下：

当期确认的合同收入＝(合同总收入×完工进度)－以前会计年度累计确认的收入

当期确认的合同毛利＝(合同总收入－合同预计总成本)×完工进度
－以前会计年度累计已确认的毛利

当期确认的合同费用＝当期确认的合同收入－当期确认的合同毛利

四、建造合同收入的会计处理

建造合同收入和支出的核算应设置“主营业务收入”“主营业务成本”“工程施工”“工程结算”等科目。收入在确认时，按当期确认的合同费用，借记“主营业务成本”科目；按当期确认的合同毛利，借记“工程施工——毛利”科目；按当期确认的合同收入贷记“主营业务收入”科目。

例 14.16

光华公司签订了一项合同总金额为 15 200 000 元的建造合同，工程已于 2014 年 7 月 3 日开工，2016 年 7 月份完工。该项合同在 2014 年末，预计总成本为 12 000 000 元。2015 年，客户提出变更部分设计，经双方协商，客户同意追加投资 800 000 元。2015 年末，预计工程总成本为 12 800 000 元。

2014、2015 年的完工程度：

2014 年完工程度＝2 400 000÷12 000 000×100%＝20%

2015 年完工程度＝9 600 000÷12 800 000×100%＝75%

(1) 2014 年度

实际发生合同成本

借：工程施工——合同成本　　2 400 000

　　贷：银行存款　　2 400 000

记录已结算的合同价款

借：应收账款　　1 920 000

　　贷：工程结算　　1 920 000

记录已收的合同价款

借：银行存款　　1 600 000

　　贷：应收账款　　1 600 000

计算 2014 年确认的合同收入＝15 200 000×20％＝3 040 000（元）

2014 年应确认的合同毛利＝(15 200 000－12 000 000)×20％＝640 000（元）

2014 年确认的合同费用＝3 040 000－640 000＝2 400 000（元）

借：主营业务成本　　2 400 000

　　工程施工——合同毛利　　640 000

　　贷：主营业务收入　　3 040 000

(2) 2015 年度

实际发生合同成本

借：工程施工——合同成本　　7 200 000

　　贷：银行存款　　7 200 000

记录已结算的合同价款

借：应收账款　　8 000 000

　　贷：工程结算　　8 000 000

记录已收的合同价款

借：银行存款　　6 400 000

　　贷：应收账款　　6 400 000

计算 2015 年确认的合同收入＝(15 200 000＋800 000)×75％－3 040 000
＝8 960 000（元）

2015 年应确认的合同毛利＝(16 000 000－12 800 000)×75％－640 000
＝1 760 000（元）

2015 年应确认的合同费用＝8 960 000－1 760 000＝7 200 000（元）

借：主营业务成本　　7 200 000

　　工程施工——合同毛利　　1 760 000

　　贷：主营业务收入　　8 960 000

(3) 2016 年度

实际发生合同成本

借:工程施工——合同成本　　3 200 000

　贷:银行存款　　3 200 000

记录已结算的合同价款

借:应收账款　　6 080 000

　贷:工程结算　　6 080 000

记录已收的合同价款

借:银行存款　　8 000 000

　贷:应收账款　　8 000 000

计算 2016 年确认的合同收入＝16 000 000－3 040 000－8 960 000
＝4 000 000(元)

2016 年应确认的合同毛利＝16 000 000－12 800 000－640 000－1 760 000
＝800 000(元)

2016 年确认的合同费用＝14 000 000－800 000＝3 200 000(元)

借:主营业务成本　　3 200 000

　工程施工——合同毛利　　800 000

　贷:主营业务收入　　4 000 000

工程完工时将工程施工科目的余额与工程结算科目的余额对冲

借:工程结算　　16 000 000

　贷:工程施工——合同成本　　12 800 000

　　工程施工——合同毛利　　3 200 000

查阅作业

请查阅中国联通股份有限公司 2016 年年报,并对照中国联通网上营业厅公布的 iPhone 合约计划,解释其捆绑销售方式下确认的当期收入。

复习思考题

1. 什么是收入? 收入如何进行分类?
2. 销售商品收入的确认条件是什么?
3. 委托代销采用视同买断方式应如何进行会计处理?
4. 什么是售后回购? 什么是售后租回? 它们的会计处理有何不同?
5. 让渡资产使用权收入同时满足哪些条件才能予以确认?

第十五章 费用和利润

【本章导读】

中国铁路建设投资公司是由中国铁路总公司全额出资设立的国家铁路投资机构。2012年,中国铁建公司总体营业收入为4 843亿元,净利润与往年相比也增长8%,总共有85亿元,但作为生产经营活动支出的一部分——业务招待费也高达8.3亿元,占了全年净利润的10%。2013年,其招待费反而更加增长,达到了8.7亿元。这引发了公众对上市公司财务制度的质疑。

据中央纪委监察部网站消息,2013年10月21日上午,国资委纪委书记强卫东在做客中央纪委监察部网站时说:经查,中国铁建业务招待费支出总体上是符合规定的,但也确实存在发票开具不规范、报销程序不严格、会计科目使用不当等一些问题,同时,查处了少数人的违纪违法问题。对检查发现的问题均进行了处理和问责,通报批评57人,党纪政纪处分8人,移送司法机关1人,并对有关领导进行了诫勉谈话。①

这些招待费如何影响当年利润?当年利润又如何分配?本章主要介绍费用的确认和利润的产生及分配。

第一节 费用的确认

一、费用

(一) 费用的概念

费用是指企业在日常活动中发生的、会导致所有者权益减少的、与向所有者分配利润无关的经济利益的总流出。

费用有狭义和广义之分。广义的费用泛指企业各种日常活动发生的所有耗

① 中新网,http://www.chinanews.com/gn/2013/10-21/5402414.shtml。

费，狭义的费用仅指与本期营业收入相配比的那部分耗费。费用应按照权责发生制和配比原则确认，凡应属于本期发生的费用，不论其款项是否支付，均确认为本期费用；反之，不属于本期发生的费用，即使其款项已在本期支付，也不确认为本期费用。

（二）费用的确认

在确认费用时，一是应当划分生产费用与非生产费用的界限。生产费用是指与企业日常生产经营活动有关的费用，如生产产品所发生的原材料费用、人工费用等；非生产费用是指不属于生产费用的费用，如用于购建固定资产所发生的费用，不属于生产费用。二是应当分清生产费用与产品成本的界限。生产费用与一定的期间相联系，而与生产的产品无关；产品成本与一定品种和数量的产品相联系，而不论发生在哪一期。三是应当分清生产费用与期间费用的界限。生产费用应当计入产品成本；而期间费用直接计入当期损益。

在确认费用时，对于确认为期间费用的费用，必须进一步划分为管理费用、销售费用和财务费用。对于确认为生产费用的费用，必须根据该费用发生的实际情况分别以不同的费用性质将其确认为不同产品所负担的费用；对于几种产品共同发生的费用，必须按受益原则，采用一定方法和程序将其分配计入相关产品的生产成本。当产品销售实现，并发出相应商品或劳务，产品的生产成本即确认为当期的营业成本。

二、营业成本的核算

营业成本是指为获得营业收入而付出的产品、商品的价值。它与营业收入密切相关，按照配比原则，在确认营业收入的当期必须同时确认营业成本。

与主营业务收入相对应，企业为获得主营业务收入而发生的耗费是主营业务成本。在工业企业表现为销售产成品、自制半成品和工业性劳务的成本；在商品流通企业表现为销售商品的成本。无论在工业企业还是商品流通企业或其他行业企业，它都通过“主营业务成本”科目核算。商品销售后，在反映“主营业务收入”的当期应随时或在期末集中结转销售成本，借记“主营业务成本”科目，贷记“库存商品”科目。

与其他业务收入相对应，企业为获得其他业务收入而发生的耗费是其他业务成本。企业设置“其他业务成本”科目，用来核算企业除主营业务成本以外的其他销售或其他业务所发生的支出，包括销售材料、出租无形资产的折旧额、出租无形资产的摊销额、出租包装物的成本或摊销额等支出及转销的情况。“其他业务成本”账户借方登记企业发生的其他业务成本，贷方登记期末转入“本年利润”的其他业务成本的数额，期末结账后本账户无余额。

三、税金及附加

企业在取得销售收入后，根据我国税法的相关规定，应按照销售收入的一定比例缴纳营业税费，如增值税、消费税、城市维护建设税、资源税以及教育费附加等。企业在销售过程中税金核算需要设置“税金及附加”科目。用来核算企业经营活动应负担的税金及附加的确认以及结转情况，经营活动应负担的税金及附加包括消费税、城市维护建设税、资源税和教育费附加等。该账户借方登记企业按照规定计算的应负担的营业税金及附加的金额，贷方登记期末转入“本年利润”账户的营业税金及附加的金额，期末结账后无余额。

四、期间费用的核算

期间费用是企业当期发生的费用中的重要组成部分，是指本期发生的、不能直接或间接归入某种产品成本的、直接计入损益的各项费用，包括管理费用、销售费用和财务费用。

(一) 管理费用

管理费用是指企业为组织和管理企业生产经营所发生的管理费用，包括企业在筹建期间内发生的开办费、董事会和行政管理部门在企业的经营管理中发生的或者应由企业统一负担的公司经费(包括行政管理部门职工工资及福利费、物料消耗、低值易耗品摊销、办公费和差旅费等)、工会经费、董事会费(包括董事会成员津贴、会议费和差旅费等)、聘请中介机构费、咨询费(含顾问费)、诉讼费、业务招待费、房产税、车船税、土地使用税、印花税、技术转让费、矿产资源补偿费、研究费用、排污费，以及企业生产车间(部门)和行政管理部门等发生的固定资产修理费用等。

企业发生的管理费用，在“管理费用”科目核算，并在“管理费用”科目中按费用项目设置明细账，进行明细核算。期末，“管理费用”科目的余额结转“本年利润”科目后无余额。

(二) 销售费用

销售费用是指企业在销售商品和材料、提供劳务的过程中发生的各种费用，包括企业在销售商品过程中发生的保险费、包装费、展览费和广告费、商品维修费、预计产品质量保证损失、运输费、装卸费等，以及为销售本企业商品而专设的销售机构(含销售网点、售后服务网点等)的职工薪酬、业务费、折旧费、固定资产修理费用等费用。

企业发生的销售费用，在“销售费用”科目核算，并在“销售费用”科目中按费用项目设置明细账，进行明细核算。期末，“销售费用”科目的余额结转“本年利润”科目后无余额。

企业(金融)应将“销售费用”科目改为“业务及管理费”科目，核算企业(金融)在业务经营和管理过程中所发生的各项费用，包括折旧费、业务宣传费、业务招待费、电子设备运转费、钞币运送费、安全防范费、邮电费、劳动保护费、外事费、印刷费、低值易耗品摊销、职工工资及福利费、差旅费、水电费、职工教育经费、工会经费、会议费、诉讼费、公证费、咨询费、无形资产摊销、长期待摊费用摊销、取暖降温费、聘请中介机构费、技术转让费、绿化费、董事会费、财产保险费、劳动保险费、待业保险费、住房公积金、物业管理费、研究费用、提取保险保障基金等。

(三) 财务费用

财务费用是指企业为筹集生产经营所需资金等而发生的筹资费用，包括利息支出(减利息收入)、汇兑损益以及相关的手续费、企业发生的现金折扣或收到的现金折扣等。

企业发生的财务费用，在“财务费用”科目核算，并在“财务费用”科目中按费用项目设置明细账，进行明细核算。期末，“财务费用”科目的余额结转“本年利润”科目后无余额。

期末时，将所有的费用转入“本年利润”。

第二节 本年利润

一、利润及其构成

(一) 利润

利润是指企业在一定会计期间的经营成果。利润包括收入减去费用后的净额、直接计入当期利润的利得和损失等。

直接计入当期利润的利得和损失，是指应当计入当期损益、会导致所有者权益发生增减变动的、与所有者投入资本或者向所有者分配利润无关的利得或者损失。

(二) 利润的构成

利润计算的有关公式如下：

利润总额(或亏损总额)＝营业利润＋营业外收入－营业外支出

营业利润＝营业收入－营业成本－税金及附加
－销售费用－管理费用－财务费用－资产减值损失
±公允价值变动损益±投资净收益

其中:营业收入＝主营业务收入＋其他业务收入
营业成本＝主营业务成本＋其他业务成本

二、营业外收支净额的会计处理

(一) 营业外收入

营业外收入是指与企业日常生产经营活动无直接关系的各项利得。营业外收入包括非流动资产处置利得、非货币性资产交换利得、债务重组利得、罚没利得、政府补助利得、无法支付的应付款项、盘盈利得、捐赠利得等。

1. 非流动资产处置利得

主要包括固定资产处置利得和无形资产出售利得。固定资产处置利得,是指企业处置固定资产所取得的价款或报废固定资产的残料价值、变价收入,扣除固定资产账面价值、清理费用以及相关处置税费后的净收益;无形资产出售利得,是指企业出售无形资产所取得的价款,扣除无形资产账面价值以及相关出售税费后的净收益。

2. 非货币性资产交换利得

是指在非货币性资产交换以公允价值为基础计量的情况下,换出固定资产或无形资产的公允价值高于其账面价值的差额,扣除相关费用后的净收益。

3. 债务重组利得

是指企业在进行债务重组时,债务人重组债务的账面价值高于用于偿债的现金及非现金资产的公允价值、债权人放弃债权而享有股份的公允价值、重组后债务的入账价值的差额所形成的利得。

4. 罚没利得

是指企业收入的滞纳金、违约金以及其他形式的罚款,在弥补了由于对方违约而造成的经济损失后的净收益。

5. 无法支付的应付款项

是指由于债权单位撤销或其他原因而无法支付,或者将应付款项划转给关联方等其他企业而无法支付或无需支付,按规定程序报经批准后转入当期损益的应付款项。

6. 捐赠利得

是指企业接受外部现金或非现金资产捐赠而获得的利得。

7. 盘盈利得

是指企业在财产清查中发现的库存现金实存数额超过账面数额而获得的资产溢余利得。

企业通过设置“营业外收入”科目核算上述内容。“营业外收入”账户的贷方登记企业实现的各项营业外收入;该账户的借方登记企业期末将营业外收入结转入“本年利润”账户。结转后本账户无余额。该账户可以按收入项目设置明细分类账,进行明细分类核算。

(二) 营业外支出

营业外支出是指与企业正常生产经营活动无直接关系的各项损失。营业外支出包括非流动资产的处置损失、非货币性资产交换损失、债务重组损失、公益性捐赠支出、非常损失、盘亏损失等。

1. 非流动资产的处置损失

主要包括固定资产处置损失和无形资产出售损失。固定资产处置损失,是指企业处置固定资产所取得的价款或报废固定资产的残料价值、变价收入,不足以抵扣固定资产账面价值、清理费用以及相关处置税费后的净损失;无形资产出售损失,是指企业出售无形资产所取得的价款,不足以抵扣无形资产账面价值以及相关出售税费后的净损失。

2. 非货币性资产交换损失

是指在非货币性资产交换以公允价值为基础计量的情况下,换出固定资产或无形资产的公允价值高于其账面价值的差额,扣除相关费用后的净损失。

3. 债务重组损失

是指企业在进行债务重组时,债权人重组债务的账面价值高于用于偿债的现金及非现金资产的公允价值、债权人放弃债权而享有股份的公允价值、重组后债务的入账价值的差额所形成的损失。

4. 罚款支出

是指企业由于违反合同、违法经营、偷税漏税、拖欠税款等而支付的违约金、罚款、滞纳金等支出。

5. 捐赠支出

是指企业对外进行公益性和非公益性捐赠而付出资产的价值。

6. 非常损失

是指企业由于自然灾害等客观原因造成的财产损失，在扣除保险公司赔款和残料价值后，应记入当期损益的净损失。

7. 盘亏损失

是指企业在财产清查中发现资产实存数量少于账面数量而发生的资产短缺的损失。

企业通过设置“营业外支出”科目核算上述内容，本科目可按支出项目进行明细核算。期末应将“营业外支出”科目余额转入“本年利润”科目，结转后本科目无余额。

三、本年利润的结转

企业应设置“本年利润”科目，核算当期实现的净利润(或发生的净亏损)。

企业期(月)末结转利润时，应将各损益类科目的金额转入“本年利润”科目，结平各损益类科目。结转后“本年利润”科目的贷方余额为当期实现的净利润，借方余额为当期实现的净亏损。

1. 会计期末，企业应将各损益类科目的余额转入“本年利润”，结平各损益类科目

“本年利润”科目贷方登记期末反映收入的损益类科目转入的本期收入，科目借方登记期末反映费用的损益类科目转入的本期各项费用。期末结转损益类科目后，“本年利润”科目有余额：如果科目期末为贷方余额，则表示收入大于费用，即该余额表示其当年实现的累计净利润；如果年内科目期末为借方余额，则表示费用大于收入，即该余额表示当年的累计净亏损数额。

2. 年度终了，“本年利润”科目无余额

年度终了，该科目无论余额在借贷的哪一方，都需要将该余额转入“利润分配——未分配利润”科目，经过结转后该科目无余额。如果年度终了时，企业本年实现净利润，则转入“利润分配——未分配利润”科目的贷方；如果年度终了时，企业本年实现净亏损，则转入“利润分配——未分配利润”科目的借方。

第三节　利 润 分 配

利润分配，是指企业税后净利润的分配，是企业利润总额(税前会计利润)减去所得税费用后的净额分配。

一、利润分配的程序和核算内容

企业本年实现的净利润加上年初未分配利润(或减去年初未弥补亏损)和其他转入后的余额,作为可供分配的利润,企业利润分配的程序和核算内容如下:

(一) 提取法定盈余公积

法定盈余公积按照税后净利润(减弥补亏损)的10%提取,当企业的法定盈余公积达到注册资本的50%时,可不再提取。

(二) 向投资者分配利润或股利

企业可供分配的利润减去提取的法定盈余公积后,为可供投资者分配的利润。可供投资者分配的利润按下列顺序分配:1.应付优先股股利,2.提取任意盈余公积,3.应付普通股股利,4.转作股本的股利。

企业当年可供分配的利润按规定顺序分配后,作为留待以后年度进行分配的未分配利润。

二、利润分配的核算

(一) "利润分配"科目

企业设置"利润分配"科目,核算利润的分配(或亏损的弥补)和历年分配(或弥补)后的余额。本科目应当分别"提取法定盈余公积""提取任意盈余公积""应付现金股利或利润""转作股本的股利""盈余公积补亏"和"未分配利润"等进行明细核算。"利润分配"科目年末余额,反映企业的未分配利润(或未弥补亏损)。

(二) 利润分配的会计处理

企业按规定提取的盈余公积,借记"利润分配——提取法定盈余公积/提取任意盈余公积"科目,贷记"盈余公积——法定盈余公积/任意盈余公积"科目。

经股东大会或类似机构决议,分配给股东或投资者的现金股利或利润,借记"利润分配——应付现金股利或利润"科目,贷记"应付股利"科目。

用盈余公积弥补亏损,借记"盈余公积——法定盈余公积或任意盈余公积"科目,贷记"利润分配——盈余公积补亏"科目。

年度终了,企业应将本年实现的净利润,自"本年利润"科目转入"利润分配——未分配利润"科目,贷记"本年利润"科目,为净亏损的作相反的分录;同时,将"利润分配"所属其他明细科目的余额,转入"利润分配——未分配利润"科目,结转后,"利润分配"科目除"未分配利润"明细科目外,其他明细科目应无余额。

例 15.1

光华公司 2016 年度取得主营业务收入 500 万元，其他业务收入 180 万元，投资净收益 70 万元，营业外收入 25 万元，主营业务成本 350 万元，其他业务成本 140 万元，税金及附加 6 万元，销售费用 38 万元，管理费用 34 万元，财务费用 12 万元，资产减值损失 15 万元，公允价值变动损益为净损失 10 万元，营业外支出 20 万元，本年度确认的所得税费用为 52 万元。光华公司年末编制分录如下：

(1) 结转损益类科目

	借方	贷方
借：主营业务收入	5 000 000	
其他业务收入	1 800 000	
投资收益	700 000	
营业外收入	250 000	
贷：本年利润		7 750 000
借：本年利润	6 770 000	
贷：主营业务成本		3 500 000
其他业务成本		1 400 000
税金及附加		60 000
管理费用		340 000
财务费用		120 000
销售费用		380 000
资产减值损失		150 000
公允价值变动损益		100 000
营业外支出		200 000
所得税费用		520 000

(2) 结转本年利润

	借方	贷方
借：本年利润	980 000	
贷：利润分配——未分配利润		980 000

例 15.2

光华公司 2016 年年末确认当年净利润为 980 000 元。经股东大会批准，按当年净利润的 10%提取法定盈余公积金，按当年利润的 10%提取任意盈余公积金。经股东大会决议，分配给股东现金股利 120 000 元，股票股利 130 000 元。光华公司在年末结清利润分配账户所属的各有关明细账户。光华公司编制分录如下：

(1) 提取盈余公积金

借：利润分配——提取法定盈余公积　98 000
　　　　　　——提取任意盈余公积　98 000
　贷：盈余公积——法定盈余公积　98 000
　　　　　　　——任意盈余公积　98 000

(2) 分配现金股利

借：利润分配——应付现金股利　120 000
　贷：应付股利　120 000

(3) 分配股票股利(已办妥增资手续)

借：利润分配——转作股本的股利　130 000
　贷：股本　130 000

(4) 结清利润分配账户所属的各有关明细账户

借：利润分配——未分配利润　446 000
　贷：利润分配——提取法定盈余公积　98 000
　　　　　　　——提取任意盈余公积　98 000
　　　　　　　——应付现金股利　120 000
　　　　　　　——转作股本的股利　130 000

查阅作业

查阅中国铁建(601186)2014 年、2015 年和 2016 年 3 年的年报，分析其 3 年的收入、费用、利润、利润分配的情况，并与其他类似企业进行比较，谈谈你对该公司经营情况的评价。

复习思考题

1. 什么是费用?
2. 期间费用通常包括哪些内容?
3. 什么是营业利润? 营业利润由哪些损益项目构成?
4. 利润分配的程序和核算内容是怎样的?

第五篇

财务会计的调整与披露

第十六章　会计调整和披露

【本章导读】

A 公司是一家上市公司，日前由于为集团公司及其子公司借款担保数起而受到诉讼牵连。2014 年 1 月集团公司向某市建设银行借款 1 500 万元，借款期 2 年，A 公司作全额担保。截至 2016 年底，某市建设银行向所在地二中院起诉集团公司及担保人 A 公司借款 1 500 万元逾期未还。调解结果是：集团公司应支付本金 1 500 万元及罚息 100 万元。集团公司的未偿还借款很可能使 A 公司承担连带责任，但损失额目前难以估计，如果集团公司财务困难，则 A 公司作为担保人应承担全部责任。A 公司在 2016 年底就应在年报附注中作出对该项或有负债的披露，告知公众由于公司为担保而遭到法律诉讼，担保金额（包括利息）为 1 600 万元，预计诉讼结果对公司的财务将造成较大的不利影响。

为什么要披露这些信息？哪些会计信息需要披露、哪些需要调整？

第一节　会计政策及其变更

一、会计政策概述

会计政策，是指企业在会计确认、计量和报告中所采用的原则、基础和会计处理方法。

作为会计政策的原则，是指按照企业会计准则规定的、适合于企业会计核算（初始确认）的具体会计原则。如预计负债的确认条件、收入的确认条件等。

作为会计政策的基础，是指为了将会计原则应用于交易或者事项而采用的会计基础，主要是计量基础。如，交易性金融资产等用公允价值计量，投资性房地产用成本计量还是公允价值计量，资产减值中的公允价值或未来现金流量现值计量等。

会计处理方法，是指企业在会计核算中按照法律、行政法规或者国家统一的会计制度等规定采用或者选择的、适合于本企业的具体会计处理方法。如发出存货的计价方法、长期股权投资核算的成本法和权益法、研发支出的处理方法、借款费用的处理方法等。

企业所采用的会计政策通常应当在报表附注中披露，常见的有以下几种：

(1) 财务报表的编制基础、计量基础和会计政策的确定依据等。

(2) 存货的计价，是指企业存货的计价方法。例如，企业发出存货成本的计量是采用先进先出法，还是采用其他计量方法。

(3) 固定资产的初始计量，是指对取得的固定资产初始成本的计量。例如，企业取得的固定资产初始成本是以购买价款，还是以购买价款的现值为基础进行计量。

(4) 无形资产的确认，是指对无形项目的支出是否确认为无形资产。例如，企业内部研究开发项目开发阶段的支出是确认为无形资产，还是在发生时计入当期损益。

(5) 投资性房地产的后续计量，是指企业在资产负债表日对投资性房地产进行后续计量所采用的会计处理。例如，企业对投资性房地产的后续计量是采用成本模式，还是公允价值模式。

(6) 长期股权投资的核算，是指长期股权投资的具体会计处理方法。例如，企业对被投资单位的长期股权投资是采用成本法，还是采用权益法核算。

(7) 非货币性资产交换的计量，是指非货币性资产交换事项中对换入资产成本的计量。例如，非货币性资产交换是以换出资产的公允价值作为确定换入资产成本的基础，还是以换出资产的账面价值作为确定换入资产成本的基础。

(8) 收入的确认，是指收入确认所采用的会计方法。

(9) 借款费用的处理，是指借款费用的处理方法，即采用资本化还是采用费用化。

(10) 外币折算，是指外币折算所采用的方法以及汇兑损益的处理。

(11) 合并政策，是指编制合并财务报表所采用的原则。例如，母公司与子公司的会计年度不一致的处理原则；合并范围的确定原则等。

二、会计政策变更

(一) 会计政策变更的含义

会计政策变更，是指企业对相同的交易或者事项由原来采用的会计政策改用另一会计政策的行为。一般情况下，为保证会计信息的可比性，使财务报告使用者在比较企业一个以上期间的财务报表时，能够正确判断企业的财务状况、经营成果和现金流量的趋势，企业在不同的会计期间应采用相同的会计政策，不应也不能随意变更会计政策；否则，势必削弱会计信息的可比性，使财务报告使用者在比较企业的经营成果时发生困难。

需要注意的是，企业不能随意变更会计政策并不意味着企业的会计政策在任何情况下均不能变更。

（二）会计政策变更的条件

为了防止企业任意变更会计政策，企业会计准则对会计政策变更的条件进行了规定，企业只有在符合下述两个条件之一的情形下，才可以变更会计政策。

1. 法律、行政法规或者国家统一的会计制度等要求变更

这种情况是指，按照法律、行政法规以及国家统一的会计制度的规定，要求企业采用新的会计政策，则企业应当按照法律、行政法规以及国家统一的会计制度的规定改变原会计政策，按照新的会计政策执行。

2. 会计政策变更能够提供更可靠、更相关的会计信息

由于经济环境、客观情况的改变，企业采用原来的会计政策所提供的会计信息，已不能恰当地反映企业的财务状况、经营成果和现金流量等情况。在这种情况下，应改变原有会计政策，按变更后新的会计政策进行会计处理，以便对外提供更可靠、更相关的会计信息。

如果没有充分、合理的证据表明会计政策变更的合理性，或者没有经相关机构批准擅自进行会计政策变更，或者连续、反复地自行变更会计政策，则视为滥用会计政策变更，应按照前期差错更正的方法进行处理。

（三）不属于会计政策变更的情形

对会计政策变更的认定，直接影响会计处理方法的选择。因此，在会计实务中，企业应当正确认定属于会计政策变更的情形。下列两种情况不属于会计政策变更：

1. 本期发生的交易或者事项与以前相比具有本质差别而采用新的会计政策

例如：融资租赁合同变更为经营租赁合同以及对长期股权投资的持股比例发生变化改变对长期股权投资的核算方法，是因为与以前相比具有本质差别而采用新的会计政策，不是会计政策变更。

2. 对初次发生的或不重要的交易或者事项采用新的会计政策

例如，企业本期首次通过受让方式取得了一项土地使用权，准备增值后转让。对于这一初次发生的业务，企业依据投资性房地产准则制定新的会计政策进行处理，不属于会计政策变更。

会计政策变更并不意味着以前期间的会计政策是错误的。如果由于以前期间错误地运用会计政策,导致现在变更会计政策,那么这种情况下的变更属于前期差错更正,应按前期差错更正的方法进行处理。

三、会计政策变更的会计处理

对于会计政策变更的会计处理,就是要决定:是否计算和确认会计政策变更的累计影响数;如果确认会计政策变更的累计影响数,是将其计入当期(变更期)的损益还是调整当期期初留存收益。发生会计政策变更时,有两种会计处理方法,即追溯调整法和未来适用法,两种方法适用于不同情形。

(一) 追溯调整法

追溯调整法,是指对某项交易或事项变更会计政策,视同该项交易或事项初次发生时即采用变更后的会计政策,并以此对财务报表相关项目进行调整的方法。

采用追溯调整法时,对于比较财务报表期间的会计政策变更,应调整各期间净损益各项目和财务报表其他相关项目,视同该政策在比较财务报表期间上一直采用。对于比较财务报表可比期间以前的会计政策变更的累积影响数,应调整比较财务报表最早期间的期初留存收益,财务报表其他相关项目的数字也应一并调整。

追溯调整法通常由以下步骤构成:

1. 计算会计政策变更的累积影响数

会计政策变更累积影响数,是指按照变更后的会计政策对以前各期追溯计算的列报前期最早期初留存收益应有金额与现有金额之间的差额。

累积影响数通常可以通过以下各步计算获得:

(1) 根据新会计政策重新计算受影响的前期交易或事项;

(2) 计算两种会计政策下以前各期利润总额的差异;

(3) 计算差异对所得税的影响金额;

(4) 计算确定剔除所得税影响后的以前各期差异;

(5) 计算确定会计政策变更的累积影响数。

2. 编制相关项目的调整分录

3. 调整列报前期最早期初财务报表相关项目及其金额

4. 附注说明

采用追溯调整法时,对于比较财务报表期间的会计政策变更,应调整各期间净损益各项目和财务报表其他相关项目,视同该政策在比较财务报表期间上一直采用。对于比较财务报表可比期间以前的会计政策变更的累积影响数，应调整比较财务报表最早期间的期初留存收益，财务报表其他相关项目的数字也应一并调整。因此，追溯调整法，是将会计政策变更的累积影响数调整列报前期最早期初留存收益，而不计入当期损益。但确定会计政策变更对列报前期影响数不切实可行的应对从可追溯调整的最早期间期初开始应用变更后的会计政策。

例 16.1

时代公司为上市公司，所得税采用债务法核算，适用的所得税税率为25%，按净利润的10%提取法定盈余公积金。该公司决定于2017年1月1日，将一栋对外出租的写字楼由原成本模式计量改为按公允价值模式进行后续计量。该写字楼于2014年12月31日对外出租，出租时原价3 000万元，预计使用年限为25年，采用年限平均法计提折旧，无残值，假定其计提折旧的方法及预计使用年限符合税法规定。该栋写字楼2017年1月1日的公允价值为3 200万元，2017年12月31日的公允价值为3 300万元。假定2017年1月1日前无法取得该写字楼的公允价值。

根据以上资料，时代公司应作以下会计记录：

2017年1月1日，该投资性房地产已提折旧＝3 000÷25×2＝240(万元)

投资性房地产计税基础＝3 000－240＝2 760(万元)

账面价值＝3 200(万元)

应确认递延所得税负债＝(3 200－2 760)×25%＝110(万元)

借：投资性房地产——成本　　3 200
　　投资性房地产——累计折旧　　240
　贷：投资性房地产　　3 000
　　　递延所得税负债　　110
　　　利润分配——未分配利润　　330

借：利润分配——未分配利润　　33(330×10%)
　贷：盈余公积　　33

2017年1月1日，时代公司资产负债表部分项目的调整数为：投资性房地产累计折旧(摊销)调减240万元，投资性房地产调增200万元，递延所得税负债调增110万元，盈余公积调增33万元，未分配利润调增297万元。

2017年12月31日，该投资性房地产计税基础＝3 000－3 000÷25×3＝2 640(万元)

账面价值＝3 300(万元)

应确认递延所得税负债的金额＝(3 300－2 640)×25%＝165(万元)

应确认递延所得税负债的发生额＝165－110＝55(万元)

借:投资性房地产——公允价值变动　　100

　贷:公允价值变动损益　　100

借:所得税费用　　55

　贷:递延所得税负债　　55

(二) 未来适用法

若会计政策变更的累积影响数无法可靠确定,则应采用未来适用法处理。

未来适用法,是指将变更后的会计政策应用于变更日及以后发生的交易或者事项,或者在会计估计变更当期和未来期间确认会计估计变更影响数的方法。

在未来适用法下,不需要计算会计政策变更产生的累积影响数,也无须重编以前年度的财务报表。企业会计账簿记录及会计报表上反映的金额,变更之日仍保留原有的金额,不会因会计政策变更而改变以前年度的既定结果,而是在现有金额的基础上再按新的会计政策进行核算。

(三) 会计政策变更的会计处理方法的选择

对于会计政策变更,企业应当根据具体情况,分别采用不同的会计处理方法:

(1) 法律、行政法规或者国家统一的会计制度等要求变更的情况下,企业应当分别以下情况进行处理:一是国家发布相关的会计处理办法,则按照国家发布的相关会计处理规定进行处理;二是国家没有发布相关的会计处理办法,则采用追溯调整法进行会计处理。

(2) 会计政策变更能够提供更可靠、更相关的会计信息的情况下,企业应当采用追溯调整法进行会计处理,将会计政策变更累积影响数调整列报前期最早期初留存收益,其他相关项目的期初余额和列报前期披露的其他比较数据也应当一并调整。

(3) 确定会计政策变更对列报前期影响数不切实可行的,应当从可追溯调整的最早期间期初开始应用变更后的会计政策;在当期期初确定会计政策变更对以前各期累积影响数不切实可行的(如账簿资料不全),应当采用未来适用法处理。

以下特定前期,对某项会计政策变更应用追溯调整法或进行追溯重述以更正一项前期差错是不切实可行的:一是应用追溯调整法或追溯重述法的累积影响数不能确定;二是应用追溯调整法或追溯重述法要求对管理层在该期当时的意图作出假定;三是应用追溯调整法或追溯重述法要求对有关金额进行重大估计，并且不可能将提供有关交易发生时存在状况的证据（例如，有关金额确认、计量或披露日期存在事实的证据，以及在受变更影响的当期和未来期间确认会计估计变更的影响的证据）和该期间财务报表批准报出时能够取得的信息这两类信息与其他信息客观地加以区分。

在某些情况下，调整一个或者多个前期比较信息以获得与当期会计信息的可比性是不切实可行的。例如，企业因账簿、凭证超过法定保存期限而销毁，或因不可抗力而毁坏、遗失（如火灾、水灾等），或因人为因素（如盗窃、故意毁坏等），可能使当期期初确定会计政策变更对以前各期累积影响数无法计算，即不切实可行，此时，会计政策变更应当采用未来适用法进行处理。

四、会计政策变更的披露

企业应当在附注中披露与会计政策变更有关的下列信息：

（一）会计政策变更的性质、内容和原因

包括对会计政策变更的简要阐述、变更的日期、变更前采用的会计政策和变更后所采用的新会计政策，以及会计政策变更的原因。

（二）当期和各个列报前期财务报表中受影响的项目名称和调整金额

包括采用追溯调整法时，计算出的会计政策变更的累积影响数；当期和各个列报前期财务报表中需要调整的净损益及其影响金额，以及其他需要调整的项目名称和调整金额。

（三）无法进行追溯调整的，说明该事实和原因以及开始应用变更后的会计政策的时点、具体应用情况

包括无法进行追溯调整的事实，确定会计政策变更对列报前期影响数不切实可行的原因，在当期期初确定会计政策变更对以前各期累积影响数不切实可行的原因，开始应用新会计政策的时点和具体应用情况。

需要注意的是，在以后期间的财务报表中，不需要重复披露在以前期间的附注中已披露的会计政策变更的信息。

第二节　会计估计及其变更

一、会计估计概述

会计估计，是指企业对结果不确定的交易或者事项以最近可利用的信息为

基础所作的判断。会计估计具有如下特点：

(一) 会计估计的存在受经济活动中内在的不确定性因素的影响

在会计核算中，企业总是力求保持会计核算的准确性，但有些经济业务本身具有不确定性。如坏账、固定资产折旧年限、固定资产残余价值、无形资产摊销年限等，因而需要根据经验作出估计。可以说，在进行会计核算和相关信息披露的过程中，会计估计是不可避免的。

(二) 进行会计估计时，往往以最近可利用的信息或资料为基础

由于最新的信息是最接近目标的信息，以其为基础所作的估计最接近实际，所以进行会计估计时，应以最近可利用的信息或资料为基础。

(三) 进行会计估计并不会削弱会计确认和计量的可靠性

企业应当披露重要的会计估计，不具有重要性的会计估计可以不披露。判断会计估计是否重要，应当考虑与会计估计相关项目的性质和金额。

二、会计估计变更

会计估计变更，是指由于资产和负债的当前状况及预期经济利益和义务发生了变化，从而对资产或负债的账面价值或者资产的定期消耗金额进行调整。

会计估计变更的情形包括：

(一) 赖以进行估计的基础发生了变化

企业进行会计估计，总是依赖于一定的基础。如果其所依赖的基础发生了变化，则会计估计也应相应发生变化。例如，企业的某项无形资产摊销年限原定为 10 年，以后发生的情况表明，该资产的受益年限已不足 10 年，相应调减摊销年限。

(二) 取得了新的信息、积累了更多的经验

企业进行会计估计是就现有的资料对未来所做的判断，随着时间的推移，企业有可能取得新的信息、积累更多的经验，在这种情况下，也需要对会计估计重新修订。例如，企业原根据当时能够得到的信息，对应收账款按其余额的 5%计提坏账准备。现掌握了新的信息，判定不能收回的应收账款比例已达 15%，故企业改按 15%的比例计提坏账准备。

会计估计变更，并不意味着以前期间会计估计是错误的，只是由于情况发生变化，或者掌握了新的信息，积累了更多的经验，使得变更会计估计能够更好地反映企业的财务状况和经营成果。如果以前期间的会计估计是错误的，则属于会计差错，按会计差错更正的会计处理办法进行处理。

三、会计估计变更的会计处理

企业发生会计估计变更会带来两个问题:一是如何在账面上记录会计估计变更的影响;二是如何在比较财务报表上报告会计估计变更。

企业对会计估计变更的会计处理,应当采用未来适用法。即在会计估计变更当期及以后期间,采用新的会计估计,不改变以前期间的会计估计,也不调整以前期间的报告结果。

会计估计变更的影响数应计入变更当期与前期相同的项目中。为了保证不同期间的财务报表具有可比性,如果以前期间的会计估计变更的影响数计入企业日常经营活动损益,则以后期间也应计入日常经营活动损益;如果以前期间的会计估计变更的影响数计入特殊项目中,则以后期间也应计入特殊项目。

会计估计变更仅影响变更当期的,其影响数应当在变更当期予以确认。例如,企业原对应收账款按其余额的5%计提坏账准备,由于企业不能收回的应收账款比例已达15%,则企业改按15%的比例提取坏账准备。会计估计变更既影响变更当期又影响未来期间的,其影响数应当在变更当期和未来期间予以确认。例如,应计提折旧的固定资产,其有效使用年限或预计净残值的估计发生的变更,常常影响变更当期资产以后使用年限内各个期间的折旧估计变更。

例 16.2

光华公司有一台管理用设备,原始价值为84 000元,预计使用寿命为8年,净残值为4 000元,自2013年1月1日起按直线法计提折旧。2017年1月,由于新技术的发展等原因,需要对原预计使用寿命和净残值作出修正,修改后的预计使用寿命为6年,净残值为2 000元。假定税法允许按变更后的折旧额在税前扣除。

根据以上资料,光华公司对上述会计估计变更应做如下会计处理:

(1) 从2017年起按变更后的会计估计确定各年的折旧额

不调整以前各年的折旧,也不计算会计估计变更的累积影响数,只需按变更后的会计估计确定以后各年的应提折旧额。按原估计,每年折旧额为10 000元,已提折旧4年,共计40 000元,固定资产净值为44 000元,2017年有关该设备的各项目期初余额为:

固定资产	84 000
减:累计折旧	40 000
固定资产净值	44 000

在未来使用法下，改变估计使用寿命和净残值后，2017 年 1 月 1 日起每年计提的折旧费用为 21 000 元［(44 000－2 000)÷(6－4)］。2017 年不必对以前年度已提折旧进行调整，只需按重新预计的尚可使用寿命和净残值计算确定的年折旧额，编制会计分录如下：

借：管理费用　　　　21 000

　贷：累计折旧　　　　21 000

(2) 光华公司在 2017 年度的报表附注中说明

本公司一台管理用设备，原始价值为 84 000 元，原估计使用寿命为 8 年，预计净残值 4 000 元，按直线法计提折旧。由于新技术的发展等原因，该设备已不能按原估计使用寿命计提折旧，本公司于 2017 年初变更该设备的使用寿命为 6 年，预计净残值为 2 000 元，以反映该设备的真实耐用年限和净残值。此项会计估计变更使本年度净利润减少数为 8 250 元［(21 000－10 000)×(1－25%)］。

四、会计估计变更的披露

企业应当在附注中披露与会计估计变更有关的下列信息：

(一) 会计估计变更的内容和原因

包括变更的内容、变更日期，以及为什么要对会计估计进行变更。

(二) 会计估计变更对当期和未来期间的影响数

包括会计估计变更对当期和未来期间损益的影响金额，以及对其他各项目的影响金额。

(三) 会计估计变更的影响数不能确定的理由

会计估计变更的影响数不能确定的，披露这一事实和原因。

第三节　前期差错更正

一、前期差错概述

日常会计核算中，可能由于种种原因导致会计差错的产生。属于本期的会计差错在发现时就应按照相关规定处理，不需要调整已经对外呈报的会计信息，需要进行会计调整的是本期发现的属于前期的会计差错。

前期差错，是指由于没有运用或错误运用下列两种信息，而对前期财务报表造成省略或错报：一是报前期财务报表时预期能够取得并加以考虑的可靠信息；

二是前期财务报告批准报出时能够取得的可靠信息。

前期差错通常包括计算错误、应用会计政策错误、疏忽或曲解事实以及舞弊产生的影响，以及存货、固定资产盘盈等。

没有运用或错误运用上述两种信息而形成前期差错的情形主要有：

（一）计算以及账户分类错误

例如，企业购入的5年期国债，意图长期持有，但在记账时记入了交易性金融资产，导致账户分类上的错误，并导致在资产负债表上流动资产和非流动资产的分类也有误。

（二）采用法律、行政法规或者国家统一的会计制度等不允许的会计政策

例如，按照《企业会计准则第17号——借款费用》的规定，为购建固定资产的专门借款而发生的借款费用，满足一定条件的，在固定资产达到预定可使用状态前发生的，应予资本化，计入所购建固定资产的成本；在固定资产达到预定可使用状态后发生的，计入当期损益。如果企业固定资产已达到预定可使用状态后发生的借款费用，也计入该项固定资产的价值，予以资本化，则属于采用法律或会计准则等行政法规、规章所不允许的会计政策。

（三）对事实的疏忽或曲解以及舞弊

例如，企业对某项建造合同应按建造合同规定的方法确认营业收入，但该企业却按确认商品销售收入的原则确认收入。

（四）在期末对应计项目与递延项目未予调整

如企业应在本期摊销的费用在期末未予摊销。

（五）漏记已完成的交易

例如，企业销售一批商品，商品已经发出，开出增值税专用发票，商品销售收入确认条件均已满足，但企业在期末未将已实现的销售收入入账。

（六）提前确认尚未实现的收入或不确认已实现的收入

例如，在采用委托代销商品的销售方式下，应在收到代销单位的代销清单时确认商品销售收入的实现，如企业在发出委托代销商品时即确认为收入，则为提前确认尚未实现的收入。

（七）资本性支出与收益性支出划分差错等

例如，企业发生的管理人员的工资一般作为收益性支出，而发生的在建工程人员工资一般作为资本性支出。如果企业将发生的在建工程人员工资计入了当期损益，则属于资本性支出与收益性支出的划分差错。

需要注意的是，会计估计本身就是近似值，随着经济环境的变化或者更多信息的获得，会计估计需要修正，由此而发生的会计估计变更不属于前期差错。

二、前期差错更正的会计处理

前期差错根据重要性分为两类：重要的前期差错和不重要的前期差错。重要的前期差错，是指足以影响财务报表使用者对企业财务状况、经营成果和现金流量作出正确判断的前期差错。不重要的前期差错，是指不足以影响财务报表使用者对企业财务状况、经营成果和现金流量作出正确判断的前期差错。

前期差错的重要性取决于在相关环境下对遗漏或错误表述的规模和性质的判断。前期差错所影响的财务报表项目的金额或性质，是判断该前期差错是否具有重要性的决定性因素。一般来说，前期差错所影响的财务报表项目的金额越大、性质越严重，其重要性水平越高。

企业对于重要的前期差错应采用追溯重述法更正，但确定前期差错累积影响数不切实可行的除外；对于不重要的前期差错应视同发现当期差错进行调整更正；对于在资产负债表日至财务报告批准报出日之间发现的、属于报告年度或以前存在的财务报表的差错，不论属于重要的差错还是非重要的差错，均应按照《企业会计准则第29号——资产负债表日后事项》的规定进行处理。

(一) 不重要的前期差错的会计处理

对于不重要的前期差错，企业应视为当期发生的差错进行更正，不需调整财务报表相关项目的期初数，但应调整发现当期与前期相同的相关项目。属于影响损益的，应直接计入本期与上期相同的净损益项目；属于不影响损益的，应调整本期与前期相同的相关项目。

例 16.3

2017年12月31日，时代公司发现2016年度的一台管理用设备多计提了折旧，金额为1 000元。该公司在发现该项会计差错时，应冲减多提的固定资产折旧，会计分录为：

借：累计折旧　　1 000

　贷：管理费用　　1 000

(二) 重要的前期差错的会计处理

企业对于重要的前期差错应采用追溯重述法更正，但确定前期差错累积影响数不切实可行的除外；追溯重述法，是指在发现前期差错时，视同该项差错从未发生过，从而对财务报表相关项目进行更正的方法。

对于重要的前期差错，企业应当在其发现当期的财务报表中，调整前期比较数据。具体地说，企业应当在重要的前期差错发现当期的财务报表中，通过下述处理对其进行追溯更正：一是追溯重述差错发生期间列报的前期比较金额；二是如果前期差错发生在列报的最早前期之前，则追溯重述列报的最早前期的资产、负债和所有者权益相关项目的期初余额。

对于发生的重要的前期差错，如影响损益，应将其对损益的影响数调整发现当期的期初留存收益，财务报表其他相关项目的期初数也应一并调整；如不影响损益，应调整财务报表相关项目的期初数。

追溯重述法的会计处理与追溯调整法相同，需要计算累积影响数。如果无法确定前期差错的累积影响数，可以从可追溯重述的最早期间开始调整留存收益的期初余额，财务报表其他相关项目的期初余额也应一并调整。

例 16.4

时代公司在 2017 年发现，2016 年公司漏记一项固定资产的折旧费用 150 000 元，所得税申报表中未扣除该项费用。假设 2016 年适用所得税税率为 25%，无其他纳税调整事项。该公司按净利润的 10%、5%提取法定盈余公积和任意盈余公积。公司发行股票份额为 1 800 000 股。

根据以上资料，时代公司应作如下会计处理：

(1) 分析前期差错的影响数

2016 年少计折旧费用 150 000 元；多计所得税费用 37 500 元(150 000 × 25%)；多计净利润 112 500 元(150 000 − 37 500)；多计应交税费 37 500 元(150 000 × 25%)；多提法定盈余公积和任意盈余公积 11 250 元(112 500 × 10%)和 5 625 元(112 500 × 5%)。假定税法允许调整应交所得税。

(2) 编制有关项目的调整分录

补提折旧(如果题目没有特别说明，就认为这项固定资产用于管理了)

借：以前年度损益调整　　150 000
　　贷：累计折旧　　150 000

调整应交所得税

借：应交税费——应交所得税　　37 500
　　贷：以前年度损益调整　　37 500

将“以前年度损益调整”科目余额转入利润分配

借：利润分配——未分配利润　　112 500
　　贷：以前年度损益调整　　112 500

调整利润分配

借：盈余公积　　　　　　　　　　16 875(11 250＋5 625)

　　贷：利润分配——未分配利润　　　　　　　　　16 875

(3) 财务报表调整和重述(财务报表略)

时代公司在列报2017年财务报表时，应调整2017年资产负债表有关项目的年初余额、利润表有关项目及所有者权益变动表的上年金额也应进行调整。

① 资产负债表项目年初数的调整：

调增累计折旧150 000元；调减应交税费37 500元；调减盈余公积16 875元；调减未分配利润95 625元(112 500－16 875)。

② 利润表项目的调整：

调增营业成本上年金额150 000元；调减所得税费用上年金额37 500元；调减净利润上年金额112 500元；调减基本每股收益上年金额0.062 5元。

③ 所有者权益变动表项目的调整：

调减前期差错更正项目中盈余公积上年金额16 875元，未分配利润上年金额95 625元，所有者权益合计上年金额112 500元。

三、前期差错更正的披露

企业应当在附注中披露与前期差错更正有关的下列信息：

(1) 前期差错的性质；

(2) 各个列报前期财务报表中受影响的项目名称和更正金额；

(3) 无法进行追溯重述的，说明该事实和原因以及对前期差错开始进行更正的时点、具体更正情况。

在以后期间的财务报表中，不需要重复披露在以前期间的附注中已披露的前期差错更正的信息。

第四节　资产负债日后事项

一、资产负债表日后事项概述

(一) 资产负债表日后事项的定义

资产负债表日后事项，是指资产负债表日至财务报告批准报出日之间发生的有利或不利事项。

资产负债表日是指会计年度末和会计中期期末。我国会计年度采用公历年度，因此在我国年度资产负债表日是指公历 12 月 31 日；会计中期指短于一个完整的会计年度的报告期间，通常包括半年度、季度和月度等，中期资产负债表日指各会计中期期末，相应地指公历半年末、季末和月末等。若母公司或子公司在国外，无论其如何确定会计年度和会计中期，在向我国国内提供的财务报告都应该根据《会计法》和会计准则的要求确定资产负债表日。

财务报告批准报出日，是指董事会或类似机构批准财务报告报出的日期，通常是指对财务报告的内容负有法律责任的单位或个人批准财务报告向企业外部公布的日期。董事会或类似机构批准财务报告可以对外公布的日期至实际对外公布的日期之间发生的事项，也属于资产负债表日后事项，由此影响财务报告对外公布日期的，以董事会或类似机构再次批准财务报告对外公布的日期为准。

有利或不利事项，是指资产负债表日至财务报告批准报出日期间发生的对企业财务状况和经营成果有一定影响(包括有利影响和不利影响)的事项。如果该期间发生的某些事项对企业财务状况和经营成果“有利”或者“不利”，那么不管该事项是否需要在财务报告中披露，都属于资产负债表日后事项；反之，如果某事项在资产负债表日至财务报告批准报出日期间发生，但对企业无任何影响，那就不属于资产负债表日后事项。

(二) 资产负债表日后事项涵盖的期间

资产负债表日后事项涵盖的期间，是指自资产负债表日次日起至财务报告批准报出日止的一段时间。对上市公司而言，这一期间内涉及几个日期，包括完成财务报告制日、注册会计师出具审计报告日、董事会批准财务报告可以对外公布日、实际对外公布日等。具体而言，资产负债表日后事项涵盖的期间应当包括：

(1) 报告年度次年的 1 月 1 日或报告期间下一期第一天，至董事会或类似机构批准财务报告对外公布的日期，即以董事会或类似机构批准财务报告对外公布的日期为截止日期。

(2) 董事会或类似机构批准财务报告对外公布的日期，与实际对外公布日之间发生的与资产负债表日后事项有关的事项，由此影响财务报告对外公布日期的，应以董事会或类似机构再次批准财务报告对外公布的日期为截止日期。

如果公司管理层由此修改了财务报表，注册会计师应当根据具体情况实施必要的审计程序，并针对修改后的财务报表出具新的审计报告。

(三) 资产负债表日后事项的内容

资产负债表日后事项包括资产负债表日后调整事项(以下简称调整事项)和资产负债表日后非调整事项(以下简称非调整事项)两类。

1. 调整事项

资产负债表日后调整事项，是指对资产负债表日已经存在的情况提供了新的或进一步证据的事项。

如果资产负债表日及所属会计期间已经存在某种情况，但当时并不知道其存在或者不能知道确切结果，资产负债表日后发生的事项能够证实该情况的存在或者确切结果，则该事项属于资产负债表日后事项中的调整事项。调整事项能对资产负债表日的存在情况提供追加的证据，并会影响编制财务报表过程中的内在估计。

企业发生的资产负债表日后调整事项，通常包括以下几项：

(1) 资产负债表日后诉讼案件结案，法院判决证实了企业在资产负债表日已经存在现时义务，需要调整原先确认的与该诉讼案件相关的预计负债，或确认一项新负债。

(2) 资产负债表日后取得确凿证据，表明某项资产在资产负债表日发生了减值或者需要调整该项资产原先确认的减值金额。

(3) 资产负债表日后进一步确定了资产负债表日前购入资产的成本或售出资产的收入。

(4) 资产负债表日后发现了财务报表舞弊或差错。

2. 非调整事项

资产负债表日后非调整事项，是指表明资产负债表日后发生的情况的事项。非调整事项的发生不影响资产负债表日企业的财务报表数字，只说明资产负债表日后发生了某些情况。对于财务报告使用者来说，非调整事项说明的情况有的重要，有的不重要；其中重要的非调整事项虽然与资产负债表日的财务报表数字无关，但可能影响资产负债表日以后的财务状况和经营成果，故准则要求适当披露。

资产负债表日后非调整事项，主要包括：

(1) 资产负债表日后发生重大诉讼、仲裁、承诺。

(2) 资产负债表日后资产价格、税收政策、外汇汇率发生重大变化。

(3) 资产负债表日后因自然灾害导致资产发生重大损失。

(4) 资产负债表日后发行股票和债券以及其他巨额举债。

(5) 资产负债表日后资本公积转增资本。

(6) 资产负债表日后发生巨额亏损。

(7) 资产负债表日后发生企业合并或处置子公司。

(8) 资产负债表日后，企业利润分配方案中拟分配的以及经审议批准宣告发放的股利或利润。

3. 调整事项与非调整事项的区别

如何确定资产负债表日后发生的某一事项是调整事项还是非调整事项，是运用资产负债表日后事项准则的关键。某一事项究竟是调整事项还是非调整事项，取决于该事项表明的情况在资产负债表日或资产负债表日以前是否已经存在。若该情况在资产负债表日或之前已经存在，则属于调整事项；反之，则属于非调整事项。

例 16.5

债务人乙公司财务情况恶化导致债权人甲公司发生坏账损失。包括两种情况：(1)2016 年 12 月 31 日，乙公司财务状况良好，甲公司预计应收账款可按时收回；乙公司一周后发生重大火灾，导致甲公司 50%的应收账款无法收回。(2) 2017 年 12 月 31 日，甲公司根据掌握的资料判断，乙公司有可能破产清算，甲公司估计对乙公司的应收账款将有 10%无法收回，故按 10%的比例计提坏账准备。一周后甲公司接到通知，乙公司已被宣告破产清算，甲公司估计有 70%的债权无法收回。

(1) 导致甲公司 2016 年度应收账款损失的因素是火灾，应收账款发生损失这一事实在资产负债表日以后才发生，因此乙公司发生火灾导致甲公司应收款项发生坏账的事项属于非调整事项。

(2) 导致甲公司 2017 年度应收账款无法收回的事实是乙公司财务状况恶化，该事实在资产负债表日已经存在，乙公司被宣告破产只是证实了资产负债表日财务状况恶化的情况，因此该事项属于调整事项。

二、资产负债表日后调整事项

企业发生资产负债表日后调整事项，应当调整资产负债表日已编制的财务报表。对于年度财务报告而言，由于资产负债表日后事项发生在报告年度的次年，报告年度的有关账目已经结转，特别是损益类科目在结账后已无余额。因此，年度资产负债表日后发生的调整事项，应分别按以下情况进行处理。

(1) 涉及损益的事项，通过“以前年度损益调整”科目核算。调整增加以前年度利润或调整减少以前年度亏损的事项，记入“以前年度损益调整”科目的贷方；调整减少以前年度利润或调整增加以前年度亏损的事项，记入“以前年度损益调整”科目的借方。调整完成后，将“以前年度损益调整”科目的贷方或借方余额，转入“利润分配——未分配利润”科目。

需要注意的是，涉及损益的调整事项如果发生在资产负债表日所属年度（即报告年度）所得税汇算清缴前的，应按准则要求调整报告年度应纳税所得额、应纳所得税税额；发生在报告年度所得税汇算清缴后的，应按准则要求调整本年度（即报告年度的次年）应纳所得税税额。

(2) 涉及利润分配调整的事项，直接在“利润分配——未分配利润”科目中核算。

(3) 不涉及损益以及利润分配的事项，调整相关科目。

(4) 通过上述账务处理后，还应同时调整财务报表相关项目的数字，包括：资产负债表日编制的财务报表相关项目的期末数或本年发生数；当期编制的财务报表相关项目的期初数或上年数；经过上述调整后，如果涉及报表附注内容的，还应当调整报表附注相关项目的数字。

例 16.6

甲公司于 2016 年 8 月销售给乙公司一批商品，价款为 80 000 元（含应向乙公司收取的增值税），乙公司已于 9 月份收到所购商品并验收入库。按合同规定，乙公司应于收到所购商品后一个月内付款。但由于乙公司财务状况不佳，直到 2016 年 12 月 31 日仍未付款。甲公司于 2016 年 12 月 31 日为该项应收账款提取坏账准备 4 000 元（假定坏账准备提取比例为 5%），2016 年 12 月 31 日，甲公司“应收账款”科目的余额为 100 000 元，“坏账准备”项目的余额为 5 000 元。甲公司于 2017 年 2 月 15 日收到乙公司通知，乙公司已进行破产清算，无力偿还所欠部分货款，预计甲公司可收回应收乙公司账款的 30%。此时乙公司的年度财务报告尚未批准报出。

甲公司在接到乙公司的通知后，首先判断该事项属于资产负债表日后事项的调整事项，日后根据调整事项的会计处理方法进行账务处理如下：

(1) 补提坏账准备

应补提的坏账准备＝80 000×70%－4 000＝52 000（元）

借：以前年度损益调整　　52 000

　　贷：坏账准备　　52 000

(2) 调整递延所得税资产（所得税税率为 25%）

应调整额＝52 000×25%＝13 000（元）

借：递延所得税资产　　13 000

　　贷：以前年度损益调整　　13 000

(3) 将“以前年度损益调整”科目的余额转入“利润分配”科目

借:利润分配——未分配利润 39 000

贷:以前年度损益调整 39 000

(4) 调整利润分配的有关数字

假定甲公司按净利润的10%提取盈余公积,除此之外不作其他分配。

应调整减少提取的盈余公积 $=39\,000\times10\%=3\,900$(元)

借:盈余公积 3 900

贷:利润分配——未分配利润 3 900

(5) 调整报告年度财务报表相关项目的数字(财务报表略)

① 资产负债表项目的调整:

调减应收账款52 000元;调增递延所得税资产13 000元;调减盈余公积3 900元,调减未分配利润35 100元(39 000－3 900)。

② 利润表项目的调整:

调增资产减值损失52 000元;调减营业利润52 000元;调减利润总额52 000元;调减所得税费用13 000元;调减净利润39 000元。

③ 所有者权益变动表项目的调整:

调减净利润39 000元;调减提取盈余公积项目中盈余公积3 900元,调减未分配利润35 100元。

(6) 调整2017年2月份资产负债表相关项目的年初数(资产负债表略)

甲公司在编制2017年1月份的资产负债表时,按照调整前2016年12月31日的资产负债表的数字作为资产负债表的年初数,由于发生了资产负债表日后调整事项,甲公司除了调整2016年度资产负债表相关项目的数字外,还应当调整2017年2月份资产负债表相关项目的年初数,其年初数按照2016年12月31日调整后的数字填列。

三、资产负债表日后非调整事项的会计处理

资产负债表日后非调整事项,是表明资产负债表日后发生的情况的事项。非调整事项的发生,与资产负债表日存在状况无关,不影响资产负债表日企业的财务报表数字,只说明资产负债表日后发生了某些情况,因此不应当调整资产负债表日的财务报表。但对于对财务报告使用者来说,有的非调整事项具有重大影响,如不加以说明,将不利于财务报告使用者作出正确估计和决策,因此,按准则规定应在附注中加以披露。

复习思考题

1. 什么是会计政策变更？会计政策变更的条件是什么？
2. 什么是会计估计变更？会计估计变更的条件是什么？
3. 企业对发生的会计差错应如何进行会计处理？
4. 简要说明会计政策变更累积影响数的计算方法和披露途径。
5. 什么是资产负债表日后事项？其涵盖的期间是什么？

附　　录

附表 1

复利终值系数表

FV = $(1+i)^n$，其中，i = 利率，n = 期数

期数	1%	2%	3%	4%	5%	6%	7%	8%	9%	10%
1	1.010 0	1.020 0	1.030 0	1.040 0	1.050 0	1.060 0	1.070 0	1.080 0	1.090 0	1.100 0
2	1.020 1	1.040 4	1.060 9	1.081 6	1.102 5	1.123 6	1.144 9	1.166 4	1.188 1	1.210 0
3	1.030 3	1.061 2	1.092 7	1.124 9	1.157 6	1.191 0	1.225 0	1.259 7	1.295 0	1.331 0
4	1.040 6	1.082 4	1.125 5	1.169 9	1.215 5	1.262 5	1.310 8	1.360 5	1.411 6	1.464 1
5	1.051 0	1.104 1	1.159 3	1.216 7	1.276 3	1.338 2	1.402 6	1.469 3	1.538 6	1.610 5
6	1.061 5	1.126 2	1.194 1	1.265 3	1.340 1	1.418 5	1.500 7	1.580 9	1.677 1	1.771 6
7	1.072 1	1.148 7	1.229 9	1.315 9	1.407 1	1.503 6	1.605 8	1.773 8	1.828 0	1.948 7
8	1.082 9	1.171 7	1.266 8	1.368 6	1.477 5	1.593 8	1.718 2	1.850 9	1.992 6	2.143 6
9	1.093 7	1.195 1	1.304 8	1.423 3	1.551 3	1.689 5	1.838 5	1.999 0	2.171 9	2.357 9
10	1.104 6	1.219 0	1.343 9	1.480 2	1.628 9	1.790 8	1.967 2	2.158 9	2.367 4	2.593 7
11	1.115 7	1.243 4	1.382 4	1.539 5	1.710 3	1.898 3	2.104 9	2.331 6	2.580 4	2.853 1
12	1.126 8	1.268 2	1.425 8	1.601 0	1.795 9	2.012 2	2.252 2	2.518 2	2.812 7	3.138 4
13	1.138 1	1.293 6	1.468 5	1.665 1	1.885 6	2.132 9	2.409 8	2.719 6	3.065 8	3.452 3
14	1.145 9	1.319 5	1.512 6	1.731 7	1.979 9	2.260 9	2.578 5	2.937 2	3.341 7	3.797 5
15	1.161 0	1.345 9	1.558 0	1.800 9	2.078 9	2.396 6	2.759 0	3.172 2	3.642 5	4.177 2
16	1.172 6	1.372 8	1.604 7	1.873 0	2.182 9	2.540 4	2.952 2	3.425 9	3.970 3	4.595 0
17	1.184 3	1.400 2	1.652 8	1.947 9	2.292 0	2.692 8	3.158 8	3.700 0	4.327 6	5.054 5
18	1.196 1	1.428 2	1.702 4	2.025 8	2.406 6	2.854 3	3.379 9	3.996 0	4.717 1	5.559 9
19	1.208 1	1.456 8	1.753 5	2.106 8	2.527 0	3.025 6	3.616 5	4.315 7	5.141 7	6.115 9
20	1.220 2	1.485 9	1.806 1	2.191 1	2.653 3	3.207 1	3.869 7	4.661 0	5.604 4	6.727 5
21	1.232 4	1.515 7	1.860 3	2.278 8	2.786 0	3.399 6	4.140 6	5.033 8	6.108 8	7.400 2
22	1.244 7	1.546 0	1.916 1	2.369 9	2.925 3	3.603 5	4.430 4	5.436 5	6.658 6	8.140 3
23	1.257 2	1.576 9	1.973 6	2.464 7	3.071 5	3.819 7	4.740 5	5.871 5	7.257 9	8.254 3
24	1.269 7	1.608 4	2.032 8	2.563 3	3.225 1	4.048 9	5.072 4	6.341 2	7.911 1	9.849 7
25	1.282 4	1.640 6	2.093 8	2.665 8	3.386 4	4.291 9	5.427 4	6.848 5	8.623 1	10.835
26	1.295 3	1.673 4	2.156 6	2.772 5	3.555 7	4.549 4	5.807 6	7.396 4	9.399 2	11.918
27	1.308 2	1.706 9	2.221 3	2.883 4	3.733 5	4.882 3	6.213 9	7.988 1	10.245	13.110
28	1.321 3	1.741 0	2.287 9	2.998 7	3.920 1	5.111 7	6.648 8	8.627 1	11.167	14.421
29	1.334 5	1.775 8	2.356 6	3.118 7	4.116 1	5.418 4	7.114 3	9.317 3	12.172	15.863
30	1.347 8	1.811 4	2.427 3	3.243 4	4.321 9	5.743 5	7.612 3	10.063	13.268	17.449
40	1.488 9	2.208 0	3.262 0	4.801 0	7.040 0	10.286	14.794	21.725	31.408	45.259
50	1.644 6	2.691 6	4.383 9	7.106 7	11.467	18.420	29.457	46.902	74.358	117.39
60	1.816 7	3.281 0	5.891 6	10.520	18.679	32.988	57.946	101.26	176.03	304.48

续 表

期数	12%	14%	15%	16%	18%	20%	24%	28%	32%	36%
1	1.120 0	1.140 0	1.150 0	1.160 0	1.180 0	1.200 0	1.240 0	1.280 0	1.320 0	1.360 0
2	1.254 4	1.299 6	1.322 5	1.345 6	1.392 4	1.440 0	1.537 6	1.638 4	1.742 4	1.849 6
3	1.404 9	1.481 5	1.520 9	1.560 9	1.643 0	1.728 0	1.906 6	2.087 2	2.300 0	2.515 5
4	1.573 5	1.689 0	1.749 0	1.810 6	1.938 8	2.073 6	2.364 2	2.684 4	3.036 0	3.421 0
5	1.762 3	1.925 4	2.011 4	2.100 3	2.287 8	2.488 3	2.931 6	3.436 0	4.007 5	4.652 6
6	1.973 8	2.195 0	2.313 1	2.436 4	2.699 6	2.986 0	3.635 2	4.398 0	5.289 9	6.327 5
7	2.210 7	2.502 3	2.660 0	2.826 2	3.185 5	3.583 2	4.507 7	5.629 5	6.982 6	8.605 4
8	2.476 0	2.852 6	3.059 0	3.278 4	3.758 9	4.299 8	5.589 5	7.250 8	9.217 0	11.703
9	2.773 1	3.251 9	3.517 9	3.803 0	4.435 5	5.159 8	6.931 0	9.223 4	12.166	15.917
10	3.105 8	3.707 2	4.045 6	4.411 4	5.233 8	6.191 7	8.594 4	11.806	16.060	21.647
11	3.478 5	4.226 2	4.652 4	5.117 3	6.175 9	7.430 1	10.657	15.112	21.119	29.439
12	3.896 0	4.817 9	5.350 3	5.936 0	7.287 6	8.916 1	13.215	19.343	27.983	40.037
13	4.363 5	5.492 4	6.152 8	6.885 8	8.599 4	10.699	16.386	24.759	36.937	54.451
14	4.887 1	6.261 3	7.075 7	7.987 5	10.147	12.839	20.319	31.691	48.757	74.053
15	5.473 6	7.137 9	8.137 1	9.265 5	11.974	15.407	25.196	40.565	64.395	100.71
16	6.130 4	8.137 2	9.357 6	10.748	14.129	18.448	31.243	51.923	84.954	136.97
17	6.866 0	9.276 5	10.761	12.468	16.672	22.186	38.741	66.461	112.14	186.28
18	7.690 0	10.575	12.375	14.463	19.673	26.623	48.039	86.071	148.02	253.34
19	8.612 8	12.056	14.232	16.777	23.214	31.948	59.568	108.89	195.39	344.54
20	9.646 3	13.743	16.367	19.461	27.393	38.338	73.864	139.38	257.92	468.57
21	10.804	15.668	18.822	22.574	32.324	46.005	91.592	178.41	340.45	637.26
22	12.100	17.861	21.645	26.186	38.142	55.206	113.57	228.36	449.39	866.67
23	13.552	20.362	24.891	30.376	45.008	66.247	140.83	292.30	593.20	1 178.7
24	15.179	23.212	28.625	35.236	53.109	79.497	174.63	374.14	783.02	1 603.0
25	17.000	26.462	32.919	40.874	62.669	95.396	216.54	478.90	1 033.6	2 180.1
26	19.040	30.167	37.857	47.414	73.949	114.48	268.51	613.00	1 364.3	2 964.9
27	21.325	34.390	43.535	55.000	87.260	137.37	332.95	784.64	1 800.9	4 032.3
28	23.884	39.204	50.006	63.800	102.97	164.84	412.86	1 004.3	2 377.2	5 483.9
29	26.750	44.693	57.575	74.009	121.50	197.81	511.95	1 285.6	3 137.9	7 458.1
30	29.960	50.950	66.212	85.850	143.37	237.38	634.82	1 645.5	4 142.1	10 143
40	93.051	188.83	267.86	378.72	750.38	1 469.8	5 455.9	19 427	66 521	*
50	289.00	700.23	1 083.7	1 670.7	3 927.4	9 100.4	46 890	*	*	*
60	897.60	2 595.9	4 384.0	7 370.2	20 555	56 348	*	*	*	*

*>99 999

附表 2

复利现值系数表

$PV=(1+i)^{-n}$，其中，i = 利率，n = 期数

期数	1%	2%	3%	4%	5%	6%	7%	8%	9%	10%
1	.990 1	.980 4	.970 9	.961 5	.952 4	.943 4	.934 6	.925 9	.917 4	.909 1
2	.980 3	.971 2	.942 6	.924 6	.907 0	.890 0	.873 4	.857 3	.841 7	.826 4
3	.970 6	.942 3	.915 1	.889 0	.863 8	.839 6	.816 3	.793 8	.772 2	.751 3
4	.961 0	.923 8	.888 5	.854 8	.822 7	.792 1	.762 9	.735 0	.708 4	.683 0
5	.951 5	.905 7	.862 6	.821 9	.783 5	.747 3	.713 0	.680 6	.649 9	.620 9
6	.942 0	.888 0	.837 5	.790 3	.746 2	.705 0	.666 3	.630 2	.596 3	.564 5
7	.932 7	.860 6	.813 1	.759 9	.710 7	.665 1	.622 7	.583 5	.547 0	.513 2
8	.923 5	.853 5	.787 4	.730 7	.676 8	.627 4	.582 0	.540 3	.501 9	.466 5
9	.914 3	.836 8	.766 4	.702 6	.644 6	.591 9	.543 9	.500 2	.460 4	.424 1
10	.905 3	.820 3	.744 1	.675 6	.613 9	.558 4	.508 3	.463 2	.422 4	.385 5
11	.896 3	.804 3	.722 4	.649 6	.584 7	.526 8	.475 1	.428 9	.387 5	.350 5
12	.887 4	.788 5	.701 4	.624 6	.556 8	.497 0	.444 0	.397 1	.355 5	.318 6
13	.878 7	.773 0	.681 0	.600 6	.530 3	.468 8	.415 0	.367 7	.326 2	.289 7
14	.870 0	.757 9	.661 1	.577 5	.505 1	.442 3	.387 8	.340 5	.299 2	.263 3
15	.861 3	.743 0	.641 9	.555 3	.481 0	.417 3	.362 4	.315 2	.274 5	.239 4
16	.852 8	.728 4	.623 2	.533 9	.458 1	.393 6	.338 7	.291 9	.251 9	.217 6
17	.844 4	.714 2	.605 0	.513 4	.436 3	.371 4	.316 6	.270 3	.231 1	.197 8
18	.836 0	.700 2	.587 4	.493 6	.415 5	.350 3	.295 9	.250 2	.212 0	.179 9
19	.827 7	.686 4	.570 3	.474 6	.395 7	.330 5	.276 5	.231 7	.194 5	.163 5
20	.819 5	.673 0	.553 7	.456 4	.376 9	.311 8	.258 4	.214 5	.178 4	.148 6
21	.811 4	.659 8	.537 5	.438 8	.358 9	.294 2	.241 5	.198 7	.163 7	.135 1
22	.803 4	.646 8	.521 9	.422 0	.341 8	.277 5	.225 7	.183 9	.150 2	.122 8
23	.795 4	.634 2	.506 7	.405 7	.325 6	.261 8	.210 9	.170 3	.137 8	.111 7
24	.787 6	.621 7	.491 9	.390 1	.310 1	.247 0	.197 1	.157 7	.126 4	.101 5
25	.779 8	.609 5	.477 6	.375 1	.295 3	.233 0	.184 2	.146 0	.116 0	.092 3
26	.772 0	.597 6	.463 7	.360 4	.281 2	.219 8	.172 2	.135 2	.106 4	.083 9
27	.764 4	.585 9	.450 2	.346 8	.267 8	.207 4	.160 9	.125 2	.097 6	.076 3
28	.756 8	.574 4	.437 1	.333 5	.255 1	.195 6	.150 4	.115 9	.089 5	.069 3
29	.749 3	.563 1	.424 3	.320 7	.242 9	.184 6	.140 6	.107 3	.082 2	.063 0
30	.741 9	.552 1	.412 0	.308 3	.231 4	.174 1	.131 4	.099 4	.075 4	.057 3
35	.705 9	.500 0	.355 4	.253 4	.181 3	.130 1	.093 7	.067 6	.049 0	.035 6
40	.671 7	.452 9	.306 6	.208 3	.142 0	.097 2	.066 8	.046 0	.031 8	.022 1
45	.639 1	.410 2	.264 4	.171 2	.111 3	.072 7	.047 6	.031 3	.020 7	.013 7
50	.608 0	.371 5	.228 1	.140 7	.087 2	.054 3	.033 9	.021 3	.013 4	.008 5
55	.578 5	.336 5	.196 8	.115 7	.068 3	.040 6	.024 2	.014 5	.008 7	.005 3

续 表

期数	12%	14%	15%	16%	18%	20%	24%	28%	32%	36%
1	.892 9	.877 2	.869 6	.862 1	.847 5	.833 3	.806 5	.781 3	.757 6	.735 3
2	.797 2	.769 5	.756 1	.743 2	.718 2	.694 4	.650 4	.610 4	.573 9	.540 7
3	.711 8	.675 0	.657 5	.640 7	.608 6	.578 7	.524 5	.476 8	.434 8	.397 5
4	.635 5	.592 1	.571 8	.552 3	.515 8	.482 3	.423 0	.372 5	.329 4	.292 3
5	.567 4	.519 4	.497 2	.476 2	.437 1	.401 9	.341 1	.291 0	.249 5	.214 9
6	.506 6	.455 6	.432 3	.410 4	.370 4	.334 9	.275 1	.227 4	.189 0	.158 0
7	.452 3	.399 6	.375 9	.353 8	.313 9	.279 1	.221 8	.177 6	.143 2	.116 2
8	.403 9	.350 6	.326 9	.305 0	.266 0	.232 6	.178 9	.138 8	.108 5	.085 4
9	.360 6	.307 5	.284 3	.263 0	.225 5	.193 8	.144 3	.108 4	.082 2	.062 8
10	.322 0	.269 7	.247 2	.226 7	.191 1	.161 5	.116 4	.084 7	.062 3	.046 2
11	.287 5	.236 6	.214 9	.195 4	.161 9	.134 6	.093 8	.066 2	.047 2	.034 0
12	.256 7	.207 6	.186 9	.168 5	.137 3	.112 2	.075 7	.051 7	.035 7	.025 0
13	.229 2	.182 1	.162 5	.145 2	.116 3	.093 5	.061 0	.040 4	.027 1	.018 4
14	.204 6	.159 7	.141 3	.125 2	.098 5	.077 9	.049 2	.031 6	.020 5	.013 5
15	.182 7	.140 1	.122 9	.107 9	.083 5	.064 9	.039 7	.024 7	.015 5	.009 9
16	.163 1	.122 9	.106 9	.098 0	.070 9	.054 1	.032 0	.019 3	.011 8	.007 3
17	.145 6	.107 8	.092 9	.080 2	.060 0	.045 1	.025 9	.015 0	.008 9	.005 4
18	.130 0	.094 6	.080 8	.069 1	.050 8	.037 6	.020 8	.011 8	.006 8	.003 9
19	.116 1	.082 9	.070 3	.059 6	.043 1	.031 3	.016 8	.009 2	.005 1	.002 9
20	.103 7	.072 8	.061 1	.051 4	.036 5	.026 1	.013 5	.007 2	.003 9	.002 1
21	.092 6	.063 8	.053 1	.044 3	.030 9	.021 7	.010 9	.005 6	.002 9	.001 6
22	.082 6	.056 0	.046 2	.038 2	.026 2	.018 1	.008 8	.004 4	.002 2	.001 2
23	.073 8	.049 1	.040 2	.032 9	.022 2	.015 1	.007 1	.003 4	.001 7	.000 8
24	.065 9	.043 1	.034 9	.028 4	.018 8	.012 6	.005 7	.002 7	.001 3	.000 6
25	.058 8	.037 8	.030 4	.024 5	.016 0	.010 5	.004 6	.002 1	.001 0	.000 5
26	.052 5	.033 1	.026 4	.021 1	.013 5	.008 7	.003 7	.001 6	.000 7	.000 3
27	.046 9	.029 1	.023 0	.018 2	.011 5	.007 3	.003 0	.001 3	.000 6	.000 2
28	.041 9	.025 5	.020 0	.015 7	.009 7	.006 1	.002 4	.001 0	.000 4	.000 2
29	.037 4	.022 4	.017 4	.013 5	.008 2	.005 1	.002 0	.000 8	.000 3	.000 1
30	.033 4	.019 6	.015 1	.011 6	.007 0	.004 2	.001 6	.000 6	.000 2	.000 1
35	.018 9	.010 2	.007 5	.005 5	.003 0	.001 7	.000 5	.000 2	.000 1	*
40	.010 7	.005 3	.003 7	.002 6	.001 3	.000 7	.000 2	.000 1	*	*
45	.006 1	.002 7	.001 9	.001 3	.000 6	.000 3	.000 1	*	*	*
50	.003 5	.001 4	.000 9	.000 6	.000 3	.000 1	*	*	*	*
55	.002 0	.000 7	.000 5	.000 3	.000 1	*	*	*	*	*

* <000 1

附表 3

年金终值系数表

$P_F = [(1+i)^n - 1]/i$，其中，i = 利率，n = 期数

期数	1%	2%	3%	4%	5%	6%	7%	8%	9%	10%
1	1.000 0	1.000 0	1.000 0	1.000 0	1.000 0	1.000 0	1.000 0	1.000 0	1.000 0	1.000 0
2	2.010 0	2.020 0	2.030 0	2.040 0	2.050 0	2.060 0	2.070 0	2.080 0	2.090 0	2.100 0
3	3.030 1	3.060 4	3.090 9	3.121 6	3.152 5	3.183 6	3.214 9	3.246 4	3.278 1	3.310 0
4	4.060 4	4.121 6	4.183 6	4.246 5	4.310 1	4.374 6	4.439 9	4.506 1	4.573 1	4.641 0
5	5.101 0	5.204 0	5.309 1	5.416 3	5.525 6	5.637 1	5.750 7	5.866 6	5.984 7	6.105 1
6	6.152 0	6.308 1	6.468 4	6.633 0	6.801 9	6.975 3	7.153 3	7.335 9	7.523 3	7.715 6
7	7.213 5	7.434 3	7.662 5	7.898 3	8.142 0	8.393 8	8.654 0	8.922 8	9.200 4	9.487 2
8	8.285 7	8.583 0	8.892 3	9.214 2	9.549 1	9.897 5	10.260	10.637	11.028	11.436
9	9.368 5	9.754 6	10.159	10.583	11.027	11.491	11.978	12.488	13.021	13.579
10	10.462	10.950	11.464	12.006	12.578	13.181	13.816	14.487	15.193	15.937
11	11.567	12.169	12.808	13.486	14.207	14.972	15.784	16.645	17.560	18.531
12	12.683	13.412	14.192	15.026	15.917	16.870	17.888	18.977	20.141	21.384
13	13.809	14.680	15.618	16.627	17.713	18.882	20.141	21.495	22.953	24.523
14	14.947	15.974	17.086	18.292	19.599	21.015	22.550	24.214	26.019	27.975
15	16.097	17.293	18.599	20.024	21.579	23.276	25.129	27.152	29.361	31.772
16	17.258	18.639	20.157	21.825	23.657	25.673	27.888	30.324	33.003	35.950
17	18.430	20.012	21.762	23.698	25.840	28.213	30.840	33.750	36.974	40.545
18	19.615	21.412	23.414	25.645	28.132	30.906	33.999	37.450	41.301	45.599
19	20.811	22.841	25.117	27.671	30.539	33.760	37.379	41.446	46.018	51.159
20	22.019	24.297	26.870	29.778	33.066	36.786	40.955	45.752	51.160	57.275
21	23.239	25.783	28.676	31.969	35.719	39.993	44.865	50.423	56.765	64.002
22	24.472	27.299	30.537	34.249	38.505	43.392	49.006	55.457	62.873	71.403
23	25.716	28.845	32.453	36.618	41.430	46.996	53.436	60.883	69.532	79.543
24	26.973	30.422	34.426	39.083	44.502	50.816	58.177	66.765	76.790	88.497
25	28.243	32.030	36.459	41.646	47.727	54.863	63.294	73.106	84.701	98.347
26	29.526	33.671	38.553	44.312	51.113	59.156	68.676	79.954	93.324	109.18
27	30.821	35.344	40.710	47.084	54.669	63.706	74.484	87.351	102.72	121.10
28	32.129	37.051	42.931	49.968	58.403	68.528	80.698	95.339	112.97	134.21
29	33.450	38.792	45.219	52.966	62.323	73.640	87.347	103.97	124.14	148.63
30	34.785	40.568	47.575	56.085	66.439	79.058	94.461	113.28	136.31	164.49
40	48.886	60.402	75.401	95.026	120.80	154.76	199.64	259.06	337.88	442.59
50	64.463	84.579	112.80	152.67	209.35	290.34	406.53	573.77	815.08	1 163.9
60	81.670	114.05	163.05	237.99	353.58	533.13	813.52	1 253.2	1 944.8	3 034.8

续 表

期数	12%	14%	15%	16%	18%	20%	24%	28%	32%	36%
1	1.000 0	1.000 0	1.000 0	1.000 0	1.000 0	1.000 0	1.000 0	1.000 0	1.000 0	1.000 0
2	2.120 0	2.140 0	2.150 0	2.160 0	2.180 0	2.200 0	2.240 0	2.280 0	2.320 0	2.360 0
3	3.374 4	3.439 6	3.472 5	3.505 6	3.572 4	3.640 0	3.777 6	3.918 4	3.062 4	3.209 6
4	4.779 3	4.921 1	4.993 4	5.066 5	5.215 4	5.368 0	5.684 2	6.015 6	6.362 4	6.725 1
5	6.352 8	6.610 1	6.742 4	6.877 1	7.154 2	7.441 6	8.048 4	8.699 9	9.398 3	10.146
6	8.115 2	8.535 5	8.753 7	8.977 5	9.442 0	9.929 9	10.980	12.136	13.406	14.799
7	10.089	10.730	11.067	11.414	12.142	12.916	14.615	16.534	18.696	21.126
8	12.300	13.233	13.727	14.240	15.327	16.499	19.123	22.163	25.678	29.732
9	14.776	16.085	16.786	17.519	19.086	20.799	24.712	29.369	34.895	41.435
10	17.549	19.337	20.304	21.321	23.521	25.959	31.643	38.593	47.062	57.352
11	20.655	23.045	24.349	25.733	28.755	32.150	40.238	50.398	63.122	78.988
12	24.133	27.271	29.002	30.850	34.931	39.581	50.895	65.510	84.320	108.44
13	28.029	32.089	34.352	36.786	42.219	48.497	64.110	84.853	112.30	148.47
14	32.393	37.581	40.505	43.672	50.818	59.196	80.496	109.61	149.24	202.93
15	37.280	43.842	47.580	51.660	60.965	72.035	100.82	141.30	198.00	276.98
16	42.753	50.980	55.717	60.925	72.939	87.442	126.01	181.87	262.36	377.69
17	48.884	59.118	65.075	71.673	87.068	105.93	157.25	233.79	347.31	514.66
18	55.750	68.394	75.836	84.141	103.74	128.12	195.99	300.25	459.45	770.94
19	63.440	78.969	88.212	98.603	123.41	154.74	244.03	385.32	607.47	954.28
20	72.052	91.025	102.44	115.38	146.63	186.69	303.60	494.21	802.86	1 298.8
21	81.699	104.77	118.81	134.84	174.02	225.03	377.46	633.59	1 060.8	1 767.4
22	92.503	120.44	137.63	157.41	206.34	271.03	469.06	812.00	1 401.2	2 404.7
23	104.60	138.30	159.28	183.60	244.49	326.24	582.63	1 040.4	1 850.6	3 271.3
24	118.16	185.66	184.17	213.98	289.49	392.48	723.46	1 332.7	2 443.8	4 450.0
25	133.33	181.87	212.79	249.21	342.60	471.98	898.09	1 706.8	3 226.8	6 053.0
26	150.33	208.33	245.71	290.09	405.27	567.38	1 114.6	2 185.7	4 260.4	8 233.1
27	169.37	238.50	283.57	337.50	479.22	681.85	1 383.1	2 798.7	5 624.8	11 198.0
28	190.70	272.89	327.10	392.50	566.48	819.22	1 716.1	3 583.3	7 425.7	15 230.3
29	214.58	312.09	377.17	456.30	669.45	984.07	2 129.0	4 587.7	9 802.9	20 714.2
30	241.33	356.79	434.75	530.31	790.95	1 181.9	2 640.9	5 873.2	12 941	28 172.3
40	767.09	1 342.0	1 779.1	2 360.8	4 163.2	7 343.2	27 290	69 377	*	*
50	2 400.0	4 994.5	7 217.7	10 436	21 813	45 497	*	*	*	*
60	7 471.6	18 535	29 220	46 058	*	*	*	*	*	*

*>99 999

附表 4

年金现值系数表

$P_F = [1-(1+i)^{-n}]/i$，其中，i = 利率，n = 期数

期数	1%	2%	3%	4%	5%	6%	7%	8%	9%
1	0.990 1	0.980 4	0.970 9	0.961 5	0.952 4	0.943 4	0.934 6	0.925 9	0.917 4
2	1.970 4	1.941 6	1.913 5	1.886 1	1.859 4	1.833 4	1.808 0	1.783 3	1.759 1
3	2.941 0	2.883 9	2.828 6	2.775 1	2.723 2	2.673 0	2.624 3	2.577 1	2.531 3
4	3.902 0	3.807 7	3.717 1	3.629 9	3.546 0	3.465 1	3.387 2	3.312 1	3.239 7
5	4.853 4	4.713 5	4.579 7	4.451 8	4.329 5	4.212 4	4.100 2	3.992 7	3.889 7
6	5.795 5	5.601 4	5.417 2	5.242 1	5.075 7	4.917 3	4.766 5	4.622 9	4.485 9
7	6.728 2	6.472 0	6.230 3	6.002 1	5.786 4	5.582 4	5.389 3	5.206 4	5.033 0
8	7.651 7	7.325 5	7.019 7	6.732 7	6.463 2	6.209 8	5.971 3	5.746 6	5.534 8
9	8.566 0	8.162 2	7.786 1	7.435 3	7.107 8	6.801 7	6.515 2	6.246 9	5.995 2
10	9.471 3	8.982 6	8.530 2	8.110 9	7.721 7	7.360 1	7.023 6	6.710 1	6.417
11	10.367 6	9.786 8	9.252 6	8.760 5	8.306 4	7.886 9	7.498 7	7.139 0	6.805 2
12	11.255 1	10.575 3	9.954 0	9.385 1	8.863 3	8.383 8	7.942 7	7.536 1	7.160 7
13	12.133 7	11.348 4	10.635 0	9.985 6	9.393 6	8.852 7	8.357 7	7.903 8	7.486 9
14	13.003 7	12.106 2	11.296 1	10.563 1	9.898 6	9.295 0	8.745 5	8.244 2	7.786 2
15	13.865 1	12.849 3	11.937 9	11.118 4	10.379 7	9.712 2	9.107 9	8.559 5	8.060 7
16	14.717 9	13.577 7	12.561 1	11.652 3	10.837 8	10.105 9	9.446 6	8.851 4	8.312 6
17	15.562 3	14.291 9	13.166 1	12.165 7	11.274 1	10.477 3	9.763 2	9.121 6	8.543 6
18	16.398 3	14.992 0	13.753 5	12.689 6	11.689 6	10.827 6	10.059 1	9.371 9	8.755 6
19	17.226 0	15.678 5	14.323 8	13.133 9	12.085 3	11.158 1	10.335 6	9.603 6	8.960 1
20	18.045 6	16.351 4	14.877 5	13.590 3	12.462 2	11.469 9	10.594 0	9.818 1	9.128 5
21	18.857 0	17.011 2	15.415 0	14.029 2	12.821 2	11.764 1	10.835 5	10.061 8	9.292 2
22	19.660 4	17.658 0	15.936 9	14.451 1	13.488 6	12.303 4	11.061 2	10.200 7	9.442 6
23	20.455 8	18.292 2	16.443 6	14.856 8	13.488 6	12.303 4	11.272 2	10.371 1	9.580 2
24	21.243 4	18.913 9	16.935 5	15.247 0	13.798 6	12.550 4	11.469 3	10.528 8	9.706 6
25	22.023 2	19.523 5	17.413 1	15.622 1	14.093 9	12.783 4	11.653 6	10.674 8	9.822 6
26	22.795 2	20.121 0	17.876 8	15.982 8	14.375 2	13.003 2	11.825 8	10.810 0	9.929 0
27	23.559 6	20.705 9	18.327 0	16.329 6	14.643 0	13.210 5	11.986 7	10.935 2	10.026 6
28	24.316 4	21.281 3	18.764 1	16.663 1	14.898 1	13.406 2	12.137 1	11.051 1	10.116 1
29	25.065 8	21.844 4	19.188 5	16.983 7	15.141 1	13.590 7	12.277 7	11.158 4	10.198 3
30	25.807 7	22.396 5	19.600 4	17.292 0	15.372 5	13.764 8	12.409 0	11.257 8	10.273 7
35	29.408 6	24.998 6	21.487 2	18.664 6	16.374 2	14.498 2	12.947 7	11.654 6	10.566 8
40	32.834 7	27.355 5	23.114 8	19.792 8	17.159 1	15.046 3	13.331 7	11.924 6	10.757 4
45	36.094 5	29.490 2	24.518 7	20.720 0	17.774 1	15.455 8	13.605 5	12.108 4	10.881 2
50	39.196 1	31.423 6	25.729 8	21.482 2	18.255 9	15.761 9	13.800 7	12.233 5	10.961 7
55	42.147 2	33.174 8	26.774 4	22.108 6	18.633 5	15.990 5	13.939 9	12.318 6	11.014 0

续 表

期数	10%	12%	14%	15%	16%	18%	20%	24%	28%	32%
1	0.909 1	0.892 9	0.877 2	0.869 6	0.862 1	0.847 5	0.833 3	0.806 5	0.781 3	0.757 6
2	1.735 5	1.690 1	1.646 7	1.625 7	1.605 2	1.565 6	1.527 8	1.456 8	1.391 6	1.331 5
3	2.486 9	2.401 8	2.321 6	2.283 2	2.245 9	2.174 3	2.106 5	1.981 3	1.868 4	1.766 3
4	3.169 9	3.037 3	2.913 7	2.855 0	2.798 2	2.690 1	2.588 7	2.404 3	2.241 0	2.095 7
5	3.790 8	3.604 8	3.433 1	3.352 2	3.274 3	3.127 2	2.990 6	2.745 4	2.532 0	2.345 2
6	4.355 3	4.111 4	3.888 7	3.784 5	3.684 7	3.497 6	3.325 5	3.020 5	2.759 4	2.534 2
7	4.868 4	4.563 8	4.288 2	4.160 4	4.038 6	3.811 5	3.604 6	3.242 3	2.937 0	2.677 5
8	5.334 9	4.967 6	4.638 9	4.487 3	4.343 6	4.077 6	3.837 2	3.421 2	3.075 8	2.786 0
9	5.759 0	5.328 2	4.946 4	4.771 6	4.606 5	4.303 0	4.031 0	3.565 5	3.184 2	2.868 1
10	6.144 6	5.650 2	5.216 1	5.018 8	4.833 2	4.494 1	4.192 5	3.681 9	3.268 9	2.930 4
11	6.495 1	5.937 7	5.452 7	5.233 7	5.028 4	4.656 0	4.327 1	3.775 7	3.335 1	2.977 6
12	6.813 7	6.194 4	5.660 3	5.420 6	5.197 1	4.793 2	4.439 2	3.851 4	3.386 8	3.013 3
13	7.103 4	6.423 5	5.842 4	5.583 1	5.342 3	4.909 5	4.532 7	3.912 4	3.427 2	3.040 4
14	7.366 7	6.628 2	6.002 1	5.724 5	5.467 5	5.008 1	4.610 6	3.961 6	3.458 7	3.060 9
15	7.606 1	6.810 9	6.142 2	5.847 4	5.575 5	5.091 6	4.675 5	4.001 3	3.483 4	3.076 4
16	7.823 7	6.974 0	6.265 1	5.954 2	5.668 5	5.162 4	4.729 6	4.033 3	3.502 6	3.088 2
17	8.021 6	7.119 6	6.372 9	6.047 2	5.748 7	5.222 3	4.774 6	4.059 1	3.517 7	3.097 1
18	8.201 4	7.249 7	6.467 4	6.128 0	5.817 8	5.273 2	4.812 2	4.079 9	3.529 4	3.103 9
19	8.364 9	7.365 8	6.550 4	6.198 2	5.877 5	5.316 2	4.843 5	4.096 7	3.538 6	3.109 0
20	8.513 6	7.469 4	6.623 1	6.259 3	5.928 8	5.352 7	4.869 6	4.110 3	3.545 8	3.112 9
21	8.648 7	7.562 0	6.687 0	6.312 5	5.973 1	5.383 7	4.891 3	4.121 2	3.551 4	3.115 8
22	8.771 5	7.644 6	6.742 9	6.358 7	6.011 3	5.409 9	4.909 4	4.130 0	3.555 8	3.118 0
23	8.883 2	7.718 4	6.792 1	6.398 8	6.044 2	5.432 1	4.924 5	4.137 1	3.559 2	3.119 7
24	8.984 7	7.784 3	6.835 1	6.433 8	6.072 6	5.450 9	4.937 1	4.142 8	3.561 9	3.121 0
25	9.077 0	7.843 1	6.872 9	6.464 1	6.097 1	5.466 9	4.947 6	4.147 4	3.564 0	3.122 0
26	9.160 9	7.895 7	6.906 1	6.490 6	6.118 2	5.480 4	4.956 3	4.151 1	3.565 6	3.122 7
27	9.237 2	7.942 6	6.935 2	6.513 5	6.136 4	5.491 9	4.963 6	4.154 2	3.566 9	3.123 3
28	9.306 6	7.984 4	6.960 7	6.533 5	6.152 0	5.501 6	4.969 7	4.156 6	3.567 9	3.123 7
29	9.369 6	8.021 8	6.983 0	6.550 9	6.165 6	5.509 8	4.974 7	4.158 5	3.568 7	3.124 0
30	9.426 9	8.055 2	7.002 7	6.566 0	6.177 2	5.516 8	4.978 9	4.160 1	3.569 3	3.124 2
35	9.644 2	8.175 5	7.070 0	6.616 6	6.215 3	5.538 6	4.991 5	1.164 4	3.570 8	3.124 8
40	9.779 1	8.243 8	7.105 0	6.641 8	6.233 5	5.548 2	4.165 9	4.165 9	3.571 2	3.125 0
45	9.862 8	8.282 5	7.123 2	6.654 3	6.242 1	5.552 3	4.998 6	4.166 4	3.571 4	3.125 0
50	9.914 8	8.304 5	7.132 7	6.660 5	6.246 3	5.554 1	4.999 5	4.166 6	3.571 4	3.125 0
55	9.947 1	8.317 0	7.137 6	6.663 6	6.248 2	5.554 9	4.999 8	4.166 6	3.571 4	3.125 0

后 记

本书在编写过程中得到了学院领导和多位专家的支持与帮助，并在学院多位专业教师团结协作下共同完成。在此对各位领导、专家和老师们的辛勤付出表示衷心的感谢。

全书由黄慧、杨扬任主编，章萍、鲍长生、张洁瑶任副主编，黄慧负责全部提纲的拟定及总纂。具体分工如下：

第一章、第三章至第九章：黄慧；

第二章、第十六章：章萍；

第十章至第十二章：杨扬；

第十三章：鲍长生；

第十四章、第十五章：张洁瑶。

由于我们时间、精力有限，加之水平有限，教材中难免存在不足之处，恳请广大读者和同行批评指正。

图书在版编目(CIP)数据

财务会计/黄慧,杨扬主编.—上海:上海社会科学院出版社,2017

"十二五"内涵建设·工商管理本科专业综合改革试点项目资助系列教材

ISBN 978-7-5520-1496-9

Ⅰ.①财… Ⅱ.①黄… ②杨… Ⅲ.①财务会计-高等学校-教材 Ⅳ.①F234.4

中国版本图书馆 CIP 数据核字(2016)第 179928 号

财务会计

主　　编:黄　慧　杨　扬
副 主 编:章　萍　鲍长生　张洁瑶
责任编辑:董汉玲
封面设计:周清华
出版发行:上海社会科学院出版社
上海顺昌路 622 号　邮编 200025
电话总机 021-63315900　销售热线 021-53063735
http://www.sassp.org.cn　E-mail:sassp@sass.org.cn
照　　排:南京理工出版信息技术有限公司
印　　刷:上海新文印刷厂
开　　本:710×1000 毫米　1/16 开
印　　张:31
插　　页:2
字　　数:556 千字
版　　次:2018 年 5 月第 1 版　2018 年 5 月第 1 次印刷

ISBN 978-7-5520-1496-9/F·430　定价:98.00 元